ANA MARIA DE OLIVEIRA NUSDEO

DEFESA DA CONCORRÊNCIA E GLOBALIZAÇÃO ECONÔMICA
(O Controle da Concentração de Empresas)

MALHEIROS EDITORES

DEFESA DA CONCORRÊNCIA
E GLOBALIZAÇÃO ECONÔMICA

(O Controle da Contrentração de Empresas)

© Ana Maria de Oliveira Nusdeo

ISBN 85.7420.318.1

Direitos reservados desta edição por
MALHEIROS EDITORES LTDA.
Rua Paes de Araújo, 29 - conjunto 171
CEP 04531-940 - São Paulo - SP
Tel.: (0xx11) 3078-7205
Fax: (0xx11) 3168-5495
URL www.malheiroseditores.com.br
e-mail: malheiroseditores@zaz.com.br

Editoração Eletrônica
Letra por Letra Studio

Capa
Criação: Vânia Lucia Amato
Arte final: PC Editorial Ltda.

Impresso no Brasil
Printed in Brazil
02-2002

Ao Carlos

PREFÁCIO

Acompanhei o trabalho de pós-graduação desenvolvido por ANA MARIA NUSDEO desde a escolha das disciplinas a serem cumpridas para a preparação de sua tese. E o fiz com grande atenção, mesmo porque não haveria de ser eu, por título de legitimidade, o orientador de sua tese, mas sim FÁBIO NUSDEO. Os estreitos vínculos de parentesco entre ambos não recomendavam porém, institucionalmente, que o pai atuasse como orientador acadêmico da filha.

A tese de ANA MARIA, ora publicada, é o resultado de dedicada pesquisa em torno do controle dos atos de concentração empresarial. Mas a pesquisa não se basta a tanto, visto ser desdobrada desde a consideração do chamado processo de globalização da economia.

Pergunto-me o que se espera de um prefácio. Um discurso sobre as qualidades do livro e/ou do pesquisador, quando se trate da publicação de uma tese? Não, certamente, mesmo porque não consta que qualquer pessoa em nível de equilíbrio regular se disponha a prefaciar um trabalho acadêmico quando não lhe reconheça méritos e virtudes.

Prefácios são espaços a serem preenchidos eventualmente com explicações sobre a etiologia da obra ou com alguma contribuição à análise de uma ou outra de suas vertentes.

Por isso podem resultar oportunas, aqui, algumas notas a respeito do fato de a globalização não ser tão nova quanto se poderia pensar, visto ter sido já muito bem descrita em um clássico da metade do século XIX, que dizia: a produção e o consumo de todos os países tornam-se cosmopolitas mediante a exploração do mercado mundial; a base nacional é retirada das indústrias; as indústrias não empregam mais matérias-primas locais, mas matérias-primas provenientes das mais longínquas regiões, e seus produtos acabados não são mais consumidos somente *in loco*, mas em todas as partes do mundo, ao mesmo tempo; as antigas necessidades, antes satisfeitas pelos produtos locais, dão lugar a novas necessidades que exigem, para sua satisfação, produtos dos países e dos climas mais remotos; a auto-suficiência e o isolamento regional e nacional de outrora dão lugar a um intercâmbio generalizado, a uma interdependência geral entre as nações; isso vale tanto para as produções materiais quanto para as intelectuais; os produtos intelectuais de cada nação tornam-se um bem comum; o espírito nacional tacanho e limitado torna-se cada dia mais inviável, e da soma das literaturas nacionais e regionais cria-se uma literatura mundial; o rápido desenvolvimento de todos os instrumentos de produção e as comunicações impelem todas as nações, mesmo as mais bárbaras, para a torrente da civilização.

O que nela há de novo, tal como se apresenta em seqüência à epopéia do desenvolvimento, desencadeada na metade do século passado, decorre das transformações instaladas pela terceira revolução industrial (informática, microeletrônica e telecomunicações), transformações que induziram sua reprodução como *globalização financeira*. Nada além disso, embora seja certo que essas mesmas transformações nas estruturas econômicas engendraram transformações outras, marcantes transformações, no próprio modo de produção social. Daí certos modismos – pintados já não em letras de néon, mas em fachos de laser, em todas as avenidas – sempre renovadas metamorfoses de valores e formas ideológicas que se sucedem, umas às outras.

Por isso será também oportuna a alusão ao fato de a globalização ser um fenômeno histórico; o neoliberalismo, uma ideologia. Para logo se vê, pois, não haver relação necessária entre ambos.

A compreensão disso é fundamental não apenas à análise profícua das experiências de controle dos atos de concentração empresarial, mas ao próprio exercício dessa atividade de controle em coerência com a lógica dos mercados, a cujo serviço está posto o chamado direito moderno.

São seguramente desafiantes as trilhas a serem percorridas nos enredos dessa lógica, fundada sobre aquele que já foi chamado de princípio sem princípios do livre-mercado. Pois a verdade é que os agentes econômicos mais fortes tradicionalmente atuam visando à restrição, à manipulação e ao controle de seus mercados, para tanto fazendo uso de múltiplos expedientes, entre os quais, precisamente, os de concentração econômica. Fazem-no, contudo – e de modo nada paradoxal, porque adequado àquela lógica – ao mesmo tempo em que desfiam cantares e loas ao princípio.

O texto produzido por ANA MARIA exibe a virtude de conduzir o leitor por essas trilhas, sem permitir que ele tropece ou se perca em terrenos pantanosos, pelos quais são fatalmente tragados os mais estouvados.

EROS ROBERTO GRAU

SUMÁRIO

Prefácio, 7
Agradecimentos, 13
Introdução, 15

PARTE I – CONCENTRAÇÃO ECONÔMICA E DIREITO

Capítulo I – *O Mercado e a Concentração Econômica*
1. **Concentração de empresas. Aspectos fundamentais**
   1.1 *Conceituação*, 21
   1.2 *Causas*, 25
2. **Os tipos de estrutura de mercado, conforme o grau de concentração econômica**
   2.1 *Mercado relevante e poder de mercado*, 27
   2.2 *Mercados perfeitamente competitivos*, 32
   2.3 *Mercados imperfeitamente competitivos*, 34
   2.4 *Mercados oligopolizados*, 35
   2.5 *Mercados monopolizados*, 38
   2.6 *As relações entre estrutura, conduta e desempenho dos mercados*, 41
3. **Concentrações de empresas e seus tipos**, 46
   3.1 *Concentrações horizontais*, 46
   3.2 *Concentrações verticais*, 48
   3.3 *Concentrações conglomeradas*, 50
   3.4 *Acordo de cooperação entre empresas*, 54

Capítulo II – *O Direito e o Controle da Estrutura de Mercado*
4. **A concentração econômica como falha de mercado**, 56
5. **O antitruste e a intervenção do Estado no domínio econômico**, 59
6. **Complexidade econômica, flexibilidade jurídica e regulação antitruste**, 65

Capítulo III – *Paradigmas de Proteção à Concorrência e Controle da Concentração*
7. **Estados Unidos. Pioneirismo e sofisticação**

7.1 *Evolução da legislação antitruste e do controle dos atos de concentração*, 75
7.2 *A sistemática do controle de atos de concentração de empresas*, 83
7.3 *A evolução da aplicação do controle de atos de concentração de empresas*, 90
8. **Comunidade Européia. A concorrência-instrumento**
   8.1 *Peculiaridades e evolução da legislação de proteção à concorrência comunitária*, 97
   8.2 *O sistema e a evolução do controle de atos de concentração na Comunidade Européia*, 108
9. **Japão. Direito da concorrência e desenvolvimentismo**
   9.1 *As origens e a evolução da legislação antitruste*, 112
   9.2 *O sistema de controle dos atos de concentração*, 121
10. **Coréia do Sul. Antitruste, desconcentração e liberalização econômica**
    10.1 *As origens e a evolução do direito de proteção à concorrência*, 125
    10.2 *O sistema de controle dos atos de concentração*, 132

PARTE II – O CONTROLE DE ATOS DE CONCENTRAÇÃO DE EMPRESAS E GLOBALIZAÇÃO ECONÔMICA. PREMISSAS E DESAFIOS

Capítulo IV – *Direito da Concorrência e Globalização Econômica*
11. **Globalização econômica. Premissas**, 137
12. **Globalização econômica e Direito**, 148
13. **Globalização econômica e direito da concorrência**, 156
    13.1 *Relações entre políticas de concorrência e de livre comércio*, 156
    13.2 *Aplicação extraterritorial de leis antitruste*, 162
    13.3 *Esforços de uniformização legislativa e acordos de cooperação internacional*, 165
        13.3.1 *Esforços de uniformização*, 166
        13.3.2 *Acordos de cooperação*, 170

Capítulo V – *Controle de Atos de Concentração e Globalização Econômica*
14. **Globalização econômica e controle de atos de concentração. Apresentação**, 173
15. **A afluência do conceito de eficiência econômica**
    15.1 *Eficiência e Direito*, 175
    15.2 *Eficiência e direito da concorrência*, 180
    15.3 *A aplicação do conceito de eficiência econômica*, 189
16. **Defesas ligadas à política industrial e globalização econômica**, 197
    16.1 *Pesquisa e desenvolvimento*, 199
    16.2 *Empresas em crise e setores em depressão*, 202
    16.3 *Estímulo à pequena empresa*, 207
    16.4 *Outras defesas*, 209

SUMÁRIO

17. Alteração dos limites do mercado relevante, 211

18. Uniformização e cooperação em controle de atos de concentração, 214

PARTE III – O CONTROLE DOS ATOS DE CONCENTRAÇÃO DE EMPRESAS NO BRASIL

Capítulo VI – *O Controle dos Atos de Concentração de Empresas e os Princípios do Direito Econômico Brasileiro*
19. A evolução da legislação antitruste e do controle dos atos de concentração no Direito Brasileiro, 218
20. O controle dos atos de concentração de empresas na Lei 8.884, de 1994, 225
21. Direito de proteção à concorrência e princípios da ordem econômica brasileira, 232
   21.1 *Livre iniciativa*, 234
   21.2 *Livre concorrência*, 237
   21.3 *Repressão ao abuso de poder econômico*, 240
   21.4 *Promoção da eficiência econômica*, 242
   21.5 *O bem-estar e a defesa do consumidor*, 246
22. Conflitos e conciliação entre os fundamentos jurídicos do antitruste, 251

Capítulo VII – *O Controle dos Atos de Concentração de Empresas no Brasil e a Globalização Econômica*
23. O CADE e a aplicação das defesas à concentração de empresas, 258
24. O controle dos atos de concentração no Brasil e a globalização econômica, 270

Conclusões
   Globalização Econômica e o Limite do Controle de Atos de Concentração, 274

Bibliografia, 279

AGRADECIMENTOS

Este livro é a versão, sem modificações essenciais, da tese de doutoramento, defendida na Faculdade de Direito da Universidade de São Paulo, em dezembro de 2000. Como na grande maiorira dos trabalhos de doutorado, a sua conclusão marca uma etapa da trajetória pessoal e intelectual do autor. Por isso, são muitos os débitos de gratidão que acumulei ao longo desse processo e não posso deixar de agradecer àqueles cuja contribuição ou suporte foram decisivos para a elaboração e conclusão deste trabalho.

Ao Prof. EROS ROBERTO GRAU, meu orientador, agradeço o apoio, o incentivo e a possibilidade de trabalhar com ampla margem de liberdade. Na convivência que a realização dos créditos e a elaboração desse trabalho exigiram, aprendi a admirar sua coragem em assumir posições e seu esforço em aprofundar o tratamento do direito econômico sob o enfoque da teoria geral do direito.

A tese que defendi não teria tido os mesmos contornos se não fosse a oportunidade que tive de realizar um programa "sanduíche de doutorado" na Faculdade de Direito da Universidade de Wisconsin-Madison e no seu *Institute for Legal Studies*, onde fui recebida como *visiting scholar*, pelo período de um ano (1996-1997). Minhas atividades nessa instituição foram orientadas pelo Prof. PETER CARSTENSEN, que guiou meus estudos nos campos do antitruste norte-americano. Devo mencionar também o apoio do Prof. MARC GALANTER, diretor do *Institute for Legal Studies* e da Profa. JOY ROBERTS, assistente do diretor no Instituto, na época da minha permanência na Universidade.

Ainda em Madison, tive a oportunidade de debater meu projeto com os Profs. DAVID TRUBEK, BOAVENTURA DE SOUZA SANTOS e NEIL KOMESAR, aos quais agradeço a disponibilidade e preciosas observações, que muito contribuíram no rumo da pesquisa que desenvolvi.

Devo uma parcela importante da minha formação ao Programa Especial de Treinameto (PET-CAPES) desenvolvido pelo Departamento de Teoria Geral do Direito da Faculdade de Direito da USP e coordenado pelo Prof. JOSÉ EDUARDO FARIA, que desde os meus primeiros anos de graduação tem sido um importante interlocutor, incentivador intelectual e um modelo de dedicação à Universidade. A ele e ao programa devo creditar meu esforço em dar um tratamento interdisciplinar ao tema desta tese, ainda que, evidentemente, ele não tenha qualquer responsabilidade sobre seus resultados e suas falhas.

A versão final do trabalho contou com observações instigantes do Prof. Carlos Ari Sundfeld, que teve a paciência de ler vários dos capítulos da tese, antes de sua conclusão, e comentá-los. Agradeço, em especial, a sua insistência em que demonstrasse minhas observações a partir de casos jurisprudenciais, o que conferiu maior embasamento ao trabalho.

Agradeço ao Prof. Luiz Olavo Baptista pelo seu incentivo constante (ainda que sem muito êxito) para que eu conciliasse a redação desse trabalho com a advocacia durante o período em que trabalhei no seu escritório, bem como pelo fornecimento de valioso material sobre o tema da tese.

Na reta final da conclusão do meu doutorado, contei com a compreensão do Prof. Paulo Casella, que, além da amizade e incentivo de muitos anos, aceitou meus períodos de ausência no escritório para finalizar a tese e preparar sua defesa.

A amizade e rica troca de idéias e experiências com o Prof. José Augusto Fontoura Costa, meu colega de turma na Faculdade, foi um incentivo marcante na elaboração da tese e na condução de minha carreira, após sua defesa.

Agradeço, também, Ronaldo Porto Macedo, pelo seu estímulo a que fizesse o "programa sanduíche" nos Estados Unidos, e o apoio necessário para isso – da hospedagem às mais diversas dicas sobre as Universidades norte-americanas e a vida nos EUA. Desde a defesa da tese, tem sido um importante interlocutor no tema da defesa da concorrência.

Ao Prof. Fábio Nusdeo, mais como pai do que professor, devo o estímulo do entusiasmo, da satisfação sincera e da honestidade com que conduziu sua carreira acadêmica. Acho que, sem isso, nem teria iniciado meu doutorado. À minha mãe, Maria Antônia, agradeço o apoio prático e material de sempre, e até agora, a todos os meus projetos.

Se consegui fazer este trabalho, tenho que compartilhar seus resultados com o Carlos. Sua presença e companheirismo durante todo o processo de pesquisa e redação, tornaram essa experiência rica, agradável e ainda mais instigante. E seu estímulo, paciência e compreensão (além da leitura e sugestões a todas as muitas versões desse trabalho) me permitiram continuar a redação da tese nos momentos em que eu mesma achava que não poderia.

Por fim, mas não com menor importância, tenho que agradecer à minha filha, Ana Sofia, que, como se não bastasse o encantamento e a felicidade que proporcionou à minha vida, me impeliu a, finalmente, concluir e entregar este trabalho.

INTRODUÇÃO

Este trabalho propõe-se uma análise da política de tutela da concorrência, sobretudo no tocante às normas voltadas ao controle de atos de concentração, à luz do processo de globalização econômica em curso. *Globalização* é conceito plurívoco, associado a aspectos e acontecimentos diversos, com interferência em múltiplos setores econômicos, sociais, políticos e culturais. Para a análise proposta, no entanto, interessa verificar tão-somente as facetas econômicas desse fenômeno e sua repercussão no Direito.

Sob essa perspectiva, a *globalização econômica* pode ser descrita como um processo caracterizado pela sobreposição e inter-relação de diversos fatores, cujos principais são: 1) aumento do volume do comércio internacional e formação de blocos regionais de comércio; 2) intensificação do fluxo de capitais entre as nações, tanto por motivos especulativos quanto para fins de investimentos produtivos, gerando a intensa ligação entre os mercados financeiros; 3) alteração dos padrões produtivos, que se tornam mais flexíveis e descentralizados, permitindo a fragmentação e a dispersão internacional das várias fases de produção; 4) ampliação da importância dos fatores tecnológicos e da inovação de produtos nas condições de concorrência nos mercados; 5) maior importância das empresas multinacionais. Nesses últimos anos, tais fatores combinaram-se com uma generalizada rediscussão e reestruturação das funções do Estado, combinada à hegemonia de políticas liberais, orientadas pela prevalência do mercado, o que tem intensificado as dificuldades de construção de mecanismos de ordenação dos setores econômicos envolvidos no processo de globalização e de formulação de políticas de desenvolvimento nos países periféricos.

Trata-se de um conjunto de fenômenos decorrentes do próprio desenvolvimento do sistema capitalista, estimulado, ademais, pelo avanço tecnológico, que permite iniciativas de descentralização da produção e dos investimentos tanto mais facilitadas pelo aperfeiçoamento e barateamento dos sistemas de comunicação.

Tal expansão comercial para além das fronteiras do Estado-Nação é, assim, acompanhada por uma ascensão do mercado como alocador de recursos sociais na esfera econômica de cada país. Nesse sentido, tem-se difundido a crença na necessidade de se permitir aos agentes econômicos uma melhor estruturação e organização para enfrentar o novo processo de concorrência, tendo por base os estímulos do mercado. Nesse sentido, é possível descrever a globalização a que se assiste como relacionada a uma expansão do mercado internamente (como instituição alocadora de recursos sociais na economia de cada país) e externamente (a partir da intensificação das relações comerciais e de novas formas de organização da produção num espectro mais largo que as fronteiras nacionais).

O processo da globalização também tem gerado alterações na atividade reguladora do Estado no campo do que se convencionou chamar de *Ordem Econômica*. Assim, aponta-se uma redução e mesmo crise de sua capacidade de regulação, na medida em que os agentes responsáveis pela maior parte da atividade econômica passam a ser entidades internacionais, não enraizadas exclusivamente em um território e nem submetidas a um único centro de intervenção e regulação. Por outro lado, freqüentemente, medidas e crises desencadeadas em outros países repercutem no âmbito doméstico, fugindo ao controle das autoridades nacionais. É importante ter-se em vista, porém, que desse processo não decorre uma tendência uniforme de enfraquecimento do Estado e de sua participação na economia. Em primeiro lugar, essa expansão do mercado exige um reforço da sua capacidade de fiscalização e controle das ações dos agentes, como forma de contornar as tendências do sistema de mercado à autodestruição. Em segundo lugar, sua atuação enquanto agente indutor ou diretor dos comportamentos dos agentes econômicos vê-se, mesmo, fortalecida. Diante da internacionalização da economia, com efeito, o Estado passa a assumir um papel de promoção e defesa de suas empresas e produtos na concorrência externa, formulando políticas industriais e econômicas com tal finalidade. Em decorrência do fato de sediarem os agentes econômicos com funções de maior valor agregado nas cadeias de produção internacionalizadas, tais políticas são substancialmente melhor sucedidas nos países centrais do que naqueles periféricos.

Como conseqüência da expansão das concepções limitadoras das funções do Estado no controle e direcionamento da atuação dos agentes no mercado observa-se um crescimento da importância das leis antitruste, entendidas como um mecanismo de proteção ao funcionamento dos mercados, com a repressão a comportamentos lesivos à competição e com a prevenção à formação de monopólios ou posições ameaçadoras à possibilidade de concorrência. Em diversos países, notadamente os ex-socialistas, esse tipo de legislação tem sido implantado, e em outros reformulado, para alcançar maior efetividade.

INTRODUÇÃO

O controle de atos de concentração é o mecanismo do direito de proteção à concorrência destinado à prevenção da excessiva concentração dos mercados, que poderia levar à inviabilização das condições de concorrência e, assim, do próprio regime de mercado. A globalização econômica impulsiona operações de reestruturação empresarial, levadas a efeito pelos agentes econômicos como resposta aos novos padrões de concorrência, e, com freqüência, gera agentes com excessivo poder de mercado. As chamadas *megafusões* ocorridas nesta passagem de milênio dão conta da importância desse tipo de fenômeno.

Uma das características do controle de atos de concentração é a de introjetar um conflito, intrínseco à própria política antitruste, entre a maior proteção possível à concorrência e a permissão dos atos de concentração benéficos ao mercado e à sociedade como um todo. Com efeito, muitas das operações de concentração permitem às empresas tornarem-se mais eficientes ou atingirem resultados positivos nos aspectos, por exemplo, de investimentos, desenvolvimento tecnológico e aumento da escala de produção. A limitação dessas operações, em razão de apresentarem um potencial dano à concorrência, nem sempre traz benefícios à sociedade. Nesse sentido, as leis de diversos países estabelecem aquilo que se convencionou chamar de *defesas à concentração empresarial*, vale dizer, condições cujo cumprimento passa a autorizar sua realização.

Esta tese pretende mostrar de que maneira a influência do processo de globalização econômica no controle dos atos de concentração traz contornos especiais à aplicação das defesas das operações concentracionistas, em resposta à necessidade dos agentes de se reestruturarem com vistas às novas características e exigências dos mercados, de um lado, e dos Estados de veicularem políticas de aumento da competitividade de suas indústrias, de outro lado.

Nesse sentido, serão analisados dois tipos de defesa diferentes e complementares: a eficiência econômica e aquelas relacionadas à política industrial.

A *eficiência econômica* permite trazer ao exame de atos de concentração um conceito adequado ao tratamento de questões tais como a ampliação das economias de escala, a redução dos custos de produção, a eliminação de dispêndios a partir da integração vertical de empresas, a criação e utilização de novas tecnologias aptas ao desenvolvimento de produtos de melhor qualidade e/ou menores custos e a inovação dos bens e serviços ofertados nos mercados. A análise desses aspectos possibilita às instituições encarregadas do controle das operações de concentração adaptar as normas jurídicas vigentes às necessidades de reestruturação dos agentes para enfrentar as novas condições de concorrência no mercado. Instrumentos analíticos típicos do exercício do controle, tais como a delimitação do mercado relevante e a análise da existência, neles, de poder econômico segundo definições calcadas em condições de fato – que podem ou não envolver a existência de concorrência externa no segmento estudado –, ao lado da apuração da eficiência da operação, permitem avaliar o impacto da operação em termos de concorrência e dos benefícios por ela propiciados.

As *defesas relacionadas à política industrial* – entre as quais o estímulo à pesquisa e ao desenvolvimento, apoio às empresas em crise ou aos setores em depressão e estímulo às pequenas empresas –, por sua vez, possibilitam a adaptação das normas de proteção à concorrência, principalmente das regras de controle de atos de concentração, às políticas econômicas implementadas pelo Estado no sentido de estimular a competitividade de seu parque produtor e amparar setores atingidos pelo novo contexto concorrencial. Sua consideração quando do exame dos atos de concentração permite a adaptação dessas operações, cuja realização se torne interessante por motivos de política econômica, às condições das leis de defesa da concorrência. Com efeito, embora possivelmente benéficos à sociedade, tais atos de concentração devem passar pelo crivo do seu efeito na concorrência, mediante a avaliação do poder de mercado, eventualmente criado ou fortalecido.

Finalmente, este trabalho pretende indicar que o processo de reestruturação por que passam os agentes produtivos, em decorrência da alteração do contexto no qual a concorrência nos mercados se estabelece, exige a aplicação efetiva do direito antitruste, a fim de serem mantidas no máximo grau possível as condições de concorrência nos mercados relevantes domésticos ou internacionais, na medida em que a concorrência nos primeiros é um elemento essencial para a competitividade das empresas nos mercados internacionais. Para tanto, é vital a conjugação da aplicação de normas de controle de estrutura e de normas voltadas à conduta dos agentes, na aplicação do direito de proteção à concorrência.

Muito embora possa-se apontar como uma das conseqüências do processo de globalização atualmente em curso a privatização de determinadas atividades econômicas anteriormente exploradas pelo poder público, a especificidade do tema da implantação da concorrência em setores privatizados, que não guarda relação tão direta com a análise desenvolvida no trabalho, levou à exclusão do seu tratamento neste livro.

Para o desenvolvimento da temática descrita, este trabalho foi dividido em três partes, subdivididas em sete capítulos.

A primeira parte descreve conceitos e modelos básicos para a compreensão do direito de proteção à concorrência e, mais especificamente, do controle de atos de concentração.

Com esse objetivo, o Capítulo I trata do conceito jurídico de concentração econômica, bem como de conceitos microeconômicos fundamentais, descritivos do funcionamento dos mercados. O Capítulo II, por sua vez, tem por objeto o desenvolvimento do direito da concorrência enquanto instrumento do direito econômico, vale dizer, procura examinar como esse ramo do Direito, voltado à ordenação do mercado e à implementação de políticas econômicas, reagiu à existência de falhas de funcionamento no sistema de mercado e da concorrência, com a criação de normas antitruste, e de que maneira se vem desenvolvendo a proteção da concorrência no direito econômico. O Capítulo III, finalmente, descreve alguns modelos comparativos de proteção à concorrência, historicamente implementados em países selecionados. Além da finalidade típica dos capítulos de Direito Comparado – mostrar como sistemas jurídicos estrangeiros resolvem os problemas da matéria em questão –, esse capítulo pretende ilustrar a diversidade de enfoques e finalidades que a defesa da concorrência pode apresentar nos diferentes sistemas nacionais, em decorrência da sua vinculação a outras políticas econômicas formuladas ao longo de sua história. A justificativa principal desse capítulo, porém, é oferecer uma descrição dos conceitos e regras principais dos sistemas jurídicos escolhidos: Estados Unidos, Comunidade Européia, Japão e Coréia do Sul. Essa descrição serve como instrumental básico para a análise desenvolvida no Capítulo V, sobre os efeitos da globalização econômica na aplicação das normas de controle de atos de concentração, nos diferentes sistemas.

A segunda parte do trabalho aborda a temática central da tese, ou seja, a análise do impacto do processo de globalização econômica no direito da concorrência e, mais especificamente, no controle dos atos de concentração.

O Capítulo IV inicia-se com um descrição das características, fatores e conseqüências daquele fenômeno, apontando em que medida as condições de concorrência nos mercados são por ele afetadas. Em seguida, procura mostrar a repercussão da globalização no Direito, abordando sua influência nas categorias principais do Direito Moderno e, também, em que medida as normas de proteção à concorrência se enquadram nessa tendência. O capítulo analisa ainda os efeitos da internacionalização dos mercados na aplicação das normas antitruste, mais exatamente as relações entre as políticas de comércio internacional e as políticas de concorrência formuladas pelos diversos países, a aplicação extraterritorial de leis antitruste, os esforços de uniformização legislativa e a criação de acordos de cooperação entre as autoridades nacionais competentes na área.

O Capítulo V desenvolve o núcleo da tese, com o tratamento dos problemas sumariados no início desta "Introdução". O ponto de partida da análise é o fato de a globalização econômica fortalecer dois tipos de defesa aos atos de concentração potencialmente lesivos à concorrência: o relacionado à eficiência econômica e o relacionado à política industrial. Assim, descreve o desenvolvimento do conceito de *eficiência econômica* por meio do movimento teórico da chamada *análise econômica do Direito* (*law and economics*) e a repercussão dessa corrente no campo do antitruste, apontando de que maneira tal tendência vem ao encontro das necessidades teóricas e práticas da proteção à concorrência em um contexto de globalização econômica. A análise desenvolvida incluiu uma descrição de como a defesa da eficiência vem sendo aplicada em diferentes sistemas jurídicos, utilizando, a esse propósito, os modelos comparativos tratados em capítulos anteriores. A seguir, trata da aplicação das *defesas baseadas na política industrial*, mostrando como elas têm sido compatibilizadas com a defesa da concorrência, com vistas a uma relação mais harmônica entre políticas antitruste e industriais.

A terceira e última parte deste trabalho tem por objeto o controle dos atos de concentração de empresas no Brasil com referência ao impacto da globalização na atuação da autarquia responsável pela aplicação das normas antitruste, o Conselho Administrativo de Defesa Econômica (CADE).

O Capítulo VI, após uma breve descrição da evolução do tratamento do controle de atos de concentração de empresas no Direito Brasileiro, ao discorrer sobre a sistemática das leis anteriores à vigente, suas características e aplicação, descreve o sistema de controle de estruturas em vigor, conforme estabelecido pela Lei 8.884, de 11.6.1994. A seguir, focaliza os princípios do Direito Brasileiro envolvidos na proteção da concorrência, cujos principais são a livre iniciativa, a livre concorrência, a repressão ao abuso do poder econômico, a eficiência econômica e o bem-estar do consumidor. Esses princípios, compatíveis em teoria, podem apresentar-se conflituosos na prática. Nesse sentido, descreve-se a solução construída pela Teoria Geral do Direito para o conflito de princípios contraditórios em situações fáticas determinadas.

O Capítulo VII, finalmente, tem por finalidade mostrar como vêm sendo decididos pelo CADE os casos de operações de concentração com potencial efeito lesivo à concorrência e como essa autarquia vem tratando as defesas que podem levar à aprovação de tais operações. Além disso, procura-se analisar de que maneira o CADE reage, nas suas decisões, aos problemas trazidos pela globalização econômica.

PARTE *I*

CONCENTRAÇÃO ECONÔMICA E DIREITO

Capítulo I – *O Mercado e a Concentração Econômica.* **Capítulo II** – *O Direito e o Controle da Estrutura de Mercado.* **Capítulo III** – *Paradigmas de Proteção à Concorrência e Controle da Concentração.*

Capítulo I

O MERCADO E A CONCENTRAÇÃO ECONÔMICA

1. Concentração de empresas. Aspectos fundamentais: 1.1 Conceituação – 1.2 Causas. 2. Os tipos de estrutura de mercado, conforme o grau de concentração econômica: 2.1 Mercado relevante e poder de mercado – 2.2 Mercados perfeitamente competitivos – 2.3 Mercados imperfeitamente competitivos – 2.4 Mercados oligopolizados – 2.5 Mercados monopolizados – 2.6 As relações entre estrutura, conduta e desempenho dos mercados. 3. Concentrações de empresas e seus tipos: 3.1 Concentrações horizontais – 3.2 Concentrações verticais – 3.3 Concentrações conglomeradas – 3.4 Acordo de cooperação entre empresas.

1. Concentração de empresas. Aspectos fundamentais

1.1 Conceituação

Um determinado ato ou contrato pode ser considerado uma operação de concentração de empresas quando as partes envolvidas, antes centros autônomos de decisão, passam a atuar como um único agente, do ponto de vista econômico, em todo o conjunto de suas atividades, e de forma permanente. Distinguem-se, assim, das situações de cooperação empresarial, onde a unidade do comando diz respeito apenas a certos comportamentos no mercado, mas não à totalidade das atividades.[1]

É extremamente ampla a gama das possíveis formas jurídicas – de caráter societário ou contratual – de que podem se revestir as operações de concentração de empresas. Por isso, não parece conveniente sejam elas enumeradas taxativamente pelas normas de defesa da concorrência. Ao contrário, o controle dos atos de concentração exige o uso de conceitos amplos e abrangentes, definindo antes o caráter econômico das operações do que seu aspecto societário. Dentro dessa perspectiva, a doutrina antitruste, sobretudo na Alemanha e na Comunidade Européia, desenvolveu a aplicação dos conceitos de *influência dominante* e de *influência relevante do ponto de vista concorrencial*.

A noção de *influência dominante*, no direito da concorrência, é identificada com o poder de influir na condução e no planejamento dos negócios da outra empresa – o que dispensa a existência de uma participação majoritária, ou mesmo societária, no capital dessa última. Com efeito, a utilização do conceito tem por objetivo a ampliação do controle sobre operações das quais não decorrem participações na maioria do capital do outro agente econômico mas pelas quais, assim mesmo, o poder titulado pelo detentor de posições minoritárias ou contratuais seja suficiente para o exercício da influência dominante nos negócios sociais da empresa.[2]

As principais hipóteses de influência dominante, assim, podem ser de caráter societário ou contratual. No primeiro caso haverá o poder de influência se houver participação majoritária ou minoritária revestida dos requisitos legais necessários para fazer presumir a permanência do poder. É o que ocorre quando há acordo de acionistas conferindo ao

---

1. Cf. Calixto Salomão Filho, *Direito Concorrencial – As Estruturas*, p. 256. V., ainda, Nuno T. P. Carvalho, *As Concentrações de Empresas no Direito Antitruste*, pp. 91-92.

2. Fábio Konder Comparato (*O Poder de Controle na Sociedade Anônima*, pp. 68-69) aponta a utilização da expressão por legislações estrangeiras como uma tentativa de distinguir situações diferentes daquela do controle, caracterizadas por terem conseqüências mais acentuadas no plano fático do que no jurídico. Observe-se, a respeito, também a distinção apresentada por Waldírio Bulgarelli (*Fusões, Incorporações e Cisões de Sociedades*, p. 28) entre *integração* – "que é o grau mais forte do domínio, (no qual) a empresa dominante substitui inteiramente a vontade da dominada pela sua" – e *quase-integração*, na qual a empresa dominante exerce uma influência unilateral e preponderante sobre as decisões das empresas dominadas.

minoritário o direito de deliberar sobre áreas vitais da administração ou nomear e destituir diretores das pastas-chaves na empresa. O segundo caso diz respeito à existência de contratos que atribuam ao seu titular, mesmo se não acionista da empresa, o poder de geri-la ou a prerrogativa de eleger membros da administração. Alguns exemplos, entre diversas situações que podem se apresentar na prática, são os direitos do credor decorrentes de um contrato de empréstimo, no qual o mutuante recebe as ações do bloco controlador em caução, e o contrato de franquia, conforme o qual o concedente do uso da marca ou sinal de propaganda pode estipular o direito de controlar as especificações e qualidades dos respectivos produtos ou serviços.[3] Dessas situações de uma influência que se aproxima do controle de fato pode resultar a possibilidade de gestão da empresa de forma concentradora aos outros negócios de titularidade daquele que detém a capacidade de influência, em prejuízo da concorrência. Daí sua importância para as normas de controle de atos de concentração. De qualquer forma, para que se caracterize a influência dominante, a relação contratual ou societária que a possibilita deve ser permanente, não servindo à sua caracterização a realização de atos isolados.[4]

Além das situações em que exista a comprovada influência dominante na condução dos negócios sociais de uma empresa por outra – muitas vezes sua concorrente –, há casos de influência menos aberta, não levando à conclusão de estarem elas concentradas, mas simplesmente numa posição de interdependência, da qual decorre um possível comportamento de cooperação entre ambas. Para o enquadramento de tais situações a doutrina desenvolveu o conceito de *influência relevante do ponto de vista concorrencial*.[5]

As situações mais típicas desse tipo de influência relevante vêm a ser a existência de poder de veto por minorias em matérias cruciais à administração da sociedade, a existência de participação expressiva no capital não-votante da empresa ou a existência de sociedades com a prerrogativa de coordenação de outras – os chamados *grupos de coordenação*. Nesses três casos a conformação de poderes societários e do interesse dos titulares desse poder impõe a pressuposição de que a administração da empresa não será conduzida de forma independente do interesse dos titulares de tais prerrogativas em outras sociedades, com ela concorrentes ou relacionadas verticalmente.

Esses dois conceitos – a *influência dominante* e a *influência relevante do ponto de vista concorrencial* – permitem ao direito de proteção à

3. W. Bulgarelli, *Fusões*, ..., pp. 69-75.
4. Cf. C. Salomão Filho, *Direito Concorrencial* – ..., pp. 245-246.
5. Idem, ibidem, pp. 249-253.

concorrência o controle sobre situações nas quais se dê a concentração de agentes de mercado anteriormente autônomos ou, ainda, sobre operações das quais decorra uma situação de interdependência tal, que se possa pressupor uma conduta cooperativa – antes do que concorrencial – entre empresas independentes. A possibilidade de sua utilização no controle de atos de concentração ou de operações que levem à cooperação, por sua vez, depende da existência de normas suficientemente abrangentes quanto à forma de realização das operações, não se limitando, por exemplo, aos casos claros de concentração, representados pelas operações de fusão e incorporação. Além disso, quando as legislações estabelecem algum tipo de notificação da operação às autoridades, prévia ou posteriormente à sua realização, é importante o escrutínio das diversas informações relativas a participações societárias das e nas empresas partes da operação, assim como de seus sócios, e das prerrogativas conferidas a essas participações, tais como poder de veto ou indicação de diretores ou administradores, a fim de detectar modalidades de concentração ou cooperação menos ostensivas.

A legislação brasileira (Lei 8.884, de 1994) procurou estabelecer uma amplitude suficiente ao enquadramento das diferentes formas de concentração econômica no § 3º do art. 54, referindo-se aos atos que *visem a qualquer forma de concentração econômica, seja através de fusão ou incorporação de empresas, constituição de sociedade para exercer o controle de empresas ou qualquer forma de agrupamento societário*.[6] A redação da lei é criticada pelo fato de trazer uma listagem incompleta e algo aleatória das possíveis figuras societárias através das quais as operações de concentração são levadas a efeito, quando mais conveniente teria sido a ênfase no conceito de *concentração*, nos aspectos da mudança estrutural duradoura em que se promove a unidade de comando entre dois ou mais agentes anteriormente independentes.[7]

As normas do Conselho Administrativo de Defesa Econômica (CADE) abordando as formalidades e procedimentos relativos aos atos de que trata o art. 54, expressas na Resolução 15, de 10.8.1998, por sua vez, disciplinam de forma abrangente e completa as informações a serem apresentadas pelas partes engajadas em atos ou contratos potencialmente lesivos à concorrência, incluindo participações societárias no capital social das e nas empresas participantes superiores a 5%, a relação

---

6. Note-se a legislação de proteção à concorrência no Brasil define como crime contra a ordem econômica, na Lei 8.137, de 27.12.1990 (art. 4º, I, "b", "c" e "d"), a "aquisição de acervos de empresas ou cotas, ações, títulos ou direito"; a "coalizão, incorporação, fusão ou integração de empresas"; "concentração de ações, títulos, cotas, ou direitos em poder de empresas coligadas ou controladas, ou pessoas físicas".

7. Cf. C. Salomão Filho, *Direito Concorrencial – ...*, pp. 256-257.

de membros da direção do grupo que dirijam outras empresas dos mesmos setores das requerentes, a existência de acordos de acionistas ou outros acordos relativos à administração, as regras para a indicação para cargos de direção das empresas em questão, entre muitas outras informações, para a verificação da existência de influência dominante ou relevante e suas repercussões sobre o comportamento concorrencial das empresas envolvidas. Finalmente, a resolução define o conceito de controle como *poder de dirigir, de forma direta ou indireta, interna ou externa, de fato ou de direito, individualmente ou por acordo, as atividades sociais e/ou o funcionamento da empresa*. Adota, assim, uma definição mais abrangente, sensível à possibilidade de controle indireto e externo, a ser analisada pelas autoridades.

1.2 Causas

São diversas as razões que motivam as empresas a realizarem operações de concentração. Algumas são benéficas ao mercado; outras, prejudiciais.[8] Importante para o direito antitruste são os efeitos da concentração sobre o mercado, e não propriamente as causas pessoais ou institucionais dos seus participantes – efeitos, esses, que no momento da realização da operação são simplesmente potenciais, incumbindo à autoridade analisar sua plausibilidade e probabilidade. Entretanto, as concentrações motivadas por intuitos anticoncorrenciais, pelas quais se busca a aquisição de uma posição de monopólio ou de grande parcela de poder de mercado, normalmente tendem a produzir efeitos nocivos à concorrência.

Entre os objetivos que podem ser caracterizados como benéficos ao mercado, os principais são a realização de economias de escala e obtenção de maior eficiência na produção ou administração dos recursos produtivos. Com efeito, a possibilidade de redução do custo unitário de produção de bens ou de serviços e o aumento da capacidade de investimento para a racionalização da produção, desenvolvimento de novas técnicas, inovação do produto e maior capacidade competitiva internacional são as principais justificativas apresentadas em operações de concentração.

Além disso, a possibilidade de entrada num mercado por um novo agente ou de expansão das atividades de um concorrente também são objetivos freqüentes dos atos de concentração. Nessas situações a opção mais benéfica à economia é a entrada ou a expansão independentes desse agente de mercado, ao invés da compra e eliminação de um con-

---

8. Para a descrição das principais causas dos atos de concentração, cf. Philip Areeda e Louis Kaplow, *Antitrust Analysis. Problems, Text, Cases*, 4ª ed., pp. 800-806.

corrente. Entretanto, como os custos de aquisição de um agente já instalado no mercado são inferiores aos da entrada independente, nem sempre é de se presumir que na impossibilidade da compra o novo agente se disponha ao investimento implicado na entrada. Assim, se não for eliminada concorrência substancial no mercado a operação de compra pode ter efeitos positivos, dinamizando a competição e a inovação do segmento envolvido.

Finalmente, a venda de uma empresa pode ser motivada por outras questões tais como o desejo de um empresário de se retirar do negócio, em empresas familiares, e até por razões defensivas, tais como evitar o declínio e mesmo a falência de empresa em dificuldades, que resultaria na extinção de capacidade produtiva do mercado, ou, ainda, para fazer frente a um concorrente mais agressivo, ameaçador das empresas menores ou mais tradicionais no ramo.

As razões que podem ser vistas como prejudiciais à concorrência dizem respeito, sobretudo, à intenção de domínio de mercados, nos quais a compra de concorrentes tem por fim sua eliminação e a possibilidade, ao agente remanescente, de os explorar, na forma da redução da produção e do aumento de preços ou através de qualquer tipo de abuso.[9] Além disso, algumas vezes a compra de ações de empresas decorre do mero interesse pessoal dos administradores em se fazerem contratar por empresa de maior porte e sem qualquer preocupação com o aumento da eficiência de suas empregadoras. Finalmente, algumas operações têm a finalidade única de especulação com o valor das ações das companhias envolvidas, sem consideração a questões de ordem produtiva ou mercadológica.

As operações de concentração, num sentido geral, constituem um exercício do direito de livre iniciativa, básico à organização do sistema de mercado. Enquanto tais, tendem a permitir o fluxo dos recursos econômicos de um emprego menos eficiente para outro mais produtivo e dinâmico para a economia. Assim, o fato de os atos de concentração produzirem, freqüentemente, efeitos positivos à economia torna mais complexa sua regulação jurídica. De fato, se fossem predominantes seus efeitos nocivos as normas antitruste poderiam prever uma proibição absoluta.[10] No entanto, em decorrência da sua utilidade e imprescindibilidade à economia de mercado, as operações de concentração exigem uma apreciação caso a caso, na qual os efeitos negativos à concorrência e os benéficos à economia como um todo sejam devidamente balanceados,

---

9. Essa é a lógica do funcionamento dos mercados monopolizados, que será tratada mais detidamente no subitem 2.5, abaixo.

10. Cf. Herbert Hovenkamp, *Federal Antitrust Policy. The Law of Competition and its Practice*, p. 445.

segundo os critérios estabelecidos pelas diferentes legislações de proteção à concorrência.

O processo de concentração da economia na era moderna está intimamente ligado ao desenvolvimento do sistema capitalista, iniciado com a Revolução Industrial. Determinados eventos e circunstâncias, por sua vez, tendem a acelerar o processo, produzindo ondas concentracionistas identificadas no tempo e no espaço.

Nesse sentido, a segunda metade do século XIX marca o início de um movimento concentracionista moderado, quando se assistiu a uma rápida substituição de indústrias de caráter familiar e de mercados locais para um cenário industrial de empresas grandes, burocratizadas e muitas vezes em nítida posição de domínio de mercado. Acompanharam esse novo quadro mudanças sociais peculiares ao processo de industrialização, tais como a emergência de um proletariado urbano.[11] Esse processo teve como impulso o desenvolvimento de novas técnicas que exigiam a produção em maior escala, assim como o progresso da estrutura de transportes, que permitiu a expansão dos mercados da dimensão local à regional e até mesmo nacional.

Posteriormente, outras circunstâncias, em determinadas ocasiões, estimularam o processo de concentração. Pode-se lembrar, por exemplo, a integração e consolidação de empresas européias, com o intuito de melhor competir no mercado comum. Finalmente, nos dias de hoje, o acelerado processo de internacionalização da economia tem sido o fator preponderante das chamadas megafusões, das quais surgem empresas de enorme porte e acentuado poder de mercado, aptas a atuar em diferentes mercados nacionais e a fazer frente às concorrentes do mesmo padrão.[12]

2. Os tipos de estrutura de mercado, conforme o grau de concentração econômica

2.1 Mercado relevante e poder de mercado

O controle dos atos de concentração – assim como a disciplina de outras práticas sujeitas à legislação antitruste – exige a definição prévia do mercado envolvido na operação. Surge aí o conceito de *mercado*

---

11. Cf. Waldírio Bulgarelli, *Concentração de Empresas e Direito Antitruste*, 2ª ed., pp. 20-22. Para uma descrição sintética desse quadro de mudanças na estrutura industrial dos Estados Unidos nessa época, cf. Eleanor M. Fox e Lawrence A. Sullivan, *Cases and Materials on Antitrust*, p. 22. A descrição desse processo de concentração do mercado norte-americano é tratada também no Capítulo III, subitem 7.1.

12. Para uma descrição do processo de globalização econômica e a localização do fenômeno das megafusões nesse contexto, v. Capítulo IV, item 11.

relevante, cuja finalidade é a definição do espaço geográfico e material no qual a concorrência se estabelece. Incluem-se dentro de um único mercado relevante as empresas cuja produção tenha um efeito imediato e substancial no comportamento – sobretudo no tocante a preços e produção – das empresas do mesmo mercado. Devem ser incluídos no mesmo mercado todos os agentes cujos produtos sejam considerados pelos consumidores ou clientes como substitutos, de modo que a variação no preço de um desses produtos, dentro de uma área, cause efeitos nas vendas dos produtos das outras empresas consideradas participantes do mercado relevante em questão.[13]

A definição de *mercado relevante* liga-se intrinsecamente à análise da configuração do *poder de mercado*, na medida em que o elemento-chave na delimitação do mercado seja a reação de concorrentes e consumidores ao aumento ou redução dos preços de um dos agentes – vale dizer, seu poder de influenciar os preços. Esse método de delimitação do mercado toma por base a análise, elaborada pela ciência econômica, da *elasticidade cruzada da procura*, que estuda o efeito e as relações proporcionais entre a alteração no preço de um determinado produto e a venda de um segundo produto.[14]

O *poder de mercado*, por sua vez, é definido a partir da capacidade do agente de aumentar substancialmente os preços de seus produtos de modo a maximizar seus lucros,[15] por um certo período de tempo.[16] A existência dessa possibilidade não significa ser sempre uma conduta adotada, pois o agente pode optar pela redução predatória de preços para afastar a concorrência. Embora relacionado com a dimensão da participação de mercado do agente, o poder de mercado não se identifica plenamente com essas categorias, pois sua capacidade de aumentar preços pode estar sendo restringida pela possibilidade de os consumidores trocarem seu produto por outros, substitutos, ou de novos agentes

---

13. Cf., nesse sentido, Gregory J. Werden, "The history of antitrust market definition", *Marquette Law Review* 76/135.

14. O conceito de *elasticidade cruzada da procura* foi utilizado pela Suprema Corte já em 1953, no caso "Times Picayune Publishing Co v. United States" (cf. G. Werden, in *Marquette Law Review* 76/130).

15. O aumento de preços, propiciado inclusive a partir da redução da produção, para diminuição da oferta no mercado é a conduta racional típica do monopolista. V. o subitem 2.5, abaixo.

16. A doutrina antitruste, espelhada nas *mergers guidelines* publicadas pelas autoridades antitruste norte-americanas em 1992, estabeleceu um patamar de 5% para que um aumento de preços seja considerado substancial e, assim, digno de preocupações. O aumento é considerado transitório se durar menos de um ano, e aí não merecerá a atenção das autoridades. Para uma análise mais detida das *guidelines* v. o Capítulo III, subitem 7.3.

ingressarem no mercado, atraídos pela sua alta lucratividade, e, assim, aumentar a concorrência na venda do produto em questão.[17]

Surge, assim, o conceito de *barreiras à entrada*, referido às condições de um mercado que permita às empresas nele atuantes auferir lucros de monopolistas sem que esses altos lucros atraiam novos concorrentes. As barreiras à entrada podem ser definidas, ainda, como os custos em que um concorrente potencial deve incorrer, em desvantagem aos concorrentes já atuantes naquele mercado.[18] Podem constituir barreiras à entrada, nesse sentido, as economias de escala determinantes de uma produção eficiente, a diferenciação de produtos, a integração vertical, as fontes de suprimento de fatores de produção e complexidade das redes de distribuição – entre outros fatores que, de forma efetiva, desestimulem a entrada de novos concorrentes ainda quando os agentes já instalados aufiram lucros acima do nível competitivo.

O mercado relevante delimita-se, assim, pelas suas fronteiras com os demais mercados, sob duas perspectivas principais: a do produto, pois cada bem ou serviço concorre apenas com espécimes com as quais guardem alguma similaridade e pelos quais possam ser substituídos; e a geográfica, porque apenas podem concorrer produtos dentro de um espaço geográfico ao qual tenham acesso os consumidores ou clientes. Nesse sentido, o tratamento desse tema distingue o *mercado relevante do produto* do *mercado relevante geográfico*.

Nessas duas perspectivas – produto e geografia –, a delimitação do mercado relevante toma em consideração dois aspectos: a possibilidade de substituições do lado da procura e do lado da oferta. Sob o primeiro aspecto trata-se da possibilidade de os consumidores substituírem o produto em questão por outro em caso de um aumento de preços do primeiro. Sob o segundo aspecto refere-se à possibilidade de novos produtores, atuantes em mercados geográficos ou do produto contíguos, ingressarem no mercado onde o preço daquele produto tenha sofrido um aumento ou, numa situação menos comum, de que os consumidores se dirijam a áreas geográficas vizinhas para adquirir os produtos ou serviços em questão.

Dessa forma, define-se o mercado relevante tomando-se em consideração a dinâmica da concorrência e as reações de todos os agentes possivelmente dele integrantes a um aumento de preços de certo produto. Deve ser observado, a propósito, que a análise do cenário de fuga de

---

17. Cf. C. Salomão Filho, *Direito Concorrencial* – ..., p. 78.

18. Essas são as duas definições consagradas pela doutrina. A primeira foi desenvolvida pelo economista John Bain e a segunda pelo também economista George Stigler. O conceito de Bain teve maior repercussão na aplicação das Cortes e, atualmente, na definição apresentada nas *mergers guidelines* norte-americanas (cf. H. Hovenkamp, *Federal Antitrust* ..., pp. 40-41).

consumidores ou de ingresso de novos produtores, diante de um aumento de preços, deve ser elaborada a partir dos preços que seriam cobrados em concorrência, mesmo quando na realidade tais preços já se encontrem num patamar supracompetitivo. Do contrário, com a avaliação do efeito de um aumento de preços já acima dos concorrenciais, corre-se o risco de delimitação muito ampla do mercado, pois os consumidores que permaneceram cativos diante de um aumento substancial e não-transitório até certo patamar tenderão a substituir o produto, e agentes que consideraram as barreiras à entrada altas demais para compensar seu ingresso poderão, num cenário de preços monopolísticos, considerar a entrada. A finalidade dessa análise é a verificação da existência de limites para o exercício do poder de mercado expresso pela capacidade de aumento de preços, em nada adiantando se esses limites passarem a existir apenas quando o agente já estiver usufruindo seu poder.[19]

Deve ser observado que, embora se estabeleçam critérios para a definição do mercado relevante, sua aplicação – e mesmo o próprio estabelecimento dos critérios – pode levar a diferentes resultados, ora ampliando excessivamente o mercado em questão, ora restringindo-o. Em geral, sua delimitação mais ampla tende a descaracterizar a existência de poder de mercado, pois mais produtos serão tidos como sucedâneos. Ao contrário, sua delimitação muito estreita implicará a identificação de um poder de mercado possivelmente superestimado.[20] A inexistência de critérios únicos de definição do mercado relevante e sua influência na análise da existência de poder de mercado propicia uma margem

---

19. A Suprema Corte Norte-Americana cometeu o engano de avaliar a elasticidade cruzada da demanda a partir de preços monopolísticos no caso *Cellophane* ("United States v. E.I. Du Pont de Nemours e Co.", 351 US 377), nos anos 50. Esse erro ficou conhecido na doutrina como *the Cellophane fallacy*. Cf. Gene C. Schaerr, "The cellophane fallacy and the Justice Department's guidelines for horizontal mergers", *Yale Law Journal* 94/678. Também criticando a abordagem das *mergers guidelines* norte-americanas nesse sentido, Robert Pitofsky ("New definitions of relevant markets and the assault on antitrust", *Columbia Law Review* 90/1.823-1.824) aponta: "The market definition sections of the Guidelines totally ignore the question of whether a seller or group of sellers earns an unusually high return on investment. By ignoring the 'profit' question, companies that already have and are exercising market power may appear as if they face considerable competition. It is surprising that Guidelines which are so sophisticated in economic terms would have failed entirely to take into account this aspect of market definition".

20. Contrariamente ao que ocorreu no caso *Cellophane*, a jurisprudência norte-americana coleciona casos de definição mais estreita do mercado relevante. Um exemplo clássico é o caso *Brown Shoe* ("Brown Shoe Co., Inc. v. United States" 370 US 294, 825. CT, 1.502, 82. Ed. 21.510), no qual o mercado relevante do produto *calçados* numa determinada área foi subdivido em "submercados": femininos, masculinos e infantis (cf. Thomas D. Morgan, *Cases and Materials on Modern Antitrust Law and its Origins*, p. 444).

de discussão sobre suas fronteiras pelas partes envolvidas numa operação sob exame de autoridades antitruste e, mesmo, a divergência da doutrina com relação aos critérios mais acertados para a definição do mercado relevante. Nesse último caso, freqüentemente, a discussão tende a um caráter ideológico. Assim, aqueles adeptos de uma política antitruste mais severa, confiantes na necessidade de prevenir a concentração de poder de mercado, tenderão a defender critérios de definição do mercado relevante mais restritivos. O contrário se passará com os defensores de uma maior margem de liberdade econômica, que acreditam na possibilidade de concorrência mesmo em cenários de maior concentração econômica.

O problema do conceito de poder de mercado, conceito cuja definição tem origem na análise econômica do funcionamento dos mercados e tratado na lei de defesa da concorrência brasileira, influenciada pela doutrina e legislação européias, a partir do conceito de *posição dominante*. A doutrina antitruste define a posição dominante como o poder que permite ao agente agir de forma independente e com indiferença com relação aos comportamento dos demais agentes, em razão da ausência de concorrência.[21] Evidentemente, a capacidade de ação independente e indiferente relaciona-se ao poder de mercado que permite ao agente definir preços e nível de produção sem o risco de perder parcelas de mercado para concorrentes capazes de confrontar seu poder e, ainda, a capacidade de influenciar a conduta dos demais concorrentes.

Nesse sentido, o controle de atos de concentração tem por finalidade prevenir a formação de poder de mercado da qual possa resultar aumento de preços e redução da produção – conseqüências possíveis em mercados de estrutura monopolizada ou oligopolizada, como será analisado a seguir.[22]

Muito embora a análise do conceito de poder de mercado, relacionada à delimitação de um dado mercado relevante, demonstre que a possibilidade de seu domínio não depende apenas do grau de concentração de sua estrutura, esse aspecto não deixa de ter importância fundamental na análise da concorrência em mercados específicos, constituindo o ponto de partida para a projeção dos possíveis comportamentos dos agentes em questão. A análise da concentração dos mercados é realizada através de modelos descritivos dos tipos de mercado conforme a quantidade de seus agentes participantes e as características prováveis de seu funcionamento, em decorrência dessa quantidade e de outras condições

---

21. Cf. Giuliano Amato, *Antitrust and the Bounds of Power. The Dilemma of Liberal Democracy in the History of the Market*, p. 67.
22. V. subitens 2.4 e 2.5, abaixo.

determinadas. Tratando-se de tipos, há uma certa dose de abstração teórica na descrição, sobretudo no caso de alguns dos modelos. Justifica-se a tipologia, no entanto, pela sua capacidade de descrição do funcionamento dos mercados a partir do grau de concentração, a qual pode ser aplicada para a análise de mercados existentes.

Os principais modelos de organização de mercados definidos pela doutrina econômica conforme o grau de concentração de seus agentes são: o *mercado perfeitamente competitivo*, o *mercado imperfeitamente competitivo*, o *mercado oligopolizado* e o *mercado monopolizado*.

2.2 Mercados perfeitamente competitivos

Trata-se do modelo da concorrência perfeita.[23] Pouco encontrados na realidade, constituem mais uma abstração teórica explicativa do funcionamento dos mercados e do comportamento de seus agentes em regime de concorrência pura, do que propriamente uma descrição da realidade. A utilização desse modelo serve, porém, de contraponto aos mercados concentrados – em situação de monopólio ou oligopólio – que impõem custos aos consumidores e à sociedade em geral, devendo, por essa razão, ter sua formação coibida ou sua conduta regulada.

A existência de concorrência perfeita depende de algumas condições, cuja identificação presta-se também à avaliação das condições de concorrência em outros mercados nos quais não exista, porém, concorrência perfeita.

A principal das condições que definem o mercado perfeitamente competitivo é a existência de um grande número de produtores e de compradores, todos eles pequenos com relação ao todo e, assim, incapazes de afetar, a partir de suas decisões individuais, o preço do bem ou serviço e a conduta dos outros concorrentes. Dessa forma, nenhuma empresa poderia individualmente elevar o preço do bem, pois isso resultaria na perda de suas vendas; ou abaixá-lo substancialmente, já que sofreria prejuízos diante de seus custos de produção. Por outro lado, nenhum deles poderia tentar reduzir unilateralmente sua oferta, já que a parcela não vendida seria facilmente suprida pelos concorrentes. Nessa perspectiva, o preço no mercado perfeitamente competitivo seria considerado pelos produtores e compradores como um dado, não passível de modificações pela conduta individual de qualquer um deles.

---

23. Para a descrição das características dos mercados perfeitamente competitivos, v.: Mark Seidenfeld, *Microeconomic Predicates to Law and Economics*, pp. 35-36; Roger D. Blair e David L. Kaserman, *Antitrust Economics*, pp. 3-5; e Fábio Nusdeo, *Curso de Economia: Introdução ao Direito Econômico*, 2ª ed., pp. 263-265.

Na medida em que não podem influenciar os preços de modo a aumentar sua lucratividade, as empresas tentam maximizar seus lucros produzindo até que seu custo marginal[24] se iguale ao preço – o qual, repita-se, para elas é um dado. O preço, por sua vez, é determinado pela interação entre oferta e procura totais do mercado. Aumentando a oferta cai o preço, e vice-versa. Note-se que no modelo de mercado perfeitamente competitivo não existe lucro, estando embutida nos custos uma remuneração ao produtor pelo seu trabalho de combinação dos fatores de produção e investimento.

Outras condições necessárias para que um mercado possa ser definido como perfeitamente competitivo são: a homogeneidade dos produtos ou serviços oferecidos no mercado; o acesso pleno de todos os agentes às informações relevantes àquele mercado; a mobilidade dos fatores de produção e dos agentes de mercado ou – pode-se dizer – a inexistência de barreiras à entrada e à saída dos agentes, podendo eles ingressar ou se retirar de diferentes atividades, conforme as sinalizações de mercado.[25]

Em termos macroeconômicos, a concorrência perfeita permite a alocação eficiente dos recursos na sociedade. Isso porque, à medida que os fornecedores tendem a produzir até que o custo marginal se iguale ao preço do produto, os recursos sociais empregados na produção desse produto – o seu custo marginal – tenderão a se igualar ao valor marginal que lhe é atribuído pela sociedade, o seu preço. Além disso, o aumento do preço de certo produto estimula a entrada de novos produtores; e a queda, a saída dos agentes para outras atividades – o que favorece um equilíbrio na alocação eficiente dos recursos sociais. Além disso, em razão da inexistência de lucros por parte dos produtores e do seu deslocamento para atividades mais valorizadas pelos consumidores, diz-se que o mercado perfeitamente competitivo tende a maximizar o bem-estar do consumidor.

Embora o modelo do mercado perfeitamente competitivo pareça o ideal a ser perseguido pela legislação e política antitruste, na medida

---

24. *Custo marginal* é o custo adicional no qual uma empresa incorre ao produzir uma unidade a mais de produto. Por exemplo, uma das 30 produtoras de macarrão numa determinada região produz 1.000 pacotes de 500g por semana, que são vendidos a R$2,00 cada um. Ela tende a aumentar sua produção à medida que possa fazê-lo por um custo inferior a R$2,00 por pacote. Se, em razão dos seus custos totais de produção (capacidade dos equipamentos, falta de suprimento de matérias-primas na região, horas extras aos seus funcionários etc.), a produção do milésimo primeiro pacote custar R$ 2,05 a empresa terá prejuízo em fabricá-lo.

25. Alguns autores apontam também a inexistência de economias de escala e de externalidades – vale dizer, existência de custos ou de receitas não internalizados no preço do produto – como condições definidoras dos mercados perfeitamente competitivos (cf. F. Nusdeo, *Curso* ..., 2ª ed., p. 263).

permitida pela realidade dos mercados, sobretudo no tocante a economias de escala, aponta-se sua incapacidade de geração de inovações substanciais na produção.

Destaca-se, nesse sentido, a posição apresentada pelo economista e jurista austríaco Joseph A. Schumpeter. Conforme esse autor, o método de análise dos mercados pela doutrina antitruste peca pelo recorte estático do mercado, no qual a existência de oligopolistas ou de monopolista cobrando preços acima do nível competitivo é apontada como indesejável, independentemente da análise prospectiva do que tende a ocorrer em tal mercado no futuro. Num enfoque dinâmico, dever-se-ia apreciar a tendência de estabelecimento de um processo de *destruição criativa*, típica do capitalismo, através da qual se revolucionam métodos e fórmulas de produção e de organização industrial e se criam novos produtos e formas de comercialização. Esse processo constituiria o impulso fundamental a manter o sistema capitalista em movimento e, a longo prazo, propiciar o aumento da produção e a queda dos preços. Nesse sentido, não haveria razão plausível para uma política antitruste voltada à manutenção da concorrência pura, em cujo regime se produz até que o preço se iguale ao custo marginal e no qual os empresários não auferem lucros, desestimulando sua capacidade inovativa.[26]

2.3 Mercados imperfeitamente competitivos

Em alguns mercados, embora exista competição entre os diversos produtores e entre os compradores, as condições de concorrência não são ideais, inexistindo todos os requisitos necessários à definição dos mercados perfeitamente competitivos. Dentro desse contexto definem-se os mercados chamados *de concorrência imperfeita* ou *de concorrência monopolística*.[27]

Trata-se de mercados nos quais os produtores conseguem diferenciar seu produto daqueles oferecidos pelos seus concorrentes, de modo a cativar consumidores. Quando esse expediente – levado a efeito através de publicidade, da criação de faixas de qualidade e de nichos de

---

26. Joseph A. Schumpeter, *Capitalism, Socialism and Democracy*, pp. 81-86.
27. Cf. H. Hovenkamp, *Federal Antitrust* ..., pp. 36-37, e F. Nusdeo, *Curso* ..., 2ª ed., pp. 265-267. A teoria da concorrência monopolística, embora descreva com bastante adequação o funcionamento de mercados de bens de consumo na sociedade atual, data da década de 30. O modelo foi desenvolvido pelo economista Edward H. Chamberlein (*The Theory of Monopolistic Competition*, 8ª ed., Cambridge, Harvard University Press, 1969), incluindo como uma de suas características a diferenciação de produtos e seus efeitos na preferência do consumidor (pp. 56-70). No mesmo ano dessa publicação foi publicada na Inglaterra a obra de Joan Robinson, *The Economics of Imperfect Competition*, desenvolvendo análise na mesma linha.

mercado distintos e de técnicas comerciais destinadas a manter cativos os clientes – é bem-sucedido rompe-se com os pressupostos de homogeneidade dos produtos e, de certa forma, da informação total dos agentes de mercado, pois com sua segmentação é mais difícil aos consumidores e concorrentes manter-se a par de detalhes sobre preços, qualidades e condições de negociação.

A diferenciação de produtos e a criação de uma rede de clientes e consumidores cativos atribuem ao produtor um poder de mercado superior àquele que desfrutaria se seus produtos competissem mais efetivamente com os de seus concorrentes. A partir da existência de poder de mercado, a tendência nos mercados nos quais vige a concorrência imperfeita é a cobrança de preços superiores ao custo marginal e uma produtividade inferior à dos mercados competitivos (custo marginal igual ao preço).

A diferenciação de produtos, caracterizadora da concorrência imperfeita, pode constituir uma estratégia de domínio de mercados se os detentores das marcas principais se valerem de práticas abusivas para manter seu poder. Pode também constituir um aspecto estimulador à concentração do mercado, na medida em que a fidelidade dos consumidores e os altos custos de propaganda e publicidade necessários para lançar uma marca diferente se coloquem como empecilho à entrada de potenciais concorrentes. Por outro lado, no entanto, a diferenciação de produtos tende a inibir a colusão entre concorrentes, principal foco de preocupação nas estruturas de mercado oligopolizadas. Isso porque as distinções entre os produtos em matéria, por exemplo, de qualidade, acabamento, faixa de consumidores a que se destinam e até mesmo a localização dos vendedores, dificultam o controle, por um concorrente, das práticas e políticas de preços dos demais. Daí a razão de se ter denominado esse regime de *concorrência monopolística*, pois embora ele não constitua um monopólio, nem mesmo um oligopólio, a diferenciação dos produtos por ele propiciada leva o mercado a não ser, na realidade, um único, mas a se segmentar em vários compartimentos, dentro dos quais os vendedores detêm alguma parcela de poder monopolístico, sobretudo em razão da baixa elasticidade da procura em cada um desses compartimentos.

2.4 Mercados oligopolizados

O oligopólio caracteriza-se pela existência de um número reduzido de produtores num determinado mercado relevante ou, ainda, pela atuação de um número reduzido de produtores de grande porte, coexistindo com concorrentes bem menores, sem condições de alterar as condições do mercado. Esta é, de longe, a estrutura mais complexa cuja disciplina incumbe às normas antitruste. Isto porque não há apenas um tipo de conduta racional dos agentes econômicos, previsível a partir da estrutura do mercado, tal como nos casos dos mercados monopolizados ou puramente competitivos, pois, na prática, existem mercados oligopolizados bastante competitivos, ao passo que outros funcionam quase como um monopólio, a partir da colusão de seus agentes, suprimindo, assim, a concorrência.

A existência de poucos concorrentes propicia a prática do *cartel* – acordo expresso entre os competidores para a regulação da concorrência num determinado mercado relevante –, com a finalidade de aumento dos lucros de todos eles.

Quando bem-sucedidos, os cartéis produzem efeitos similares aos da monopolização do mercado,[28] com redução da produção e aumento do preço do produto. No entanto, são bem mais voláteis do que o monopólio, pois nem sempre os interesses do cartel como um todo coincidem com o de cada um de seus participantes. Estes últimos, embora beneficiando-se da redução da concorrência possibilitada pelo acordo, levariam vantagens ainda maiores se conquistassem parcela maior do mercado, através de descontos ou outras formas de redução de seu preço. A estabilidade dos cartéis, assim, depende de vários fatores, tais como a capacidade dos seus membros de chegar a um consenso sobre as condições de venda, a efetiva existência de poder de mercado pelos participantes, coletivamente, e a capacidade de controle dos preços praticados por uns e outros para, assim, punir os membros desviantes.[29] Em decorrência da forte repressão aos cartéis pelas legislações antitruste, esta prática não é tão comum.

A estrutura de mercado oligopolista, no entanto, permite estabelecer conduta restritiva à concorrência entre os integrantes, mesmo sem comunicação expressa. Trata-se do chamado *comportamento interdependente*, através do qual os agentes restringem sua produção a fim de chegar a um preço de mercado próximo ao que seria fixado por um monopolista. Cada concorrente sabe que é mais vantajoso acompanhar os demais numa alta de preços do que desencadear um corte geral dos mesmos, com prejuízo para todos. A conduta de cada um dos concorrentes leva em conta a dos demais, a partir de informações disponíveis ou sinalizações quase imperceptíveis a terceiros. Assim, a decisão de um deles de aumentar o preço pressupõe que os demais irão entender seu interesse comum na alta e acompanhar o líder. A redução de preços, por sua vez, tende também a ser acompanhada. Como tal diminuição resulta-

---

28. Sobre o funcionamento dos mercados monopolizados, v. o item 2.5, abaixo.
29. Cf. Philip Areeda e Louis Kaplow, *Antitrust Analysis. ...*, 4ª ed., p. 279.

ria numa baixa geral de lucratividade, o típico comportamento interdependente oligopolista evita a iniciativa de reduzir preços, a qual tende a ocorrer em épocas de crise ou pronunciada retração da procura de um dado segmento. Nessas ocasiões vai ocorrer uma atitude de "salve-se-quem-puder", com a quebra do acordo centralizador, inclinando-se, então, o mercado para um regime de concorrência imperfeita ou monopolística, tal como acima descrito.

O comportamento interdependente entre concorrentes num mercado oligopolizado é especialmente danoso quando intencional, vale dizer, na existência de um acordo, tácito ou explícito, entre os agentes. A existência de comportamento interdependente intencional depende de uma série de fatores, cujos mais importantes são: a existência de poder de mercado pelo grupo oligopolista, pois se os preços altos puderem ser ameaçados por concorrentes alheios ao acordo, ou mesmo potenciais, a conduta interdependente intencional será contida; a uniformidade de interesses entre os concorrentes, que devem ter porte e estruturas de custos similares; e a facilidade de obtenção de informações relevantes sobre custos, produção e preços dos demais concorrentes, necessária para a rápida reação a alterações de preços de um líder e para o controle de possíveis comportamentos destoantes daqueles interessados em reduzir o preço para aumentar sua participação no mercado.[30]

A doutrina antitruste a respeito do comportamento interdependente em mercados oligopolizados toma por base o modelo comportamental da chamada *teoria dos jogos*, que aponta a estratégia racional de cada um dos agentes em função do comportamento provável dos demais concorrentes. Nos mercados oligopolizados a atuação independente de cada agente é substituída por um comportamento que projeta a reação dos concorrentes a cada tipo de conduta adotada.[31]

A comprovação da existência de um comportamento interdependente e intencional pelos concorrentes em mercados oligopolizados não é simples. A teoria econômica, no entanto, aponta algumas evidências para a comprovação dessa intencionalidade. Nesse sentido, a constatação de um movimento paralelo de preços para cima, combinado à constância da participação dos oligopolistas no mercado, e a existência de poucos participantes indicam a interdependência. As dificuldades práticas em comprovar o comportamento anticompetitivo porém, são responsáveis por uma atuação relativamente pequena das autoridades antitruste

---

30. Idem, ibidem, pp. 279-282.
31. Sobre a aplicação da teoria dos jogos à conduta de concorrentes em mercados oligopolizados, v. Dennis A. Yao e Susan S. De Santi, "Game theory and the legal analysis of tacit collusion", *Antitrust Bulletin* 38/113-141.

contra os oligopólios. Grande atenção às estruturas oligopolizadas, entretanto, tem sido dada na análise de atos de concentração, como uma medida preventiva à sua formação, e cuja importância é acentuada em vista das dificuldades na repressão dos comportamentos dos oligopolistas a se verificarem no futuro.

O afastamento de uma verdadeira concorrência de preços em mercados oligopolizados e a consciência dos concorrentes quanto aos efeitos danosos de uma guerra de preços entre si tendem a ser acompanhados por uma intensa competição em outros aspectos, através dos quais os agentes tentam aumentar sua participação no mercado. Nesse sentido, são comuns a intensa publicidade ou variações na qualidade dos produtos destinadas à atração de clientela – aspectos muito difíceis de serem coordenados em interdependência pelos concorrentes.[32]

2.5 Mercados monopolizados

O monopólio caracteriza-se pela existência de uma única empresa apta a satisfazer a demanda do mercado por determinado produto, sem a ameaça de entrada no mercado de qualquer outro agente para concorrer com o monopolista.[33] Observe-se que a existência de um só produtor num mercado também é muito rara, salvo nos casos de proteções legais, como as patentes. Para efeitos da aplicação da lei antitruste, porém, considera-se monopolizado o mercado que tem uma empresa dominante e outras concorrentes comparativamente pequenas, que não têm condições de enfrentar a monopolista. Esta última, assim, age de forma independente e indiferente com relação às demais.

Nos mercados monopolizados, a fixação do preço e da quantidade produzida dá-se em bases bem diferentes da ocorrida em outros regimes. Neste caso, o produtor influencia o preço do bem controlando sua oferta. Sua produção, aliás, é em princípio igual à produção total do mercado. Sendo assim, para maximizar seu lucro o monopolista produz uma quantidade menor do que aquela que seria oferecida em condições competitivas, a fim de impulsionar para cima o preço. A comercialização de maior número de unidades de produto puxaria o preço de cada bem vendido para baixo, gerando uma queda na lucratividade do produtor.

---

32. P. Areeda e L. Kaplow, *Antitrust Analysis*. ..., 4ª ed., pp. 282-283.
33. Cf. M. Seidenfeld, *Microeconimic Predicates* ..., p. 39. V., também, para uma descrição do funcionamento dos mercados monopolizados, R. Blair e David Kaserman, *Antitrust Economics*, pp. 25-26, e F. Nusdeo, *Curso* ..., 2ª ed., pp. 269-271.

Ao invés de produzir até que seu custo marginal se iguale ao preço, a conduta racional esperada do monopolista é a produção até que seu lucro marginal – ou seja, o preço que obtém pela unidade vendida a mais, menos seu custo de produção – seja igual ao preço. Essa fórmula, obviamente, fixa o preço num patamar superior ao estabelecido em concorrência.

Os prejuízos sofridos pelos consumidores em mercados monopolizados são evidentes, pois há uma redução do consumo e um aumento do preço pago pelo bem. Por outro lado, sob o ponto de vista da alocação geral de recursos, a sociedade também perde com o monopólio. Ao excluir do acesso ao produto uma faixa de consumidores que não está disposta ou capacitada a adquiri-lo pelo novo preço, gera-se uma perda social. Isso porque os recursos que os consumidores deixaram de utilizar na compra do produto desejado não são sequer transferidos aos produtores. Essa situação é referida pela teoria econômica como *dead weight loss* (peso morto).

O detentor de poder de monopólio usa diversas estratégias para mantê-lo, algumas socialmente nocivas, outras não. Entre as primeiras podem-se mencionar a excessiva publicidade, o *lobbying* para favorecimento de sua posição e as práticas predatórias aos concorrentes que tentam ingressar no mercado. Além disso, na medida em que o agente fica isolado da concorrência, pode vir a desinteressar-se do esforço de inovação e aperfeiçoamento. Na segunda categoria enquadram-se os investimentos voltados à melhora e à inovação dos seus produtos, a fim de torná-los superiores aos de qualquer outro produtor, impedindo o sucesso desses últimos no mercado. Isso quando o monopolista sente-se acossado. Quando não, nem mesmo esse investimento em melhora qualitativa pode ser esperado.

As práticas utilizadas pela empresa para monopolizar o mercado ou para manter sua posição dominante são punidas pelas leis antitruste, variando pouco a figura legal definidora de conduta de monopolização. Na legislação de certos países a proibição recai sobre a *monopolização*, incluindo sua tentativa, ou práticas usadas para manter essa posição. Em outras é o *abuso de posição dominante* o conceito elaborado para a repressão aos monopólios. O Brasil enquadra-se no segundo caso[34] – seguindo, aliás, a Comunidade Européia.

O abuso de posição dominante tendendo ao domínio do mercado, ou à monopolização, é levado a efeito pelas empresas através de diferentes práticas. São várias, portanto, as condutas que podem configurar o

---

34. V. os incisos II e IV da art. 20 da Lei 8.884, de 1994.

abuso de posição dominante ou monopolização, ensejando as penas estabelecidas em legislações antitruste. A mais típica é a diminuição da produção, que, conforme foi explicado, permite ao monopolista vender o produto por um preço mais alto. Mas, como parte substancial da estratégia monopolista é afastar a entrada de novos concorrentes no mercado ou propiciar a saída daqueles que se atreveram a invadi-lo, condutas como o preço predatório e o aumento da produção também são exemplos freqüentes, assim como quaisquer expedientes limitando o acesso de concorrentes às fontes de insumo, matérias-primas e canais de distribuição – destacando-se, nesse caso, a recusa de venda. Além disso, com relação aos pequenos concorrentes, que não a ameaçam, a empresa dominante simplesmente impõe conduta e preços uniformes, sob pena de retaliação.

Existem mercados, no entanto, que não comportam a concorrência, tendo de ser organizados a partir da existência de um único produtor. Trata-se dos chamados *monopólios naturais*, uma atividade na qual os custos de produção por uma única empresa – em um determinado nível absorvível pelo mercado – são decrescentes à medida que sua produção aumenta, seguindo essa tendência até alcançar toda a produção do mercado.[35] Tradicionalmente, os setores de infra-estrutura são caracterizados como monopólios naturais. Seus custos em regime de monopólio, assim, são inferiores aos em que incorreriam várias empresas, individualmente, num mercado competitivo, pois, sendo altos, esses custos exigem a produção em grande escala, e o mercado absorve apenas a oferta de uma empresa nesse nível de produção. Assim, seriam as próprias condições estruturais desses setores que impediriam sua organização em regime de concorrência. A existência de monopólios naturais exige a proteção dos consumidores contra seus malefícios, sendo a regulação a solução apontada pela doutrina econômica para lidar com essas estruturas de mercado.[36] As formas mais comumente associadas à regulação de monopólios naturais são a nacionalização das empresas atuantes no setor e/ou a criação de órgãos reguladores. Em termos substantivos, implica o estabelecimento de um mecanismo de preços administrados e a proibição da entrada de agentes no setor, a fim de permitir o

---

35. Cf., a respeito, H. Hovenkamp, *Federal Antitrust* ..., pp. 31-36.

36. O *monopólio natural* é considerado pela doutrina econômica uma *falha de mercado*. Esse conceito descreve situações nas quais falta algum dos pressupostos do mercado competitivo e serve de justificativa para a defesa de algum tipo de intervenção estatal na tentativa de saná-las ou mitigá-las. Para uma descrição do monopólio natural como falha de mercado, v. M. Seidenfeld, *Microeconomic Predicates* ..., pp. 61-63.

aproveitamento dos ganhos de eficiência, presumivelmente associados à exploração da atividade em regime de monopólio.[37]

Alterações de elementos do processo de produção ou do próprio mercado, porém, podem mudar a definição de setores como monopólios naturais. Essas modificações relacionam-se à demanda, quando seu crescimento expande o mercado, permitindo a acomodação de maior número de empresas com a produção numa escala viável, ou, ainda, à oferta. Neste último caso a variável mais importante é o progresso técnico, que tende a reduzir a escala eficiente de produção, diminuindo seus custos fixos e a proporção desses no custo total do produto ou serviço. Além do progresso técnico, a redução dos preços de insumos também pode propiciar o fim de uma estrutura de monopólio natural. Detectada a possibilidade de funcionamento de um dado setor em regime de concorrência pelos reguladores, é necessária a organização de uma transição da regulação para a concorrência; bem como a definição de quais segmentos dentro de uma cadeia produtiva têm condições de ser desregulamentados.[38]

Cabe mencionar, ainda, a possibilidade – mais teórica do que real – de ocorrência de uma estrutura de *monopólio bilateral*, na qual um único vendedor defronta-se com um único comprador. Nessa situação, ambas as partes estabelecem um acordo que lhes permita tirar proveito da situação, com a cobrança de preços supracompetitivos, dividindo entre si o lucro monopolista obtido pelo monopsonista no mercado de baixo. A ocorrência remota dessa estrutura de mercado pode ser imaginada em mercados associados a uma matéria-prima muito rara ou a um processo tecnológico especial, que não encontre mais de uma empresa apta a absorvê-lo numa determinada área geográfica.[39]

2.6 As relações entre estrutura, conduta e desempenho dos mercados

Uma das principais justificativas das teorias econômicas para a existência de regras de proteção à concorrência é a comparação do funcionamento dos mercados conforme sua organização numa estrutura de monopólio, de oligopólio ou de concorrência perfeita – ou, em outras pala-

---

37. Cf. Mario Possas, Jorge Fagundes e João Luiz Ponde, "Defesa da concorrência e regulação", *Revista de Direito Econômico do Conselho Administrativo de Defesa Econômica – CADE*, setembro de 1998, p. 51.
38. Idem, ibidem, pp. 53-56.
39. Cf. F. Nusdeo, *Curso* ..., 2ª ed., pp. 271-272.

vras, em função de seu grau de concentração econômica. A percepção das relações entre a estrutura dos diferentes mercados e seu funcionamento na doutrina antitruste é objeto de diversas e divergentes opiniões sobre a danosidade à concorrência dos mercados concentrados.

Os estudos sobre essas relações entre estrutura, conduta e desempenho do mercado são marcados pela influência da doutrina desenvolvida entre os anos 30 e 70 nos Estados Unidos, com forte ênfase na influência da estrutura no funcionamento dos mercados.

Essa doutrina, conhecida como paradigma da estrutura-conduta-desempenho,[40] tem como proposição principal a existência de uma relação inerente entre a estrutura dos mercados e seu funcionamento. Nesse sentido, agentes atuantes em mercados onde existem alto grau de concentração e altas barreiras à entrada forçosamente adotam condutas anticompetitivas, daí resultando um baixo desempenho do mercado, sob a forma de redução da produção e aumento de preços. A forte ênfase nos efeitos da estrutura no desempenho dos mercados, pelos adeptos da teoria, implicou até mesmo a redução da análise do comportamento efetivo dos agentes atuantes no mercado, pois a existência de estrutura favorável ao comportamento anticoncorrencial certamente levaria os agentes a adotarem-no. Para considerarem um mercado anticoncorrencial bastava o reconhecimento da sua concentração e a existência de taxas de lucro consideradas superiores às dos mercados competitivos. Nesse sentido, seus adeptos propunham a adoção de remédios estruturais para mercados concentrados, descrentes de que uma política antitruste voltada à conduta dos agentes fosse eficiente, uma vez que a consideravam inerente à estrutura.[41] É ilustrativa a afirmação de Carl Kaysen e Donald F. Turner nesse sentido:

"Uma revisão das normas antitruste existentes indica algo que nos parece importante lacuna na sua abrangência. Uma vez que as leis existentes orientam-se primordialmente no sentido da conduta, elas não lidam efetivamente – ou pelo menos não lidaram efetivamente no passado – com poder de mercado que não pudesse ser associado com condutas más ou indevidamente restritivas (...).

"Em suma, sugerimos que o objetivo primordial da política antitruste seja a limitação do poder de mercado indevido, na extensão consistente com a manutenção de níveis desejáveis de desempenho econômico. Para concretizar esse objetivo, propomos alterações às leis antitruste no sentido de (1) permitir um ataque direto ao poder de mercado indevido sem considerações à presença ou ausência de conspiração no sentido legal e

---

40. *Structure-conduct-performance paradigm.*
41. Cf. H. Hovenkamp, *Federal Antitrust* ..., pp. 42-44.

(2) limitar severamente formas de conduta que contribuem, ou provavelmente contribuirão, para a criação de poder de mercado indevido."[42]

Evidentemente, o paradigma da estrutura-conduta-desempenho foi alvo de duras críticas, principalmente da chamada Escola de Chicago,[43] que questionava a presunção de mau desempenho dos mercados a partir da verificação exclusivamente da sua estrutura. Mais exatamente, sua divergência relacionava-se à desconsideração da existência de economias de escala, da forma de cálculo da lucratividade, bem como da pressuposição de que altas taxas de retorno de investimentos fossem sinal inequívoco de falta de concorrência, e, finalmente, ao açodamento das Cortes e das autoridades antitruste na repressão de práticas alegadamente anticoncorrenciais, sem atenção aos seus possíveis efeitos pró-concorrenciais.[44]

Muito embora essas principais críticas tenham sido incorporadas pela doutrina antitruste mais recente, com a revisão de várias das proposições do paradigma da estrutura-conduta-desempenho, foram muitas suas contribuições, fundamentais até os dias de hoje. Com efeito, devem-se a essa corrente a atenção à definição de mercado relevante, o conceito de barreiras à entrada e mesmo a perquirição da existência de poder de mercado como fundamental na análise de qualquer ato de concentração.[45]

As políticas antitruste, hoje, costumam tomar o grau de concentração dos mercados como ponto de partida para a análise de condutas anticoncorrenciais ou de atos de concentração, mas a partir daí passam a considerar outros fatores, tais como a probabilidade de os agentes efetivamente adotarem condutas anticompetitivas, a existência de barreiras à entrada de novos concorrentes e mesmo algumas defesas que possam compensar a criação de poder de mercado, como um aumento da eficiência[46] econômica dos agentes envolvidos nas operações.[47]

A partir da verificação de que a estrutura dos mercados influencia seu desempenho, as normas antitruste costumam trazer regras a ela relativas, buscando prevenir sua excessiva concentração ou, em alguns ca-

---

42. *Antitrust Policy: an Economic Analysis*, pp. 44-45.
43. Sobre as idéias dessa Escola de pensamento a respeito do antitruste, v. o Capítulo V, subitem 15.2.
44. Cf. H. Hovenkamp, *Federal Antitrust ...*, pp. 44-45.
45. Idem, ibidem, pp. 46-47.
46. Sobre o conceito de *eficiência* no direito da concorrência, v. o Capítulo V, subitem 15.2.
47. São ilustrativas dessa alteração do enfoque da concentração econômica as mudanças nas normas emitidas pelas autoridades antitruste americanas para orientação dos agentes com relação à aplicação das regras sobre atos de concentração. Sobre essa questão, v. o Capítulo III, subitem 7-2.

sos, impor alterações estruturais na tentativa de restabelecer condições competitivas.

O primeiro tipo de regras inclui a proibição de quaisquer comportamentos que resultem ou tenham por objeto a dominação de mercados relevantes de bens ou serviços, o abuso de posição dominante ou o limite e falseamento da concorrência. São exemplos ilustrativos desses comportamentos, desde que resultantes ou voltados à consecução dos resultados descritos,[48] a cobrança de preços inferiores ao custo do produto, a criação de dificuldades à constituição ou funcionamento de concorrentes, a recusa de vendas, a venda casada – entre outros.[49] Incluem, ainda, o controle de atos de concentração e os atos de cooperação entre empresas que possam produzir efeitos estruturais no mercado. Esse controle é comum à grande maioria das leis antitruste nacionais, assim como à da Comunidade Européia. No segundo tipo, tem-se a aplicação de medidas voltadas a alguma forma de desmembramento de monopólios, de previsão menos freqüente e pouco utilizadas nas leis de proteção à concorrência.

Com efeito, algumas poucas experiências de quebra de monopólios privados foram levadas a efeito nos Estados Unidos, questionando-se hoje a eficiência dos seus resultados.[50] Elas permitiram a constatação da ineficiência das medidas de desmembramento de monopólios, assim como seu caráter excessivamente agressivo à livre iniciativa em sistemas de mercado. As posições de monopólio obtidas por meios lícitos, tais como a maior eficiência do agente ou as características de monopólio natural[51] dos mercados em questão, não devem ser agredidas pela aplicação da lei antitruste.[52] Com isso realçou-se a importância das

---

48. Conforme a sistemática da Lei 8.884, de 1994, são puníveis os atos, sob qualquer forma manifestados, que tenham por objeto ou possam produzir, independentemente de culpa, os resultados descritos nos incisos do art. 20.

49. Na lei antitruste brasileira (Lei 8.884, de 1994) há uma descrição exemplificativa das práticas que podem vir a ser consideradas anticoncorrenciais, no art. 21.

50. Em toda a história do antitruste norte-americano foram poucas as iniciativas de quebra de monopólios, e seus efeitos foram discutíveis. Um único caso razoavelmente bem-sucedido foi o da *AT&T*, que dominava mercados na área de telefonia local, de longa distância e de produção de aparelhos. A solução do caso deu-se por meio de acordo entre as partes no qual a companhia concordou em se retirar das atividades de telefonia local (cf. Milton Handler et al., *Cases and Materials on Trade Regulation*, pp. 806-809).

51. Sobre o conceito de monopólio natural, v. o subitem 2.5, acima.

52. Essa preocupação vem expressa no § 1º do art. 20 da Lei 8.884, de 1994, que afirma não caracterizar o ilícito previsto no inciso II do artigo a conquista de mercado resultante de processo natural fundado na maior eficiência do agente econômico com relação aos seus concorrentes.

regras de controle estrutural preventivo – o controle dos atos de concentração.⁵³

Nesse campo, são duas as justificativas principais para um controle preventivo dessas operações de concentração. A primeira é evitar a formação de estruturas tendentes à monopolização ou domínio de mercado por uma empresa com posição dominante. Aí, o controle visa a coibir a formação de um agente dominante, já que os atos de concentração são um instrumento viável e adequado para o crescimento de uma empresa já em expansão. A segunda é a prevenção a uma formação oligopolística⁵⁴ que permita aos agentes atuar de forma colusiva ainda quando tácita. Nesse caso, a dificuldade de detectar e reprimir a colusão tácita reforça a justificativa para um controle de concentrações eficaz.⁵⁵

A ocorrência da distinção nas legislações e a tendência de seu estudo em separado pela doutrina são, em grande parte, responsáveis por uma dicotomia que já se tornou coloquial na prática e no estudo do direito da concorrência entre as *normas de conduta* ou, pura e simplesmente, *disciplina da conduta* e as *normas de estrutura* ou *disciplina da estrutura*.

Por dever de clareza, cabe chamar a atenção para o fato de o direito da concorrência valer-se das expressões "estrutura" e "conduta" num sentido muito peculiar, uma vez que se organiza a partir do binômio acima referido. Essa classificação, típica do antitruste, não deve ser confundida com a distinção apresentada pela Teoria Geral do Direito entre as *normas de conduta* e as *normas de estrutura* ou *de competência*, as primeiras prescrevendo determinado comportamento aos sujeitos, e as segundas prescrevendo as condições e os procedimentos dos quais emanam normas jurídicas válidas.⁵⁶ Sob esse prisma, as *regras de controle das estruturas de mercado* contêm *normas de conduta* – a determinação aos agentes econômicos que notifiquem o ato de concentração à autoridade competente, por exemplo – e *normas de competência ou*

---

53. Note-se que o caráter preventivo do controle de atos de concentração não se refere à necessidade de aprovação da operação pela autoridade antitruste *previamente* à operação – o que não acontece em grande parte das legislações que, como a brasileira, estabelecem prazo para a notificação após a realização da transação. Diante de um caso extremo, como a fusão das cervejarias *Brahma* e *Antárctica* no Brasil, o CADE determinou a suspensão cautelar da operação até definitivo julgamento.

54. Sobre as características e possíveis tipos de desempenho em mercados oligopolizados, v. o subitem 2.4, acima.

55. Cf. H. Hovenkamp, *Federal Antitrust* ..., p. 445.

56. Cf. Norberto Bobbio, *Teoria do Ordenamento Jurídico*, p. 33. Essa descrição das normas do sistema jurídico foi elaborada por Hart, e sua superação já é apontada por alguns a partir do reconhecimento da existência no ordenamento de normas-objetivo ou da proposta de nova classificação das normas jurídicas entre princípios e regras.

estrutura – quando estabelecem as condições para que a autoridade aprove ou proíba determinado ato e as condições para definição de compromissos de desempenho pelos agentes interessados na operação.

Finalmente, deve ser observado que, embora o direito de proteção à concorrência trabalhe com essa distinção clara entre disciplina de condutas e controle de estruturas, tal separação não é absolutamente radical. Isto deve-se ao fato de, crescentemente, o controle de estruturas ter resultado no estabelecimento de regras comportamentais para os agentes envolvidos, através da celebração de compromissos de desempenho, destinados a garantir a realização dos benefícios propostos pelas partes na operação e a promoção de objetivos concorrenciais. Nesse sentido, o controle estrutural, com muita freqüência, acaba convertendo-se em disciplina de condutas.[57]

3. Concentrações de empresas e seus tipos

A doutrina antitruste classifica os atos de concentração econômica em três tipos, a partir das relações no mercado entre as empresas participantes. São eles: as *concentrações horizontais*, nas quais as partes são concorrentes; as *concentrações verticais*, quando as empresas envolvidas se relacionam dentro de uma cadeia de produção, mantendo relações comerciais de fornecimento ou prestação de serviços; e as *concentrações conglomeradas*, referentes a operações de união de empresas cujas atividades não têm, em princípio, relação entre si.

3.1 Concentrações horizontais

A concentração horizontal envolve duas ou mais empresas atuantes no mesmo mercado ou em mercados de produtos sucedâneos, que possam competir entre si.

Dentre os três tipos de concentração, a horizontal é certamente a mais ameaçadora à livre concorrência, pois dela resulta a saída de um concorrente do mercado, aumentando seu grau de concentração.[58] De

---

57. Cf. C. Salomão Filho, *Direito Concorrencial* – ..., pp. 345-346.

58. Em função do fato de ser a concentração de tipo horizontal a que se relaciona ao grau de concentração (número de vendedores ou compradores) num determinado mercado relevante de bens e serviços, alguns autores preferem utilizar o termo "concentração" apenas para as operações horizontais, chamando as demais de "integração". Cf., nesse sentido, Neide Terezinha Mallard, "Integração de empresas: concentração, eficiência e controle", *Arquivos do Ministério de Justiça* 48/206. A maioria dos autores pátrios, porém, utiliza o termo em sentido amplo, abrangendo os três tipos, para manter a uniformidade com o tratamento dado ao tema nos sistemas de proteção à livre concorrência nos Estados Unidos e na União Européia.

fato, do aumento do grau de concentração podem decorrer efeitos altamente prejudiciais à concorrência. O mais comum deles é o aumento da facilidade para as empresas remanescentes no mercado adotarem um comportamento expressa ou tacitamente colusivo, dentro de uma estrutura oligopolizada. Além disso, da operação pode resultar a formação de um agente-líder de mercado, cuja posição dominante desestimule os concorrentes a praticar preços e políticas independentes. Finalmente, em casos mais extremos, porém não tão infreqüentes, sobretudo em mercados menos desenvolvidos, o ato de concentração pode levar um agente a assumir posição de monopólio.[59] Evidentemente, esses efeitos negativos da operação de concentração ocorrem apenas se a mesma se der num mercado já relativamente concentrado, pois em mercados atomizados, formados por vários concorrentes de pequeno ou médio porte, a união de dois ou três deles acarretará efeitos mínimos à concorrência.

O tratamento antitruste das concentrações horizontais tem que levar em consideração o fato de tal tipo de operação ter por alternativa o crescimento interno das empresas. Com efeito, se a concentração tiver como objetivo a expansão do agente econômico no mercado, sua consecução não exige necessariamente a concentração, podendo ser alcançada por meio da expansão da sua capacidade produtiva. Essa alternativa é muito mais benéfica à sociedade do que a concentração, pois, além de não implicar a saída de um concorrente do mercado e aumento do seu grau de concentração, gera melhora da capacidade produtiva, do investimento e da renda. Além disso, a conquista de fatias do mercado não resultante da aquisição ou eliminação de concorrentes resulta de um crescimento eficiente e socialmente vantajoso, pois ele não teria ocorrido se não decorresse de uma redução de preços ou do aumento da qualidade dos produtos ou serviços ofertados.[60]

Conforme, entretanto, já mencionado,[61] os atos de concentração podem ter efeitos benéficos à economia e ao mercado, e nessas situações devem ser aprovados. Esse é o caso quando a operação resulta no aumento da eficiência na produção ou prestação do serviço. O aumento da eficiência[62] no antitruste relaciona-se à realização de economias de escala, as quais podem referir-se à escala de produção, isto é, à redução do custo unitário dos bens produzidos em decorrência do aumento da

---

59. Hovenkamp, *Federal Antitrust* ..., p. 445.

60. Para uma análise das situações nas quais o crescimento interno é uma alternativa inferior à concentração econômica, cf. C. Salomão Filho, *Direito Concorrencial –* ..., pp. 269-271.

61. V. subitem 1.2, acima.

62. O conceito de *eficiência econômica* e sua aplicação no direito da concorrência são tratados em profundidade no Capítulo V, item 15.

produção dentro de uma fábrica somente, à especialização das unidades produtivas, envolvendo mais de uma planta, à distribuição, à pesquisa e desenvolvimento, aos custos de publicidade e propaganda e de obtenção de capital.[63] Diante de um ato de concentração no qual haja comprovado aumento da eficiência da nova empresa, a autoridade antitruste deverá analisar em que medida o meio escolhido – a consolidação de empresas – é proporcional aos fins que se deseja obter, se não haveria alguma alternativa menos lesiva ao mercado, se não resultará na eliminação excessiva da concorrência e se seus benefícios serão repartidos eqüitativamente com a sociedade.[64]

3.2 Concentrações verticais

As concentrações verticais, conforme mencionado, são operações envolvendo empresas dentro de uma mesma cadeia produtiva e seus canais de comercialização. Nesse sentido, podem ser realizadas "para trás", quando a empresa adquirida for fornecedora de matéria-prima ou insumos à adquirente ; e "para a frente", quando a adquirida utilizar na sua produção os bens produzidos pela adquirente. A situação mais comum nas concentrações verticais desse segundo tipo é a integração da empresa adquirente com a responsável pela distribuição de seus produtos.

As preocupações do antitruste com as concentrações verticais dizem respeito, basicamente, a três tipos de conseqüências que delas podem advir: a criação de dificuldades às atividades de concorrentes de uma das empresas participantes da operação; a criação ou aumento das barreiras à entrada de novos concorrentes à empresa integrada verticalmente; e a facilitação do comportamento colusivo entre as empresas integradas.[65]

A criação de dificuldades às atividades do concorrente torna-se possível na medida em que a integração vertical entre duas empresas elimine uma fonte de matérias-primas, um comprador ou distribuidor dos

---

63. Cf. H. Hovenkamp, *Federal Antitrust* ..., p. 445; também C. Salomão Filho, *Direito Concorrencial* – ..., p. 271.

64. Esses são os critérios estabelecidos na lei brasileira, influenciada por outras legislações, para que uma operação de concentração que reconhecidamente tenha resultados eficientes possa ser aprovada.

65. Cf., sobre os efeitos da concentração vertical aqui descritos, Michael H. Riordan e Steven C. Salop, "Evaluating vertical mergers: a post-Chicago approach", *Antitrust Law Journal* 63/520. Os autores acrescentam a esses dois tipos de efeitos preocupantes dos atos de concentração vertical a evasão à regulação de preços, em setores regulados, na medida em que as empresas demonstram às autoridades reguladoras custos mais altos, impelindo à fixação, por essas, de preços também mais altos.

concorrentes da empresa adquirente. Isso porque, com a união, pressupõe-se possa a nova empresa abastecer-se e vender seus produtos apenas internamente; e, assim, a possibilidade de negociar com a empresa adquirida estará eliminada para as concorrentes da adquirente. A operação vertical, nesse sentido, teria por efeito o bloqueio de parcela do mercado – parcela, essa, representada pela participação da empresa adquirida em tal mercado.

A elevação de barreiras à entrada no mercado pode resultar de uma concentração vertical na medida em que, como efeito da operação, novos agentes interessados em ingressar no mercado da empresa adquirente apenas possam fazê-lo, para concorrer em igualdade de condições, se puderem, também, dedicar-se à atividade da empresa adquirida – o que, evidentemente, aumenta os custos e as dificuldades da entrada.

O terceiro tipo de preocupação gerado pelas concentrações verticais diz respeito ao seu efeito de estímulo à conduta de cartéis. Esse resultado decorre, de um lado, da maior facilidade de controle da conduta de cada participante do acordo, pelos demais. Como é sabido, o cartel é um expediente de eliminação da concorrência de preço entre membros de um mercado relevante, cujo potencial lesivo à concorrência é proporcional à sua estabilidade, vale dizer, à dificuldade encontrada pelos seus participantes de se esquivarem ao acordo de preços de modo a ganharem uma fatia maior do mercado.[66] Nesse sentido, a integração vertical, sobretudo quando envolver a fase da distribuição, tende a propiciar um controle mais efetivo dos preços praticados pelos membros do cartel, que do contrário podem reduzi-los na fase da distribuição. Há ainda outro aspecto da atividade dos cartéis que pode ser estimulado através de uma operação de concentração vertical. Trata-se da eliminação de um comprador com poder de mercado suficiente para se contrapor ao poder dos vendedores. Com efeito, um comprador com poder de mercado, um monopsônio, é um dos elementos que pode servir de contrapondo ao poderio do vendedor, evitando o abuso por parte desse último. Assim, pode ser do interesse do vendedor ou dos vendedores adquirir esse comprador, para poderem explorar seu poder de mercado.[67]

Até os anos 70 a doutrina antitruste, mais especificamente nos Estados Unidos, reprimia fortemente as concentrações verticais com base na criação de dificuldades ao funcionamento dos concorrentes e na elevação de barreiras à entrada no mercado. Notabilizaram-se casos de empresas com pequena participação envolvidas em operações de concentra-

---

66. Sobre a conduta racional dos agentes de mercado em mercados oligopolizados, v. o subitem 2.4, acima.
67. Cf. C. Salomão Filho, *Direito Concorrencial* – ..., p. 277.

ção vertical cujo efeito de eliminação da concorrência era mínimo, mas mesmo assim julgados ilegais pelas Cortes nacionais.[68]

Tal posição foi sendo revista pela doutrina, e hoje, sob a influência do pensamento da chamada *Escola de Chicago*,[69] algumas concentrações verticais são tidas como benéficas ao mercado. A justificativa à nova concepção centra-se no argumento de que as concentrações verticais reduzem custos de transação entre empresas, permitindo uma redução no preço final do produto, em benefício dos consumidores. Nessa redução consistiria sua eficiência. Essa análise das concentrações verticais toma por base o trabalho do economista Ronald Coase, especialmente a obra intitulada *The Nature of the Firm*, de 1937, na qual o autor demonstra que o uso dos mercados é caro, resultando mais barato às empresas realizarem tarefas internamente.[70]

No entanto, as concentrações verticais não podem ser analisadas sem atenção aos riscos que implicam à concorrência. Existem situações nas quais esses riscos são mais intensos. É o caso das uniões verticais em mercados horizontalmente concentrados, nos quais os efeitos da criação de dificuldade aos produtores ou distribuidores independentes – isto é, não integrados verticalmente – e o aumento das barreiras à entrada – uma vez que se torna necessário o ingresso em todos os mercados não integrados – podem realmente se fazer sentir com maior peso. Por outro lado, em mercados oligopolizados há grandes chances de que uma primeira integração vertical desencadeie outras, realizadas pelos concorrentes, temerosos de ficar em posição desvantajosa do ponto de vista competitivo.[71] Assim, as operações de concentração vertical devem sujeitar-se à análise detalhada, pelas autoridades antitruste, de seus possíveis efeitos nos mercados relevantes envolvidos.

3.3 Concentrações conglomeradas

As concentrações conglomeradas envolvem todas as operações não abrangidas pelos tipos anteriores, caracterizando-se pelo fato de as em-

---

68. Um dos mais famosos, "Brown Shoe Co. v. United States" (370 US 294, 82 S.Ct. 1.502, 8, em 1962), envolvia a aquisição por *Brown Shoe*, fabricante de sapatos com participação no mercado de cerca de 5%, de *G. R. Kinney*, que comercializava seus produtos no varejo, com menos de 2% do mercado, porém o maior distribuidor de marcas de outros fabricantes. A operação foi considerada ilícita pela Suprema Corte com base no argumento da existência de uma tendência definida de fabricantes de sapatos adquirirem varejistas, criando dificuldades para que outros fabricantes menores pudessem competir pelo acesso de seus produtos no varejo. Sobre esse caso, v. o Capítulo III, subitem 7.3.

69. Para uma abordagem mais detalhada das idéias defendidas pela Escola de Chicago, v. o Capítulo V, subitem 15.2.

70. Cf. H. Hovenkamp, *Federal Antitrust ...*, pp. 330-331.

71. Cf. C. Salomão Filho, *Direito Concorrencial* – ..., pp. 275-277.

presas adquirente e adquirida desenvolverem suas atividades em mercados relevantes distintos e não relacionados verticalmente. Entretanto, em boa parte dos casos, exatamente aqueles de relevância ao antitruste, as concentrações conglomeradas envolvem empresas atuantes em mercados de alguma forma relacionados entre si. Os exemplos mais típicos são a *extensão geográfica* – quando a empresa adquirida produz bem similar ao da adquirente num outro mercado relevante – e a *extensão de produtos* – quando as empresa envolvidas trabalham com produtos de alguma forma relacionados entre si. Um caso ilustrativo de extensão de produtos é o da empresa fabricante de alguns tipos de produtos de limpeza – detergente, sabão em pó, limpador multiuso – que resolve adquirir fábrica de um outro produto de limpeza por ela até então não produzido – amaciantes, por exemplo. As uniões de empresas cujas atividades não guardam qualquer relação entre si, por sua vez, dão ensejo à formação dos chamados *conglomerados puros*, de pouquíssima relevância ao antitruste. Deve ser observado, aliás, que a tendência dos agentes econômicos atualmente é menos a formação de conglomerados do que a concentração de esforços nas suas áreas vitais, onde devem buscar a escala e a excelência necessárias à concorrência em mercados mais abertos e competitivos.

Embora o aumento da eficiência nas concentrações conglomeradas seja menos claro do que no caso das operações horizontais e verticais, a formação de conglomerados pode propiciar a redução de alguns custos, contribuindo ao aumento da eficiência das empresas concentradas. Assim, no caso de produtos de alguma forma relacionados ou similares vendidos em mercados geográficos diferentes a operação pode permitir a compra de maior quantidade de matérias-primas por preço inferior, a distribuição conjunta dos produtos e a coordenação dessas atividades de abastecimento e transporte. Além disso, mesmo inexistindo uma relação próxima entre os produtos das empresas concentradas, sua união pode permitir à nova empresa a contratação de serviços, como os de publicidade e de assessoria jurídica, e, mesmo, a obtenção de capitais por um custo inferior. Finalmente, uma linha maior de produtos pode propiciar um maior aproveitamento na realização de pesquisa e desenvolvimento, cujos resultados possam se espalhar por diferentes produtos.[72] Há também uma vantagem de caráter financeiro quando a diversa sazonalidade de compras de matérias-primas ou de vendas dos respectivos produtos finais permite ao conglomerado otimizar os fluxos financeiros recíprocos entre as diferentes unidades, tornando-o mais independente em relação aos bancos e demais fornecedores de recursos financeiros.

---

72. Cf. H. Hovenkamp, *Federal Antitrust ...*, pp. 502-503.

Apontam-se dois tipos de riscos apresentados pelas concentrações conglomeradas. Em primeiro lugar a eliminação de concorrentes potenciais, cujo efeito é a criação de condições para a adoção de comportamento colusivo pelas empresas atuantes no mercado da empresa adquirida. O segundo tipo de preocupação diz respeito à adoção de práticas discriminatórias contra empresas não-participantes do grupo.

O argumento da eliminação da concorrência potencial relaciona-se à possibilidade de entrada de novos concorrentes no mercado relevante em decorrência de um aumento de preços substancial e não-transitório dos produtos deste mercado.[73] Em tese, essa doutrina pode ser aplicada em qualquer tipo de ato de concentração.[74] Sua aplicação, principalmente na doutrina norte-americana, foi mais comum, no entanto, em operações conglomeradas, sobretudo quando envolvendo extensão de produtos. Entende-se que a possibilidade de exercício de poder de mercado por concorrentes em mercados monopolizados ou oligopolizados é limitada pela existência de agentes econômicos que, embora não atuantes no mercado em questão, possam nele ingressar diante da lucratividade indicada pelos preços supracompetitivos lá praticados. Assim, a aquisição de um desses concorrentes potenciais eliminaria essa pressão sobre os agentes atuantes no mercado e o obstáculo à exploração de seu poder de mercado.

A doutrina distingue dois tipos de concorrência potencial: a *concorrência potencial percebida* e a *concorrência potencial efetiva*.[75]

A *concorrência potencial percebida* refere-se à situação descrita, vale dizer, ao fato de os agentes de mercado enxergarem uma empresa como possível ingressante no mercado e, assim, evitarem a adoção de preços supracompetitivos, estimulantes à sua entrada. Não é necessário, para que um concorrente seja colocado nesta categoria, trazer prova da sua real intenção de ingressar no mercado. O amadurecimento dessa doutrina, levado a efeito pelas Cortes Norte-Americanas, levou à definição de alguns requisitos para sua aplicação, sem os quais não há sentido na proibição das operações de concentração. Assim, é necessário que o mercado relevante em questão seja concentrado; que existam barreiras substanciais à entrada de novos concorrentes; e, finalmente, que o número

---

73. V., sobre a definição de mercado relevante e das possibilidades de exercício de poder de mercado, o subitem 2.1, acima.

74. No Direito Brasileiro foi aplicada pelo CADE em *joint ventures* horizontais entre as cervejarias *Brahma* e *Miller* e *Antárctica* e *Anheuser Bush*. Para uma análise das decisões do CADE em ambos os casos, v. o Capítulo VII, item 23.

75. Sobre os dois tipos de concorrência potencial, v. H. Hovenkamp, *Federal Antitrust ...*, pp. 509-513.

de concorrentes potenciais seja reduzido. Na falta de qualquer desses fatores a operação não apresenta riscos à concorrência, não se justificando sua proibição.

A doutrina da *concorrência potencial efetiva*, por sua vez, defende que o concorrente que ingressou no mercado através de um ato de concentração poderia ter entrado independentemente na impossibilidade de realizar a operação ou, ainda, se teria concentrado com um concorrente de menor porte caso impedido de levar adiante a operação com os concorrentes maiores. Da entrada independente ou em união com um pequeno agente do mercado resultariam efeitos muito mais benéficos à concorrência – o que justificaria a aplicação dessa doutrina. Sua principal debilidade consiste na extrema dificuldade de comprovação de que o agente realmente entraria no mercado independentemente, o que explica sua reduzida aplicação, atualmente.

Fala-se em *reciprocidade* para designar a possibilidade de as empresas concentradas praticarem condutas discriminatórias contra terceiros. A reciprocidade envolve situações nas quais uma empresa exige de seus fornecedores ou clientes o favorecimento de empresas do seu grupo nos negócios daqueles, criando dificuldades à participação de terceiros nos mercados envolvidos. Encontra-se, hoje, em descrédito na doutrina e em desuso na jurisprudência antitruste, pois, ainda quando possível, não é de modo algum provável que as empresas se engajem nesse tipo de conduta, não se justificando a proibição de operações em função de uma mera possibilidade. Defrontando-se, porém, com a prática desse tipo de comportamento por empresas conglomeradas, a autoridade antitruste pode aplicar medidas de caráter comportamental para sua punição.[76]

A repressão às concentrações conglomeradas com base nessas teorias teve seu apogeu nos Estados Unidos na década de 60, estimulada por um grande movimento de formação de conglomerados naquele país.[77] A partir dos anos 70, no entanto, arrefecida aquela onda, essas doutrinas foram perdendo prestígio, sobretudo a partir do entendimento de que as operações conglomeradas, por envolverem mercados distintos,

---

76. Sobe a distinção entre as regras antitruste voltadas à disciplina da estrutura do mercado e aos comportamentos dos agentes, v. o subitem 2.6, acima.

77. Além das preocupações principais colocadas pelas operações conglomeradas, aqui descritas, nessa época temia-se também que a detenção de posições oligopolistas em mais de um mercado pelos agentes reforçasse sua conduta interdependente em cada mercado, pois a retaliação por redução de preços poderia atingi-los em mais de um mercado. Cf., nesse sentido, Philip Areeda e Donald Turner, "Conglomerate mergers: extended interdependence and effects on interindustry competition as grounds for condemnation", *University of Pennsylvania Law Review* 127/1.083-1.089.

não resultam na formação de poder de mercado.[78] Pode-se observar, assim, que, atualmente, os riscos à concorrência colocados pelas concentrações conglomeradas podem ser identificados a efeitos gerados sobre a concorrência horizontal e vertical.

3.4 Acordo de cooperação entre empresas

Uma abordagem estrutural no direito da concorrência – por oposição ao estudo da disciplina dos comportamentos – deve incluir não apenas as concentrações propriamente ditas, mas também algumas formas de cooperação empresarial, ainda que a fronteira entre essas últimas e o tratamento dos comportamentos seja mais tênue do que no caso das concentrações.

Com efeito, enquanto as operações de concentração caracterizam-se pela formação de um centro único de decisões, em caráter permanente, e, assim, pelo desaparecimento de um ou mais agentes de mercado, unificados sob um comando único, a cooperação entre empresas não tem esse caráter. Neste último caso existe uniformização de políticas e condutas apenas no tocante a certos comportamentos de mercado, mas não à totalidade das atividades das empresas envolvidas. Assim, elas permanecem como agentes de mercado independentes, apesar da colaboração.[79] Os acordos de cooperação normalmente são estabelecidos por via contratual, ao passo que as concentrações implicam uma mudança de caráter societário.

A noção de colaboração entre empresas é impregnada de carga negativa, correspondente à sua identificação aos cartéis de preço lesivos à concorrência. Daí a adoção, por algumas legislações, da política de proibição *per se* aos acordos de preços. No entanto, a cooperação entre empresas pode ter efeitos positivos em determinadas situações e se mostrar mais adequada à preservação da livre concorrência, à medida que não implica a eliminação definitiva de um ou mais concorrentes, podendo mesmo ser aprovada por um prazo de tempo determinado, necessário à consecução dos fins da operação.[80]

Conforme será tratado mais adiante, os acordos de cooperação podem ser bastante eficazes em matéria de pesquisa e desenvolvimento,

---

78. A idéia de que o principal objeto da repressão antitruste deva ser a formação de poder de mercado que possibilite a atuação colusiva ou o domínio de mercado é decorrente da influência hoje predominante nos Estados Unidos da chamada *Escola de Chicago*. Sobre as proposições básicas dessa escola, v. o Capítulo V, subitem 15.2.

79. V. o subitem 1.1, acima.

80. Nesse sentido, v. C. Salomão Filho, *Direito Concorrencial* – ..., pp. 228-229.

empresas em crise e estímulo a pequenas empresas – objetivos que em muitos casos dispensam a realização de um ato de concentração.[81]

O espectro de operações de cooperação empresarial é bastante amplo, incluindo mesmo as de caráter societário – e não contratual – limítrofes à configuração de hipótese de concentração econômica. Trata-se daquelas operações que criam entre as sociedades envolvidas uma influência relevante do ponto de vista concorrencial sem, no entanto, ir ao ponto de unificar o comando entre elas. A cooperação empresarial inclui ainda as chamadas *joint ventures*, ou consórcio de companhias para a realização de empreendimentos, cujos efeitos concorrenciais podem caracterizar situação de colaboração entre as participantes ou de verdadeira concentração. Essas características da cooperação empresarial – amplitude das possíveis operações pelas quais se manifesta e limites tênues com relação à concentração empresarial – explicam seu estudo juntamente com o dos atos de concentração.

No Direito Brasileiro apenas os atos de concentração são objeto do § 3º do art. 54 da Lei 8.884, de 1994, e dos critérios objetivos que estabelece para a apresentação ao CADE. As demais operações que possam resultar na colaboração entre suas participantes, entretanto, submetem-se ao *caput* do artigo, devendo ser igualmente submetidas à apreciação do CADE. Assim como os atos de concentração, além disso, os acordos e outras operações de que resulte a cooperação entre empresas se submetem à Resolução CADE-15, de 19.8.1998.

---

81. V. o Capítulo V, item 16.

Capítulo II

O DIREITO
E O CONTROLE DA ESTRUTURA DE MERCADO

4. A concentração econômica como falha de mercado. 5. O antitruste e a intervenção do Estado no domínio econômico. 6. Complexidade econômica, flexibilidade jurídica e regulação antitruste.

4. A concentração econômica como falha de mercado

A *falha* ou *imperfeição de mercado* é um conceito desenvolvido pela teoria econômica a partir da comparação dos mercados reais com o modelo de mercado perfeitamente competitivo.[1] Faltando aos primeiros alguns dos pressupostos desse último, seu funcionamento fica comprometido, impedindo a alocação eficiente dos recursos sociais. A utilidade principal do conceito é a de permitir o diagnóstico das falhas nos mercados reais e a indicação de alternativas institucionais disponíveis para sua superação ou mitigação de seus efeitos.[2]

A existência de falhas no funcionamento dos mercados, nesse sentido, constitui uma justificativa para a intervenção do Estado em situações onde se verifiquem imperfeições, mediante diferentes formas de regulação econômica. A avaliação da adequação das medidas de interven-

---

1. Sobre os pressupostos dos mercados perfeitamente competitivos e as características do seu funcionamento, v. o Capítulo I, subitem 2.2.
2. Cf., a esse respeito: Alan Stone, *Regulation and its Alternatives*, p. 63; Mark Seidenfeld, *Microeconomic Predicates to Law and Economics*, p. 61; Fábio Nusdeo, *Curso de Economia: Introdução ao Direito Econômico*, 2ª ed., pp. 138-139; e Elisabeth Maria Q. M. Farina, "Regulamentação, política antitruste e política industrial", in Elisabeth Maria Q. M. Farina, Paulo F. Azevedo e Maria Sylvia M. Saes, *Competitividade, Mercado e Organizações*, p. 115.

ção, todavia, está longe de ser consensual, havendo opiniões no sentido de que a regulação pode produzir ineficiências maiores do que as próprias imperfeições do mercado, gerando as chamadas *falhas de Estado*. A crítica mais importante à possibilidade de se aumentar a eficiência dos mercados a partir do Direito provém de uma linha da chamada *análise econômica do Direito*, que tem como um de seus pressupostos a superioridade, em termos de eficiência, das soluções de mercado, através de transações entre as partes envolvidas, cabendo às normas jurídicas somente reduzir os custos de suas transações.[3] No campo do direito da concorrência esse posicionamento refere-se à ineficiência da aplicação das regras antitruste, por contrariarem a lógica econômica em determinados aspectos.[4]

Uma das falhas de mercado comumente apontadas pela doutrina econômica é o *poder de monopólio*,[5] existente em estruturas oligopolizadas ou monopolizadas, decorrente da uma excessiva concentração, vale dizer, redução do número de unidades nele atuantes. Conforme já exposto,[6] a concentração econômica tem como causa principal o fenômeno das economias de escala, o qual, por sua vez, relaciona-se a fatores de ordem tecnológica. A concentração é, assim, um aspecto inerente ao progresso científico iniciado com a Revolução Industrial, devendo ser tratada a partir da compreensão de seus aspectos negativos e positivos para o funcionamento do mercado e para o desenvolvimento do Capitalismo. Por outro lado, há outras causas para a concentração de empresas, tais como os monopólios naturais, os monopólios legais e a própria motivação, pelos agentes econômicos, à aquisição de uma posição de maior poder no mercado.

A concentração econômica – ou o poder de monopólio – implica a negação de um dos pressupostos do mercado perfeitamente competiti-

---

3. Essa linha de pensamento, também referida genericamente como *Escola de Chicago*, desenvolveu-se entre as décadas de 60 e 70 a partir de teoria desenvolvida por Ronald Coase para a análise de custos sociais. Cf., a respeito, A. Michel Polinsky, *An Introduction to Law and Economics*, pp. 11-14. A análise econômica será referida novamente no Capítulo V, item 15.

4. Uma análise da eficiência – ou ineficiência – das regras antitruste norte-americanas é elaborada por Richard Posner, *Economic Analysis of Law*, pp. 285- 309.

5. O poder de monopólio é uma das falhas de mercado mais típicas, identificada por todos os autores que tratam do tema. Embora predomine sua referência como "monopólio" ou "poder de monopólio" (M. Seidenfeld, *Microeconomic Predicates* ..., p. 61; e E. Farina, in *Competitividade* ..., pp. 120-122), há alguma variação na sua denominação, conforme o aspecto enfocado. Alan Stone (*Regulation* ..., pp. 74-75) refere-se, sem a preocupação de uma classificação mais rigorosa, "aos monopólios não-naturais" e aos "cartéis". Fábio Nusdeo (*Curso* ..., 2ª ed., pp. 146-151) trata dessa falha chamando-a de "concentração econômica".

6. V. o Capítulo I, subitem 1.2.

vo: sua atomização. Conforme já explicado,[7] a atomização do mercado consiste na existência de vários vendedores (produtores) e compradores de determinado bem, de maneira a nenhum deles deter maior poder de mercado do que seus concorrentes. Essa característica do mercado concorrencial impede qualquer dos agentes de influenciar decisivamente no preço do bem, através da quantidade por ele produzida. Determinado pelo mercado, ele constitui um dado não objeto de manipulação por parte do produtor.

Todavia, em situações reais, os mercados distanciam-se em muito do seu modelo ideal, deixando a atomização de ser uma característica comum. O resultado desse fenômeno de concentração econômica é deixarem os mecanismos de controle propiciados pela estrutura atomizada de funcionar adequadamente. Com efeito, nos mercados concentrados, os agentes, na sua busca da maximização do lucro, têm possibilidade de firmar acordos restritivos ou adotar comportamentos interdependentes (condutas típicas das estruturas de mercados oligopolizados) ou, ainda, de tentar dominar, ou monopolizar, um dado setor – práticas que resultam no aumento dos preços, através da redução da oferta de bens, e na conseqüente diminuição da eficiência alocativa do mercado.[8]

A resposta estatal a essa falha de mercado – o poder de monopólio[9] – consubstancia-se nas normas antitruste ou de defesa ou proteção à livre concorrência, ou ainda de repressão ao abuso do poder econômico, conforme a denominação escolhida pelos diferentes ordenamentos jurídicos.[10] A finalidade da regulação estatal é a manutenção da capacidade do mercado de promover a alocação eficiente dos recursos e da produção econômica,[11] através de normas que disciplinam a conduta de determinado mercado e da sua própria estrutura.

---

7. V. o Capítulo I, subitem 2.2.
8. Sobre o conceito de *eficiência alocativa* v. o Capítulo V, subitem 15.2.
9. Não deve ser confundido com o problema do monopólio natural, atividade na qual os custos de produção por uma única empresa são decrescentes à medida que sua produção aumenta, seguindo essa tendência até alcançar toda a produção do mercado. Não sendo possível sua exploração em regime de concorrência, a regulação apresenta-se como alternativa (cf. Herbert Hovenkamp, *Federal Antitrust Policy. The Law of Competition and its Practice*, pp. 31-36). Vide, a respeito, o item 2.5, no Capítulo I, acima.
10. A denominação varia de acordo com as tradições dos diferentes ordenamentos. A atual lei brasileira denomina o objeto de sua lei antitruste, genericamente, de "prevenção e repressão às infrações contra a ordem econômica". No entanto, tradicionalmente, as Constituições do país e sua primeira lei nesse campo falavam em "repressão ao abuso do poder econômico".
11. Alan Stone (*Regulation* ..., p. 9) distingue três justificativas para a regulação das falhas de mercado: a eficiência, as externalidades e a eqüidade. O antitruste enquadra-se na primeira delas.

Finalmente, deve ser observado que essa análise das justificativas econômicas teoricamente formuladas para explicar e aceitar a regulação da concentração de empresas representa tão-somente um dos quadrantes do panorama que explicaram o surgimento das leis antitruste. Com efeito, aspectos políticos, como o descontentamento com a prática das grandes empresas e a idéia de preservação das condições de sobrevivência das empresas de menor porte e a preocupação com os interesses do consumidor, foram também os grandes responsáveis pela criação das leis antitruste.[12]

5. O antitruste e a intervenção do Estado no domínio econômico

Conforme verificado, a ocorrência de falhas de mercado constitui uma das justificativas para a intervenção estatal no sistema econômico. Nesse sentido, está nas origens da ruptura do sistema liberal clássico de separação entre as esferas política e econômica, base para a emergência do direito econômico enquanto ramo destinado a implementar a política econômica do Estado.

Como é sabido, a intervenção estatal na economia teve por base, além da ocorrência de imperfeições de mercado, a suscetibilidade do sistema capitalista a crises cíclicas, que não podiam ser solucionadas pelo simples jogo das forças do mercado. Com isso, o Estado Liberal passou a assumir paulatina e assistematicamente funções com relação à economia – não concebidas originariamente – voltadas à correção de tais crises.[13] A atuação mais intensa do Estado na atividade econômica, todavia, tem como marcos históricos fundamentais a I Guerra Mundial e a crise de 1929.

A guerra iniciada em 1914, como aponta Fábio Comparato, submeteu toda a sociedade às suas exigências, diferenciando-se, assim, da atividade bélica dos períodos anteriores, nos quais "a guerra era uma atividade marginal, que interessava alguns grupos sociais por tradição ou profissão, e que podia se desenvolver paralelamente às outras atividades da

---

12. Sobre as origens do *Sherman Act*, praticamente a primeira lei moderna sobre a matéria, v. o Capítulo III, subitem 7.1.

13. Hernando Manzanedo e Reino Gomes, referidos por Eros Grau (*Planejamento Econômico e Regra Jurídica*, p. 21), afirmam que a modalidade originária de intervenção estatal na economia foi o protecionismo aduaneiro. A ocorrência de crises econômicas mundiais, repetidamente, determinou não apenas a superação do livre cambismo pelo protecionismo, como acabou levando o Estado a desenvolver novas técnicas de intervenção. Essas, porém, eram momentâneas, e não representavam esforço algum por uma racionalidade do sistema.

Nação".¹⁴ Na I Guerra a economia passa a ser vital para o sucesso bélico, despertando a necessidade de o Estado emitir uma quantidade substancial de regulamentações sobre as atividades econômicas, rompendo, assim, com os padrões da suposta neutralidade com relação à economia. Essa nova intervenção do Estado foi percebida pela doutrina jurídica, mas para parte dos autores que escreveram sobre o fenômeno confundia-se com a guerra e não perduraria após o fim do conflito.¹⁵

Pouco tempo depois, a crise de 1929 colocou as economias nacionais numa profunda crise recessiva, impossível de ser solucionada somente pelo mercado. Foi necessária a entrada em cena do Estado, emitindo regras sobre os mais diversos aspectos da economia, tais como a moeda, o crédito, o comércio exterior, as relações trabalhistas, a atividade bancária e a produção agrícola e industrial, entre outras.¹⁶

No que se refere especificamente à falha da concentração econômica, o surgimento da grande empresa, ao gerar situações de excessivo desequilíbrio entre os diferentes agentes econômicos, já havia, bem antes, despertado as preocupações de políticos e juristas, levando aos primeiros diplomas antitruste¹⁷ e à emissão de normas de cunho trabalhista, a fim de proteger os trabalhadores como classe mais fraca,¹⁸ desde fins do século XIX.

---

14. Fábio Konder Comparato, "O indispensável direito econômico", in *Estudos e Pareceres de Direito Empresarial*, p. 455.
15. Idem, ibidem, p. 456. Para uma referência aos diferentes autores europeus que então tomavam essa posição ou a contrária, no sentido da permanência do ramo direito econômico, cf. Washington Peluso Albino de Souza, *Primeiras Linhas de Direito Econômico*, pp. 42-44.
16. Cf., inclusive discorrendo sobre a influência das idéias keynesianas para justificar essa atuação estatal, Modesto Carvalhosa, *Direito Econômico*, p. 146. Para um quadro detalhado da evolução da regulação da economia brasileira, nos vários setores, cf. Alberto Venâncio Filho, *A Intervenção do Estado no Domínio Econômico: o Direito Público Econômico no Brasil*, pp. 80-326.
17. A lei mais marcante que surgiu nesse período foi o *Sherman Act* norte-americano, ainda que não tenha sido a primeira. O movimento que culminou com sua promulgação demonstra a insatisfação de classes como os fazendeiros e pequenos comerciantes, oprimidos pela atuação de grandes empresas, como aquelas que controlavam o transporte ferroviário. A imprensa teve uma participação importante na campanha contra os *trusts*, logo espalhando o debate para o espaço político – o que levou à criação da lei. Para uma descrição em detalhes deste processo, cf. William Letwin, *Law and Economic Policy in America: the Evolution of the Sherman Antitrust Act*, pp. 53-71, e Hans Thorelli, *The Federal Antitrust Policy, Origination of an American Tradition*, pp. 109-117.
18. Jurgen Habermas (*A Crise de Legitimação no Capitalismo Tardio*, pp. 72-74), identificando as categorias de ação estatal com relação ao mercado, fala na função de preservação do mercado com relação às suas tendências autodestrutivas, no sentido de prevenir as crises que põem em risco a integração social. É nesse contexto que edita

Originalmente as normas de proteção contra atos destrutivos da livre concorrência e a repressão à concorrência desleal eram de caráter privatístico, fundamentando-se nas teorias do abuso do direito, da contrariedade às normas morais e, mais exatamente no caso norte-americano, da eqüidade.[19] Entre os atos anticoncorrenciais puníveis tinham-se as práticas contra a reputação do comerciante, contra a propriedade industrial, o enriquecimento ilícito através do desvio de empregados, de clientela e fornecedores e o acordo entre diferentes empresas para a eliminação de um concorrente. Tais práticas eram consideradas ilícitos civis, ensejando a ação privada de um concorrente contra o outro, com base na existência de dano direto.[20]

Num segundo momento é que surgiram as normas de caráter publicístico destinadas à proteção do mercado e da concorrência no interesse público – vale dizer, no interesse dos consumidores, da proteção à livre iniciativa e dos valores democráticos da sociedade.[21] Através dessas, as normas antitruste, o Estado pôde reprimir as condutas abusivas do poder econômico de ofício, independentemente da verificação de dano direto a algum concorrente. Fortalece, assim, seus instrumentos regulatórios,[22] para atenuar as falhas e para preservar as condições de funcionamento do mercado.

---

normas que proíbem a excessiva jornada de trabalho, normas de estabilização monetária e normas antitruste, entre outras.
19. M. Carvalhosa, *Direito Econômico*, pp. 87-88.
20. Idem, ibidem.
21. Conforme aponta Modesto Carvalhosa (*O Poder Econômico. A Fenomenologia – Seu Disciplinamento Jurídico*, p. 118): "Já a Lei *Sherman* (...) voltou-se não mais para a proteção dos comerciantes atingidos pela concorrência desleal, mas, antes e especialmente, para o interesse da comunidade e para a defesa dos princípios políticos e econômicos que consideravam o monopólio danoso aos consumidores e contrário aos valores democráticos da liberdade econômica". É importante notar-se que antes da edição da Lei *Sherman* vários dos Estados Federados Norte-Americanos já contavam com legislações antitruste. Além disso, o Canadá teve sua primeira lei antitruste promulgada em 1889, um ano antes da edição do *Sherman Act*. Essa precedência deveu-se em grande parte às influências do debate norte-americano sobre a necessidade de uma legislação sobre a matéria, o que combinou-se ao descontentamento popular sobre o aumento de preços decorrente da concentração econômica e a um processo de debate legislativo mais célere do que o norte-americano, que propiciou a votação e aprovação da lei mais brevemente. Para uma descrição do contexto em que a lei antitruste canadense foi criada, cf. John M. Magwood, *Competition Law of Canada*, p. 41-45.
22. Alan Stone (*Regulation...*, p. 10) conceitua, em termos bem amplos, a regulação (*regulation*) como "a state-imposed limitation on the discretion that may be exercised by individuals or organizations, which is supported by the threat of sanction". É interessante a ponderação de Friederich M. Scherer (*Industrial Market Structure and Economic Performance*, 3ª ed., pp. 11-12) a respeito da caracterização do antitruste como um instrumento de regulação: "Antitrust is often viewed as a form of government regulation,

Sobretudo após a II Guerra Mundial a atuação estatal na economia foi gradativamente deixando de ser episódica e casuística. Paralelamente à ação para solução de crises, o Estado passou a agir de forma finalista, tendo em vista objetivos como o bem-estar, o desenvolvimento, a integração econômica. Nesse sentido, aos poucos sua intervenção no domínio econômico foi se consolidando e sistematizando. Com isso, alterou-se o panorama tradicional do Direito e da Economia, cada vez mais inter-relacionados.

Essa percepção do processo de gradativo envolvimento entre o Estado e a economia em duas etapas que são mais lógicas do que propriamente cronológicas – a atuação para mitigação de imperfeições do mercado e de crises cíclicas e a implementação de políticas econômicas destinadas ao direcionamento finalístico da economia das nações – tem virtualmente maior relevância para a Teoria do Direito do que para a Teoria Econômica. Isto porque a compreensão e a elaboração teórica sobre os instrumentos jurídicos utilizados pelo Estado nessa atuação somente foram possíveis a partir da intensificação e rotinização da intervenção estatal, propiciadas pela finalidade de direcionamento global da economia.

Com efeito, a intervenção estatal para o direcionamento dos fatores produtivos em recessão foi legitimada pela doutrina econômica através das idéias do economista John Maynard Keynes. Na doutrina jurídica, entretanto, as dificuldades de enquadramento dessas normas jurídicas particularistas e atípicas para os padrões da doutrina liberal foram maiores. Porém, no segundo pós-guerra a perenidade da intervenção do Estado na economia despertou a atenção de alguns juristas para o surgimento de um ramo novo do Direito, um *direito econômico*. Esse ramo tem por objeto justamente a instrumentalização jurídica da atuação do Estado para a implementação de sua política econômica.[23] Tem por objeto, assim, ordenar, dirigir, organizar e coordenar práticas econômicas

---

and law school courses on the subject are sometimes found under the rubric 'trade regulation'. Yet in principle, there are (or ought to be) major philosophical differences. Traditional regulation requires a continuing relationship between regulator and regulated as market conditions change and compel price and capacity adjustments. Antitrust, on the other hand, is ideally episodic – more like surgical intervention than the steady administration of medicine to treat a chronic disease".

23. Fábio Comparato (in *O indispensável* ..., p. 465) define o "novo" direito econômico como o "conjunto das técnicas jurídicas de que lança mão o Estado contemporâneo na realização de sua política econômica (...). Constitui assim a disciplina normativa da ação estatal sobre as estruturas do sistema econômico". Eros Grau (*Planejamento* ..., pp. 72-73), por sua vez, conceitua o direito econômico como "o sistema normativo voltado à ordenação do processo econômico, mediante a regulação, sob o ponto de vista macrojurídico, da atividade econômica, de sorte a definir uma disciplina econômica destinada a possibilitar a efetivação da política econômica estatal".

tanto para a consecução de finalidades determinadas quanto para a compatibilização de fins conflituosos dentro de uma orientação macroeconômica. Decisiva para o reconhecimento desse novo ramo, portanto, foi a alteração dos objetivos da intervenção estatal na economia, desde suas primeiras medidas puramente corretivas das falhas do mercado ou episódicas para a solução de crises – alteração, essa, que se consolidou após a II Guerra Mundial. Nessa época, conforme já adiantado, a ação estatal passou a ser finalista e – ao menos se pretendia – racional, servindo-se muitas vezes de instrumentos como o plano para a consecução de suas metas. Essas, mais freqüentemente, referiam-se ao crescimento econômico ou desenvolvimento e industrialização no caso dos países do Terceiro Mundo, implicando, assim, alterações estruturais e uma vocação a controle mais amplo da economia nacional.

Dentro dessa perspectiva, as regras antitruste, como os outros instrumentos de que se serve o Estado para a mitigação das falhas de mercado – os impostos, tarifas, instrumentos monetários e creditícios, entre tantos outros –, passam a ser concebidas e aplicadas num contexto de implementação de políticas econômicas destinadas à consecução de objetivos predefinidos.[24] De fato, nenhum instrumento de intervenção estatal no domínio econômico pode ser compreendido sem a consideração da sua maleabilidade aos objetivos e métodos das políticas públicas dentro das quais são aplicados. Porém, no caso das normas antitruste, por se tratar de regulamentação de um dos princípios fundamentais de uma ordem econômica de mercado, essa inter-relação ganha contornos próprios.

Com efeito, dentro de uma perspectiva normativo-constitucional, o direito de proteção à concorrência é entendido como legislação que dá concretude aos princípios jurídicos da livre iniciativa, da livre concorrência e da repressão ao abuso do poder econômico – princípios de base da ordem econômica constitucional brasileira. Essa característica, de certa forma comum a todos os ordenamentos jurídicos de nações cujo sistema econômico é o de mercado, impõe seja a aplicação das normas antitruste administrada por autoridades administrativas independentes – autarquias no Direito Brasileiro – e pelo Poder Judiciário, isolando-a de pressões políticas mais imediatas. Diferem, assim, de outros instrumentos de política econômica sob controle direto do Poder Executivo.

---

24. Sobre a existência de duas linhas de intervenção estatal na economia – estabilizadora de suas disfunções e alteradora da sua estrutura – e sua relação com os instrumentos para tanto disponíveis, cf. Fábio Nusdeo, *Fundamentos para uma Codificação do Direito Econômico*, pp. 22-28.

Todavia, mesmo isolada institucionalmente, a aplicação das regras antitruste não escapa a projetos de política econômica mais definidos, interpretados pelas autoridades competentes para sua aplicação. Tais objetivos de política econômica considerados na aplicação das leis antitruste nacionais, além das características de cada lei nacional, definem as peculiaridades do direito da concorrência em diferentes locais e momentos.

Chamando a atenção para esse aspecto, estudiosos do tema formularam a distinção entre o conceito de *concorrência-instrumento* e *concorrência-fim*, para distinguir o sistema antitruste da Comunidade Européia do norte-americano. Enquanto o segundo valoriza a livre concorrência como um fim em si mesmo, perseguido pelo seu extensivo direito antitruste, o primeiro busca promover a concorrência no interior da comunidade como um meio para a integração dos mercados nacionais.[25] A distinção merece uma crítica, no sentido de que a promoção da concorrência sempre busca a consecução de outros objetivos sociais e econômicos, como o bem-estar do consumidor e a liberdade de iniciativa econômica.

Esse esclarecimento ressaltou o fato de que a formulação da política antitruste é freqüentemente permeada pela política econômica, e muitas vezes por políticas industriais, do país (ou bloco) dentro do qual é aplicada. Essa relação foi, não raramente, responsável pela ineficácia da legislação antitruste quando políticas de desenvolvimento econômico concentracionista estimulavam a união de empresas para torná-las internacionalmente mais competitivas. Até práticas de cartelização eram toleradas dentro de uma perspectiva de dirigismo estatal da atividade de determinados setores. O direito da concorrência no Brasil, nas décadas de 60 a 80, e o do Japão, entre os anos 50 e 80, foram exemplos desse jugo da política antitruste à política econômica. Recuando um pouco mais no tempo, vale lembrar que a Alemanha, desde fins do século XIX e até as vésperas da II Guerra Mundial, foi justamente chamada de "país dos cartéis", de tal forma eram eles aceitos ou, mesmo, estimulados como veículo para a disputa de mercados externos.

Nesse sentido, Paula A. Forgioni, ao destacar ser o direito da concorrência um instrumento de política econômica, afirma que essa pode ser implementada tanto pela aplicação da lei antitruste, ainda que por via de concessão de autorização ou isenção, quanto pela sua não-aplicação a práticas restritivas. Nesse caso, o Estado, a fim de regulamentar o mercado, pode afastar a aplicação da lei, eliminando ou amenizando, por exemplo, a vigilância ou controle sobre o processo de concentração.[26] Não

---

25. V. o Capítulo III, subitem 8.1.
26. *Os Fundamentos do Antitruste*, pp. 172-173. A autora defende que "a análise contemporânea das normas antitruste não pode prescindir de sua consideração como uma

deve ser esquecido, obviamente, que, embora o direito da concorrência seja um instrumento passível de emprego para a consecução de determinados objetivos de política econômica, o sucesso destes últimos depende de diversos outros instrumentos, sobretudo os creditícios. Isso não torna, porém, a política antitruste negligenciável no repertório dos meios de que se serve o Estado quando define determinadas finalidades.

Atualmente, diante do processo de aumento da concorrência em nível internacional, relacionado à globalização econômica, tem havido uma preocupação crescente com a competitividade das indústrias nacionais, para o quê a aplicação das leis antitruste no mercado doméstico é tida como um instrumento fundamental. A partir dessa idéia e, em parte, de uma autocrítica da falta de capacidade competitiva das indústrias que viveram sob políticas protecionistas e concentracionistas, há uma tendência de coexistência mais harmônica entre políticas industriais e antitruste, a fim de que o estímulo a alguns objetivos específicos não implique a supressão da concorrência.[27]

6. Complexidade econômica, flexibilidade jurídica e regulação antitruste

Conforme verificado,[28] o direito econômico ocupa-se da ordenação dos mercados, com vistas a assegurar seu funcionamento eficiente, e da implementação de políticas econômicas. Nesse sentido, as situações fáticas objeto de suas normas caracterizam-se por um alto grau de complexidade, associado a questões de urgência – dado que a dinâmica do mercado exige soluções rápidas –, à compreensão do funcionamento do sistema econômico e de seus setores específicos e à necessidade de conciliação de uma multiplicidade de princípios e objetivos incorporados ao ordenamento jurídico e à política econômica no momento da elaboração das regras de maior grau de concreção e de sua efetiva aplicação.

Essa complexidade das situações de fato requer soluções, de alguma forma, flexíveis na aplicação do Direito. Com efeito, há matérias em que a necessidade de controle da conjuntura econômica ou a tecnicidade

---

técnica, como um instrumento de que lança mão o Estado para atuar determinada política pública" (p. 81).

27. Essa questão será tratada no Capítulo V, item 16.

28. V. o item 5, acima.

requerem o desempenho de funções normativas por órgãos do Poder Executivo, desafiando os limites estabelecidos doutrinariamente para o exercício de seu poder regulamentar.[29]

No caso do direito da concorrência, não é a atribuição de competências regulamentares amplas a solução flexibilizadora exigida para viabilizar a aplicação de suas regras. Diferentemente, a necessidade de avaliação de situações complexas, muito díspares e de difícil generalização,[30] bem como de compreensão da estrutura e do funcionamento de diferentes mercados, e, ainda, a atenção a ser dada a diversos princípios jurídicos no momento da aplicação das normas reclamam a manutenção de uma margem de interpretação. A solução dada pelas diferentes legislações antitruste é o uso de alguns termos abertos que permitam ao intérprete uma margem relativamente ampla para subsumir fatos diversos e complexos às hipóteses de incidência legal.

Nos Estados Unidos essa necessidade de flexibilização, combinada à história do desenvolvimento da proteção à livre concorrência, levou à criação de um conceito que se tornou bastante peculiar em matéria antitruste: a *regra da razão*.

Com efeito, promulgado em 1890, a partir de um grande descontentamento popular com as práticas das grandes empresas e seus efeitos no mercado, e tendo por modelo apenas as regras da *common law* a respeito de restrições ao comércio, o *Sherman Act* não incorporava qualquer mecanismo de flexibilização aos casos concretos aos quais viria a ser aplicado. Nesse sentido, sua Seção 1 estabelece a ilicitude de "todo e qualquer contrato, combinação na forma de truste ou qualquer outra forma, ou conspiração em restrição ao tráfico ou comércio entre os Estados, ou entre esses e nações estrangeiras (...)".[31] A expressão "todo e qualquer contrato" logo deu margem a sérias discussões, na medida em que muitos dos contratos comerciais impõem alguma restrição ao comércio – por exemplo, a contratação de um agente de vendas por duas empresas concorrentes, a compra de uma empresa por outra do mesmo ramo,

---

29. Sobre essa questão, criticando a doutrina tradicional que limita a competência regulamentar do Poder Executivo ao âmbito da atribuição legislativa e propondo uma nova forma de interpretação da divisão entre os três Poderes, cf. Eros Roberto Grau, "Princípio da livre concorrência – Função regulamentar e função normativa", *RTDP* 93/110 e ss.

30. A aplicação das regras de proteção à concorrência exige uma análise aprofundada do mercado relevante em questão, não comportando generalizações amplas sobre o desempenho dos mercados em abstrato, as quais são úteis, entretanto, para a compreensão teórica do antitruste.

31. Tradução do original. Texto da lei reproduzido por Milton Handler *et al.*, *Cases and Materials on Trade Regulation*, *Appendix* A.

o estabelecimento de cláusula de não-concorrência pelo vendedor de estabelecimento comercial[32] – sem que sejam necessariamente lesivos à concorrência e que, ademais, na linha da tradição da *common law*, somente quando *desarrazoadas* tais restrições deveriam ser coibidas.

Gradualmente a Suprema Corte Federal afastou-se da interpretação literal da Seção 1, passando a reconhecer que o objeto da punição eram as restrições *desarrazoadas* ao comércio interestadual ou internacional. A evolução interpretativa[33] desse dispositivo levou-o a ser aplicado como se contivesse a expressão, ainda que não escrita, "desarrazoada" logo após o termo "restrição".

A chamada *regra da razão*, embora constitua um recurso de flexibilização, teve sua aplicação nos Estados Unidos condicionada pela análise econômica, limitando a definição do que constituiriam restrições justificáveis dentro dessa perspectiva. Vale dizer, não foi utilizada diretamente para a promoção de outros objetivos sociais e políticos que não a proteção ao mercado e à concorrência.[34]

No tocante às possibilidades de uso da regra da razão para a promoção de outros objetivos sociais, políticos e econômicos, Jan Peeters distingue entre *regra da razão econômica*, ou *teorética*, e *regra da razão política*.[35] A essa duplicidade o autor acrescenta o fato de que as teorias econômicas aplicadas na primeira variam intensamente, variando os re-

---

32. Cf. Benjamin Shieber, *Abusos do Poder Econômico, Direito e Experiência no Brasil e nos EUA*, p. 74.

33. O caso "Standard Oil v. United States" (221 US 65 (1911) foi o primeiro no qual a interpretação literal foi abandonada. O conceito foi sendo aperfeiçoado em decisões posteriores, das quais destaca-se o caso "Chicago Bord of Trade v. United States" (246 US 231 (1918). Para a descrição dessa evolução nos primeiros tempos de aplicação do *Sherman Act*, cf.: Philip Areeda e Louis Kaplow, *Antitrust Analysis. Problems, Texts, Cases*, 4ª ed., pp. 196-225; Jan Peeters, "The rule of reason revisited: prohibition on restraint of competition in the *Sherman Act* and the *EEC Treaty*", *The American Journal of Comparative Law* 37/524-531, n. 3.

34. Entretanto, as teorias que embasaram a análise econômica aplicada incorporavam ideologias que permitiam a promoção de outros objetivos sociais, conforme será mencionado a seguir.

35. Na verdade, o autor descreve a distinção encontrada na literatura alemã entre ***wirtschaftstheoretische** rule of reason* e ***politische** rule of reason*. Ele reporta, ainda, quatro tipos de regras da razão relacionadas a diferentes objetivos das políticas de defesa da concorrência: *economic policy rule of reason*, que permite a restrição à concorrência por razões econômicas (vale dizer, concorrenciais); *legal policy*: a restrição é aceita por razões legais, como, por exemplo, considerações sobre serem elas acessórias à operação, ou de pouca importância, não compensando a punição (*de minimis concept*); *sociopolitical*, dizendo respeito a fatores como a proteção a pequenos empresários, consumidores, entre outros; e *political*, quando a restrição é permitida por razões puramente políticas (Jan Peeters, in *The American Journal of Comparative Law* 37/521-522).

sultados de sua utilização, que podem privilegiar objetivos políticos e sociais diferentes.

Nesse sentido, embora a aplicação da Seção 1 do *Sherman Act* tenha seguido a primeira tendência descrita – ater-se a motivações concorrenciais –, em um determinado período a teoria econômica dominante na análise de mercados associava seu bom desempenho à existência de diversas empresas pequenas, enfatizando a necessidade de desconcentração dos mercados. Assim, embora desenrolando-se dentro dos limites formais da análise econômica, a doutrina antitruste acabava por tomar em consideração objetivos sócio-políticos extraconcorrenciais.[36] Essa inter-relação é explicada pela reação política aos estímulos concentracionistas do primeiro *new deal* e a histórica aversão, naquele país, ao acúmulo de poder e recursos sociais nas mãos de particulares. Essa linha prevaleceu até que outra, conhecida como *Escola de Chicago*, veio a se tornar predominante, defendendo a exclusão de qualquer objetivo não-econômico da aplicação das regras antitruste e reformulando a análise teórica que entendia adequada a promoção das pequenas empresas através da imposição do ônus das normas antitruste sobre as grandes.[37]

A partir de novas preocupações incorporadas pelo antitruste naquele país, mais exatamente com a *eficiência*[38] dos agentes econômicos, e da abordagem das teorias econômicas que se tornaram predominantes, a regra da razão no Direito Norte-Americano, hoje, encontra-se modificada. Conforme aponta Calixto Salomão Filho, a evolução posterior da regra é no sentido de, ao invés do termo "desarrazoada", acrescentar-lhe o termo "injustificada". "Contrário ao direito concorrencial passa a ser somente aquele comportamento ou estrutura que seja eficaz para proporcionar uma restrição substancial e *injustificável* da concorrência".[39] Além de verificar quais os objetivos perseguidos pela operação, e se a justificam, analisa-se também quais os prejuízos impostos ao consumidor e se haveria uma alternativa menos restritiva para a consecução das finalidades da operação.[40]

A importância do conceito no sistema norte-americano acentua-se ainda diante da doutrina desenvolvida pela Suprema Corte naquele país

---

36. J. Peeters, in *The American Journal of Comparative Law* 37/529-530.
37. As motivações ideológicas que estiveram na base da promulgação do *Sherman Act* no desenvolvimento do antitruste nos Estados Unidos, assim como essas duas correntes de análise econômica, serão abordadas no Capítulo III, subitem 7.1.
38. Sobre o conceito de *eficiência*, v. o Capítulo V, item 15, especialmente os subitens 15.1 e 15.2.
39. *Direito Concorrencial – As Estruturas*, p. 143.
40. Idem, ibidem, p. 143.

no sentido de definir determinadas práticas como absolutamente ilegais, ou ilícitas *per se*, não admitindo a alegação de justificativas ou de sua não-lesividade à concorrência. Trata-se de uma definição formalista tendente a reduzir a margem de interpretação das Cortes e a simplificar sua tarefa de estudo dos mercados e das práticas em questão, assim como sinalizar claramente aos agentes econômicos sua desaprovação a certas condutas, como os acordos de preço entre concorrentes. Pelo contrário, as práticas sujeitas a avaliação sob a regra da razão permitem a discussão de seus motivos e de seus efeitos – e, portanto, possível definição de licitude.

Em outros ordenamentos jurídicos a linha flexibilizadora foi utilizada em sentido diferente, possibilitando a atenção a objetivos de política social e industrial. É o caso da Comunidade Européia, onde se permitem as restrições em função de objetivos como o desenvolvimento econômico e tecnológico.[41] Sua preocupação com outros objetivos sociais que não os exclusivamente econômicos, obviamente, depende menos do texto da lei do que do caráter e tendência da sua interpretação, decorrentes das características institucionais do órgão aplicador, da existência de políticas sociais e industriais definidas e efetivas, influenciando a política antitruste.[42]

No Brasil o conceito foi introduzido por Benjamin Shieber,[43] que defendia sua adoção nas regras antitruste nacionais e na aplicação dos dispositivos da Lei 4.137, de 1962. O objetivo desse autor e da doutrina, largamente por ele influenciada, era afastar qualquer entendimento no sentido de a lei brasileira conter ilegalidades *per se*. Isso porque à nossa lei – sobretudo a Lei 4.137, de 1962 – sempre foi reconhecido caráter penal econômico, e proibições *per se* levariam determinadas práticas à responsabilidade penal objetiva, o que, além de contrariar nosso sistema penal, acentuaria a inefetividade da lei.

Apesar de sua formulação estar ligada à prática de acordos entre empresas, à medida que foi ganhando essa conotação ampla, a regra da razão passou a ser identificada também no controle de atos de concentração, nos termos flexibilizadores presentes nos dispositivos relativos a essas operações, nas condições para sua aprovação pela autoridade an-

---

41. Estabelecido como uma das justificativas para a isenção às práticas restritivas no art. 81 e para a aprovação de atos de concentração potencialmente lesivos à concorrência no Regulamento da Comissão 4.064/89. O art. 54 da Lei 8.884, de 1994, inspira-se claramente nesses dispositivos.
42. Conforme será analisado (v. Capítulo III, item 9), o Japão é um exemplo de organização institucional que permitiu uma flexibilização até excessiva das regras antitruste.
43. *Abusos do Poder Econômico*. ..., pp. 73-82.

titruste,[44] ou, simplesmente, sua tolerância com relação à prática.[45] Nesses dois últimos casos o conceito aparece também com a denominação de *defesas* para os atos de concentração, de que são exemplos a eficiência, as indústrias em crise e a pesquisa tecnológica.[46]

No Direito Brasileiro – assim como no direito da Comunidade Européia, no qual importantes dispositivos da Lei 8.884, de 1994 foram inspirados – a flexibilização necessária à aplicação das normas de direito de proteção à concorrência é dada através da utilização, pela lei, dos chamados *conceitos jurídicos indeterminados*.

Conceitos jurídicos indeterminados são aqueles cujos termos, isto é, os signos – palavras ou sentenças –, pelos quais vêm expressos são vagos ou ambíguos, necessitando ser completados por aqueles que os aplicam.[47] Uma das características mais importantes desses conceitos é o fato de apenas poderem ser completados a partir de dados extraídos da realidade.[48] São exemplos termos como "urgência", "ordem pública", "justo preço" e "calamidade pública". Na lei brasileira de proteção à concorrência (Lei 8.884, de 1994) são exemplos de termos indeterminados vocábulos ou sentenças como "domínio de mercado", "aumento arbitrário de lucros", "abuso de posição dominante", estabelecidos no art. 20; e "eficiência", "desenvolvimento tecnológico", "desenvolvimento econômico", "motivo preponderante da economia nacional" e "bem comum", no art. 54. Tratando-se, essa matéria, de questões complexas, conflituosas – à medida que diferentes interesses serão privilegiados conforme a solução apontada –, a utilização desses conceitos é um recurso do legislador para descrever as práticas e situações que possam prejudicar a concorrência ou justificar restrições a essa.

O *Sherman Act* foi promulgado sem que houvesse experiência suficiente dessa necessidade de interpretação a partir de dados da realidade do que seria, por exemplo, uma restrição ao comércio. A solução jurisprudencial foi a inclusão na interpretação de um termo indeterminado –

---

44. Essa a sistemática no Brasil, conforme os §§ 1º e 2º do art. 54 da Lei 8.884, de 1994.

45. É o que ocorre nos EUA, na medida que a autoridade antitruste não tem poderes tão amplos para autorizar a prática. V. o Capítulo III, subitem 7.2.

46. O termo e seus exemplos serão analisados no Capítulo V.

47. Cf. Eros Roberto Grau, *Direito, Conceitos e Normas Jurídicas*, p. 72. Note-se que a identificação desses termos/conceitos indeterminados não constitui uma novidade da doutrina e Teoria Geral do Direito, tendo sido analisados bem cedo como comprovação da falha das teorias que determinavam a vinculação estrita do juiz à lei. Cf., nesse sentido, Karl Engish, *Introdução ao Pensamento Jurídico*, pp. 170-178.

48. Nesse sentido, distinguem-se daqueles que são produtos únicos da abstração, tais como direito subjetivo (cf. E. Grau, *Direito*, ..., p. 77).

unreasonable – para permitir essa flexibilização. Referindo-se ao critério de razoabilidade, a regra criada hermeneuticamente passou a se denominar regra da razão.

A sistemática do Direito Brasileiro – que oferece a possibilidade de flexibilização de suas proibições e a aplicação de certas defesas a atos de concentração potencialmente lesivos à concorrência, também aceitas em outros ordenamentos – exige a interpretação das suas normas e dos conceitos jurídicos indeterminados por elas utilizados. Assim, o intérprete, colocado diante de uma operação concreta de concentração, deve enfrentar as questões sobre constituir ela operação que possa *limitar ou de qualquer forma prejudicar a livre concorrência*, ou *resultar na dominação de mercados relevantes* – e, em caso positivo, estarem configuradas as condições estabelecidas nos §§ 1º e 2º do art. 54 da Lei 8.884, de 1994, para serem aprovadas. Não é possível, no entanto, simplesmente verificar se as restrições à concorrência advindas da operação são justificáveis, independentemente do cumprimento de todos os requisitos legais. Diante de práticas consideradas ilícitas pelos arts. 20 e 21 tampouco é dado ao intérprete da lei considerá-las simplesmente justificáveis.

No entanto, o desenvolvimento da doutrina e da prática do direito da concorrência brasileiro tem acatado a utilização literal da regra da razão, nos moldes norte-americanos, para a flexibilização da aplicação da lei. Nesse sentido, o próprio CADE, no Anexo 1 à Resolução 20, de 1999, referindo-se às práticas restritivas horizontais e verticais, afirma que as mesmas "podem gerar benefícios em termos de bem-estar ao mercado ('eficiências econômicas'), recomendando-se a aplicação do 'princípio da razoabilidade'". Recomenda, assim, a ponderação de tais efeitos *vis-à-vis* dos potenciais impactos anticompetitivos, de modo a verificar a existência de eficiências líquidas, isto é, se as eficiências produzidas compensam seus efeitos anticompetitivos. Ora, a Lei 8.884, de 1994, considera infrações à ordem econômica quaisquer práticas, tais como as exemplificadas no art. 21, que tenham por objeto ou possam produzir os efeitos descritos nos incisos I a IV do art. 20. Caracterizados os efeitos anticompetitivos descritos naquele artigo, o CADE não tem competência para determinar sua legalidade, com base na eficiência da operação. Diferentemente, o intérprete tem que fazer um balanceamento entre possíveis aspectos anticompetitivos da operação e a ocorrência de efeitos positivos no campo da eficiência, desde que esses efeitos se caracterizem pelo caráter pró-competitivo, alterando a definição da prática como anticompetitiva e, portanto, afastando a incidência do art. 20. Note-se que a possibilidade de defesa com base no critério da eficiência da operação é diferente no art. 54 da lei, que trata do controle de atos de concentração. Nesse caso, o CADE pode reconhecer o caráter anticompetitivo da operação e aprová-la, se entender satisfeitas as condições estabelecidas nos §§ 1º e 2º do artigo.

Cabe lembrar que a verificação de que as regras antitruste contêm freqüentes conceitos jurídicos indeterminados remete a outras questões. Em primeiro lugar, a quem cabe a interpretação? E, em segundo, trata-se, a competência para o preenchimento desses termos, de ato discricionário ou vinculado?

A primeira questão há de ser respondida com base nas disposições de sistemas legais individualizados. Assim, no Brasil são competentes para sua definição o CADE e, em determinadas situações, a Secretaria de Direito Econômico (SDE).[49] Apesar de dependente da resposta à segunda questão, podemos afirmar que o Poder Judiciário também tem competência para esse preenchimento naqueles casos em que os atos do CADE forem objeto de questionamento em juízo.

A segunda questão é de resposta mais difícil, e não consensual. No entanto, a tendência predominante na doutrina é considerar tratar-se essa interpretação de ato vinculado. Isso porque o intérprete não formulará juízos de conveniência e oportunidade ao definir o sentido do termo, mas sim um juízo de legalidade, pois sua interpretação terá de se dar de acordo com os demais princípios e regras estabelecidos na legislação e no ordenamento jurídico como um todo. Conforme aponta Eros Grau, "no Estado de Direito, qualquer agente público somente deterá competência para a prática de *atos discricionários* – isto é, exercitando as margens de liberdade de atuação fora dos quadrantes da *legalidade* – quando a norma jurídica válida a ele atribuir a formulação de *juízos de oportunidade*".[50]

Esse entendimento não deve levar à convicção de que, tratando-se de um ato vinculado, exista apenas uma resposta certa à interpretação desses conceitos. Isso porque essa interpretação refere-se mais a uma lógica de preferência do que de conseqüência,[51] à medida que não se destina à perseguição da verdade, mas de uma solução satisfatória e juridicamente plausível, a partir dos elementos fáticos da questão a ser solucionada – e no caso da aplicação das regras antitruste, deve-se consi-

---

49. Quando, no exercício de suas atribuições, estabelecidas nos incisos IV, VI, VII e VIII do art. 14 da Lei 8.884, de 1994, levar a efeito averiguações preliminares para instauração de processo administrativo, instaurar processo administrativo, arquivá-lo ou remetê-lo ao CADE para julgamento, ainda que, em todos os casos, suas decisões sejam sujeitas à instância do CADE.

50. *O Direito Posto e o Direito Pressuposto*, 3ª ed., p. 152.

51. Cf. Fábio Konder Comparato, "Reflexões sobre o método do ensino jurídico", *Revista da Faculdade de Direito da Universidade de São Paulo* LXXIV/127.

derar, com a utilização de teorias econômicas variadas. O caráter de verdadeira ou falsa no contexto da interpretação jurídica é definido pela coerência do seu embasamento no sistema.[52] A possibilidade de mais de uma resposta correta reforça o mecanismo flexibilizador, permitindo a integração de diferentes interesses e objetivos de política econômica, obviamente dentro dos limites de abertura dos conceitos jurídicos indeterminados utilizados na lei.[53]

A conseqüência mais importante dessa definição diz respeito à competência do Poder Judiciário para a apreciação do mérito das questões relativas à lei de concorrência decididas pela autoridade administrativa. Conforme entende a doutrina,[54] a apreciação do mérito de decisões administrativas consideradas discricionárias não é possível, não cabendo ao Judiciário substituir-se ao Executivo na sua convicção sobre a oportunidade e conveniência das decisões. Contrariamente, o mérito das decisões administrativas consideradas vinculadas é passível de apreciação. Assim, o entendimento no sentido de constituírem as decisões do CADE atos vinculados leva à aceitação da possibilidade de apreciação do seu mérito pelo Judiciário.

A competência jurisdicional para matérias de concorrência impõe a reflexão em torno de certas questões. Em primeiro lugar cogita-se da capacidade de um órgão jurisdicional para apreciação de matérias de alto grau de complexidade técnica, que exigem conhecimento de teorias econômicas sobre o funcionamento dos mercados. Acresça-se a isso a provável fragmentação e a incoerência da política de concorrência, se aplicada tanto pela autoridade administrativa quanto pelo Poder Judiciário.[55] Apesar desses problemas, muitos ordenamentos jurídicos estabe-

---

52. Cf. Eros Roberto Grau, *A Ordem Econômica na Constituição de 1988 (Interpretação e Crítica)*, 6ª ed., pp. 197-200.
53. O fato de a interpretação das regras antitruste comportar mais de uma solução correta e ter de acomodar interesses divergentes leva alguns autores a entender constituir o poder atribuído ao CADE, sobretudo no âmbito do art. 54 da Lei 8.884, de 1994, um poder discricionário, ao menos na prática. Cf., nesse sentido, C. Salomão Filho, *Direito Concorrencial – ...*, p. 145. Cf. também a afirmação da então Conselheira Relatora Neide Terezinha Mallard no Ato de Concentração 6/94, "Brasilit/Eternit", de se tratar de ato discricionário o poder do CADE de interpretar os "conceitos jurídicos indeterminados" contidos em cada justificativa do art. 54. Voto compilado por Pedro Dutra, *A Concentração do Poder Econômico: Jurisprudência Anotada*, pp. 155-157.
54. Cf. Maria Sylvia Zanella Di Pietro, *Discricionariedade Administrativa na Constituição de 1988*, pp. 92-93.
55. A esse respeito, Bolívar Moura Rocha ("Articulação entre regulação de infraestrutura e defesa da concorrência", *Revista do Instituto Brasileiro de Estudo das Relações de Concorrência e Consumo (IBRAC)* 5/47-48, n. 7), ao tratar das relações entre órgãos de defesa da concorrência e agências reguladoras, aponta dois pontos problemá-

lecem a apreciação judicial de matérias de concorrência, sendo essa a sistemática vigente no Brasil. Com efeito, diante do dispositivo do inciso XXXV do art. 5º da Constituição Federal, é evidente a possibilidade de formulação de demandas em matéria concorrencial ao Poder Judiciário, o que exigirá sua sensibilidade para as dificuldades da matéria, dadas a urgência de uma definição sobre a mesma e sua repercussão no sistema econômico.

Por outro lado, é importante atentar para o fato de a tutela jurisdicional desempenhar um importante papel simbólico para afastar o descumprimento das normas legais, mesmo sem chegar a ser demandado.[56] Assim, a possibilidade de referência da matéria ao Judiciário não apenas pelas partes inconformadas com a decisão da autoridade administrativa, mas por concorrentes prejudicados por determinadas operações aprovadas ou pelo Ministério Público, ou, ainda, por organizações representativas de interesses difusos e coletivos – provavelmente de consumidores – essas últimas através de ações civis públicas, pode servir de barreira à excessiva politização ou captura da agência administrativa. Nesse sentido, a atuação do Poder Judiciário na aplicação das normas de concorrência pode vir a tornar-se um mecanismo de promoção de sua efetividade.

ticos. Em primeiro lugar a necessidade de se assegurar a aplicação uniforme e sistêmica do Direito e das políticas concorrenciais no país como um todo, ameaçada pela sua aplicação pelas agências reguladoras. Em segundo o lugar o fato de que a competência técnica das agências reguladoras e conhecimento dos mercados que fiscalizam seriam proveitosos na aplicação da legislação de proteção à concorrência.

56. Cf. Marc Galanter, "Adjudication, litigation and related phenomena", in Leon Lipson e Stanton Wheeler, *Law and the Social Sciences*, p. 153. V., também, Carlos Alberto de Salles, *Execução Judicial em Matéria Ambiental*, p. 38.

Capítulo III

PARADIGMAS DE PROTEÇÃO À CONCORRÊNCIA E CONTROLE DA CONCENTRAÇÃO

7. Estados Unidos. Pioneirismo e sofisticação: 7.1 Evolução da legislação antitruste e do controle dos atos de concentração – 7.2 A sistemática do controle de atos de concentração de empresas – 7.3 A evolução da aplicação do controle de atos de concentração de empresas. 8. Comunidade Européia. A concorrência-instrumento: 8.1 Peculiaridades e evolução da legislação de proteção à concorrência comunitária – 8.2 O sistema e a evolução do controle de atos de concentração na Comunidade Européia. 9. Japão. Direito da concorrência e desenvolvimentismo: 9.1 As origens e a evolução da legislação antitruste – 9.2 O sistema de controle dos atos de concentração. 10. Coréia do Sul. Antitruste, desconcentração e liberalização econômica: 10.1 As origens e a evolução do direito de proteção à concorrência – 10.2 O sistema de controle dos atos de concentração.

7. Estados Unidos. Pioneirismo e sofisticação

7.1 Evolução da legislação antitruste e do controle dos atos de concentração

A América do Norte caracterizou-se por uma colonização peculiar, bastante descentralizada, na qual a atividade econômica baseava-se na produção e no comércio locais. O próprio espírito da colonização diferenciou-se substancialmente daquele que prevaleceu em outras regiões, sobretudo naquelas caracterizadas pela monocultura. Os colonizadores, ou colonos, chegaram e fixaram-se movidos não apenas pela motivação econômica, mas também pelas suas convicções políticas e religiosas, que não podiam manifestar nos países de origem. Portanto, estavam lá para ficar, e não apenas para enriquecer e voltar – o que os estimulava a desenvolver um mercado interno e, assim, instituições próprias para tanto. Ademais, o tamanho do território, a inexistência de metais preciosos no seu subsolo – que certamente teria atraído um controle mais centralizado pela metrópole –, somados à falta de um sistema de transportes nacional, criaram comunidades isoladas, mercados locais servidos por pequenas empresas. A entrada nas atividades industriais e comerciais, por sua vez, era fácil, já que requeriam capital inicial baixo e envolviam tecnologia de produção relativamente simples.[1]

Havia outro traço peculiar ao povo que colonizou o território norte-americano: embora valorizasse altamente a livre iniciativa, a ambição e o sucesso, tinha uma aversão de raízes antigas a qualquer sistema de privilégios, identificados genericamente como "monopólios". O ódio aos monopólios – ressalta William Letwin – "é um dos mais antigos hábitos políticos norte-americanos e, assim como as tradições mais profundas, consiste numa idéia essencial permanente, expressada diferentemente em diferentes momentos. O termo 'monopólio', utilizado na América, significava, de início, um privilégio legal outorgado pelo Estado; posteriormente passou a designar mais freqüentemente o controle exclusivo sobre algo, obtido por poucos em resultado dos seus esforços próprios; porém, o termo teve sempre o significado de um poder injustificado, cuja existência é um obstáculo à igualdade de oportunidades".[2]

Além da ideologia das oportunidades iguais, o temor do agigantamento do poder dos entes privados tomava também conotações políticas, que influenciaram intensamente a doutrina e a aplicação do antitruste. A existência de pequenas empresas, administradas pelo proprietário e responsivas às necessidades e ao bem-estar da comunidade local, por oposição a grandes companhias, dirigidas por um corpo de administradores ausente, tinha origem no ideal jeffersoniano de democracia. Acreditava-se que um sistema democrático teria melhores condições de consolidação numa sociedade de pequenos proprietários, detentores de parcelas equivalentes de poder e de recursos, nenhum deles com influência desproporcional no sistema político. As idéias reformistas propugnando por leis antimonopólio, assim, exploravam a necessidade de prevenção à concentração de poder nos aspectos político e social, além do econômico.[3]

---

1. Earl Kintner, *An Antitrust Primer: a Guide to Antitrust and Trade Regulation Laws*, 2ª ed., p. 2.
2. *Law and Economic Policy in América: the Evolution of the Sherman Antitrust Act*, p. 59 (traduzido do original).
3. Sobre as relações entre a dispersão do poder econômico e a democracia, v. Philip Areeda e Louis Kaplow, *Antitrust Analysis. Problems, Texts, Cases*, 4ª ed., pp. 28-29.

Essas características da economia e da ideologia do povo norte-americano foram responsáveis por uma recepção traumática do progresso tecnológico desencadeado na segunda metade do século XIX, notadamente pela introdução da energia a vapor, que resultou no desenvolvimento de técnicas industriais mais sofisticadas, aumentando substancialmente a escala de produção eficiente das indústrias manufatureiras. Combinado ao incremento dos meios de transporte e comunicação – as ferrovias, as hidrovias e os telégrafos – e ao florescimento de um sistema bancário, mesmo que de base regional, esse desenvolvimento permitiu a expansão do comércio inter-regional. O resultado desse processo foi a alteração do perfil da economia norte-americana. Até então sua produção industrial era oferecida por várias pequenas empresas, passando a contar com unidades de grande porte e produção em larga escala até o ano de 1890.[4]

Após a Guerra de Secessão, de 1865, começou a ser difundida a idéia de que as *corporations*[5] e seu comportamento abusivo deveriam ser controlados pelo Estado. À testa desse movimento por uma lei anti-monopólio estiveram os agricultores – a classe econômica mais afetada pelo crescimento da indústria e pelas práticas dos *trusts* –, organizados num movimento conhecido como *grangers*.[6] Esse movimento obteve algum êxito na criação de leis *antitruste* estaduais. Num segundo momento, na década de 1880, essa bandeira foi assumida por outros movimen-

---

Sobre a existência de preocupações com o exercício de poder político desproporcional dos *trusts* na época da passagem do *Sherman Act*, v. Hans Thorelli, *The Federal Antitrust Policy, Origination of an American Tradition*, p. 565; e notadamente o uso do poder político através da corrupção dos funcionários públicos e da obtenção de tarifas protetivas aos seus produtos por parte do governo, cf. W. Letwin, *Law and Economic Policy* ..., p. 70.

4. É ilustrativo o exemplo da produção de aço, que em 1840 era desenvolvida por centenas de pequenas usinas e em 1890 contava com poucas dúzias de unidades, algumas empregando mais de 100 trabalhadores, conforme aponta W. Letwin, *Law and Economic Policy* ..., p. 8. Cf., também, E. Kintner, *An Antitrust Primer:* ..., p. 2.

Segundo John M. Magwood (*Competition Law of Canada*, p. 40) essa tendência foi acompanhada pelo Canadá, onde, em meados do século XIX, a expansão das ferrovias criou um mercado de consumo nacional, cuja satisfação foi possibilitada pelo desenvolvimento de indústrias de produção em grande escala, criando uma nova forma de concorrência, caracterizada pela concentração dos empresários em grandes e poderosas companhias.

5. O termo *trust*, note-se, tornou-se de uso corrente na segunda parte da década de 1880, substituindo, no uso coloquial, a palavra "monopólio" para designar as combinações e arranjos restritivos ao comércio, muito embora houvesse, na época, poucos agrupamentos monopolísticos utilizando a forma jurídica do *trust*. O uso extensivo do termo, porém, pode ser explicado pelo fato de os grandes e mais odiados grupos de então, como a *Standard Oil* e o *Sugar Trusts*, terem revestido essa forma societária (cf. H. Thorelli, *The Federal Antitrust Policy*, ..., p. 59).

6. Cf. H. Thorelli, *The Federal Antitrust Policy*, ..., p. 67.

tos reformistas diversos. Diante da dificuldade dos Estados de controlar práticas e preços que não se limitavam ao seu território, pressionavam pela criação de uma lei antitruste nacional.[7] Nesse contexto, em julho de 1890[8] foi editada a Lei *Sherman*. Como resultado de um compromisso genérico entre o sentimento público, a atenção jornalística e o discurso político de repúdio às práticas dos *trusts*, mas sem qualquer proposta muito clara sobre a política antitruste a ser formulada,[9] os parlamentares optaram por um texto de lei o mais genérico possível, mantendo vocabulário similar às normas da *common law* contra as práticas restritivas ao comércio, para que juízes e tribunais pudessem interpretá-la com maior facilidade e exercer um juízo caso a caso sobre o caráter das práticas proibidas.

O *Sherman Act*, assim, proíbe "todo e qualquer contrato ou combinação, inclusive, mas não limitados, àqueles na forma de *trust*, ou conspira-

---

7. A intensidade da opinião e pressão públicas contra os *trusts* foi objeto de debate entre os historiadores da promulgação do *Sherman Act*. Segundo sumarizado por H. Thorelli (*The Federal Antitrust Policy*,..., p. 142), há uma posição mais tradicional que afirma que o *Sherman Act* resultou da pressão pública (*public outcry*), ao passo que outra visão, minoritária, representada especialmente pelo historiador John D. Clarke (*Federal Trust Policy*, 1931), contesta a existência de pressão pública intensa e o fato de o *Sherman Act* ser uma resposta à opinião pública. Essa segunda tendência, porém, tornou-se muito pouco convincente a partir de pesquisas de maior fôlego sobre o conteúdo das publicações das revistas e jornais de maior circulação nos centros urbanos na década de 1880, como a realizada por esse mesmo autor, exposta especificamente às pp. 132-142. Cf., também, W. Letwin, *Law and Economic Policy* ..., pp. 57-69.O fato de o *Sherman Act* ter sido criado em resposta ao sentimento público de que o poder econômico precisava ser controlado, e não por alguma forma de pressão dos próprios empresários por uma regulação que lhes protegesse seu poder de mercado contra a concorrência, é afirmado por Suzanne Weaver em artigo no livro de organização de James Wilson destinado a analisar as relações entre o poder privado e o interesse púbico na formulação de normas de regulação da economia na história do Direito Norte-Americano (Suzanne Weaver, "Antitrust Division of the Department of Justice", in James Wilson, *The Politics of Regulation*, 1980).

8. Deve ser mencionado que, embora o *Sherman Act* seja apontado como o primeiro estatuto antitruste moderno, o Canadá promulgou sua primeira lei antitruste já no ano de 1889. Nesse país as pressões pela criação de uma norma antitruste decorreram da insatisfação dos consumidores com o aumento de preços dos produtos nacionais em razão de uma política protecionista levada a efeito no século XIX, que reforçou a tendência à concentração do poder econômico no mercado. A passagem da lei antitruste em 1889, por sua vez, foi em boa parte influenciada pelos debates que antecederam a criação do *Sherman Act* nos Estados Unidos (cf. J. Magwood, *Competition Law* ..., p. 40).

9. É afirmado que, a partir do exame dos arquivos do Congresso nos debates e emendas da lei, percebe-se que a participação dos profissionais da Economia Política no processo foi inexistente, o que se afinava com a prática da época, segundo a qual os parlamentares desprezavam os especialistas, preferindo lidar com as questões pelos caminhos mais familiares dos precedentes judiciários (cf. H. Thorelli, *The Federal Antitrust Policy,* ..., p. 567).

ção restritivos ao comércio entre os Estados ou com nações estrangeiras", na Seção 1; e, ainda, na Seção 2, reputa ilegal a "monopolização, ou tentativa de monopolização, ou combinação ou conspiração com outrem para a monopolização de qualquer parcela do comércio entre os Estados ou com as nações estrangeiras". Ambas as condutas, à época, eram consideradas contravenções (*misdemeanors*), sujeitas a multa e/ou prisão por até um ano.[10] A partir de 1974 passaram a ser consideradas criminosas (*felonies*), sujeitas a prisão do responsável por até três anos, além da previsão alternativa ou cumulativa de multa.

Desde sua promulgação, porém, o *Sherman Act* foi criticado pela generalidade do seu texto, o qual, ao não deixar claro o que era permitido ou proibido, provocava insegurança entre os agentes econômicos, além de concentrar poderes em excesso nas mãos de juízes e tribunais. A essas críticas combinaram-se a ocorrência de um dos períodos de maior concentração de empresas na história do país, ocorrido entre os anos de 1887 e 1904, estimulado pela recuperação da depressão econômica de 1883 e pelo desenvolvimento de estruturas de transporte, comunicação e técnicas de manufatura de produção em massa, as quais requeriam maior investimento de capital, no final do século XIX.[11]

Apesar da unanimidade do apoio a alterações no *Sherman Act*, não havia consenso com relação aos termos em que deveriam ser promovidas. Vencida a proposta apoiada pelo presidente *Roosevelt* de que se criasse uma comissão para controlar as práticas das grandes empresas, já que a concentração econômica era inevitável,[12] decidiu-se pela edição de uma lei que detalhasse melhor as práticas consideradas ilegais – o que daria maior segurança aos seus destinatários, ao mesmo tempo em que possibilitaria a aplicação mais efetiva de uma política antitruste.[13] Tratava-se do *Clayton Act*, de 1914. Nesse mesmo ano criou-se a *Federal Trade Commission* (FTC), com poderes investigatórios, inclusive de

---

10. Para o texto atual da lei, cf. Milton Handler *et al.*, *Cases and Materials on Trade Regulation, Appendix* A. Para a versão original, v. H. Thorelli, *The Federal Antitrust Policy*, ..., pp. 610-611.

11. Nesses anos assistiu-se ao agrupamento de vários produtores de menor dimensão, através de concentrações horizontais, em empresas com domínio de mercado, tais como a *Standard Oil Co.* e a *United Steel Corporation*. Sobre as características dessa onda de concentrações, v. Naomi Lamoureaux, *The Great Merger Movement in American Business, 1895-1904*, pp. 187-189.

12. Cf. W. Letwin, *Law and Economic Policy* ..., pp. 245-247.

13. Um exemplo desse tipo de prática é o chamado *interlocking directorade*, através do qual membros da administração de uma empresa integram também o corpo administrativo de concorrentes. Foi descoberto na época em que essa era uma prática freqüentemente adotada pelo banqueiro Morgan para a formação de ligações entre empresas concorrentes (cf. W. Letwin, *Law and Economic Policy* ..., p. 272).

ordenar a cessação de práticas (passíveis de revisão judicial), poderes de demandar em juízo e, ainda, uma única e deslocada provisão, de caráter substantivo e termos abertos, declarando ilegais *métodos injustos de concorrência*. A construção jurisprudencial do entendimento da Seção 5 deu-lhe feições amplas, aceitando-se estarem incluídas na competência da Comissão não apenas as práticas que violassem qualquer das disposições dos dois estatutos, mas também aquelas que transgredissem as políticas básicas do *Sherman Act* e do *Clayton Act*.[14]

O *Clayton Act* estabelece, em sua Seção 7, uma provisão específica sobre *mergers* – os atos de concentração de empresas –, segundo a qual "nenhuma sociedade engajada no comércio adquirirá, direta ou indiretamente, ações do capital de outra sociedade também engajada no comércio, se o efeito de tal aquisição possa resultar na redução substancial da concorrência entre a sociedade cujas ações foram adquiridas e a sociedade adquirente, ou na restrição de tal comércio em qualquer seção do país ou comunidade, ou tender a criar um monopólio em qualquer segmento do comércio".[15] Conforme as justificativas do *Senate Judiciary Committee*, tal Seção destinava-se a coibir a criação dos *trusts* antes da sua consumação, prevenindo a concentração enquanto ainda incipiente. O fato de o *Clayton Act* proibir a aquisição de *ações* de uma sociedade por outra, deixando de incluir referência à compra de *ativos*, veio a constituir uma brecha da lei, vulnerando-a neste aspecto.

Em 1950, com a recuperação do pós-guerra, o movimento concentracionista parecia estar ressurgindo. A preocupação com o problema voltou, assim, à agenda política, dessa vez com o amparo dos economistas. Estudos divulgados no final da década de 40 apontavam a tendência à concentração e o fato de que, "se nada for feito para impedir o crescimento da concentração, ou as corporações gigantes irão, afinal, incorporar o país, ou o governo será impelido a impor alguma forma de regulação direta no interesse público".[16] O debate dessa época mostrava grande

---

14. Cf. M. Handler *et al.*, *Cases and Materials* ..., p. 102.

15. Traduzido do original: "No corporation engaged in commerce shall acquire, directly or indirectly, the whole or any part of the stock or other share capital of another corporation engaged also in commerce, where the effect of such acquisition may be substantially to lessen competition between the corporation whose stock is so acquired and the corporation making the acquisition, or to restrain such commerce in any section or community, or to tend to create a monopoly of any line of commerce" (transcrito em P. Areeda e L. Kaplow, *Antitrust Analysis*. ..., 4ª ed., p. 808).

16. Traduzido do original, *FTC Economic Report on Corporate Mergers: A Summary Report V*, at 68 (1948), transcrito por Arthur Austin, "Antitrust reaction to the merger wave: the revolution *v.* the counterrevolution", *North Carolina Law Review* 66/935). No mesmo sentido o relatório do *Temporary National Economic Committee* (cf. P. Areeda e L. Kaplow, *Antitrust Analysis*. ..., 4ª ed., p. 810).

preocupação com os aspectos políticos e ideológicos implicados na eliminação das pequenas empresas.[17] Por outro lado, registrou-se pequena preocupação com outros aspectos dos atos de concentração, tais como seus efeitos sobre preços, inovação tecnológica e aumento da eficiência na produção e distribuição.[18] O resultado desses debates foi a aprovação, no ano de 1950, do *Cellar-Kefauver Act*, emendando o *Clayton Act* no sentido de, em primeiro lugar, incluir a menção à aquisição de ativos dentre as aquisições proibidas; em segundo lugar, retirar o trecho "entre a empresa adquirida e a adquirente" do texto da lei, com o propósito de enquadrar na norma também os atos de concentração verticais e conglomerados, até então considerados pela jurisprudência como não incluídos nas disposições do *Clayton Act*.[19]

Deve ser assinalado, contudo, que, apesar da forte influência de valores políticos e ideológicos na edição do *Cellar-Kefauver Act* e na aplicação da legislação antitruste nos anos que se seguiram,[20] a importância da teoria econômica também era acentuada. Com efeito, da proteção às pequenas empresas e da desconcentração da economia não se pode depreender a sujeição da política antitruste a outros tipos de políticas econômicas e valores sociais. Ao contrário – e isso é um dos traços peculiares ao sistema antitruste norte-americano, se comparado com outros sistemas antitruste[21] –, a emenda do *Clayton Act* e sobretudo a formulação da política antitruste seguiam a teoria econômica então vigente, a qual ia de encontro à ideologia da desconcentração do poder e da proteção à livre iniciativa predominante e por essa legitimada.

---

17. Cf. Derek C. Bok, "Section 7 of the Clayton Act and the merging of law and economics", *Harvard Law Review* 74/234.

18. Conforme comenta Bok (in *Harvard Law Review* 74/234): "To be sure there were allusions to the need for preserving competition. But competition appeared to possess a strong socio-political connotation which centered on the virtues of the small entrepreneur to an extent seldom duplicated in economic literature".

19. O texto do primeiro parágrafo da Seção 7 do *Clayton Act* após a emenda de 1950 passou a ser o seguinte: "That no person engaged in commerce or in any activity affecting commerce shall acquire, directly or indirectly, the whole or any part of the stock or other share capital and no person subject to the jurisdiction of the Federal Trade Commission shall acquire the whole or any part of the assets of another person engaged also in commerce or in any activity affecting commerce, where in any line of commerce or in any activity affecting commerce in any section of the country, the effect of such acquisition may be substantially to lessen competition, or to create a monopoly" (transcrito por M. Handler *et al.*, *Cases and Materials* ..., pp. 11-12).

20. Sobre a evolução da aplicação do *Clayton Act* nos anos que se seguiram à emenda *Cellar-Kefauver*, v. o subitem 7.3, abaixo.

21. Compare-se com os outros modelos de leis e políticas antitruste apresentados nesse capítulo.

Com efeito, a doutrina econômica em voga entre os anos 40 e 50 baseava-se fortemente em análises estruturais[22] do mercado. Sua atenção centrava-se em questões como os índices de concentração dos mercados, as barreiras à entrada, as práticas verticais, consideradas como fatores de reforço às barreiras, e as ligações entre a estrutura e a conduta, em mercados oligopolizados. Destacavam-se nesse sentido os trabalhos de Carl Kaysen e Donald Turner, apontando a desejabilidade de se limitar o crescimento das grandes empresas como um objetivo do antitruste.[23] A doutrina econômica na qual se apoiava o antitruste, então, tinha grande preocupação com as imperfeições do mercado e acreditava na regulação como solução adequada para sua mitigação.[24]

Em obra também clássica nas discussões sobre as finalidades do antitruste, Robert Pitofsky defende um *political content of antitrust*, como um conjunto de valores que, paralelamente aos de ordem econômica, o embasariam desde a formação de suas primeiras leis, dando suporte ao consenso político que desde então manteve a efetividade de sua aplicação. Tais valores são: o temor da concentração de poder econômico, que complementa a preferência, no sistema norte-americano, por um sistema de cheques e balanços; a expansão da esfera de liberdade individual, no sentido de garantir aos indivíduos, efetivamente, a possibilidade de exercer a livre iniciativa; a prevenção à intervenção política na economia, uma vez que o crescimento excessivo das empresas, retirando-as da esfera de controle da concorrência, levaria à necessidade de o Estado fiscalizar sua conduta mais diretamente.[25] Essa linha de pensamento, complementada pela adoção de teorias econômicas com forte ênfase na influência da estrutura dos mercados nas condutas dos agentes e, portanto, no desempenho dos mercados,[26] ficou conhecida como

---

22. Sobre o significado das análises estruturalistas e as relações entre estrutura, conduta e desempenho do mercado, v. o Capítulo I, subitem 2.6.

23. Os autores propõem a divisão das finalidades gerais a que o antitruste serve em quatro categorias amplas: a obtenção de um desempenho econômico satisfatório pelas empresas e pela economia como um todo; a criação e manutenção de um processo concorrencial nos setores econômicos em regime de mercado como um fim em si; a manutenção de um padrão de conduta leal entre os concorrentes; e a prevenção ao crescimento excessivo dos agentes econômicos, em termos da distribuição geral de poder na sociedade (Carl Kaysen e Donald Turner, *Antitrust Policy: an Economic Analysis*, p. 11).

24. Cf. H. Hovenkamp, *Federal Antitrust Policy. The Law of Competition and its Practice*, pp. 58-59. Conforme o autor (p. 61): "Even the relative aggressiveness of the Warren Court era was grounded in economic theory, although antitrusters often pushed the theory too far".

25. Robert Pitofsky, "The political content of antitrust", *University of Pennsylvania Law Review* 127 n. 4/1.051-1.058.

26. Para a explicação dessa forma de análise estrutural, v. o Capítulo I, subitem 2.6.

Escola de Harvard, por oposição à tendência que, num momento posterior, se tornou seu contraponto, referida como *Escola de Chicago*.[27]

O quadro legislativo do controle dos atos de concentração veio a ser completado em 1976 com a edição do *Hart-Scott-Rodino Act*, que emenda a Seção 7 do *Clayton Act* de modo a exigir a prévia notificação de certos atos de concentração. A obrigação de notificar implica a suspensão da operação por um período de 15 ou 30 dias, conforme o caso, durante o qual as autoridades – *Department of Justice* do Ministério da Justiça e *Federal Trade Commission* – analisam a operação, a fim de declarar sua oposição ou não à consumação. Conforme será analisado adiante,[28] essas agências governamentais não têm poderes de decisão definitiva sobre as práticas antitruste. Expressando sua discordância, não têm competência para sua proibição, podendo apenas questionar a operação em juízo. Sua aceitação à operação, por sua vez, não significa uma aprovação, já que terceiros insatisfeitos podem obter em juízo provimento requerendo a desconstituição do ato de concentração. As próprias autoridades podem, entendendo ter a operação causado efeitos anticompetitivos, mudar sua opinião e ingressar em juízo para requerer a desconstituição do ato de concentração.

7.2 A sistemática do controle de atos de concentração de empresas

Conforme já foi apontado,[29] o controle dos atos de concentração nos Estados Unidos é disciplinado pela Seção 7 do *Clayton Act*, com a redação dada pelas emendas constantes do *Cellar-Kefauver Act* e do *Hart-Scott-Rodino Act*. Assim, é proibida a aquisição, direta ou indireta, total ou parcial, de ações ou ativos de entidade atuante no comércio de que possa resultar redução substancial da concorrência ou que tenda à criação de monopólio em qualquer linha de comércio ou atividade, em qualquer seção do país. Além disso, a Seção 7-A do *Clayton Act*, desde a edição do *Hart-Scott-Rodino Act* de 1976, estabelece a obrigação de notificação prévia às autoridades antitruste em operações de certo vulto nas quais estejam envolvidas uma empresa com vendas líquidas ou ativos superiores a 10 milhões de dólares ou mais e outra de 100 milhões ou mais e nas quais haja transferência de 15% ou mais de ações com direito a voto ou de ativos, no montante mínimo de 15 milhões.[30]

---

27. As idéias da chamada *Escola de Chicago* no antitruste são tratadas com maior profundidade no Capítulo V, subitem 15.2.
28. V. o subitem 7.2, abaixo.
29. V., inclusive para o texto do *caput* da Seção 7, o subitem 7.1, acima.
30. Cf. texto transcrito por M. Handler *et al.*, *Cases and Materials* ..., pp. 12-13.

Apesar de contar com um mecanismo de notificação prévia de atos de concentração por autoridades administrativas, que é razoavelmente recente, o sistema antitruste norte-americano é basicamente judicial, vale dizer, compete ao Poder Judiciário formular as linhas principais da política antitruste no país.[31] Com efeito, as autoridades antitruste – a *Antitrust Division of the Department of Justice* (DOJ) e a *Federal Trade Commission* (FTC) – são competentes para a investigação das práticas anticoncorrenciais descritas no *Sherman Act* e no *Clayton Act* assim como de atos de concentração e para a iniciativa de ações judiciais para obter a determinação de sua cessação, de multas e até da prisão das pessoas físicas responsáveis pelas práticas. Diferem, assim, da maior parte dos outros países, nos quais um órgão administrativo com poderes quase-judiciais é competente para decidir sobre a legalidade das práticas comerciais perante a lei antitruste nacional, sendo essa decisão passível de apreciação pelo Judiciário por iniciativa dos particulares prejudicados. Nos Estados Unidos as autoridades antitruste promovem ações judiciais para fazer cessar práticas anticoncorrenciais, tais como os cartéis, as tentativas de monopolização e os atos de concentração. Além dos dois órgãos federais de defesa da concorrência, são também legitimados a iniciar essas ações os terceiros prejudicados pelas práticas, tais como concorrentes, consumidores e fornecedores, e, ainda, os promotores públicos estaduais.

Nesse sentido, até 1976, tomando conhecimento da realização de um ato de concentração que entendessem lesivo à concorrência, a *Federal Trade Commission* ou o Departamento de Justiça buscavam sua desconstituição em juízo. Foi apenas com a inclusão da Seção 7-A no *Clayton Act* pelo *Hart-Scott-Rodino Act* de 1976 que ambos passaram a ter notícia, direta e prévia, da realização de operações de concentração. Assim mesmo, não têm competência para *aprovar* ou *reprovar* a operação, devendo tão-somente fazer publicar no diário oficial federal que não pretendem iniciar ação alguma contra a operação. Essa decisão pode, inclusive, ser alterada posteriormente, se entenderem que a operação não aprovada acabou por causar prejuízos à concorrência, não ficando prejudicado seu direito de entrar em juízo.

Faz parte do sistema judicial de proteção à concorrência norte-americano uma descentralização na iniciativa dessas ações. Esse aspecto – a múltipla atribuição de competência para os órgãos antitruste federais, os procuradores estaduais e terceiros – é referido como *tríplice nível da aplicação da política antitruste*.[32] É dúplice com relação aos órgãos

---

31. Relembre-se, a esse propósito, a construção da *regra da razão* pelas Cortes. Sobre a regra da razão, v. o Capítulo II, item 6.

32. Cf. transcrição em M. Handler *et al.*, *Cases and Materials* ..., p. 98.

federais, que são dois; e tríplice com relação a terceiros e promotores estaduais, representando pessoas ou entidades afetadas pelas práticas.

A divisão antitruste do Departamento de Justiça é um ramo da Administração Federal competente para iniciar ações em casos de violação do *Sherman Act* e do *Clayton Act*, tanto no âmbito civil quanto no penal, e, ainda, para intervir em procedimentos perante agências administrativas federais quando estiver em discussão matéria de política de concorrência ou de monopólio.[33]

A *Federal Trade Commission*, por sua vez, é uma agência reguladora independente, com competência, conjuntamente com o Departamento de Justiça, para aplicar o *Clayton Act* e, ainda, a lei que dispôs sobre sua criação, que inclui a genérica Seção 5, atribuindo competência à Comissão para coibir métodos de concorrência desleal, que, em suma, lhe autoriza a lidar com práticas lesivas capituladas no *Sherman Act*.

Assim, percebe-se a superposição de competências tanto do DOJ quanto da FTC na aplicação das leis antitruste. A divisão do trabalho entre eles tomou o rumo de um sistema de interligação para evitar duplicação de esforços e excessivo assédio às empresas investigadas.[34] Essa informal divisão do trabalho toma em conta fatores como a existência de especialistas dentro de cada órgão ou a existência de casos anteriores, ou, ainda, investigações em curso na área, o tipo de conduta em investigação, assim como a existência de recursos.[35] No tocante aos atos de concentração, a notificação prévia apresentada pelas partes é perante ambos os órgãos, cabendo a eles próprios determinar a cargo de qual ficará a análise. Embora a superposição de competências possa gerar algumas ineficiências, a opinião da maior parte dos especialistas é no sentido de que a existência de dois órgãos, um deles vinculado ao Executivo e outro uma agência independente, permite que o sistema como um todo resista às pressões políticas e econômicas que poderiam impedi-los de perseguir a defesa do interesse público em matéria de concorrência.[36]

Os terceiros são legitimados pelas Seções 4 e 5 do *Clayton Act* a iniciar ações reclamando indenização pelo prejuízo sofrido em decorrência da prática anticompetitiva, multiplicado por três (*treble damages*).

---

33. M. Handler *et al.*, *Cases and Materials* ..., pp. 99-101.
34. Esse sistema de interligação é referido como *liason system* (cf. M. Handler *et al.*, *Cases and Materials* ..., p. 114). Há algumas divisões de competência mais claramente estabelecidas. Por exemplo, as ações criminais são propostas apenas pelo DOJ, e os casos de discriminação de preços são tratados apenas pela FTC.
35. M. Handler *et al.*, *Cases and Materials* ..., p. 114.
36. Idem, ibidem, p. 115.

Além disso, uma sentença proferida em processo civil ou criminal em matéria antitruste iniciado pelo governo reconhecendo ter o réu violado a legislação antitruste é considerada uma prova *prima facie* a ser utilizada nas ações privadas. Sobretudo a partir da década de 60 esse tipo de iniciativa tornou-se mais comum nas ações antitruste. Na área dos atos de concentração, todavia, a iniciativa judicial dos terceiros sofreu uma grande redução a partir da limitação dos contornos de sua legitimidade de agir pela Suprema Corte no caso "Cargill, Inc. *v.* Monfort, Inc.", no qual, embora afirmando a ocorrência de violação da Seção 7 do *Clayton Act*, não reconheceu a efetiva conseqüência danosa para o autor em decorrência da operação – entendimento, esse, que nas decisões anteriores praticamente decorria da premissa de violação.[37]

Os promotores estaduais, por sua vez, são legitimados para propor ações com pedido de indenização por danos causados por práticas antitruste que causem prejuízos a quem quer que seja em seus Estados. A atuação dos promotores, que se associaram numa liga nacional nos anos 80, serviu de contraponto à redução das atividades dos órgãos federais, que, como é sabido, tiveram seus recursos e incentivos para reprimir práticas lesivas à concorrência extremamente reduzidos durante os anos do Governo Reagan.[38] A possibilidade de questionamento judicial por terceiros ou por promotores estaduais, por outro lado, aumenta o risco assumido pelas empresas ao decidirem praticar certas condutas ou levar adiante atos de concentração, servindo ao propósito de coibição dessas práticas, que caracteriza a política antitruste nos Estados Unidos.

O sistema judicial de proteção da concorrência naquele país sofreu, porém, um grande impacto com a edição do *Hart-Scott-Rodino Act*, que, possivelmente, introduziu a maior revolução até hoje vivida pela disciplina do controle dos atos de concentração. Diferentemente das leis anteriores, como o *Clayton Act* e o *Cellar-Kefauver Act*, que inauguraram novas fases na aplicação da legislação, a emenda de 1976 promoveu uma transformação não-oficial do controle federal dos atos de concentração, que de judicial passou a administrativo, na prática. Com efeito, a exigência da notificação prévia criou um foro de análise e discussão das operações de concentração, as quais em grande parte acabam por não ir ao Judiciário, submetendo-se a negociações entre as partes e o órgão administrativo, quando esse impõe as exigências que entende necessárias para que a operação possa ser aprovada. Entrando em

---

37. Para uma discussão profunda da questão da iniciativa de terceiros no sistema norte-americano de controle dos atos de concentração, cf. Joseph F. Brodley, "Antitrust standing in private merger cases: reconciling private incentives and public enforcement goals", *Michigan Law Review* 94/1-107.

38. J. Brodley, in *Michigan Law Review* 94/111.

acordo as partes e o órgão, diz-se estar desobstruída (*cleared*) a operação, podendo-se contar com uma possibilidade muito remota de que um dos órgãos federais venha a pedir sua desconstituição em juízo. Não havendo acordo, as partes normalmente desistem, pois o risco de perda em juízo é grande.

Nesse sentido, muito embora a notificação prévia não tenha um sentido de controle oficial, tal como nas legislações brasileira ou européia, que atribuem competência aos órgãos administrativos para aprovar ou reprovar a operação, na prática, o *Hart-Scott-Rodino Act* instituiu o controle administrativo de atos de concentração, aproximando a legislação norte-americana da européia e das demais que prevêem tal controle.[39]

Com efeito, o processo envolvido na notificação prévia permite a composição das partes em foro ainda administrativo. Tratando-se de um processo pouco formal, as agências antitruste discutem suas objeções à operação com as partes em audiências e reuniões. Na maior parte dos casos as empresas ajustam a operação à opinião das agências, a fim de evitar que elas iniciem alguma medida judicial.

Desde 1968 as agências antitruste federais publicam documentos intitulados *mergers guidelines*, sem força normativa, destinados a apresentar o sentido de sua interpretação às regras sobre os atos de concentração, a fim de orientar os agentes empresariais. As sucessivas *guidelines* que se publicaram demonstram bem a mudança de enfoque das agências com relação à importância do fator *concentração econômica*, com relação aos outros fatores, na análise dos atos de concentração.

Com efeito, em 1968 as *guidelines* publicadas pelo Departamento de Justiça afirmavam a importância de que o controle dos atos de concentração fosse exercido de modo a preservar estruturas de mercado competitivas. Afirmava, nesse sentido que: "A estrutura do mercado é o foco da política de controle de concentrações do Departamento, porque a conduta da empresa num determinado mercado tende a ser controlada pela sua estrutura (...). Uma estrutura de mercado concentrada, na qual poucas firmas são responsáveis por uma grande parcela das vendas, tende a encorajar outros tipos de conduta, como o uso de métodos de produção ineficientes ou gastos excessivos com promoções (...)".[40]

Em termos de quantificação do grau de concentração do mercado, as *guidelines* mantinham o modelo adotado pela Suprema Corte nos

---

39. Essa observação deve-se a comentários do professor Peter Carstensen, da Universidade de Wisconsin-Madison, em julho de 1999.
40. Cit. por Paul T. Denis, "Advances of the 1992 horizontal merger guidelines in the analysis of competitive effects", *Antitrust Bulletin* 38/493.

seus precedentes anteriores, no qual o grau de concentração do mercado era obtido pela soma da porcentagem de participação das quatro maiores empresas no mercado, referido como CR4.

Novas *guidelines* foram publicadas pelo Departamento em 1982, alterando substancialmente a versão de 1968. De fato, durante os anos transcorridos desde o primeiro documento, a doutrina econômica e o posicionamento das autoridades antitruste alteraram-se muito. Em reação à ênfase dada na década de 60 à proteção das pequenas empresas e à desconcentração do mercado, as *guidelines* de 1982 expressam a influência de novas teorias econômicas, a partir das quais a política antitruste deve ter como foco principal a eficiência econômica e o bem-estar do consumidor, ao invés de vagos objetivos de caráter político e social. Esses – apontam os adeptos da teoria – podem ser obtidos indiretamente através da busca da eficiência econômica.[41]

As *guidelines* de 1982, assim, deslocam a ênfase da concentração para a criação de poder de mercado, considerado esse como a capacidade de elevar preços acima do nível competitivo, por um período de tempo significativo. A teoria econômica incorporada nas *guidelines* considera a concentração do mercado um elemento facilitador do comportamento colusivo pelos agentes nele atuantes, mas reconhece que outros fatores, relativos à facilidade da entrada de outras empresas no mercado e às condições práticas de exercício de comportamentos colusivos, também são importantes na avaliação da operação. Para tanto são analisados aspectos como a natureza do produto e suas condições de venda, as informações disponíveis sobre operações específicas e as características do mercado consumidor do produto e o comportamento das firmas no mercado.

No tocante à quantificação do grau de concentração do mercado as *guidelines* de 1982 substituíram o modelo das quatro firmas dominantes pelo *Herfindahl-Hirschman Index* (HHI), obtido através da soma dos quadrados da parcela de participação no mercado de todas as empresas nele atuantes. O aumento da concentração decorrente da operação, por sua vez, é fornecido através da comparação do resultado do cálculo daquele índice antes e após o ato de concentração, sempre que o quadrado da participação das empresas agrupadas seja maior do que a soma dos quadrados de sua participação individual. A própria definição do mercado relevante foi objeto de grande inovação. Ele passa a ser definido como um grupo de produtos numa determinada área geográfica na qual uma

---

41. Cf. William Baxter, "Responding to the reaction: the draftsman's view", *California Law Review* 71/618. V., ainda, para um tratamento mais profundo dessas alterações e suas relações com a globalização, o Capítulo V, item 15.

única firma lá atuante possa aumentar seus preços sem perder clientela para outros produtos ou fornecedores de áreas contíguas, ou ainda novos agentes ingressados no seu mercado.[42] Essa abordagem permite a incorporação da concorrência estrangeira no mercado, para fins de análise da existência de poder.

As *guidelines* estabelecem, ainda, "portos seguros" (*safe harbors*), ou seja, situações nas quais dificilmente a operação será impugnada. Trata-se das aquisições e fusões que resultem em taxa de concentração de mercado inferior a 1.000 pontos, ou entre 1.000 e 1.800, sendo a alteração decorrente da operação não inferior a 100. Acima desses índices a probabilidade da impugnação varia. Num mercado cujo grau de concentração esteja entre 1.000 e 1.800 e a operação contribua para um aumento superior a 100 pontos na taxa o órgão tomará em consideração os outros fatores relativos ao mercado, tal como mencionado acima. Finalmente, em mercados cujo índice seja superior a 1.800 pontos, considerados altamente concentrados, os atos de concentração têm grande probabilidade de ser impugnados se contribuírem para um aumento do índice em montante superior a 100. Se seu resultado estiver abaixo disso serão considerados os outros fatores.[43]

Em 1984 as *guidelines* foram revisadas novamente, no sentido da diminuição da relevância do grau de concentração do mercado com relação aos outros fatores. Na declaração que acompanhou sua publicação o Departamento de Justiça aponta serem a participação no mercado e o índice de concentração apenas o ponto de partida para a análise do impacto de um ato de concentração sobre a concorrência.[44] No texto das *guidelines* a descrição dos fatores não relacionados à concentração foi ampliado, de modo a incluir elementos tais como as alterações recentes nas condições do mercado, a situação financeira das empresas no mercado relevante, os fatores relativos à concorrência internacional e a capacidade de pequenos fornecedores, ou fornecedores de produtos substitutos, de aumentar suas vendas.[45] Além disso, o tratamento da concorrência internacional[46] e da eficiência[47] foi alargado.

---

42. Cf. W. Baxter, in *California Law Review* 71/623.
43. Cf. *The United States Department of Justice, Antitrust Division, Statement Accompanying 1982 Merger Guidelines*, transcrito por Andrew I. Gavil, *An Antitrust Anthology*, pp. 305-306.
44. Cf. *The United States Department of Justice, Antitrust Division, Statement Accompanying 1984 Merger Guidelines*, in A. Gavil, *An Antitrust Anthology*, pp. 315-316.
45. In Gavil, *An Antitrust Anthology*, p. 315.
46. Sobre essa questão na definição do mercado relevante, v. o Capítulo V, item 17.
47. V. o Capítulo V, subitem 15.3.

Finalmente, em 1992, através da publicação conjunta de novas *guidelines* relativas às concentrações horizontais, o Departamento de Justiça e a *Federal Trade Commission* demonstraram ter-se afastado ainda mais dos antigos modelos de ênfase no grau de concentração dos mercados. Nas novas *guidelines* a definição do grau de concentração do mercado constitui apenas o primeiro passo da análise de uma operação, juntamente com a definição do mercado relevante e das empresas participantes, mantendo-se o *porto seguro* estabelecido para as operações realizadas em mercados desconcentrados. Quanto às operações em mercados concentrados, o grau de concentração será analisado junto aos outros fatores. Tomando essa larga gama de aspectos em consideração, as autoridades avaliam as possibilidades de a operação tornar a situação concorrencial pior, possibilitando conduta coordenada entre os agentes ou efeitos unilaterais pela empresa dominante indesejáveis à concorrência. Os passos seguintes na análise são a determinação dos *efeitos concorrenciais*, da *facilidade à entrada no mercado*, das *eficiências* e das *empresas ou divisões em dificuldades*. A parte relativa à eficiência foi revisada em 1997.[48]

Os tipos de defesas em atos de concentração aceitos pelas *guidelines* mostram o estado atual da política antitruste nos Estados Unidos. Partindo da tradição acima descrita – de repulsa à concentração do poder econômico, insistência na preservação de uma estrutura competitiva de mercado e crença na capacidade de que a manutenção dessa estrutura resultaria na promoção de outros valores sociais –, hoje essa política enfatiza o desenvolvimento tecnológico e o ganho de competitividade externa, permitindo o crescimento dos agentes no mercado. A manutenção da concorrência, por sua vez, é perseguida pela coibição do aumento do poder de mercado e pela promoção de reações competitivas às operações de concentração.

7.3 A evolução da aplicação
do controle de atos de concentração de empresas

Embora operações de consolidação de empresas tenham sido objeto de análise e decisão pelas Cortes Norte-Americanas desde a edição do *Sherman Act*,[49] isto é, anteriormente à criação do *Clayton Act*, que

---

48. A aplicação da defesa da eficiência e das empresas em dificuldade será analisada em maior profundidade no Capítulo V, subitem 15.3, e 16.2 respectivamente.

49. Os casos de consolidação de maior repercussão analisados pela Suprema Corte foram "Northern Securities Co. *v.* United States", 193 US 197, 24 S.Ct. 436, 48, L.Ed. 679, 1.904, "Standard Oil Co. of New Jersey *v.* United States", 221 US 1, 31 S.Ct. 502,

disciplinou especificamente a proibição de aquisições de empresas com efeitos anticompetitivos, foi somente após a emenda da sua Seção 7, promovida pelo *Cellar-Kefauver Act* de 1950, que se formou uma linha de jurisprudência mais coesa e influente no tratamento da matéria e nas discussões doutrinárias até os dias de hoje.[50]

O primeiro caso analisado pela Suprema Corte após a entrada em vigor do *Cellar-Kefauver Act* foi o "Brown Shoe Co., Inc v. United States", em 1962, referindo-se a uma operação vertical. Tratava-se da compra do oitavo maior vendedor nacional de calçados, *G. R. Kinney Co.*, pelo terceiro maior, *Brown Shoe*, que também produzia calçados, suprindo 4% da produção nacional. O mercado em geral era bastante atomizado, com cerca de 70 mil lojas fornecedoras de calçados e respondendo as quatro maiores fabricantes por 23% do total produzido nacionalmente. Embora a dimensão no mercado das duas empresas, conjuntamente, fosse pequena, a Suprema Corte decidiu pela sua proibição, fundamentando a decisão no fato de que havia uma tendência definida no sentido da aquisição de lojas distribuidoras de calçados por produtoras.[51]

A posição do *Chief Justice* Warren firmou precedente no sentido de uma aplicação vigorosa do controle dos atos de concentração. O seguinte trecho é ilustrativo: "O tema dominante que esteve presente na deliberação do Congresso com relação à emenda de 1950 foi o temor daquilo que se considerava uma maré crescente de concentração econômica na economia norte-americana. A apreensão, nesse sentido, foi embasada pela publicação, em 1948, do estudo da *Federal Trade Commission* sobre fusões e aquisições por conglomerados. As estatísticas desse e de outros estudos correntes foram citadas como comprovação do perigo à economia norte-americana diante da expansão dos conglomerados através de fusões e aquisições. Outras considerações citadas em apoio à lei foram a conveniência da manutenção de um 'controle local' e a proteção à pequena empresa. Através dos registros da discussão, podem ser encontrados exemplos do temor do Congresso não apenas da concentração de poder econômico, mas também da ameaça a outros valores que a tendência à concentração coloca".[52]

---

55 L.Ed. 619, 1.911, e "United States v. American Tobacco Co.", 221 US 106, 31 S.CT. 632, 55 L.Ed. 663, 1.911 (cf. M. Handler *et al.*, *Cases and Materials* ..., pp. 78-93).

50. A doutrina antitruste hoje predominante sofre críticas com relação à suplantação dos valores não-econômicos do antitruste. Cf., nesse sentido, Peter C. Carstensen, "How to assess the impact of antitrust on the american economy: examining history or theorizing?", *Iowa Law Review* 74 n. 5/1.194-1.196.

51. "Brown Shoe Co. v. United States", 370 US 294, 82 S.Ct. 1.502, 8 L.Ed.2d 510, transcrito por M. Handler *et al.*, *Cases and Materials* ..., pp. 1.013-1.017.

52. Idem, in M. Handler *et al.*, *Cases and Materials* ..., p. 853.

O voto de *Warren* interpreta o controle dos atos de concentração como um mecanismo destinado a proteger a estrutura atomizada e competitiva do mercado e a proteção à sobrevivência das pequenas empresas como um objetivo privilegiado, que se sobrepõe a outros, tais como o aumento da eficiência dos agentes de mercado e a redução de seus custos e do preço. De fato, tal voto menciona o fato de que a integração entre varejistas e fabricantes de sapatos tendia a uma redução do preço, e, portanto, ao benefício dos consumidores. No entanto, tal benefício não poderia ser pago com o sacrifício da existência de concorrentes viáveis de pequena dimensão e atuação local.[53]

Essa tendência jurisprudencial foi posteriormente confirmada em outros casos apreciados pela Suprema Corte, sendo ilustrativo o "United States *v.* Philadelphia National Bank", uma concentração horizontal, julgada em 1963. Referia-se ele à fusão de dois bancos, o *Philadelphia National Bank* e o *Girard Trust Corn Exchange Bank*, respectivamente o segundo e o terceiro maiores bancos comerciais atuantes na área de Filadélfia. Após a fusão, o banco resultante seria o maior da área, detendo cerca de 36% do total dos ativos financeiros e dos depósitos bancários. Quanto à concentração geral do mercado, o banco resultante e o segundo maior (o primeiro antes da fusão) deteriam juntos 59% dos ativos financeiros e dos depósitos, sendo que os quatro maiores bancos juntos deteriam 78% dos ativos e 77% dos depósitos.[54] As partes alegavam que a fusão as habilitaria a competir com bancos de Nova York para a concessão de empréstimos de maior vulto e que Filadélfia necessitava de um banco de maior dimensão para atrair maiores investimentos e estimular o desenvolvimento econômico da região.

A Suprema Corte considerou haver uma notável tendência à concentração no setor bancário na região, lembrando, mesmo, que as duas partes na fusão chegaram àquela dimensão através de fusões e incorporações de outros bancos. Reiterando a opinião expressa no *Brown Shoe Case*, referiu-se ao fato de a emenda ao *Clayton Act* aprovada em 1950 tinha por objetivo de estancar tendências anticoncorrenciais enquanto ainda incipientes. Para atender a essa finalidade, os julgadores estabeleceram uma regra importante, segundo a qual deveria haver uma presunção relativa de ilegalidade contra as fusões e aquisições das quais resultassem uma participação inadequadamente alta de uma empresa no mer-

---

53. Warren afirma que: "Congress appreciated that occasional higher costs and prices might result from the maintenance of fragmented industries and markets. It resolved these competing considerations in favor of decentralization" (cf. transcrição em M. Handler *et al.*, *Cases and Materials* ..., p. 1.017).

54. "United States *v.* Philadelphia National Bank", 374 US 321, 83 S.Ct. 1.715, 10 L.Ed.2d 915, transcrito por M. Handler *et al.*, *Cases and Materials* ..., pp. 862-875.

cado e um aumento relativo da concentração. Tal regra baseava-se na teoria econômica segundo a qual "a concorrência tende a ser maior quando existem vários vendedores, nenhum dos quais detendo parcela de mercado significativa".[55]

Foram vários os casos de atos de concentração julgados pela Suprema Corte na década de 60, firmando a tendência a uma aplicação estrita, rigorosa mesmo, da Seção 7 do *Clayton Act* e da concepção de que essa norma tinha por fundamento a manutenção da viabilidade de pequenos concorrentes, devendo ser aplicada para impedir operações que, de alguma forma, ameaçassem essa viabilidade.[56]

Na primeira metade da década de 70 tal posicionamento começou a ser alterado pela Suprema Corte. Aponta-se como marco inicial dessa mudança na área das concentrações o caso "United States *v.* General Dynamics Corp.", de 1974.

Tratava-se da aquisição pela *General Dynamics Corp.* – uma empresa grande e diversificada, atuante principalmente na área da defesa militar, em atividades como a aviação e comunicações – da *Material Service Corp.*, a maior produtora e fornecedora de materiais de construção, pedra e carvão do Meio-Oeste, ocorrida em 1959. Como resultado da compra, *General Dynamics* tornou-se a quinta maior produtora de carvão no país. O governo tentou comprovar a probabilidade de redução substancial da concorrência no mercado de carvão na área de Illinois ou do Meio-Oeste, apresentando estatísticas sobre a redução do número de pequenas empresas e o aumento da concentração em geral do setor nos últimos anos (1959/1967).

Contrariando o precedente estabelecido no caso *Philadelphia National Bank*, entretanto, o juízo de primeira instância e a Suprema Corte não consideraram a operação de fusão *prima facie* ilegal a partir das estatísticas de concentração apresentadas pelo governo. Além do nível de concentração, outros fatores foram tomados em conta pelos julgadores. Em especial, foram analisadas as características da procura de carvão desde a II Guerra Mundial, concluindo-se que a redução do número de pequenas empresas não se devia a uma simples tendência concentracionista, do tipo que a lei deveria conter, mas às características do mercado

---

55. M. Handler *et al., Cases and Materials* ..., p. 871, notas 23 e 26.
56. Essa posição, evidentemente, não era unânime. É célebre o voto divergente do Juiz Stewart no caso "United States *v.* Von's Grocery Co.", afirmando: "The Court has substituted bare conjuncture for the statutory standard of a reasonable probability that competition may be lessened (...). The sole consistency that I can find (in the Court decisions) is that litigation under Section 7, the Government always win" (M. Handler *et al., Cases and Materials* ..., p. 875).

de carvão. Além disso, uma vez que as reservas da *United Electric*, empresa adquirida pela *Material Service* antes da sua aquisição pela *General Dynamics*, estavam se esgotando, a participação dessa última no mercado era inferior à apontada pelo governo. Finalmente, a decisão alterou precedentes no sentido da delimitação do mercado relevante, tendo a Corte rejeitado o enquadramento do carvão pelo governo como um submercado, separado de outras fontes de energia.[57]

Nesse sentido, o caso *General Dynamics* delineia tendência, posteriormente consolidada pelas *mergers guidelines*,[58] de diminuição do peso do elemento *concentração* nas decisões sobre a legalidade de atos de concentração, ao qual devem ser acrescidos outros fatores que mostrem de forma mais realista e abrangente quais são as efetivas condições de concorrência no mercado em questão.

Após *General Dynamics* houve poucas decisões da Suprema Corte sobre atos de concentração. Algumas delas versaram sobre ações de iniciativa de terceiros concorrentes prejudicados quando se estabeleceram padrões mais exigentes para a reclamação de perdas e danos decorrentes de ato de concentração. Foi o que ocorreu nos casos "Brunswick Corp. *v.* Pueblo Bowl-O'Mat, Inc." e "Cargill, Inc. *v.* Monfort of Colorado, Inc.".[59]

Como já salientado, a partir de 1976, com a edição do *Hart-Scott-Rodino Act*, que emendou a Seção 7 do *Clayton Act*, com a exigência de notificação prévia de operações de certo vulto, entretanto, os casos de atos de concentração levados ao Judiciário caíram substancialmente.

Desde a década de 70 o controle de atos de concentração nos Estados Unidos mudou muito, por várias razões. Em primeiro lugar, a partir de uma forte autocrítica ao rumo excessivamente intervencionista que a disciplina da concentração havia tomado na década de 60. Com efeito, a partir de novas teorias econômicas, mais amistosas ao mercado, passaram a tomar corpo novas concepções sobre a concorrência e o mercado, que dispensavam uma disciplina antitruste mais rigorosa. Em segundo lugar, a essa nova visão combinou-se a difusão da idéia de que a indús-

---

57. Em alguns casos da década de 60, notadamente o *Brown Shoe*, já descrito, o mercado relevante foi delimitado de forma mais restritiva, o que resulta, em geral, na conclusão de existência de poder de mercado.
58. V. o subitem 7.2, acima.
59. O precedente estabelecido no caso "Cargill *v.* Monfort" afirma: "Brunswick holds that the antitrust laws do not require the Courts to protect small businesses from the loss of profits from practices forbidden by the antitrust laws. The kind of competition that Monfort alleges here, competition for increased market share, is not activity forbidden by the antitrust laws. It is simply, as petitioners claim, vigorous competition" (in Thomas D. Morgan, *Cases and Materials on Modern Antitrust Laws and Its Origins*, p. 745).

tria norte-americana necessitava de ajustes que lhe permitissem o incremento de sua competitividade internacional. Essas tendências levaram a doutrina antitruste a desenvolver o conceito de eficiência econômica num sentido peculiar, que se tornou extremamente importante na disciplina do controle dos atos de concentração.[60]

Todavia, esse desenvolvimento não ocupou a sede judicial, principalmente a da Suprema Corte, formalmente competente para a alteração da disciplina pretoriana do antitruste. E isso ocorreu por duas razões principais. A primeira delas, a já mencionada mudança promovida pelo *Hart-Scott-Rodino Act*, de 1976, que diminuiu a necessidade de definição judicial da política antitruste. A segunda é o fato de que a emenda de 1976 foi logo seguida por um período de extrema leniência quanto às operações concentracionistas, na era Reagan, quando a autocrítica aos rumos anteriormente tomados pelo antitruste teve seu epicentro. Os anos 90, por sua vez, embora longe de restabelecerem o rigor da década de 60, promoveram uma revitalização do antitruste, embasado, no entanto, em novas teorias econômicas.[61]

Assim, após a década de 70 verificou-se desenvolvimento doutrinário expressivo mas sem a atualização da jurisprudência superior, não tendo havido uma definição precisa sobre o uso da eficiência econômica como uma defesa nos atos de concentração. É por essa razão que as partes não costumam se arriscar a efetivar operações de concentração não endossadas pelas agências quando, após a notificação, não é possível um consenso entre elas.

A prática de aprovação condicionada de atos de concentração, por sua vez, tem sido objeto de intensas e diferentes críticas. Com efeito, aqueles que desejam um retorno à liberalidade dos anos 80 preferem que as operações sejam endossadas sem exigências. Para outros as agências deveriam ser mais rigorosas, impedindo com maior freqüência a realização de operações de concentração. De ambos os lados, os atos de concentração efetivados a partir dessa composição entre as partes e as agências são referidos, correntemente, como *regulatórios* (*regulatory mergers*), em referência às exigências impostas pelas agências, que se estendem no tempo e criam uma relação contínua entre elas e as partes, originalmente fora do escopo do sistema antitruste norte-americano.

Muito embora as autoridades antitruste rejeitem as afirmações no sentido de estarem se tornando "reguladoras", há uma nítida tendência a esse tipo de acordo. Reportagem publicada em 4.3.1997 no *Wall Street*

---

60. Sobre essas transformações e suas relações com o processo de globalização econômica, v. o Capítulo V, item 15.

61. V. o Capítulo V, subitem 15.2.

Journal[62] afirma que o número de *consent decrees* (os acordos homologados) assinados pela *Federal Trade Commission* e pelo Departamento de Justiça havia mais do que dobrado nos últimos cinco anos, atingindo, respectivamente, a quantidade de 21 e 20 acordos no ano de 1996. Em resposta, o presidente da *Federal Trade Commission*, Robert Pitofsky, segundo a mesma reportagem, afirmou que: "A Comissão não irá supervisionar nada continuamente. (Os acordos) apenas permitem que as partes se preparem para no futuro – dois, três, quatro anos – ter a operação reexaminada para verificar se essa e outras transações similares tiveram efeitos anticompetitivos". Segundo Pitofsky, além disso, essa política seria utilizada raramente, podendo ser adequada aos setores em rápida transformação, como os de programa de computação (*software*) e os de plano de assistência médica (*health care*).[63]

A análise da evolução da aplicação dos atos de concentração nos Estados Unidos mostra, de forma bastante ilustrativa, as modificações na percepção do problema da concentração econômica pelos diferentes segmentos do conhecimento – o político, o ideológico, o econômico e o jurídico. Com efeito, seu início é marcado pela forte crença na possibilidade de o Direito regular o problema da concentração, estimulando a conformação dos mercados como uma ordem de pequenos produtores. Essa idéia, por sua vez, tinha correspondência na doutrina econômica neoclássica, que sustentava o melhor funcionamento dos mercados atomizados. Tal modelo, com suas dimensões política e econômica, gradualmente se transforma, a partir do próprio desenvolvimento do sistema capitalista e da concentração econômica que impõe. A doutrina econômi-

---

62. Pp. 1 e A-10.

63. A reportagem menciona casos ilustrativos dos "atos de concentração regulatórios" .Um deles foi a aquisição da *PC Health Systems* pela *Eli Lilly Systems*, indústria farmacêutica, em 1994 (a operação foi estimada em 4 bilhões de dólares). Apesar dos riscos de lesão à concorrência apresentados por uma concentração de tal porte, o negócio foi aprovado, porém com a imposição de uma série de condições. Entre elas a proibição de que os administradores da *Lilly* se comunicassem com os administradores da *PC Systems* a respeito de contratos e preços de fornecimento para outras farmacêuticas, a fim de evitar que a *Lilly* se beneficiasse do conhecimento dos termos e preços que as outras farmacêuticas ofereceriam para a *PCS*. Esse tipo de proibição, que tem sido usado em concentrações verticais como a da *Lilly* e *PCS*, é chamado de *fire walls*, designando a construção de uma muralha imaginária nas relações e trocas de informações entre a administração da empresa adquirente e da empresa adquirida.

Outro caso mencionado pela reportagem, cuja solução foi extrema, foi o da aquisição da rede de televisão *Turner* pela produtora de programas audiovisuais *Warner*. Entre as exigências da *Federal Trade Commission* há a manutenção de um canal de televisão pela *Time-Warner Cable Systems*, empresa do grupo *Warner*, para competir com a *CNN*, do grupo *Turner*. Além disso, há disposições no sentido de a *Time-Warner* vender programações dentro de uma margem fixada pela FTC (idem, ibidem).

ca e a política antitruste nos Estados Unidos de hoje refletem novas idéias, valorizando a eficiência, a competitividade das empresas, o desenvolvimento tecnológico, mesmo que às custas da concentração do mercado. Convivem, assim, com o conflito entre objetivos até certo ponto antagônicos, que somente pode ganhar uma resposta caso a caso, levando-se em conta os bens jurídicos predominantes em cada um deles.

8. Comunidade Européia. A concorrência-instrumento

8.1 Peculiaridades e evolução da legislação de proteção à concorrência comunitária

A Comunidade Econômica Européia, estabelecida pelo Tratado de Roma de 1957,[64] como é sabido, resultou de um esforço dos países signatários no sentido da formação de um mercado supranacional. Com efeito, ao final da II Guerra a parte ocidental do Continente encontrava-se balcanizada economicamente. Em decorrência das políticas protecionistas aplicadas pelos países, não havia possibilidade de crescimento das empresas dentro dos limitados mercados nacionais. Além disso, motivos de ordem geopolítica reforçavam a necessidade de uma cooperação intensa entre os Estados para afastar o perigo de novos conflitos e promover a reconstrução do Continente, o que se constituiu num forte estímulo à formação da Comunidade.[65]

A Comunidade Econômica Européia teve por objetivo a eliminação das barreiras ao comércio entre os Estados-membros e a formação de um mercado comum de dimensões comparáveis às do norte-americano. Acreditava-se, por outro lado, que o mecanismo mais adequado à consecução da finalidade da integração seria a concorrência, livre, entre os agentes empresariais das diferentes nações, na sua busca pela expansão continental.[66] A concorrência, além disso, estimularia esses agentes a buscar um contínuo aumento de eficiência e competitividade, alavancando o desenvolvimento econômico europeu. A par dessas ra-

---

64. Esse Tratado estabelece a disciplina básica da Comunidade Européia. Sua redação, entretanto, sofreu alterações veiculadas pelo Ato Único Europeu, de 1986, e pelo Tratado de Maastricht, ou da União Européia, de 1992 e pelo Tratado de Amsterdã de 1997, que renumerou quase a totalidade de seus artigos. Além disso, a sofisticada estrutura jurídica da Comunidade é constituída por um emaranhado de normas emanadas pelos seus órgãos.
65. George A. Bermann *et al.*, *Cases and Materials on European Community Law*, p. 627.
66. Cf. Paulo Borba Casella, *Comunidade Européia e seu Ordenamento Jurídico*, p. 424.

zões, a alternativa à concorrência como mecanismo propulsor da integração seria a implementação de políticas regulatórias mais intensas por parte dos organismos supranacionais, exigindo dos Estados-membros uma transferência maior e mais rápida de sua soberania à Comunidade – o que teria tornado mais improvável ou dificultoso o sucesso da integração.[67]

Se é verdade que o direito de proteção à concorrência serve a diversas finalidades,[68] na Comunidade Européia essa legislação amoldou-se pela função da integração, o que se reflete nas suas regras e na sua aplicação. É assim, portanto, que se aponta ter o antitruste europeu um caráter instrumental, na medida em que visa à consecução das finalidades da Comunidade. Com efeito, o Tratado da Comunidade dispõe, em seu art. 3º (g), sobre a necessidade de instituição de um sistema apto a assegurar que a concorrência no mercado comum não seja distorcida. Esse objetivo tem que ser compreendido e interpretado à luz das demais alíneas do art. 3º, que arrolam também: (a) a eliminação de tarifas aduaneiras e restrições quantitativas na importação e exportação de mercadorias; (b) o estabelecimento de uma política comercial comum; (c) um mercado interno caracterizado pela abolição, entre os Estados-membros, de obstáculos ao livre movimento de bens, serviços, pessoas e capitais; (m) o fortalecimento da competitividade da indústria européia; e (n) a promoção da pesquisa e desenvolvimento tecnológico.

Assim, conforme aponta Umberto Celli Jr.,[69] as regras de concorrência da Comunidade têm uma dupla função. Em primeiro lugar uma função negativa, que consiste na punição rigorosa dos atos tendentes à proteção dos mercados nacionais através de práticas anticoncorrenciais. Com efeito, de nada adianta a remoção de barreiras ao comércio de iniciativa governamental – tarifas, quotas, proteção aos estabelecimentos nacionais – se essas forem substituídas por barreiras de iniciativa dos próprios agentes econômicos: formação de cartéis, boicotes e discriminação de produtos estrangeiros.[70] Mas, por outro lado, há também uma função positiva, a partir da utilização de suas regras para o estímulo do funcionamento do mercado comum de forma eficiente. Nesse sentido, os órgãos encarregados da sua aplicação procuram encorajar as práticas

---

67. George Bermann et al., *Cases and Materials* ..., p. 627.
68. V. o Capítulo II, item 5. Essa discussão é acentuada na doutrina norte-americana, conforme analisado no subitem 7.1, acima.
69. *Regras de Concorrência no Direito Internacional Moderno*, p. 62.
70. Essa discussão tem-se colocado, atualmente, no âmbito da Organização Mundial do Comércio (OMC), alegando-se que a liberalização comercial alcançada entre os países-membros requer a criação de regras básicas de concorrência, como complemento à remoção das barreiras ao comércio. V. o Capítulo IV, item 13.

geradoras de efeitos positivos à inovação, à integração e à competitividade no mercado comunitário.

A aplicação do direito da concorrência comunitário, a partir dos objetivos aos quais está atrelado, teve, e continua a ter, um papel de extrema importância na integração européia, o que decorreu também da atuação decisiva dos dois órgãos competentes para tanto: a Comissão Européia e o Tribunal Europeu.

Por outro lado, à medida que a integração econômica e a formação do mercado comum forem se consolidando, o objetivo da integração tenderá a perder importância com relação a outras funções e finalidades do sistema antitruste comunitário – aliás, não diferentes daquelas dos sistemas nacionais: o controle do mercado contra suas práticas autodestrutivas, a conciliação da política de concorrência com outros objetivos de política econômica e industrial, tais como o estímulo à competitividade da indústria européia e seu desenvolvimento tecnológico.

Com efeito, a análise do sistema de proteção à concorrência na Comunidade Européia demonstra sua interligação com objetivos de política econômica e industrial.[71] Essa postura foi refletida no Ato Único Europeu de 1986, que inseriu no Tratado da Comunidade Européia o objetivo de aumento da competitividade e de fortalecimento da pesquisa e desenvolvimento, nos arts. 163 a 173, estabelecendo uma política de promoção da pesquisa e desenvolvimento. Anteriormente a essa alteração do Tratado, no entanto, a competitividade das empresas européias e a pesquisa e desenvolvimento, sobretudo quando levados a efeito por pequenas e médias empresas, já eram aspectos considerados positivamente pela Comissão na tolerância aos atos de concentração e nas concessões de isenções individuais ou em bloco aos acordos e *joint ventures* entre concorrentes.

A política de estímulo à concorrência na Comunidade, no entanto, não foi abafada pela introdução desses objetivos de política econômica e industrial. De fato, afirma-se mesmo que "a política de concorrência mostra-se parte da políticas industrial da Comissão, se não da Comunidade".[72] Isso significa, em linhas gerais, que a política industrial da Comunidade tem por objetivo fornecer indicações aos agentes econômicos

---

71. Uma análise mais aprofundada do conceito de políticas industriais é elaborada no Capítulo V, item 16. Provisoriamente, no entanto, o conceito apontado por Pierre Bos *et al.* (*Concentration Control in the European Economic Community*, p. 21) é suficiente para entender a relação entre políticas industriais e de concorrência na Comunidade. Segundo os autores: "In short, industrial policy is a combination of various types of policies meant to create an appropriate environment for the economy and its expansion".

72. P. Bos *et al.*, *Concentration Control* ..., p. 21, baseando-se em afirmações de Leon Brittan, membro da Comissão em 1990.

privados no sentido do seu ajuste às alterações sofridas na estrutura econômica dos mercados europeus em razão do processo de integração, por um lado; e, por outro, permitir a formação de agentes econômicos fortes e competitivos no mercado internacional. A concorrência não-distorcida, por sua vez, é vista como fundamental para a construção do mercado comum, sendo as iniciativas de caráter protecionista das diversas indústrias nacionais fortemente reprimidas.[73]

As normas comunitárias de defesa da concorrência estão estabelecidas no Tratado da Comunidade Européia e em regulamentos emitidos pelo Conselho Europeu ou pela Comissão. Além disso, embora sem o efeito vinculante característico dos sistemas da *common law*, os precedentes judiciais – vale dizer, as decisões do Tribunal Europeu – têm acentuada importância na orientação dos agentes com relação às regras de concorrência e na formação da doutrina.

As principais regras de concorrência dispostas no Tratado estão contidas nos arts. 81 e 82. Dispõem, respectivamente, sobre os acordos ou práticas concertados entre empresas e o abuso de posição dominante.

O art. 81, no seu § 1º, proíbe, como incompatíveis com o mercado comum, os acordos, as decisões de associações de empresas e práticas concertadas "que possam afetar o comércio entre os Estados-membros, e cujo objeto ou efeito sejam a prevenção, restrição, ou distorção da concorrência dentro do mercado comum".[74] Há no mesmo parágrafo enumeração ilustrativa das práticas que podem ser proibidas pelo artigo, tais como a fixação direta ou indireta de preços e de outras condições comerciais e a aplicação de cláusulas diferentes a transações equivalentes, discriminatoriamente. Os acordos enquadrados na definição do artigo, conforme seu § 2º, são considerados nulos.

A proibição estatuída no § 1º, no entanto, é objeto de exceção, a partir de critérios estabelecidos no § 3º do artigo – quais sejam, que tais acordos, decisões de associações de empresas e práticas concertadas: a) *contribuam para o incremento da produção ou distribuição de mercadorias ou para a promoção do desenvolvimento técnico ou econômico, ao mesmo tempo em que distribuam aos consumidores uma fatia justa dos benefícios decorrentes da operação*; b) *não imponham às partes envolvidas restrições à concorrência que não sejam absolutamente necessárias à consecução dos objetivos visados*; e c) *não restrinjam a concorrência em parte substancial dos mercados em questão*.[75]

---

73. Cf. P. Bos *et al.*, *Concentration Control* ..., pp. 20-21.
74. Cf. transcrição em Bermann *et al.*, *Cases and Materials* ..., p. 630.
75. Idem, ibidem, p. 631. O § 1º do art. 54 da Lei 8.884, de 1994, que estabelece condições para a aprovação dos atos que possam limitar ou prejudicar a livre concorrência, foi claramente inspirado no § 3º do art. 81 do Tratado de Roma.

A redação do § 1º e sua interpretação demonstram a determinação de aplicação abrangente do artigo, incluindo qualquer tipo de acordo, ainda que informal, e também o comportamento paralelo das empresas, vale dizer, situações nas quais inexiste propriamente um acordo, mas um comportamento cooperativo tácito, que substitui a concorrência, em benefício dos concorrentes e em prejuízo dos consumidores.[76]

Deve ser notado que, beneficiando-se da experiência dos Estados-membros, e sobretudo dos Estados Unidos, em matéria antitruste, a redação do artigo deixa bem clara a proibição aos acordos, decisões e práticas que tenham por objeto ou efeito o prejuízo à concorrência. Incorpora, portanto, a necessidade de flexibilização das regras antitruste, que no Direito Norte-Americano teve que ser forjada pela criação do conceito de *regra da razão*.[77] Além disso, a regra aplica-se tão-somente às práticas que possam afetar o comércio entre os Estados-membros. É um traço característico do Direito Europeu sua limitação aos assuntos de interesse da Comunidade, sobretudo na área econômica. Não havendo prejuízos ou efeitos transfronteiriços, as práticas deverão ser reguladas pelos ordenamentos nacionais dos países envolvidos.[78]

Estão sujeitos à proibição do art. 81 tanto os acordos e práticas horizontais – vale dizer, aqueles estabelecidos entre concorrentes – quanto os verticais – isto é, aqueles que vinculam agentes dentro de uma determinada cadeia produtiva, incluindo a distribuição dos diversos bens e serviços.

Em razão do caráter instrumental do direito da concorrência comunitário aos fins da integração, os acordos relativos à distribuição são observados pela Comissão com maior atenção do que em outros países. Principalmente nos Estados Unidos, nos dias de hoje, as práticas verticais de exclusividade ou fixação de preços na distribuição não são vistas como lesivas à concorrência à medida que permitam a rivalidade entre diferentes produtores.[79] No entanto, a distribuição das mercadorias é um as-

---

76. A primeira definição de *práticas concertadas* foi formulada pelo Tribunal no caso "ICI v. Comissão" (Caso 48/69, [1971] ECR 619, par. 64, "cooperação entre empresas que, muito embora não tenha sido o resultado de um acordo propriamente dito, *knowingly substitutes practical co-operation between them for the risks of competition* ...)" (cf. U. Celli Jr., *Regras de Concorrência ...*, p. 65).

77. Sobre a necessidade de flexibilidade das proibições antitruste e o desenvolvimento da regra da razão, v. o Capítulo II, item 6.

78. A organização jurídica da Comunidade Européia toma por base o modelo federativo. Nesse sentido, algumas regras assemelham-se às dos Estados Unidos. Com efeito, neste último as regras federais em matéria antitruste ou comercial em geral aplicam-se tão-somente quando o comércio entre os Estados ou desses com o exterior for afetado. Do contrário cabe às legislações estaduais sua regulação.

79. Conforme apontam George A. Bermann *et al.* (*Cases and Materials ...*, p. 634):"In any event, if enforcers in the Community were to identify the most egregious

pecto de acentuada importância para a garantia da efetiva livre circulação dentro da Comunidade. Assim, é considerado incompatível com o mercado comum "um contrato entre produtor e distribuidor que possa tender a restaurar as divisões nacionais no comércio entre os Estados-membros, levando à frustração dos objetivos mais fundamentais da Comunidade".[80]

O art. 82, por sua vez, proíbe, como incompatível com o mercado comum, qualquer abuso, por uma ou mais empresas em posição dominante no mercado comum ou em parte substancial desse, na medida em que afete o comércio entre Estados-membros. Tal como no art. 81, há a exemplificação de algumas práticas que podem constituir abuso de posição dominante, entre as quais a imposição de preços injustos para venda ou compra ou outras condições comerciais injustas e a limitação da produção, mercados e desenvolvimento técnico, em prejuízo dos consumidores.

Inexiste no art. 82 qualquer menção a um critério objetivo de definição da posição dominante ou uma indicação de que uma alta porcentagem de participação seria indicativa do domínio de mercado. Nesse sentido, as autoridades competentes detêm uma margem ampla de poder para avaliar todas as circunstâncias de fato dos casos concretos com vistas a apontar a existência de poder, por parte de um ou mais agentes, de agir de forma independente com relação aos seus concorrentes e consumidores,[81] e se essa conduta tende a afetar o comércio entre os Estados-membros e, em última instância, os objetivos da integração.

Esses dispositivos foram disciplinados em maior detalhe pelo Regulamento do Conselho Europeu 17, de 1962.

O Regulamento 17 estabelece as condições para a aprovação das práticas que se enquadrem no § 3º do art. 81. Trata-se da chamada *isenção*, que pode ser individual ou em bloco. A isenção implica, em qualquer um dos casos, a notificação prévia da operação à Comissão.

A *isenção individual* é emitida quando a Comissão verifica, em primeiro lugar, a incidência da norma do § 1º, vale dizer, se a operação tem por objeto ou efeito a distorção da concorrência no mercado comum, afetando-lhe o comércio. Caso a conclusão seja positiva, verifica se as condições estabelecidas no § 3º estão ou não satisfeitas e se é possível aprovar a operação. Antes de conceder definitivamente a isen-

---

restraint on competition in the Community, they would probably cite absolute restraints on parallel imports. If enforcers in the United States were to identify the most egregious restraint on competition in the United States, they would cite cartels (...)".

80. "Consten and Grundig v. Commission", cases 56, 58/64, [1966], ECR 299, transcrito por Bermann *et al.*, *Cases and Materials* ..., p. 636.

81. Sobre o conceito de *posição dominante*, v. o Capítulo I, subitem 2.1.

ção a Comissão tem a oportunidade de condicionar as operações a certas condições a fim de adequá-las, tanto quanto possível, às finalidades das regras de concorrência.

As *isenções em bloco* são uma peculiaridade do sistema antitruste da Comunidade Européia.[82] Consubstanciadas em atos regulamentares de iniciativa da Comissão, definem uma categoria de operações às quais as regras do § 1º do art. 81 não são aplicáveis, em razão do seu enquadramento na regra do § 3º, estabelecendo tipos de cláusulas que podem constar dos acordos excepcionados. Dois exemplos ilustrativos de isenções em bloco são a isenção aos acordos de especialização entre pequenas e médias empresas, do início da década de 80, aplicável a acordos envolvendo parcela de mercado em parte da Comunidade não superior a 20%, e a isenção a acordos de pesquisa e desenvolvimento, de 1984.[83] Note-se que esse mecanismo tem sido utilizado com moderação pela Comissão, não se podendo afirmar tenha constituído válvula-de-escape para a aplicação de políticas industriais ao arrepio da política de concorrência da Comunidade.

Além das isenções, individuais e em bloco, concedidas pela Comissão quando configuradas as condições do § 3º do art. 81, as operações podem ser aprovadas simplesmente por não configurarem a ilicitude descrita no § 1º do art. 81. Com efeito, as partes nessa operação podem estar obrigadas a notificar acordos à Comissão em decorrência de suas características ou dimensões ainda quando não promovam distorções à concorrência em parte substancial do mercado comum.

O Regulamento 17 disciplina, ainda, a aplicação de multas substanciais às infrações aos dispositivos dos arts. 81 e 82 do Tratado da Comunidade Européia e confere à Comissão amplas prerrogativas investigatórias.

Um outro aspecto de destaque do direito da concorrência europeu são as regras a respeito da atividade do Estado. Com efeito, dentro do objetivo de estabelecimento de um mercado comum, no qual a concorrência entre os produtos e serviços provenientes dos diferentes Estados-membros não sofra distorções, é necessário o estabelecimento de regras

---

82. Evidentemente, outros ordenamentos valem-se de mecanismos destinados a solucionar o mesmo tipo de problema, tais como a exceção às normas antitruste para práticas consideradas, *grosso modo*, imperativas por razões de interesse público. No Direito Japonês, conforme se verificará no item 9, a seguir, a exceção em bloco de operações às regras antitruste é possível, mas sua iniciativa cabe a outros órgãos do Poder Executivo que não a autoridade antitruste.

83. O mecanismo de isenção em bloco de acordos de pesquisa e desenvolvimento na Comunidade Européia será analisado em maior profundidade no Capítulo V, subitem 16.1.

sobre as atividades das empresas públicas, sobre os auxílios e estímulos às empresas particulares concedidos pelo Estado e, ainda, sobre aspectos específicos da legislação adotada pelos Estados-membros. Sem isso esses últimos podem colocar suas empresas nacionais em posição artificialmente vantajosa em comparação às suas concorrentes dos demais países.

Nesse sentido, a fim de não distorcer a concorrência no mercado comum, Estados obrigam-se a abster-se de adotar medidas de natureza legislativa que possam tornar ineficazes as regras de concorrência aplicáveis às empresas privadas e públicas. De fato, os Estados podem promover restrições à concorrência através da simples adoção de leis ou medidas administrativas anticompetitivas, mesmo sem o objetivo de distorção da concorrência. Leis estabelecendo controle de preços, regulando o exercício de atividades econômicas, bem como sobre tributação ou acesso ao crédito, podem interferir com a concorrência na Comunidade. Mais especificamente, a jurisprudência comunitária definiu serem incompatíveis com o mercado comum leis que levem a algum tipo de discriminação contra mercadorias provenientes de outros Estados ou que obriguem entes privados a obedecer a preços fixados para importação ou exportação.[84]

Além disso, o art. 86 do Tratado proíbe que os Estados-membros apliquem medidas em privilégio de empresas públicas ou que gozem de algum tipo de direitos especiais e exclusivos. Por outro lado, as empresas dedicadas à exploração de atividades de interesse econômico geral ou de monopólios naturais[85] devem se submeter às regras de concorrência do Tratado, na medida compatível com o caráter de desenvolvimento da atividade.

A partir dos anos 70 a Comissão e o Tribunal tiveram papel ativo na redução ou eliminação do poder dos monopólios públicos ou estabelecidos em lei. Nesse sentido, por exemplo, a Comissão emitiu, em 1988, diretiva requerendo que os Estados-membros abolissem direitos exclusivos de empresas de telecomunicações no fornecimento de terminais tele-

---

84. Cf. G. Bermann *et al.*, *Cases and Materials* ..., p. 883. Um exemplo desse tipo de problema foi ilustrado pelo caso *Au Blé Vert*, no qual o Tribunal Europeu analisou a compatibilidade com o mercado comum de lei francesa, exigindo que todos os vendedores varejistas de livros praticassem preços determinados e fixados por editores e importadores. Apesar de o Tribunal ter reconhecido que o cumprimento da lei não implicava a realização de acordos rigorosamente contrários às regras de concorrência, entendeu que os Estados-membros não podem, em qualquer hipótese, adotar leis que, de alguma forma, tornem ineficazes as regras de concorrência da Comunidade (cf. U. Celli Jr., *Regras de Concorrência* ..., p. 77).

85. Sobre o conceito de *monopólio natural*, v. o Capítulo I, subitem 2.5.

fônicos. Questionada pela França e outros países perante o Tribunal, a diretiva foi mantida pela Corte. Após essa decisão, em 1991 a Comissão lançou outras diretrizes com o objetivo de liberalizar mercados excessivamente regulados.[86] Finalmente, o Tratado de Roma dispõe, no art. 87, ser incompatível com o mercado comum o estabelecimento de qualquer ajuda pelos Estados-membros, ou que se vincule ao orçamento desses últimos, favorecendo empresas ou a produção de certos bens, que possa distorcer a concorrência na Comunidade. Enquadram-se nessa proibição a concessão de subsídios diretos ou outros tipos de ajudas, tais como incentivos fiscais, garantias especiais, investimentos em capital, aquisições e contratações a preços superiores ao de mercado. O próprio Tratado, porém, estabelece exceções a essa regra, no art. 87 (2 e 3). As principais são a ajuda para o desenvolvimento econômico de regiões menos desenvolvidas e a ajuda para projetos no interesse comum europeu, tais como proteção ambiental, pesquisa e desenvolvimento e promoção de pequenas e médias empresas.

A aplicação das regras antitruste da Comunidade, conforme já foi referido, cabe à Comissão e ao Tribunal da Comunidade.

A Comissão é o órgão executivo da Comunidade, sendo encarregada da supervisão da aplicação dos tratados, podendo tomar medidas contra as violações levadas a efeito pelos Estados-membros e por particulares. Representa os interesses comunitários, por oposição ao Conselho, órgão legislativo da União Européia,[87] que é formado por ministros dos Estados-membros, representando o interesse doméstico dos países integrantes. É graças a essa independência que pôde atuar tão ativamente na remoção das barreiras anticompetitivas ao comércio comunitário. Uma das peculiaridades da Comissão Européia é sua natureza jurídica híbrida, na medida em que acumula funções legislativas e executivas.[88] Com efeito, ela é competente, de acordo com o art. 202 do Tratado, para a iniciativa dos regulamentos e diretivas[89] emitidos pelo Conselho,

---

86. Cf. G. Bermann *et al.*, *Cases and Materials* ..., p. 881.

87. A competência do Parlamento Europeu é predominantemente consultiva, cabendo ao Conselho, órgão representativo dos Estados-membros, a emissão da maior parte das normas comunitárias, após parecer do Parlamento. Com relação especificamente à matéria de concorrência, cabe ao Parlamento adotar resoluções a respeito do relatório anual da Comissão sobre política de concorrência, sendo-lhe facultado submeter questões escritas ao órgão executivo, que tem a obrigação de responder (cf. Frank L. Fine, *Mergers and Joint Ventures in Europe: the Law and Policy of the EEC*, pp. 6-7).

88. Cf. Tim Frazer, *Monopoly, Competition and Law, the Regulation of Business Activity in Britain, Europe and America*, p. 43.

89. O *regulamento* tem caráter geral e vinculante em todos os seus aspectos, aplicando-se diretamente aos seus destinatários. A *diretiva*, por sua vez, vincula o Estado-

inclusive para a emissão, diretamente, desse tipo de legislação, mediante delegação do Conselho, e, ainda, para implementação de normas emanadas por esse último.

No tocante às regras de concorrência, a Comissão, através da Diretoria-Geral IV, é responsável pela aplicação da legislação comunitária, além de exercer certas funções no processo legislativo – tendo a iniciativa de normas a serem promulgadas pelo Conselho – e, ainda, pela emissão de regulamentos e diretivas por delegação do Conselho. No primeiro caso, a esfera de competência da Comissão para aplicar multas, apreciar notificações, conceder isenções, entre outras funções, em aplicação às regras estabelecidas nos arts. 81 e 82 do Tratado, está prevista no Regulamento do Conselho 17, de 1962. Suas atribuições com relação ao controle de atos de concentração são estabelecidas no Regulamento do Conselho 4.064/89.

O outro órgão encarregado da aplicação das normas comunitárias de concorrência é o Tribunal Europeu. Criado conforme as disposições da Seção 4 do Tratado, desempenha a função jurisdicional da Comunidade. As principais atribuições do Tribunal são o julgamento de apelos dos Estados-membros contra decisões da Comissão, conforme o art. 228, e, ainda, com base no art. 234, a análise de questões formuladas pelas Cortes nacionais quando prejudiciais a decisões de sua competência. Trata-se do chamado *reenvio*, justificado pela necessidade de aplicação uniforme das normas comunitárias, sob pena de fragmentação do Direito Europeu. Os apelos contra decisões da Comissão impondo multas e penalidades a particulares foram transferidos a uma Corte Européia de primeira instância, criada pelo Ato Único Europeu de 1989. Ressalte-se, porém, ter sido a postura do Tribunal, ao longo dos anos de construção do mercado comum, predominantemente no sentido de acompanhar a Comissão no propósito de remoção das barreiras ao comércio na Comunidade.

O controle de atos de concentração não faz parte das regras estabelecidas no Tratado de Roma. Muito embora o Tratado constitutivo da Comunidade Européia do Carvão e do Aço, de 1951, um dos antecedentes da Comunidade Econômica Européia, estatuísse a proibição às integrações de empresas que resultassem em agentes com poder de determinar preços, controlar ou restringir a produção ou distribuição ou impedir a concorrência em parte substancial do mercado, os signatários do Tratado de Roma optaram por não adotar esse tipo de regra. As principais razões apontadas para a omissão dizem respeito, em primeiro lu-

---

membro destinatário quanto ao efeito a ser alcançado, cabendo-lhe escolher os meios e a forma de implementá-los (cf. U. Celli Jr., *Regras de Concorrência* ..., 33).

gar, à percebida necessidade de um movimento concentracionista entre as empresas do mercado europeu, a fim de alcançarem maior competitividade, superando o problema de sua reduzida dimensão e eficiência – objetivo, esse, reforçado pela idéia de que se os agrupamentos envolvessem firmas de países diferentes o processo de integração seria mais facilmente consolidado. Em segundo lugar, o estabelecimento de regras sobre o controle de concentrações – assunto tão intimamente ligado a políticas econômicas e industriais – implicaria a transferência de uma parcela muito grande de soberania nacional para os órgãos comunitários.[90]

Todavia, com a evolução do processo de integração e do próprio direito comunitário da concorrência, a Comissão passou a se ressentir da sua falta de competência para controlar operações de concentração. A matéria foi alvo de um estudo, consolidado num memorando da Comissão, em 1966. Nesse documento a autoridade antitruste apontou a impossibilidade de aplicação do art. 81 do Tratado aos agrupamentos entre empresas, já que este trata de acordos entre entes independentes, e as concentrações implicam a eliminação da independência econômica e decisória de um dos entes. Ademais, uma política de controle de atos de concentração apenas faz sentido se for aplicada antes da consumação da operação, e o art. 81 é aplicado *a posteriori*; além do fato de as violações a esse dispositivo do Tratado implicarem a nulidade da operação – solução não necessariamente interessante no caso das concentrações, onde outras alternativas podem ser mais vantajosas às partes e à sociedade.[91]

Quanto ao art. 82, a primeira situação na qual esse problema teve de ser enfrentado foi o caso *Continental Can*, em 1973. A Comissão iniciou procedimento contra a aquisição, pela *Continental Can Co.*, empresa em posição de domínio de mercado, de uma sua concorrente, com base no referido artigo. Alegava que, se um agente em posição dominante reforça essa posição através de um ato de concentração do qual resulta a eliminação da concorrência real e potencial no mercado em questão, tal conduta pode configurar abuso de posição dominante, em violação ao art. 86 do Tratado. Essa tese foi confirmada pelo Tribunal, fundamentado na interpretação do art. 82 a partir dos objetivos do Tratado de instituir um sistema no qual a concorrência não seja distorcida (art. 3º -g) e na necessidade de promoção de um desenvolvimento harmônico das atividades econômicas (art. 2º).[92]

---

90. Cf. G. Bermann *et al.*, *Cases and Materials* ..., p. 844.
91. Cf. P. Bos *et al.*, *Concentration Control* ..., p. 119.
92. Cf. "Continental Can; case 6/72 [1973], ECR 215", transcrito por Bermann *et al.*, *Cases and Materials* ..., pp. 848-850.

Muito embora a decisão tenha aberto precedente para a aplicação desse artigo a atos de concentração, as particularidades da operação – a eliminação praticamente total da concorrência e o fato de ela envolver posição dominante já existente, e não sua formação – limitaram muito a aplicação do precedente.[93]

Apesar das reconhecidas limitações do art. 81 do Tratado às operações de concentração, a Comissão entendeu serem suas regras aplicáveis à aquisição de participação minoritária em empresa concorrente. O caso que se tornou precedente para essa aplicação foi o Philip Morris, em 1988. A empresa adquiriu participação de 20% do capital de concorrente. A Comissão, porém, entendeu que a adquirente não conquistaria influência na conduta comercial da adquirida em decorrência do seu investimento, não havendo motivos para proibir a operação.[94]

A decisão da Comissão nesse caso, no sentido da aplicação do art. 86 às aquisições minoritárias, acabou tendo por resultado a notificação prévia de todas as operações remotamente similares à do caso *Philip Morris*, nos termos do Regulamento 17, a fim de evitar punições pelo descumprimento da obrigação de notificar. Essa prática acabou por permitir à Comissão o controle de fato sobre parte dos atos de concentração.[95]

Depois de anos de discussões, finalmente o Conselho Europeu aprovou, em 1989, o Regulamento 4.064, que entrou em vigor em setembro de 1990. Estabeleceram-se, assim, regras para um controle comunitário dos atos de concentração de dimensão européia. Todavia, em razão da resistência dos Estados-membros em transferir para a Comunidade poderes para controlar operações envolvendo as empresas atuantes no seu território, a resolução aplica-se tão-somente às concentrações de grande dimensão, cujos efeitos repercutam no mercado comum.

8.2 O sistema e a evolução do controle de atos de concentração na Comunidade Européia

O Regulamento do Conselho 4.064/89 aplica-se às concentrações de dimensão européia, que são definidas pelo art. 2º como as operações nas quais: a) o faturamento combinado do total das atividades mundiais das empresas envolvidas seja superior a ECU $ 5 bilhões; e b) o faturamento agregado do total das atividades na Comunidade de cada uma,

---

93. Cf. T. Frazer, *Monopoly*, ..., pp. 85-86.
94. Cf. "Philip Morris; case 142, 156/84, [1987] ECR 4.487", transcrito por Bermann *et al.*, *Cases and Materials* ..., pp. 855-856.
95. Cf. T. Frazer, *Monopoly*, ..., p. 89.

entre pelo menos duas, das empresas participantes da operação seja superior a ECU 250 milhões. Além disso, é necessário que pelo menos uma das empresas envolvidas obtenha dois-terços de seu faturamento em mais de um Estado-membro. Essas operações estão sujeitas à exclusiva disciplina das normas comunitárias, não se podendo aplicar-lhes as legislações nacionais em matéria de concorrência.

Operações representando montantes inferiores, mesmo quando afetam parte substancial do mercado comum, não podem ser definidas como de dimensão comunitária. Mesmo em caso de valores muito altos, o Regulamento excluiu um espectro grande de concentrações da jurisdição da Comunidade. Essa situação deveu-se à resistência de alguns países participantes em transferir sua soberania para o controle de atos de concentração. O § 3º do art. 2º, por outro lado, estabelece a revisão desses limites após quatro anos da entrada em vigor do regulamento.

Os dispositivos do regulamento podem ser aplicados pela Comissão a operações cujo montante envolvido seja inferior a esses limites em casos de operações que tenham por efeito a restrição substancial da concorrência no território de dois países integrantes, prejudicando o comércio entre os Estados-membros. Esse dispositivo foi inserido por pressões da Holanda, sendo referido às vezes como *cláusula holandesa*.[96]

O regulamento, tendo em vista as discussões que o antecederam, desde a edição do memorando sobre concentrações de 1966, estabelece regras para a definição de quais operações constituem um ato de concentração. Com efeito, o regulamento aplica-se apenas às operações nas quais duas ou mais pessoas se fundam, ou uma ou mais pessoas adquiram o controle direto ou indireto do todo ou partes de outra empresa. As normas são aplicadas também a *joint ventures* que desempenhem as funções de uma entidade autônoma, não envolvendo a coordenação de comportamentos entre as partes ou entre essas e a *joint venture*. Essas operações são denominadas *joint ventures concentrativas*.

O controle – conceito-chave na definição de atos de concentração – é definido pelo § 3º do art. 3º a partir da possibilidade de exercício de influência decisiva nas atividades da empresa – situação exemplificada no regulamento pela propriedade ou direito de uso de parte ou totalidade dos ativos de uma empresa e por contratos ou direitos conferindo influência decisiva na composição, votos ou decisões da empresa controlada. A aplicação do regulamento, assim, implica a verificação das possibilidades de exercício dessa influência dominante a fim de identificar situações jurídicas e factuais indicativas da dependência ou da subordinação da empresa pretensamente sob controle.

---

96. P. Bos *et al.*, *Concentration Control* ..., p. 122.

A decisão sobre a aprovação ou não das operações cabe à Comissão, que deve levar em consideração, basicamente, dois aspectos, estabelecidos no § 1º do art. 2º do regulamento. Em primeiro lugar, conforme a alínea "a": "a necessidade de manter ou desenvolver concorrência efetiva dentro do mercado comum, tendo em vista, entre outros aspectos, a estrutura dos mercados envolvidos e a concorrência existente ou potencial de empresas localizadas dentro ou fora da Comunidade". E, de acordo com a alínea "b", "a posição no mercado das empresas envolvidas e seu poder econômico e financeiro, as alternativas disponíveis a fornecedores e usuários, seu acesso a fontes de fornecimento ou mercados, barreiras à entrada legais ou de qualquer outro tipo, tendências da procura e da oferta dos produtos ou serviços pertinentes, os interesses dos consumidores intermediários e finais e o desenvolvimento técnico e o progresso econômico, desde que em benefício dos consumidores e não constitua um obstáculo à concorrência".

Verificando esses e outros aspectos definidores das condições de concorrência nos mercados relevantes envolvidos, a Comissão decide entre sua aprovação, quando reputá-las compatíveis com o mercado comum, ou o início de procedimentos para comprovação da sua incompatibilidade.

É possível, nos termos do § 2º do art. 81, que a Comissão entenda ser possível enquadrar a operação de concentração no dispositivo do art. 2º, § 2º, do regulamento, desde que modificada em algumas cláusulas e características. Nesse caso, pode declarar a operação compatível com o mercado comum, anexando à sua decisão as condições e obrigações a que as empresas tenham se comprometido a fim de obter a aprovação. Como em outros ordenamentos, o procedimento de controle de atos de concentração na Comunidade Européia acaba passando por um momento de composição entre os interesses da autoridade e das partes, no qual acaba ocorrendo a fixação de condições entendidas pela autoridade como capazes de minorar os efeitos anticoncorrenciais da operação ou a garantir a consecução de metas de aumento de produtividade, progresso técnico, pesquisa e desenvolvimento, entre outras, apontadas como benéficas à sociedade, decorrentes da operação.

O § 2º permite à Comunidade e, em última instância, ao Tribunal dar concretude a outras políticas econômicas, principalmente aquelas que se mostrem necessárias à promoção da pesquisa e desenvolvimento e a outros mecanismos que estimulem a competitividade das empresas européias, uma vez que a consecução de tais objetivos é estabelecida no Tratado de Roma.

As partes são obrigadas a notificar as operações de dimensão comunitária até uma semana após sua conclusão, ficando a operação suspensa por três semanas após a apresentação dessa notificação. O período pode ser estendido pela Comissão ou, mesmo, suprimido mediante requerimento das partes, em razão de comprovado perigo de dano aos seus interesses em decorrência da não-consumação da operação, de acordo com as regras do art. 7º.

Conforme já mencionado, o regulamento estabelece a competência exclusiva da Comunidade para a apreciação das operações de concentração enquadradas nos limites estabelecidos para a definição da dimensão comunitária. Essa regra, conhecida como *one-stop-shopping*, entretanto, é objeto de uma exceção, incluída em atendimento às exigências da Alemanha, objeto do art. 9º, e por isso chamada de *cláusula alemã*. De fato, contando com um sistema antitruste desenvolvido e efetivo, esse país temia a possibilidade de aprovação de operações de concentração que afetassem a concorrência no seu mercado e também as pressões excessivas pela promoção de políticas industriais que a Comissão pudesse vir a sofrer por parte de interessados.[97]

Além disso, os altos limites estabelecidos para a inclusão das operações sob a jurisdição da Comunidade, na prática, também limitam a regra de sua competência exclusiva, pois boa parte das concentrações que afetam parte do mercado comum mas não envolvem empresas de tão grande porte continuam a ser disciplinadas pela leis nacionais dos países integrantes.

Conforme o art. 9º, a Comissão pode notificar as autoridades competentes dos Estados-membros, fazendo referência a operações nas quais haja potencial prejuízo à concorrência no mercado interno de um Estado, o qual se apresente como um mercado distinto, constituindo ou não parte substancial do mercado comum. Caso a Comissão concorde com a existência desse risco, pode decidir-se a tomar providências para restaurar a concorrência no mercado atingido ou, ainda, transferir o caso para a autoridade nacional do país envolvido, a fim de que aplique sua lei doméstica.

A par da regra do art. 9º, referida, em geral, como *referência* à autoridade do Estado-membro, o regulamento determina manutenção de uma interligação entre a Comissão a as autoridades antitruste nacionais. Assim, a primeira deve enviar às segundas cópias das notificações recebidas e dos documentos de maior importância produzidos ao longo do procedimento.

A Comissão dispõe de poderes investigativos amplos, permitindo-lhe solicitar informações e documentos tanto dos particulares quanto dos Estados-membros, sem o quê as normas de controle de concentra-

---

97. P. Bos *et al.*, *Concentration Control* ..., p. 122.

ções não teriam qualquer efetividade. Nesse sentido, o descumprimento da obrigação de notificar operações de dimensão comunitária, a prestação de informações inverídicas ou a recusa de apresentação de documentos solicitados pela Comissão são punidos com multas pesadas. As decisões definitivas da Comissão quanto à fixação de multas podem ser objeto de apelação à Corte Européia.

Em conclusão, pode-se apontar que o sistema de direito de proteção à concorrência da Comunidade Européia, criado como um instrumento acessório – ainda que de acentuada importância – ao objetivo de formação do mercado comum, teve seu papel ampliado com a evolução do processo de integração. Essa conseqüência óbvia decorre da importância da proteção à concorrência no mercado integrado, e aponta para uma progressiva alteração de sua característica de mero instrumento acessório da integração, passando a constituir uma das políticas principais da Comunidade.

9. Japão. Direito da concorrência e desenvolvimentismo

9.1 As origens e a evolução da legislação antitruste

O Japão caracterizou-se desde a era Meiji[98] pela aplicação de uma intensa política de desenvolvimento econômico e industrial. Naquela época, em que intensificou seus contatos com o exterior, e dado o imperialismo das potências industrializadas, ameaçando-o de perder sua independência, o país formulou o projeto de alcançar o grau de desenvolvimento dos países industrializados ocidentais.[99] Essa política japonesa, assim como a de outros países de industrialização tardia, caracterizou-se por uma ativa participação governamental.[100]

---

98. A era Meiji teve início em 1868, perdurando até o ano de 1912, quando da morte do imperador Meiji. Foi o período no qual a organização política e econômica do país alterou-se de um sistema do tipo feudal para um regime centralizado, parlamentarista, que empreendeu uma política intensa de modernização econômica.
99. Alex Y. Seita e Jiro Tamura, "The historical background of Japan's antimonopoly law", *University of Illinois Law Review* 111/115.
100. Chalmers Johnson (*MITI and the Japanese Miracle: the Growth of Industrial Policy 1925-1975*, p. 17) afirma, a esse propósito, que o modelo econômico japonês pode ser identificado com a chamada *Escola Histórica Alemã* de pensamento econômico. Conforme Jacob Oser e William Blanchfield (*História do Pensamento Econômico*, pp. 189-190), o pensamento da Escola Alemã tinha quatro princípios básicos: 1) via a sociedade como passível de um desenvolvimento e crescimento cumulativo, e, assim, em constante mudança. Nesse sentido, o que era bom para um país em um momento particular poderia ser inadequado para outro país ou em outra época. Essa abordagem relativista,

A política japonesa de então considerava os monopólios e os oligopólios positivos aos setores industriais modernos, já que permitiam as escalas exigidas pela produção de ponta. As grandes unidades de produção, assim, eram estimuladas.

Com efeito, a livre concorrência não constituía um princípio de base da ordem econômica japonesa de então. Ao contrário, os princípios da livre iniciativa e da liberdade de contratação – cujo exercício permitia os acordos restritivos, a cartelização e a monopolização – eram protegidos, sem os limites destinados a compatibilizá-los com o princípio da livre concorrência.[101] De fato, o papel da concorrência na economia foi objeto de discussão pelos governos na era Meiji, com a conclusão de que o modelo de mercado concorrencial típico da Inglaterra não era adequado a um país em desenvolvimento como o Japão. O principal temor dos opositores ao mercado livre era que a concorrência externa destruísse a incipiente indústria nacional.[102]

Nesse sentido, o governo estimulou o desenvolvimento industrial em setores de base, que lhe permitiriam atingir a pujança econômica e militar dos demais países industrializados. Entre o início da era Meiji e a II Guerra suas principais estratégias de desenvolvimento foram a formação de indústrias estatais em setores de ponta, as quais foram posteriormente vendidas ao setor privado; a proteção tarifária à indústria nacional; o estímulo à concentração econômica nas indústrias pesadas;[103] as medidas para a racionalização das indústrias, o que implicava controle indireto do governo sobre setores importantes; e o estímulo à inovação tecnológica, à eficiência e às relações cooperativas entre os concorren-

---

segundo os autores, serviu para mostrar que a economia clássica era adequada à Inglaterra, mas não à Alemanha; 2) a Escola Histórica era nacionalista, enquanto a economia clássica era individualista e cosmopolita. De maneira bastante adequada ao período da unificação pelo qual a Alemanha passava, a Escola Histórica deu grande ênfase à necessidade de intervenção estatal nos assuntos econômicos; 3) a Escola dava grande ênfase ao estudo histórico da economia; e 4) os economistas da Escola Histórica eram reformistas, embora fossem conservadores, vendo no Estado uma função de melhora das condições do homem comum.

101. A. Seita e J. Tamura, in *University of Illinois Law Review* 111/128-129. Sobre a compatibilização dos princípios da *livre iniciativa* e da *livre concorrência*, v. o Capítulo VI, subitens 21.1 e 21.2.

102. A. Seita e J. Tamura, in *University of Illinois Law Review* 111/129-130.

103. Note-se que o mercado japonês, desde essa época até os dias atuais, é composto por um grande número de pequenas empresas e algumas grandes unidades que operam nos setores cruciais da economia, tais como bancos, transportes e indústria pesada (A. Seita e J. Tamura, in *University of Illinois Law Review* 111/138). Mitsuo Matsushita (*International Trade and Competition Law in Japan*, p. 82), a esse propósito, fala em "estrutura dualista" da economia japonesa.

tes.[104] Quanto a esse último aspecto, os cartéis eram permitidos, legalmente executáveis, e muitas vezes regulados pelo governo – situações nas quais tornavam-se vinculantes mesmo aos agentes que deles não participassem.[105]

Os traços característicos da economia japonesa na época da II Guerra, assim, eram a existência de diversos cartéis, dos *zaibatsus*, os conglomerados familiares que dominavam os mercados estratégicos,[106] e as estreitas relações entre governo e empresas – traços extremamente diferentes do modelo liberal, no qual a preocupação era com a promoção do maior grau de concorrência possível nos mercados e com a manutenção de uma participação residual do Estado na economia.

Foi dentro desse contexto econômico e cultural que o Japão viu promulgada sua lei antimonopólio de 1947, por imposição dos aliados no final da II Guerra Mundial. O surgimento dessa lei, portanto, não esteve relacionado à percepção de sua necessidade para um melhor desempenho dos mercados e às pressões políticas contra os grandes grupos econômicos. Ao contrário, a tentativa de criação de um sistema concorrencial, nos moldes americanos, imposta ao Japão chocou-se com as concepções lá arraigadas sobre as relações entre governo e empresas e dessas entre si, o que constituiu a principal razão da sua baixa eficácia social.[107]

A lei antimonopólio de 1947 foi editada como um complemento da chamada *política de democratização* aplicada pelos aliados, que, entre outros aspectos, levou a efeito a desconcentração da economia japonesa, com a dissolução dos *zaibatsus* em unidades industriais menores. O objetivo oficial dessa política era a introdução de um sistema de livre mercado e concorrência no Japão, o qual se completaria com uma lei

104. M. Matsushita, *International Trade* ..., pp. 132-139.
105. Esse sistema foi instituído pela "Lei de Controle das Indústrias Relevantes", ou "Lei de Controle" (*Significant Industries Control Law*), de 1931. Note-se que uma emenda, em 1933, determinou que as companhias apresentassem relatórios sobre seus planos de investimento e atividades ao Ministério do Comércio e da Indústria (MCI) (M. Matsushita, *International Trade* ..., pp. 135-136).
106. Os *zaibatsus* originaram-se no início da era Meiji, mas apenas atingiram a magnitude que lhes possibilitaria a posição dominante nos mercados após a I Guerra Mundial (cf. A. Seita e J. Tamura, in *University of Illinois Law Review* 111/130).
107. A eficácia de uma norma, como é sabido, tem a ver com sua capacidade de produzir efeitos, que depende de certos requisitos. Esses podem ser de natureza fática. Nesse sentido, conforme aponta Tércio Sampaio Ferraz (*Introdução ao Estudo do Direito: Técnica, Decisão, Dominação*, 2ª ed., pp. 198-199): "(...) uma norma se diz socialmente eficaz quando encontra na realidade condições adequadas para produzir seus efeitos". Embora não se reduza à obediência, "(...) a efetividade ou eficácia social tem antes o sentido de sucesso normativo".

básica sobre a concorrência.[108] Evidentemente, seu poderio militar escorava-se nesses grandes grupos, que os aliados queriam suprimir.[109]

A *lei de proibição da monopolização privada e de manutenção das práticas leais de comércio*,[110] conhecida simplesmente como *lei antimonopólio*, nesse sentido, foi influenciada pelas concepções então em voga nos Estados Unidos sobre os atributos ideais de uma lei antitruste. Alguns dos seus dispositivos foram tomados dos *Sherman* e *Clayton Acts*, outros eram ainda mais rigorosos do que a legislação norte-americana.

Nesse sentido, trazia uma série de provisões preventivas à concentração da estrutura de mercado – tais como a proibição à formação de *holdings*, às diretorias intercruzadas, isto é, mesmos diretores em diferentes empresas, a necessidade de autorização para a detenção de ações de uma companhia por outra; e, ainda, proibia a existência de disparidades indevidas na detenção de poder econômico por um agente de mercado – dispositivo destinado a permitir a quebra de monopólios privados.[111] Essas regras, bastante objetivas, visavam à extirpação total das práticas comuns na organização dos *zaibatsus*, por um lado, e, por outro, ao reforço das proibições genéricas às práticas restritivas e de monopolização contidas na lei, para garantir sua efetividade num país ainda não familiarizado com a doutrina antitruste.[112]

Seus dispositivos principais, por sua vez, estabeleciam a proibição geral dos acordos entre concorrentes, os cartéis, prevista na sua Seção 4, baseada na ilegalidade *per se* da Seção 1 do *Sherman Act*; e a exigência de aprovação pela autoridade antitruste para a realização de fusões e aquisições nas Seções 15 e 16, mais severa que o próprio *Clayton Act*. Além disso, a lei criou uma agência administrativa independente, com poderes quase-judiciais – a Comissão de Livre Concorrência, ou, como é conhecida na literatura ocidental, *Fair Trade Commission*,[113] vinculada ao gabinete do primeiro-ministro, encarregada da aplicação da lei,

---

108. M. Matsushita, *International Trade* ..., p. 77.

109. A. Seita e J. Tamura (in *University of Illinois Law Review* 111/145) afirmam que "their importance to a militaristic japan ensured their later destruction by the occupiers of a defeated Japan".

110. Tradução da referência em Inglês por M. Matsushita (*International Trade* ..., p. 78), "the law to prohibit private monopolization and to maintais fair trade".

111. Essas regras eram previstas, respectivamente, pelas Seções 9, 13, 10 e 8. Para uma descrição dos principais dispositivos da versão original da lei antimonopólio de 1947, cf. H. Iyori e A. Uesugi, *The Antimonopoly Laws and Policies of Japan*, pp. 17-18.

112. H. Iyori e A. Uesugi, *The Antimonopoly* ..., p. 18.

113. Essa tradução do nome da agência para a língua inglesa será utilizada de agora em diante, em razão do seu uso corrente na literatura ocidental sobre o antitruste japonês.

das investigações de práticas anticoncorrenciais e das autorizações exigidas nos dispositivos legais.

O rigor do diploma, além do fato de sua imposição, chocava-se com a tradição econômica do Japão, de privilégio às grandes empresas e de relações cooperativas entre o governo e aquelas.

Após a Guerra da Coréia em 1950, porém, os Estados Unidos se aperceberam da posição estratégica do Japão como bastião para barrar a expansão socialista na Ásia, e, assim, alteraram a postura inicial de impedir seu crescimento industrial. Com o fim das pressões externas e da ocupação em 1952, a aplicação da lei antimonopólio foi relaxada e se começou a elaborar uma emenda que a tornasse mais adequada à realidade japonesa.[114]

A emenda de 1953 deu à lei antimonopólio as feições que, com algumas alterações, a caracterizam até os dias de hoje. A lei foi flexibilizada, com a supressão da maior parte das medidas de caráter preventivo à concentração do mercado. As alterações efetuadas sofreram influência do projeto da lei antitruste original alemã, cujas discussões chegaram ao Japão e cujas características eram mais compatíveis com as economias em reconstrução e com uma participação estatal mais intensa na economia.[115]

Nesse sentido, suprimiu-se o antigo dispositivo da Seção 4, que estabelecia a proibição *per se* – isto é, sem exceções – dos cartéis. Com a emenda, passou-se a permitir os cartéis de depressão e racionalização mediante autorização da *Fair Trade Commission*.[116]

A regra da permissão à formação de cartéis parte da idéia de que em algumas situações o excesso de concorrência é prejudicial à atividade econômica e, portanto, ao interesse público. É o caso das crises que levam à redução da procura e, assim, à depressão de um setor. Os cartéis de depressão permitem aos agentes adaptarem-se à nova demanda do mercado, dividindo entre si os ônus e afastando seu temor da perda da fatia do mercado de cada um isoladamente. Por outro lado, alguns cartéis podem servir de instrumento para a consecução de metas econômicas específicas, que não seriam atingidas num regime de livre concorrência, como o desenvolvimento da tecnologia ou o aumento da eficiência de determinado setor, objeto dos cartéis de racionalização.[117]

---

114. H. Iyori e A. Uesugi, *The Antimonopoly* ..., p. 79.
115. Cf. John O. Haley, "Antitrust sanctions and remedies: a comparative study of german and japanese law", *Washington Law Review* 59/472-473.
116. Nas Seções 24-2 e 24-4, respectivamente.
117. Cf. H. Iyori e A. Uesugi, *The Antimonopoly* ..., pp. 93-97. O tema da utilização desses cartéis no Japão e suas relações com a formulação de políticas industriais é retomado no Capítulo V, subitem 16.2.

PARADIGMAS DE PROTEÇÃO À CONCORRÊNCIA   117

Assim, conforme a lei japonesa, os cartéis de depressão podem ser autorizados pela *Fair Trade Commission* se objetivarem restrições à produção ou às vendas ou, ainda, ao uso de instalações ou equipamentos. Apenas quando não for possível obter os resultados esperados desses acordos podem os cartéis de preço ser autorizados.[118] Os cartéis de racionalização, por sua vez, podem ser aceitos para permitir atividades concertadas entre concorrentes com relação a restrições no uso de tecnologia ou na produção de alguns tipos de produtos, uso de instalações para depósito de matérias-primas ou produtos, transporte, ou utilização ou compra de subprodutos, restos ou sucata. Finalmente, o ministro da economia pode autorizar a realização de cartéis em casos necessários por razões econômicas, no interesse público.

Além dessas possibilidades de formação de cartéis estabelecidas na lei antimonopólio, foi bastante comum a criação de leis especiais nas quais se estabeleciam condições mais flexíveis para cartéis.[119]

Os atos de concentração assim como as diretorias intercruzadas e a detenção de ações de companhias por outras foram liberados da necessidade de aprovação pela *Fair Trade Commission*, ficando proibidos apenas quando puderem promover a redução substancial da concorrência ou quando decorrentes da utilização de métodos desleais de comércio.[120] As sanções penais estabelecidas na lei para as práticas foram mantidas, ainda que destinadas a não ter eficácia social alguma.[121]

---

118. Seção 24-3, §§ 2º e 3º, da lei antimonopólio.
119. Conforme apontam H. Iyori e A. Uesugi (*The Antimonopoly* ..., p. 36), entre 1953 e 1957 mais de 10 leis com exceções à proibição aos cartéis foram editadas. Note-se que cartéis de exportação podem ser autorizados pelo *Ministry of International Trade and Industry*, com base em regras estabelecidas no *Export-Import Trading Act*, de 1952.
120. Seções 10, 11 e 14, respectivamente, da lei antimonopólio. A formação de *holdings*, porém, continuou proibida pela Seção 9 da lei. Outra importante exceção ao abrandamento da lei foi a alteração do dispositivo que proibia "práticas desleais de concorrência" e passou a punir "práticas comerciais desleais", tornando a Seção 2-6, assim, mais abrangente. A finalidade da alteração foi a proteção das pequenas empresas nas suas relações comerciais com as grandes, relações de fornecimento principalmente, nas quais estas impunham cláusulas leoninas nos seus contratos com aquelas (cf. M. Matsushita, *International Trade* ..., pp. 80-81).
121. Há previsão de multas e prisão para as práticas de monopolização e restrições desarrazoadas ao comércio, formação de *holdings*, violação de dispositivos sobre detenção recíproca de ações de empresas e diretorias intercruzadas (cf. J. Haley, in *Washington Law Review* 59/483). Note-se que mesmo em períodos posteriores, nos quais as atividades da *Fair Trade Commission* foram mais relevantes, sua preferência sempre foi pela esfera administrativa, tendo por hábito e formando a tradição de pouco ingressar em juízo em matéria de concorrência. Essa característica da autoridade, de resolver as questões por vias burocráticas, é apontada como o motivo do não-desenvolvimento da doutrina antitruste no Japão, apesar de a aplicação da lei não ter sido assim tão irrelevante (cf. Harry First, "Antitrust enforcement in Japan", *Antitrust Law Journal* 64/177).

A flexibilização da lei coincidiu com uma fase de intensificação da política industrial pelo Ministério da Indústria e Comércio Internacional,[122] o qual, então, via a lei antimonopólio como um obstáculo ao desenvolvimento e à competitividade internacional das empresas japonesas. A hipertrofia do poder desse Ministério dentro do governo resultou na limitação dos recursos de fato da *Fair Trade Commission*, tornando-se impossível a essa impor exigências em favor da livre concorrência ou se contrapor à política econômica dos Ministérios, baseada largamente em medidas concentracionistas, em especial na cartelização da economia. A relação entre o governo e as grandes empresas no Japão marca-se pela cooperação, com o primeiro conduzindo as atividades destas últimas,[123] através de planos setoriais de adesão voluntária. Até o início da década de 60, assim, a lei antimonopólio não teve eficácia alguma. Em outras palavras, nesse período a política antitruste foi totalmente subserviente à industrial.

Sobretudo as leis que criavam cartéis de racionalização objetivavam o crescimento da competitividade internacional dos setores envolvidos e autorizavam o *Ministry of International Trade and Industry* a estabelecer um planejamento detalhado com metas anuais a serem atingidas, de caráter voluntário. Os principais setores nos quais os cartéis de racionalização se formavam eram as indústrias de maquinaria, as de eletrônicos e as de *software*, o que durou de 1956 a 1985. As diretrizes dadas através dos cartéis envolviam, de início, condições como a padronização dos produtos, a especialização da produção pelas unidades para a obtenção de economias de escala, cooperação no uso de instalações e equipamentos para a redução de custos de produção. Gradativamente, sua ênfase foi sendo voltada à pesquisa e desenvolvimento tecnológico.[124]

---

122. Esse Ministério é conhecido através das siglas da sua tradução para o Inglês, MITI (*Ministry of International Trade and Industry*); por essa razão será referido, daqui em diante, nessa terminologia da lingua inglesa.

123. Essa relação é referida como *administrative guidance* (*direção administrativa*), pois se caracteriza pela regulação ou promoção de condutas através da atuação do Executivo, independentemente da criação de leis para tanto. Conforme aponta M. Matsushita (*International Trade* ..., pp. 59-63), ainda que no Japão a regulação econômica dependa de lei, na prática os órgãos e agências da Administração servem-se de mecanismos de persuasão das condutas desejadas para a consecução de suas metas de política econômica. "Mecanismos de persuasão" porque as diretivas assim emitidas não têm força de lei, não sendo de cumprimento obrigatório pelos destinatários. A obediência decorre, todavia, do fato de serem as ordens muitas vezes objeto de consenso pela maioria dos agentes econômicos de determinado setor e do poder de barganha dos órgãos governamentais, maior do que o dos agentes.

124. Cf. Mitsuo Matsushita, "The intersection of industrial policy and competition: the japanese experience", *Chicago-Kent Law Review* 72/480.

Na década de 60, todavia, os excessos decorrentes da falta de concorrência no mercado começaram a ser sentidos pela sociedade. Um dos problemas que surgiram foi a inflação.[125] Os estudos encomendados para detectar suas causas apontaram os cartéis de preço e os acordos verticais de fixação de preço como um dos fatores responsáveis pelos aumentos verificados, recomendando uma aplicação mais rigorosa da lei antimonopólio contra essas práticas, o que resultou num aumento das investigações antitruste pela *Fair Trade Commission*.[126]

Outros aspectos também tiveram relevância para o aumento das pressões a favor de uma política antitruste mais vigorosa.[127] Em primeiro lugar, foram retiradas as barreiras comerciais e aos investimentos estrangeiros, tornando a economia mais aberta – o que veio a reforçar a necessidade de regras básicas de concorrência. Em segundo lugar, havia pressões por uma proteção maior às pequenas empresas, nas suas transações comerciais com as grandes firmas. Finalmente, nessa mesma época iniciou-se naquele país uma preocupação com a proteção aos consumidores e se apregoava uma aplicação mais intensa das normas contra os cartéis de preço, os acordos verticais de preço e a publicidade enganosa, a serem enquadrados como prática desleal de comércio, na falta de legislação consumeirista específica.

Combinou-se a essa mudança de percepção da sociedade, que se tornara mais favorável à lei antimonopólio, uma alteração da opinião do próprio *Ministry of International Trade and Industry*, que passou a dar maior importância à eficiência e à competitividade das empresas japonesas para o seu sucesso, em razão da liberalização do comércio internacional e de implicar uma melhor definição do papel da lei antimonopólio.[128]

Esses fatores, responsáveis pela intensificação das atividades da *Fair Trade Commission* e, portanto da aplicação da lei antimonopólio, levaram, finalmente, à emenda de 1977, desta vez para aumentar o rigor da lei. Nesse sentido, foram ampliados os poderes sancionatórios da agência para determinar o desmembramento de empresas em posição de monopólio; para impor restrições à posse de ações de outras companhias por grandes empresas; para promover medidas corretivas em caso

---

125. Passou-se de uma razoável estabilidade de preços nos anos 50 para um aumento no patamar de 6% ao ano a partir de 1960 (M. Matsushita, *International Trade* ..., p. 81).
126. M. Matsushita, *International Trade* ..., pp. 81-82. Também H. Iyori e A. Uesugi, *The Antimonopoly* ..., pp. 41-42.
127. H. Iyori e A. Uesugi, *The Antimonopoly* ..., pp. 42-43.
128. Conforme exposto no relatório do Comitê de Pesquisas sobre a Estrutura Industrial do MITI (cf. H. Iyori e A. Uesugi, *The Antimonopoly* ..., p. 44).

de violações passadas assim como em casos de práticas desleais de comércio.[129] Além disso, introduziu-se, na Seção 7-2, uma multa administrativa para os cartéis, no montante de 2% do valor total das vendas no período durante o qual tenha durado a prática, cuja cobrança incumbe à *Fair Trade Commission*.[130] Note-se que no sistema anterior à emenda previa-se apenas a determinação, pela autoridade, de cessação da conduta, sem qualquer penalidade, o que acabava por representar um estímulo aos acordos restritivos, já que permitia às partes auferir o lucro decorrente da cartelização enquanto não fosse determinada sua cessação.[131]

O resultado da emenda foi a maior difusão da cultura antitruste e obediência respectiva à lei no Japão. A Comissão, cujos poderes aumentaram na ocasião, adotou a estratégia de difundir as finalidades e princípios da política antitruste, ao invés de adotar uma postura apenas punitiva contra as condutas indesejáveis. Nesse sentido, a agência passou a divulgar as suas *guidelines*, um tipo de pauta de interpretação para detalhar a aplicação dos dispositivos da lei. As pautas de interpretação partiram da experiência consolidada nos Estados Unidos e na Europa, uma vez que os precedentes judiciais japoneses não eram suficientes nem adequados para a finalidade.[132]

A partir do meio da década de 80 a internacionalização da economia foi o fator responsável pela necessidade de alterações na sua política antitruste, no sentido de compatibilizá-la com as políticas dos seus parceiros comerciais principais. Com efeito, os Estados Unidos, deficitários no seu comércio com o Japão, definiram como causa da situação não a existência de barreiras tarifárias, mas a estrutura oligopolizada do setor industrial japonês, no qual grandes empresas relacionavam-se entre si principalmente através da detenção recíproca de ações, de dire-

---

129. Nas Seções 8-4, 9-2, 7-2 e 20, respectivamente. Cf. M. Matsushita, *International Trade* ..., pp. 83-84. Cf. também H. Iyori e A. Uesugi, *The Antimonopoly* ..., pp. 52-54.

130. Note-se que em 1991 essa multa foi aumentada para 6% (cf. M. Matsushita, *International Trade* ..., p. 83).

131. As atividades da *Fair Trade Commission* chegaram no seu ápice, com 45 decisões contra cartéis, entre os anos de 1973 e 1974. Nessa época a crise do petróleo levou a um aumento geral de preços no país, e as empresas, pequenas ou grandes, tentavam defender-se formando cartéis, os quais foram combatidos pela Comissão. Além disso, pela primeira vez na história da lei antimonopólio acusações criminais foram levadas adiante, com a denúncia de 12 distribuidores de petróleo e 5 de seus diretores por práticas de fixação de preços (cf. H. Iyori e A. Uesugi, *The Antimonopoly* ..., p. 56).

132. H. Iyori e A. Uesugi, *The Antimonopoly* ..., p. 57. Note-se que as *guidelines* emitidas usualmente nos Estados Unidos tomam como base os precedentes judiciais na matéria envolvida, os quais são incorporados pela agência como base de sua atuação na aplicação da lei.

torias intercruzadas, excluindo terceiros de negócios. A negociação bilateral acabou dando ensejo a um acordo comercial bastante peculiar, que trata de questões e matérias de política interna, tais como gastos e investimentos públicos, direitos de propriedade e uso de imóveis e matéria antitruste. O acordo, formalizado em 1990, é conhecido como *Acordo de Impedimentos Estruturais*.[133]

As principais medidas estabelecidas no acordo bilateral referem-se ao aumento das multas administrativas e penais às práticas de cartel, melhora das condições de acesso dos prejudicados por práticas anticoncorrenciais ao Judiciário e alterações nas regras sobre sistemas de distribuição e práticas comerciais restritivas.[134] Em 1991 foi cumprida cláusula do acordo no sentido do aumento da multa administrativa sobre a prática do cartel.[135]

O acordo, no tocante ao aumento da atividade da *Fair Trade Commission* e da aplicação da lei antitruste, no geral, foi bem-sucedido, com a publicação de novas *guidelines*, especialmente sobre práticas de distribuição, e o aumento da investigação e dos casos administrativos na área. Entretanto, essas alterações não resultaram num aumento substancial dos importados, como queriam os Estados Unidos. O acordo é apontado pelos defensores da política antitruste no Japão como de grande utilidade para economia do país, incentivando a coibição de práticas que já não se justificavam por políticas econômicas e industriais e acabavam por impor preços mais altos aos consumidores.[136]

9.2 O sistema de controle dos atos de concentração

As aquisições de empresas são tratadas pelo Capítulo IV da lei antimonopólio, especificamente pela Seção 15, que as proíbe quando puderem ter por efeito a redução substancial da concorrência ou forem decorrentes do emprego de práticas desleais de comércio.[137] Essa Seção estabelece ainda a obrigatoriedade de notificação prévia das aquisições[138] à *Fair Trade Commission* e obriga as partes a não as consuma-

---

133. A denominação em Inglês é *Structural Impediments Initiative* (cf. Mitsuo Matsushita, "The *Structural Impediments Initiative*: an example of bilateral trade negotiation", *Michigan Journal of International Law* 12/436).

134. M. Matsushita, *Japanese Antitrust*, p. 17.

135. A multa passou de 1,5% para 6% (cf. H. First, in *Antitrust Law Journal* 64/166).

136. Para uma explanação das alterações na aplicação da lei e das práticas anticoncorrenciais então reprimidas, v. H. First, in *Antitrust Law Journal* 64/164-173.

137. Seção 15-1.

138. Seção 15-2.

rem durante um prazo de 30 dias.[139] Como as leis comerciais japonesas definem um sentido muito limitado para a expressão "aquisição de empresas", que não incluiu a compra de ações e ativos, esses tipos de operação de concentrações são disciplinados pelas Seções 10 e 16, em regras similares às da Seção 15.

A operação deve ser apreciada pela *Fair Trade Commission* no prazo de 30 dias,[140] e poderá ser aprovada ou objeto de recomendação de providências para eliminar sua ilegalidade.[141] Quando as partes não aceitam essas recomendações tem início um procedimento administrativo no qual as empresas podem provar, através de amplos meios, a legalidade do ato perante a Comissão, que a final delibera sobre a operação e, entendendo cabível, ordena as providências necessárias para tornar o ato legal.[142] As decisões da *Fair Trade Commission* podem ser levadas ao Tribunal Superior de Tóquio, e de lá para a Suprema Corte.

Na década que se seguiu à emenda de 1953, caracterizada pela reduzida eficácia dessa lei, nenhum ato de concentração foi impugnado pela *Federal Trade Commission*. Ao contrário, a política econômica que marcou o Japão nessa época privilegiava a concentração de empresas a fim de contar com agentes de grande porte e competitividade internacional.[143]

Mesmo no âmbito do movimento a favor da aplicação da lei antimonopólio, que surgiu na década de 60, os atos de concentração destinados a criar agentes de mercado de grande porte não eram alvo de qualquer objeção em especial. A "nova política industrial" divulgada pelo *Ministry of International Trade and Industry*, que incluía uma postura mais favorável à aplicação da lei antimonopólio – a fim de estimular condutas mais eficientes por parte das empresas, fomentando, assim, sua competitividade internacional –, apontava os atos de concentração e os cartéis de racionalização como pilares de seus objetivos. Um mercado oligopolizado era considerado desejável, ou ao menos inevitável, para

---

139. Seção 15-3.
140. Esse prazo pode ser reduzido ou ampliado pela agência (Seção 15-3).
141. Seções 15-4 e 17-2, combinadas.
142. Seções 48-54.
143. H. Iyori e A. Uesugi (*The Antimonopoly* ..., pp. 167-169) trazem exemplos de fusões analisadas pela Comissão entre os anos de 1958 e 1963 nos quais as empresas resultantes deteriam parcela bastante alta do mercado relevante: no caso *Snow Brand Dairy Co.*, 57,2% da produção de manteiga, 75% da produção de queijo e 76,2% da coleta de leite nas fazendas de Hokkaido; no caso *Chuo-Sem'i Co.*, 56,8% da produção de fibras têxteis; e no caso *Mitsubishi Heavy Industry Co.*, 63% da produção de máquinas de fabricar papéis e 35% a 42% na produção de turbinas e *boilers* industriais.

se obter o nível de eficiência almejado: a padronização e a especialização da produção e economias de escala.[144]

Essa perspectiva decorria, em parte, da liberalização da economia japonesa que sucedeu à sua entrada em organismos internacionais como o Acordo Geral sobre Tarifas e Comércio (GATT), o Fundo Monetário Internacional (FMI) e a Organização para a Cooperação e o Desenvolvimento Econômico (OCDE). Com efeito, as empresas japonesas, se comparadas com as norte-americanas, eram pequenas, e se temia a entrada dos concorrentes externos no mercado.[145]

A fim de estimular os atos de concentração, o *Ministry of International Trade and Industry* estabeleceu um sistema de crédito especial através do Banco de Desenvolvimento Japonês. Além disso, a definição da estrutura adequada para a economia do país contava com medidas de coordenação entre o governo e as organizações empresariais.[146]

Com o estímulo governamental, cresceu o número de operações de fusão, sobretudo entre as grandes empresas. Em muitos dos casos as empresas que se juntavam pertenciam aos mesmos grupos, que haviam sido separados após a II Guerra.[147]

A onda concentracionista entre grandes empresas atingiu extremos, trazendo à história o único caso no qual a *Fair Trade Commission*, após investigações, decidiu se opor a um ato de concentração, com base na Seção 15 da lei.

O caso *Yamata-Fuji*[148] foi iniciado a partir do anúncio da fusão, em 1968, entre as siderúrgicas *Yamata* e *Fuji*, a primeira e a segunda no mercado relevante, e que haviam sido separadas em 1946, em decorrência da política de desconcentração da economia exigida pelos aliados. A participação da empresa resultante em alguns dos diversos mercados envolvidos a aproximaria do monopólio – trilhos pesados: 93,3%; pilhas de metal: 98,3%; e discos de metal: 55,4%, por exemplo[149] –, o que causou a oposição em alguns setores da opinião pública, sobretudo de economistas, que assinaram um manifesto pedindo a investigação completa do problema. O Ministério da Indústria e Comércio Internacional e segmentos industriais, entretanto, consideravam o plano bastante adequado ao desafio do aumento da competitividade externa.

---

144. H. Iyori e A. Uesugi, *The Antimonopoly* ..., pp. 44-45.
145. Idem, ibidem, p. 47.
146. Idem, ibidem, p. 44.
147. Por exemplo, indústrias *Mitsubishi* e *Nissan* (Iyori e Uesugi, *The Antimonopoly* ..., cit., p. 48).
148. H. Iyori e A. Uesugi, *The Antimonopoly* ..., pp. 166-167 e também p. 48.
149. Idem, ibidem, p. 166.

As partes apresentaram a notificação prévia propondo medidas para minorar os problemas identificados pela *Fair Trade Commission*, que não as aceitou, recomendando a não-realização da operação. Não tendo as companhias aceitado a recomendação, foi iniciado procedimento administrativo, e após várias audiências entre as partes e a Comissão foi firmado um acordo pelo qual as primeiras se comprometiam a transferir a terceiros, outros concorrentes, algumas de suas unidades atuantes nos mercados relevantes que resultariam excessivamente concentrados.

Na mesma época outra fusão foi objeto de pressões contrárias por parte da opinião pública. Tratava-se da união entre as três maiores produtoras de papel do país – *Oji, Honshu* e *Jujo* –, que teriam, juntas, 60% do mercado relevante. O repúdio à operação foi incluído no manifesto dos economistas contra a fusão das siderúrgicas, e a *Fair Trade Commission*, em caráter informal, demonstrou descontentamento com a operação. Diante desse quadro, as próprias partes desistiram da fusão.[150]

Esses incidentes puseram um freio na onda de concentrações estimulada pela abertura e liberalização internacional, uma vez que mostraram à classe empresarial que a autoridade poderia se opor a operações que tivessem efeitos nocivos à concorrência, ainda que as mesmas contassem com a aprovação do ministro competente. A partir daí as empresas de maior vulto passaram a tentar obter um sinal positivo da *Fair Trade Commission* antes de concluir operações de concentração.[151]

Conforme já mencionado,[152] a partir da emenda de 1977, que aumentou as prerrogativas da Comissão, a postura da agência foi a de divulgação da lei antimonopólio e dos critérios que utilizaria para sua interpretação e aplicação, na linha da tradição do Direito Japonês de soluções extrajudiciais de litígios.[153]

Para esclarecer aos destinatários da norma o sentido de sua interpretação quanto ao que vinha a ser uma *fusão ou incorporação de empresas que tenda a restringir a concorrência em determinada área do comércio*, a *Fair Trade Commission* passou a publicar, desde 1980, suas *Guidelines* sobre a aplicação da Seção 15 da lei.

---

150. Cf. H. Iyori e A. Uesugi, *The Antimonopoly* ..., p. 48, e M. Matsushita, *International Trade* ..., pp. 129-131.
151. H. Iyori e A. Uesugi, *The Antimonopoly* ..., p. 48.
152. V. o subitem 9.1, acima.
153. Conforme aponta M. Matsushita (*International Trade* ..., p. VII):"By reviewing the history of Japan since 1868, one can recognize that the japanese legal system is a hybrid of three elements, namely, the continental european systems (such as in the Civil Code), the american system (such as the Constitution) and the traditional japanese system (such as emphasis on the practice of extra-legal dispute settlement)".

A partir daí estabeleceu-se procedimento simplificado para as operações de menor potencial anticoncorrencial, entendidas assim aquelas que envolvam empresas cujos ativos sejam inferiores a 5 bilhões de ienes; ou as realizadas com a finalidade exclusiva de alterar a forma societária ou o valor nominal das ações. Mesmo as operações entre empresas pequenas, incluídas nessa regra, podem ser objeto de exame completo se suas particularidades apontarem para ameaças à concorrência, tais como uma alta participação no mercado relevante, barreiras à entrada, entre outros aspectos. O exame completo, por outro lado, é aplicado às fusões e incorporações entre empresas de maior participação no mercado ou grande faturamento.

No momento do exame a *Fair Trade Commission* costuma examinar os critérios de ordem quantitativa; vale dizer: a participação no mercado das empresas unidas, a diferença entre essa participação e a dos demais concorrentes, assim como a alteração dessas porcentagens acarretada pela operação, são examinados em conjunto com outros aspectos qualitativos, relacionados às características dos tipos de concentração – horizontal, vertical e conglomerado –, e cujo peso se estabelece nos diferentes casos concretos. Entre esses aspectos incluem-se as barreiras à entrada e a elasticidade da procura, e as condições de concorrência nos mercados de produtos substitutivos, nas operações horizontais; a existência de barreiras às relações de fornecimento e as condições de entrada, no caso das concentrações verticais; e a concorrência potencial, nos conglomerados.

O controle de atos de concentração no Japão como a aplicação das demais normas antitruste mostram, assim, a evolução de um contexto de ineficácia total da lei para a institucionalização de práticas, métodos e uma cultura antitruste respeitável. O papel da agência antitruste, *Fair Trade Commission*, tentando desenvolver uma política antitruste dentro do espaço institucional que lhe era deixado pelo *Ministry of International Trade and Industry*, nesse sentido, teve grande importância.

10. Coréia do Sul. Antitruste, desconcentração e liberalização econômica

10.1 As origens e a evolução do direito de proteção à concorrência

A Coréia do Sul foi um país essencialmente agrícola até a década de 60, quando passou a empreender uma política vigorosa de desenvolvimento industrial que lhe permitiu, na metade dos anos 80, ter uma renda *per capita* entre as 15 maiores do mundo[154] e oferecer ao comércio internacional produtos industrializados de ponta, concorrendo com os provenientes das nações do Primeiro Mundo.

De fato, até o início do século XX a política internacional do país era de isolamento e os traços ideológicos de seu povo reconheciam mais valor na agricultura do que nas atividades da indústria e comércio. Essa situação alterou-se com a invasão japonesa, em 1910, a partir da qual iniciou-se um processo de industrialização e de implantação de infraestrutura de transporte, serviços públicos e educação.[155] Entretanto, até o início da década de 50 o país iria passar pela experiência de guerras, sobretudo a chamada *Guerra da Coréia*, em 1950, e por períodos de extrema penúria, nos quais recebeu auxílio maciço dos Estados Unidos e de outras potências ocidentais para manter um nível de subsistência.

Foi nesse contexto que, após um golpe militar, em 1960, o general Park Chung Hee assumiu o poder, dando início a um governo decididamente voltado ao rápido desenvolvimento industrial do país.[156] Para isso tomou a iniciativa de imitar as instituições político-econômicas japonesas.

Nesse sentido, assim como os japoneses, os coreanos tiveram por política exportar, continuamente, produtos mais complexos e de tecnologia mais avançada, ao mesmo tempo em que protegiam seu mercado doméstico da concorrência internacional, através de mecanismos tarifários e não-tarifários, e formulavam um planejamento das atividades econômicas nacionais.[157]

A política de ambos os países caracterizou-se, assim, por uma combinação dos dois modelos teóricos de desenvolvimento definidos pela teoria econômica – o dirigido à exportação e o voltado para o mercado doméstico. O modelo dirigido à exportação[158] toma por base as proposições da

---

154. Conforme aponta Alan Gutterman ("Japan and Korea: contrasts and comparisons in regulatory policies of cooperative growth economies", *International Tax and Business Lawyer* 8/268), em 1985 a Nação havia triplicado seu Produto Interno Bruto com relação ao início da década de 70, chegando a US$ 83,1 bilhão de dólares, o 21º do mundo, e renda *per capita* de US$ 1.976, a 14ª posição. Sua taxa de crescimento entre os anos de 1965 e 1986 foi de 6,7%.

155. Cf. A. Gutterman, in *International Tax and Business Lawyer* 8/277.

156. Cf. Stanley P. Wagner, "Antitrust, the korean experience 1981-83", *Antitrust Bulletin* XXXII/474.

157. Na Coréia do Sul o Ministério mais importante é o *Economic Planning Board* (EPB), não dividindo esse prestígio com o Ministério da Indústria e Comércio Internacional.

158. Na literatura estrangeira é designado como *export driven* ou *export led economies* (cf. Jeffrey Cason, *Development Strategies in Brazil: the Political Economy of Industrial Export Promotion, 1964-1990*, tese de Doutoramento, Madison, University of Wisconsin, Political Sciences School, 1993).

Economia Clássica para o desenvolvimento. Segundo essa, deve ser dada prioridade às exportações e ao livre comércio nos mercados interno e internacional como estratégia para a geração de divisas suficiente para a aquisição daqueles bens para cuja produção o país não tinha vantagens comparativas. Além disso, a livre competição no mercado internacional direcionaria os fatores de produção doméstica dentro do país para os setores mais eficientes. O papel do governo nesse modelo seria predominantemente de garantir condições, tais como a remoção das barreiras ao comércio, a manutenção de taxas de câmbio realistas e o acesso pelos exportadores a fontes externas de matérias-primas.

Os modelos voltados ao mercado doméstico – cuja versão mais importante é a substituição de importações –, por sua vez, propõem a aplicação de políticas de intensa participação estatal para a proteção das indústrias nacionais e a utilização do planejamento para orientar o Estado e as empresas na produção de bens de infra-estrutura e industriais, com o objetivo geral de ampliar o valor agregado interno, o emprego e a independência no contexto internacional.[159] Nesse sentido, incluem diversas iniciativas para criar a chamada *reserva de mercado*, cerceando a importação, tais como tarifas, quotas e licenças, assim como mecanismos de proteção à indústria nacional, como os incentivos fiscais, subsídios e disponibilidade de créditos.

Com efeito, na Coréia do Sul, semelhantemente ao ocorrido no Japão, a política de desenvolvimento foi extremamente intervencionista, muito similar aos postulados do modelo de substituição de importações, ao mesmo tempo em que se voltava para a expansão das exportações e a conquista de mercados internacionais – o que podia ser explicado, em parte, pelas reduzidas dimensões de seu mercado doméstico. Em ambos os países as vantagens comparativas que determinam a especialização de seus produtos de exportação foram construídas por políticas voltadas ao desenvolvimento de indústrias consideradas estratégicas pelos agentes públicos.[160]

A aplicação desse tipo de política, evidentemente, implica a existência de uma burocracia de elite, capaz de formular diretrizes para a economia nacional e dotada de instrumentos para efetivar essas políticas. Nesse sentido, existe um órgão de planejamento: o Comitê de Planejamento Central, encarregado da definição das variáveis macroeconômicas, tais

---

159. Para as características do modelo de substituição de importações formulado no âmbito da Comissão para a América Latina da ONU (CEPAL), cf. Ricardo Bielschowsky, *Pensamento Econômico Brasileiro: o Ciclo Ideológico do Desenvolvimentismo*, 3ª ed., pp. 25-29.

160. Cf. A. Gutterman, in *International Tax and Business Lawyer* 8/304-310.

como as taxas de investimento, gastos públicos, importação e exportação, assim como as indústrias a serem incentivadas – o que serve de base à prática regulatória dos diferentes Ministérios na suas relações com as empresas industriais.[161] Deve ser ressaltado, além disso, o poder detido pelos encarregados da formulação da política econômica, discricionário para a alteração de impostos, tarifas, taxas de juros, subsídios, preços e, ainda, a definição das indústrias estratégicas a serem incentivadas. O processo de regulação da atividade econômica, assim, passa ao largo dos mecanismos de legitimação democráticos, típicos do Ocidente, existindo mecanismos mais informais para garantir legitimidade à política econômica.

Como resultado dessa política altamente intervencionista e voltada ao desenvolvimento da indústria de ponta, que exigia larga penetração nos mercados doméstico e internacional e, portanto competitividade, o governo estimulou as grandes empresas através de subsídios e incentivos econômicos diversos, mas também pelo contato próximo, propiciado pelo estilo de regulação econômica típico do país, inspirado no exemplo japonês de cooperação entre governo e indústria.[162] Além disso, em momentos de dificuldades no contexto internacional o governo incentivou a consolidação de empresas concorrentes e a formação de associações comerciais.[163] Assim, a indústria sul-coreana foi, ao longo dessas décadas, tornando-se extremamente concentrada, com a formação de empresas grandes e diversificadas. Esses grupos empresariais são conhecidos como *Chaebols*, caracterizando-se pela propriedade e direção comum de uma rede de empresas atuantes nos mais diversos setores da economia, a manufatura, os transportes, as minas, a construção civil, os bens de consumo e serviços, assim como a detenção de participação em instituições financeiras.[164]

Embora os *Chaebols* fossem os agentes responsáveis pela competição coreana no mercado internacional, no início dos anos 80 havia uma percepção clara de que sua estrutura financeira era frágil – seu crescimen-

---

161. Trata-se da *administrative guidance*, também típica do Japão (cf. A. Gutterman, in *International Tax and Business Lawyer* 8/290).

162. Quanto a esse aspecto, porém, deve ser destacado que na Coréia do Sul essa relação cooperativa não obteve o alto grau de consenso que se vê no Japão. Com efeito, a maior disparidade entre as classes sociais, a origem dos *Chaebols* em concessões e privilégios concedidos no final dos anos 50 e a incapacidade do governo de conter suas práticas predatórias em relação às pequenas empresas são explicações para um apoio social mais tênue à estrutura industrial do país (cf. A. Gutterman, in *International Tax and Business Lawyer* 8/292).

163. Julian O. von Kalinowsky, *Competition Laws of the Pacific Rim Countries*, p. SK 1-4, § 1.01[3].

164. S. Wagner, in *Antitrust Bulletin* XXXII/474.

to fora baseado mais em empréstimos do que em reinvestimento, e nessa época já corriam o risco de insolvência. Sua dependência dos auxílios públicos além disso, era muito grande em razão da falta de concorrência, essas empresas começaram a perder lucratividade, eficiência e, portanto, competitividade.[165] Iniciou-se, assim, um questionamento sobre as relações entre elas e o governo e a intensidade da participação desse último,[166] assim como a concentração exagerada da economia. Com efeito, em 1977 apenas 14% dos produtos industrializados nacionais eram produzidos por agentes econômicos em situação de concorrência, sendo o restante oferecido por monopolistas ou empresas em posição de domínio de mercado, assim entendidas aquelas com participação no mercado superior a 70%, ou, ainda, por duopolistas, aqueles que detêm, conjuntamente, 50% ou mais do mercado. Em 1979 apenas 11% desses produtos eram fabricados por empresas em concorrência.[167]

Dentro desse contexto a lei antimonopólio foi editada, antecedida, porém, por algumas tentativas de regulamentação do poder econômico e das práticas desleais de comércio. Nesse sentido, em 1975, a Lei de Estabilização de Preços e Lealdade Comercial[168] teve a finalidade principal de lidar com a alta de preços decorrente da falta de concorrência nos mercados. Embora contivesse dispositivos sobre cartéis e aspectos estruturais do mercado, seriam como simples mecanismo de controle de preços, passando ao largo dos problemas da excessiva concentração econômica no país.[169]

A Lei de Regulação do Monopólio e da Lealdade Comercial,[170] em vigor desde abril de 1981, recebeu clara influência das leis japonesa e alemã, sobretudo no tocante aos dispositivos sobre os cartéis.

Suas regras principais, nesse sentido, dizem respeito à proibição aos cartéis e às atividades de associações comerciais que possam produ-

---

165. Idem, ibidem, p. 475.
166. Conforme aponta A. Gutterman (in *International Tax and Business Lawyer* 8/352): "For years, the Korean government exercised control over the access to credit through its ownership of the private banking system and the use of public financing. The intent of these policies was, in part, to create the same sort of environment for Korean firms that existed in Japan: cooperation among the government, business and the banks; and the freedom to focus on long-term objectives. However, in Korea, the effect of the government's intervention in the banking and credit system has been a distortion of the risks as perceived by individual firms, leading to counterproductive business decisions, poor development of equity markets, high industrial concentration, and slow development of the nation's private financial institutions".
167. Cf. J. von Kalinowsky, *Competition Laws* ..., p. SK 1-5, § 1.01[3].
168. Referida em Inglês como *Price Stabilization and Fair Trade Act* (PSFT *Act*).
169. Cf. J. von Kalinowsky, *Competition Laws* ..., pp. S-K 1-4 e 1-5, §1.01[3].
170. Referida em Inglês como *Monopoly Regulation and Fair Trade Law* (MRFTL).

zir lesões à concorrência, nos Capítulos 5 e 6; ao abuso de posição dominante, no Capítulo 10; às práticas desleais de comércio, que incluem a recusa de venda, a fixação de preços para revenda e a coerção à clientela de concorrentes, nos Capítulos 4 e 7; e aos contratos internacionais que possam estabelecer cartéis ou práticas desleais de comércio, no Capítulo 8. Quanto aos aspectos relativos à estrutura dos mercados, a lei proíbe, no Capítulo 3, certas práticas, como a formação de *holdings*; os atos de concentração e as diretorias intercruzadas, quando tenderem a produzir efeitos lesivos à concorrência.

A lei não se aplica a toda e qualquer atividade econômica, estando isentos de sua aplicação alguns setores como a agricultura, as empresas públicas e as instituições financeiras, que, embora a ela sujeitas, são eximidas de algumas de suas regras, tais como as relativas aos atos de concentração.[171]

No tocante aos cartéis, o art. 19 veda as ações colaborativas entre concorrentes no caso de preços ou outras condições de produção e distribuição quando tiverem por efeito a restrição substancial da concorrência; inclusive, no seu § 3º, as ações não expressamente acordadas, vale dizer, o chamado *paralelismo consciente* na atuação dos concorrentes.[172]

Entretanto, o mesmo artigo prevê a possibilidade de autorização dos acordos restritivos pela *Comissão de Livre Concorrência* quando tiverem por finalidade a racionalização da indústria, a superação de situações de depressão, o aumento da competitividade de pequenas e médias empresas e a racionalização dos termos comerciais em benefício dos consumidores.[173]

A lei proíbe duas categorias de atos de concentração. Em primeiro lugar são proibidas pelo § 1º do art. 7º as operações que possam causar restrições substanciais à concorrência, envolvendo, portanto, empresas de certo porte.[174] Além disso, conforme o § 3º do mesmo artigo, são

---

171. Cf. J. von Kalinowsky, *Competition Laws* ..., pp. SK 2-3 e 2-4, §§ 2.02[3] e 2.02[4].

172. A doutrina econômica aponta que em mercados oligopolizados os concorrentes pautam suas condutas pela previsão da dos demais, sendo-lhes mais vantajoso manter os preços acima do nível competitivo do que oferecer preços mais baixos desencadeando a reação dos demais, que tenderia a baixar o preço do produto no mercado todo. Assim, agem em conluio sem haver um acordo formal entre si. A menção da Seção 1 do *Sherman Act* a "contratos", "combinações" e "conspirações" em restrição ao comércio suscetibiliza a lei norte-americana para lidar com a conduta interdependente em mercados oligopolizados (cf. H. Hovenkamp, *Federal Antitrust Policy*. ..., p. 159).

173. As condições para a aprovação desses cartéis pela FTC estão estabelecidas em decreto do presidente.

174. V. o subitem 10.2, abaixo.

ilícitos os atos de concentração efetuados através de práticas desleais, mesmo quando não lesivos à concorrência.[175] Os atos de concentração envolvendo empresas de grande porte estão sujeitos à obrigação de notificação à Comissão de Livre Concorrência.

Certas operações, embora potencialmente lesivas à concorrência, podem, todavia, ser aprovadas pela Comissão quando necessárias para a racionalização da indústria afetada ou para o fortalecimento da sua competitividade internacional.

A aplicação da lei antitruste é de competência do ministro do planejamento econômico, ao qual vincula-se à Comissão de Livre Concorrência, órgão colegiado formado por sete membros, dotado de poderes investigatórios e consultivos para as decisões do Ministério. Não existe na Coréia do Sul, portanto, uma autoridade antitruste com o grau de independência conferido por outras legislações nacionais às suas equivalentes.[176] Suas decisões são passíveis de discussão judicial, por iniciativa da empresa condenada. Além disso, terceiros prejudicados por práticas anticoncorrenciais podem entrar em juízo para recobrar perdas e danos.[177]

A lei estabelece sanções administrativas e penais. Do primeiro tipo são as chamadas *medidas corretivas*, que podem ser ordenadas pelo ministro. Tais medidas incluem a cessação da prática anticoncorrencial, a cobrança de multas e, ainda, a realização de qualquer conduta considerada necessária para a correção dos atos ilícitos. Os poderes de determinação de obrigações de fazer pelo ministro são bastante amplos, o que é natural ao direito administrativo sul-coreano, que comumente confere poderes discricionários à Administração.[178]

Além das atribuições para investigação e para a sugestão de sanções para práticas anticoncorrenciais, a Comissão é competente para a revisão de projetos de lei e atos normativos de vários níveis, a fim de adequá-los aos princípios de livre concorrência.[179] Essa regra relaciona-se ao contexto no qual a lei antitruste foi editada. Com efeito, a percepção das disfunções no sistema econômico sul-coreano e da excessiva concentração de poder econômico nas mãos dos *Chaebol*s, assim como do grau de intervenção estatal na economia, levou o governo a se conscientizar da necessidade de aplicar uma ampla política de desregula-

---

175. Cf. Danny Abir, "Monopoly and merger regulation in South Korea and Japan: a comparative analysis", *International Tax and Business Lawyer* 13/157.
176. S. Wagner, in *Antitrust Bulletin* XXXII/483-484.
177. Cf. J. von Kalinowsky, *Competition Laws* ..., p. SK 1-13, § 1.02[4].
178. S. Wagner, in *Antitrust Bulletin* XXXII/497-498.
179. Art. 36.

mentação e remoção de barreiras à entrada nos mercados, com ampliação do espaço para as práticas de mercado, para o quê a lei antitruste é um elemento-chave.[180]

Nesse sentido, o art. 1º da lei estabelece como seus objetivos o encorajamento à livre concorrência, estimulando a diversificação das atividades comerciais, com proteção dos consumidores, para promover um desenvolvimento balanceado da economia nacional, além de, evidentemente, arrolar entre suas finalidades a prcibição ao abuso de posição dominante, concentração econômica, práticas de cooperação entre as empresas ou desleais no comércio.

A partir da edição da lei, a Comissão de Livre Concorrência esforçou-se por combater práticas anticoncorrenciais, através da supervisão da conduta das empresas em situação de domínio de mercado e da aplicação de recomendações de cessação, ordens de correção e, em pequena escala, multas punitivas a práticas ilícitas. Também foram levadas a efeito medidas amplas de liberalização e desregulamentação da economia, com a retirada do Estado de suas participações em bancos comerciais, eliminação de controle de preços e tentativa de aumento da integração entre a economia doméstica e os mercados financeiros internacionais.[181] Além disso, no final da década de 80 a Comissão passou a assumir a condução do processo de desregulamentação da economia, antes dispersa entre os diferentes Ministérios – o que permitiu um avanço significativo do processo no início da década de 90.[182]

Apesar do progresso dessas medidas, a estrutura da economia sul-coreana e a importância nela desempenhada pelos *Chaebol*s não se alteraram substancialmente.

10.2 O sistema de controle dos atos de concentração

Conforme apontado,[183] a lei antitruste sul-coreana proíbe dois tipos de atos de concentração: aqueles que produzem efeitos anticoncorrenciais e, ainda, os levados a efeito através de práticas desleais.

A lei identifica, no § 1º do art. 7º, vários tipos de operações consideradas como atos de concentração e, portanto, sujeitas às regras pertinentes da lei. São elas: a aquisição de ações, o estabelecimento de diretorias intercruzadas, a fusão e a incorporação.

---

180. Cf. Sang-Hyun Song, *Korean Law in the Global Economy*, p. 1.277.
181. Cf. A. Gutterman, in *International Tax and Business Lawyer* 8/350.
182. S. Song, *Korean Law* ..., pp. 1.278-1.285.
183. V. o subitem 10.1, acima.

As operações de efeitos potencialmente anticoncorrenciais estão sujeitas aos dispositivos da lei se envolverem empresas cujo capital integralizado seja superior a 1 bilhão de *wons* ou cujo total de ativos seja superior a 5 bilhões de *wons*.[184] As operações realizadas por subsidiárias e filiais ou pessoa diretamente relacionada à sociedade também são incluídas na regra. Note-se que, conforme o § 1º do art. 7º, dentre esses atos de concentração, apenas aqueles que possam ter por efeito uma redução substancial da concorrência em determinado mercado são proibidos. A ilicitude das operações que envolveram a prática de atos desleais para sua realização, no entanto, independe do tamanho dos agentes envolvidos.[185]

Todavia, certos atos de concentração podem ser autorizados caso a Comissão de Livre Concorrência os entenda necessários à racionalização da indústria em questão ou ao aumento da sua competitividade internacional, após consulta ao ministro competente para a supervisão do setor econômico das empresas em agrupamento.[186]

Os critérios quanto à racionalização da indústria são, alternativamente: a) que a combinação seja a única forma adequada de reorganização da estrutura da indústria, de obtenção de eficiência e racionalização da sua administração; b) seja comprovadamente difícil a obtenção de fundos para o investimento em equipamento e operações indispensáveis à racionalização da indústria; e c) a operação seja necessária à satisfação do interesse público.[187] Sobretudo o último critério é bastante indeterminado, deixando à autoridade larga margem de discricionariedade para sua decisão.

Quanto ao aumento da competitividade internacional dos agentes, os critérios para a autorização de atos de concentração abrangem, alternativamente: a) que a operação permita um aumento substancial da competitividade internacional em termos de preço e qualidade, através, entre outros fatores, da promoção do desenvolvimento tecnológico e da otimização da administração da empresa; e b) que a operação contribua significativamente para um aumento das exportações daquele setor através da promoção de atividades como a coleta de informações e o "*marketing* internacional".[188]

---

184. Esses limites são fixados pelo decreto executivo que regulamenta a lei.
185. J. von Kalinowsky, *Competition Laws* ..., pp. SK 5-4 e 5-5, § 5.01.
186. Art. 7º, §§ 1º e 2º.
187. Esses critérios foram estabelecidos pelo decreto que regulamenta a lei (cf. D. Abir, in *International Tax and Business Lawyer* 13/158).
188. Critérios estabelecidos no decreto de regulamentação da lei (cf. D. Abir, in *International Tax and Business Lawyer* 13/158).

Além desses casos, atos de concentração realizados com base em regras fixadas em legislação especial são isentos da aplicação da lei antitruste. Os exemplos mais típicos dessa legislação especial são a *Lei Básica sobre Médias e Pequenas Empresas* e a *Lei de Desenvolvimento Industrial*.[189]

As operações enquadradas nos limites materiais estabelecidos pela legislação devem ser notificadas à Comissão de Livre Concorrência. No caso de atos de concentração, incorporações e estabelecimento de novas empresas a notificação deve ser prévia, estabelecendo-se o prazo de 30 dias para as partes poderem consumar a integração. Tratando-se de aquisições de ações ou do estabelecimento de diretorias intercruzadas a notificação deve ser apresentada até 10 dias após a efetivação do ato.[190]

Além das operações de aquisição total de uma empresa por outra, devem ser notificadas aquelas de que decorram de aquisição da titularidade de 20% ou mais das ações emitidas por uma empresa, por sociedade anônima; ou de qualquer pessoa, que não uma sociedade anônima, de 20% das ações de duas ou mais empresas concorrentes; ou, ainda, se uma sociedade anônima tiver a intenção de subscrever 20% ou mais das ações de uma empresa em formação.[191]

As sanções disponíveis ao ministro em caso de operações consideradas ilícitas pela lei incluem a possibilidade de ordenar a transferência de ações e ativos, a suspensão da integração entre as empresas, a demissão de diretores, entre outras. A nulidade do ato, porém, somente pode ser decretada por sentença judicial. A possibilidade de imposição de medidas corretivas após o decurso do prazo de 30 dias é discutível. Nesse sentido, alguns comentaristas da lei apontam que após o prazo a Comissão teria como alternativa o ingresso em juízo para anulação do ato. Sanções penais de até três anos de prisão e multa de até 200 milhões de *wons* são estabelecidas para os casos de desobediência à lei, aplicáveis, em princípio, quando do descumprimento das ordens corretivas. A falsidade na notificação das operações sujeitas a esse requisito, por sua vez, é punível com multa de até 100 milhões.

Como as decisões sobre atos de concentração em sua maior parte são proferidas na esfera administrativa, não se têm notícias precisas sobre a proibição de operações ou sobre as medidas corretivas ordenadas. Mesmo assim, um caso de 1982 é comentado na doutrina como modelo de aplicação da lei para a proteção da concorrência a atos de concentração.[192]

---

189. Cf. D. Abir, in *International Tax and Business Lawyer* 13/158.
190. Art. 12, §§ 3º e 4º.
191. Art. 12, § 1º.
192. Cf. D. Abir, in *International Tax and Business Lawyer* 13/160.

Trata-se da aquisição pela *Dong Yang Chemical Industrial Co. Ltd.*, produtora de peróxido de hidrogênio e outros produtos químicos, de 50% das ações de *Hankuk Perioxide Co.*, um concorrente no mercado de peróxido de hidrogênio. *Dong Yang* apresentou regularmente a notificação da operação, requerendo sua autorização em decorrência da necessidade de racionalização da indústria e do reforço da sua competitividade internacional. Tentou demonstrar que o agrupamento resultaria numa economia de 13% dos custos, através do intercâmbio de tecnologia, da redução de custos de transporte, do aumento dos preços de exportação e da otimização dos custos de pesquisa e tecnologia, do contrário duplicados pelas duas empresas. A Comissão discordou dessa projeção dos resultados da operação, da qual decorreria a formação de monopólio no mercado de peróxido de hidrogênio. A decisão do Ministério ordenou a transferência das ações a terceiros.[193]

A aplicação da lei antitruste e, em especial, de suas regras sobre controle de atos de concentração reflete o paradoxo entre a confiança do governo e da sociedade na capacidade dos monopólios e conglomerados de levarem adiante o desenvolvimento nacional, por um lado, e seu temor com relação à ineficiência desses grandes grupos e, ainda, a crítica à injusta distribuição de renda e do espaço de mercado, no qual são tolhidas as pequenas e médias empresas, de outro lado. Isto porque a lei antitruste sul-coreana foi editada no quadro de uma estratégia de tornar a economia nacional mais eficiente e competitiva, quando nas décadas que a antecederam a política de desenvolvimento e de inserção da indústria coreana no mercado internacional baseou-se em medidas no sentido exatamente oposto. Nesse sentido, a própria redação das normas de controle estrutural baseia-se em conceitos jurídicos de alto grau de indeterminação, permitindo a flexibilização da sua aplicação a casos concretos e um grau de liberdade para a decisão da autoridade.

---

193. Cf. D. Abir, in *International Tax and Business Lawyer* 13/158-159.

PARTE *II*

O CONTROLE DE ATOS DE CONCENTRAÇÃO DE EMPRESAS E GLOBALIZAÇÃO ECONÔMICA. PREMISSAS E DESAFIOS

Capítulo IV – Direito da Concorrência e Globalização Econômica.
Capítulo V – Controle de Atos de Concentração e Globalização Econômica.

Capítulo IV

DIREITO DA CONCORRÊNCIA E GLOBALIZAÇÃO ECONÔMICA

11. Globalização econômica. Premissas. 12. Globalização econômica e Direito. 13. Globalização econômica e direito da concorrência: 13.1 Relações entre políticas de concorrência e de livre comércio – 13.2 Aplicação extraterritorial de leis antitruste – 13.3 Esforços de uniformização legislativa e acordos de cooperação internacional: 13.3.1 Esforços de uniformização – 13.3.2 Acordos de cooperação.

11. Globalização econômica. Premissas

A expressão "globalização econômica" refere-se à crescente interligação dos mercados nacionais através do aumento da circulação entre eles de bens, serviços e capitais, induzida pela redução de tarifas e de barreiras não-tarifárias sobre esses fluxos e, ainda, por alterações tecnológicas que permitem a instantânea transmissão de dados e informações entre os mercados distantes. Tal processo e as possibilidades dele decorrentes têm provocado efeitos como a alteração da estratégia competitiva das empresas, a dispersão internacional das etapas do processo produtivo, a homogeneização de hábitos de consumo e de práticas comerciais, a desregulamentação dos mercados financeiros e de outros setores das economias nacionais e, ainda, a formação de blocos regionais de livre comércio.[1]

Trata-se de conceito plurívoco, descrevendo um fenômeno de ocorrência atual, associado a múltiplos aspectos e acontecimentos, nem todos alcançados pelo escopo deste trabalho.[2]

De fato, o fenômeno hoje conhecido como *globalização* tem características que o distinguem qualitativamente de outros surtos de integração global ou regional identificados em outros momentos históricos, entre os quais a integração subjacente ao surgimento dos grandes Estados nacionais, a expansão ultramarina dos países ibéricos e o crescimento das rotas de comércio das cidades italianas para o Oriente, que levou à colonização dos países da América e da África, ocorrida nos séculos XV e XVI, ou, ainda, o elevado fluxo do comércio internacional entre o final do século XIX e o início do século XX, sob as condições propícias do apogeu da ideologia liberal e do sistema de livre conversibilidade das moedas, lastreadas no ouro.[3]

O movimento de globalização econômica percebido a partir da década de 80 é original, na medida em que não se limita à mera expansão da atividade econômica dos agentes para além de suas fronteiras, mas cons-

---

1. Cf. José Eduardo Campos de Oliveira Faria, *O Direito na Economia Globalizada*, 1ª ed., 2ª tir., pp. 59-60. Nesse sentido, também, Antônio Rodrigues de Freitas Jr., *Globalização, Mercosul e Crise do Estado-Nação, Perspectivas para o Direito numa Sociedade em Mudança*, p. 64.

2. Sobre a abrangência temática desenvolvida no trabalho, v. a "Introdução", acima. Para uma discussão da globalização sob aspectos socio-políticos, cf. Ulrich Beck, *¿Que Es la Globalización? Falacias del Globalismo, Respuestas a la Globalización*, Barcelona, Paidós, 1998, especialmente os Capítulos IV-VI.

3. Cf. J. Faria (*O Direito ...*, 1ª ed., 2ª tir., p. 62), apontando como traços fundamentais da novidade do processo atual a superação das restrições de espaço e tempo graças ao aumento da velocidade de informação; a complexidade e intensidade das interações transnacionais, com a empresa privada substituindo o Estado como ator principal e as conseqüências originais desse processo em termos de ordenação sócio-econômica e regulação político-jurídica; a intensidade dos movimentos transnacionais de capital e a formação de uma hierarquia dinâmica de acesso e trocas desiguais entre os fatores de produção, numa amplitude global.

trói interações funcionais diferenciadas entre as economias das várias unidades nacionais, ganhando, assim, qualidades próprias. Caracteriza-se, nesse sentido, não apenas pela intensificação do comércio internacional, mas por um conjunto de fatores interligados num conjunto historicamente identificado. Os principais são: 1) alteração dos padrões produtivos, que se tornam mais flexíveis e descentralizados, permitindo a fragmentação e dispersão internacional do processo produtivo; 2) intensa ligação entre os mercados financeiros; 3) aumento da importância das empresas multinacionais; 4) formação e estreitamento do intercâmbio dentro de blocos regionais de comércio:[4] "Esses fatores têm sido combinados a uma ampla rediscussão e reestruturação das funções do Estado, decorrentes da erosão de alguns dos pressupostos sobre os quais baseou-se o sistema de poder dos Estados Nacionais".[5] Essas características implicam novos problemas para o Direito, sobretudo para o direito econômico, que se ocupa da ordenação do mercado e da implementação da política econômica do Estado. (Sobre o objeto do direito econômico v. Capítulo II, item 5).

Para fins do direito da concorrência – e dos limites deste trabalho –, os fatores associados à globalização econômica mais significativos são a intensificação do aumento do volume do comércio internacional, a dispersão internacional do processo produtivo; o acirramento da concorrência por mercados estrangeiros e pelos nacionais com concorrentes estrangeiros, com a conseqüente relativização da relação entre concorrência, mercado e território nacional, e, finalmente, o aumento da concorrência em tecnologia e inovação, a partir da relação entre a globalização e o progresso tecnológico. Este, como é sabido, resulta no encurtamento do ciclo dos produtos e na necessidade de recuperação rápida dos investimentos – o que, por sua vez, gera a necessidade de maior escala na produção e nas vendas, para a obtenção de lucros, alimentando o círculo da disputa por mercados. Além disso, o processo de globalização, à medida que vai impondo a adoção de medidas liberalizantes dos mercados pelos países que desejam integrar-se no comércio mundial, tem gera-

---

4. Cf. David Trubek *et al.*, "Global restructuring and the law, studies of the internationalization of legal fields and the creation of transnational arenas", *Case Western Reserve Law Review* 44/409-410, n. 2. O autor aponta, ainda, como quinto fator característico desse processo, a hegemonia de políticas liberais orientadas pela prevalência do mercado.

5. Cf. Celso Furtado, *O Capitalismo Global*, pp. 28-30, apontando o fato de a crescente interdependência dos sistemas econômicos e a globalização terem causado um desequilíbrio na composição que sustentara o sistema de poder dos Estados Nacionais: a inovação técnica que depende da ação dos empresários na sua busca de lucros e a expansão do mercado através do crescimento do poder aquisitivo das classes assalariadas, em decorrência da pressão das forças sociais representantes dessas classes.

do um aumento da importância do direito da concorrência, com a adoção de leis sobre a matéria em países sem tradição nesse campo, e a reforma da legislação antitruste, com vistas a torná-la mais efetiva nos países que tradicionalmente possuem esse tipo de regulação.

A globalização – é essencial lembrar – tem que ser definida como um processo no qual se demonstram tendências novas a coexistirem com as tradicionais. Colocando em termos mais práticos, as tendências reveladas por esse processo não causam uma alteração radical e total na economia e na concorrência. Enquanto alguns segmentos são direta e intensamente envolvidos no movimento, outros permanecem inalterados. Isto se reflete no direito antitruste, o qual tem que reconhecer a globalização ao ser aplicado aos setores nela envolvidos, mas que não precisa inovar seus métodos, salvo para aperfeiçoamento constante, ao se voltar às atividades excluídas daquele processo. Do contrário corre-se o risco de a globalização se tornar um fator de desestruturação dos mecanismos construídos pelo Estado e pelo Direito para ordenar o processo de concorrência, coibindo as práticas a ela destrutivas – o que intensificaria a instabilidade gerada pela novidade do processo.

O movimento de globalização econômica é resultado do próprio desenvolvimento do sistema de produção em massa, modelo que caracterizou a organização industrial a partir do século XIX, combinado com fatores conjunturais e com as respostas político-institucionais produzidas a partir da década de 70.[6]

O sistema de produção de massa organiza-se a partir da utilização de linhas de montagem formadas por maquinaria especializada, operada por trabalhadores com baixo grau de treinamento, aptas apenas a executar tarefas mecânicas na linha de produção. Esse sistema tem por base a redução do custo unitário a partir da ampliação da escala de produção. É o modelo chamado de *fordista*, referindo-se à indústria de automóveis de Henry Ford, uma das pioneiras nesse tipo de organização. É característica desse modelo a rígida separação entre a gerência, o planejamento e a concepção da produção e a execução das tarefas produtivas, sendo essa forma de gerência conhecida como *taylorista*.[7]

Tal tipo de organização, cujo apogeu foi vivido entre o início do século e o fim da década de 60, proporcionou um grande salto qualitativo e quantitativo na produtividade das empresas. A produção em escala

---

6. A descrição que se segue toma por base, em linhas gerais, Faria, *O Direito ...*, 1ª ed., 2ª tir., pp. 64-85; também Charles Sabel e Andre Piore, *The Second Industrial Divid: Possibilities for Prosperity*, pp.165-193.

7. Cf. Simon Clarke, "A crise do fordismo ou crise da social democracia?", *Lua Nova – CEDEC* 24/119-121.

e o alto nível de investimentos por ela exigido também foram responsáveis por um surto de concentração empresarial nos países onde se desenrolou, com o aparecimento das grandes empresas, aptas a atuar nos mercados de amplitude nacional.[8] Os altos investimentos requeridos para a montagem dessas linhas de produção em escala, por outro lado, exigiam a prática de um planejamento de longo prazo das inversões e do suprimento de insumos, pois a produção não podia sofrer interrupções ou reduções abruptas – o que levou as empresas a desenvolver técnicas de estabilização dos suprimentos, como a integração vertical, por exemplo.[9]

Os fatores conjunturais ocorridos após a década de 70 mais relevantes para o movimento de globalização foram principalmente dois: em primeiro lugar, a substituição do padrão fixo de taxas de câmbio para o padrão flutuante, decidido pelo Governo Norte-Americano em 1971, que intensificou a procura por dólares americanos no mercado internacional, levando a uma variação excessiva do valor dessa moeda, à instabilidade do sistema financeiro internacional e ao desencorajamento dos investimentos produtivos; em segundo lugar, os choques do petróleo de 1973/1974 e 1978/1979, os quais, elevando o preço do barril, levaram ao aumento geral dos preços e ao aumento da instabilidade econômica, e, assim, a duradouras e elevadas taxas de inflação.

Como resposta a esse quadro, os governos alteraram o rumo de sua política econômica da expansão à contenção e tentaram métodos diferentes daqueles de origem keynesiana utilizados até então e considerados responsáveis pela inflação e pela queda de produtividade nos países centrais. Tratava-se, aí, de estimular as forças de mercado. Com isso, promoveu-se a desregulamentação dos mercados financeiros, estimulando o crescimento do fluxo de capitais e o aumento do número dos títulos e produtos de investimento disponíveis no mercado. Paralelamente, o desenvolvimento da Informática e a queda do custo das tarifas de comunicação reforçaram as tendências à alta circulação e à especulação financeira.

Concomitantemente a esse processo, o mercado consumidor para os bens de consumo produzidos nos países centrais começou a saturar-se, aumentando os fluxos comerciais entre eles, bem como a interpenetração de seus mercados, a partir da estratégia de aumento das exportações como forma de compensação da estagnação da demanda interna.

---

8. V. o Capítulo I, subitem 1.2, sobre as causas da concentração econômica, e o Capítulo III, subitem item 7.1, sobre o desenrolar desse movimento nos Estados Unidos na segunda metade do século XIX.

9. Cf. Alfred D. Chandler Jr., *The Visible Hand: the Managerial Revolution in American Business*, pp. 281-283.

Esse processo foi intensificado pela concorrência de países do Terceiro Mundo, cuja política de desenvolvimento consistia na industrialização, em grande parte para exportação, como no caso dos países do Sudeste Asiático.

Todo esse movimento, nas décadas de 70 e 80, levou as empresas a desenvolver estratégias para superar a saturação do mercado consumidor e se adaptar às condições econômicas de maior instabilidade e menor controle regulamentar e burocrático nos mercados. Os meios encontrados por elas para competir nesse cenário consistiram na diferenciação de seus produtos e serviços dos oferecidos pelos seus concorrentes, destinando-os a nichos de mercado no qual seu poder de fixação de preços seria maior, bem como em desenvolver técnicas de produção mais eficientes, de menores custos e mais adaptáveis à instabilidade dos mercados consumidores.

Essa conduta incentivou o aumento de investimentos – tanto privados quanto públicos –, em pesquisa, e a conversão do desenvolvimento tecnológico – inclusive pelas freqüentes inovações introduzidas, quer nos produtos em si, quer na sua apresentação, embalagem e respectivos serviços de assistência – em fatores de concorrência. Esse processo foi reciprocamente estimulado e estimulante ao desenvolvimento da Microeletrônica e da Informática, levando ao crescimento de sua importância como fator de produção. A partir dos objetivos de disputar nichos de mercado e de diminuir a rigidez do sistema produtivo de massa e da disponibilidade de novas tecnologias, parte das empresas passou a organizar sua atividade produtiva em bases diferentes, mais flexíveis do que o modelo fordista.

A literatura voltada à organização industrial denomina esse novo modelo de *especialização flexível*[10] ou *pós-fordista*. Se o sistema fordista se baseia em linhas de produção onde as tarefas são estritamente segmentadas, os equipamentos desempenham tarefas específicas e os empregados são pouco qualificados, as plantas de especialização flexível, em contraste, não são rígidas, podendo o maquinário ser empregado para o desempenho de tarefas diferentes. A mão-de-obra, por sua vez, é qualificada, o que lhe permite executar diversas tarefas e trabalhar em equipe

---

10. A expressão "especialização flexível" foi desenvolvida por C. Sabel e A. Piore, *The Second Industrial Divide:* ... – e, assim, remete-se a esse famoso trabalho. Outras análises semelhantes, mas com variações, dedicam-se à questão do esgotamento da produção em massa e da emergência de novas formas de organização empresarial, nas quais se procura combinar flexibilidade e capacidade de inovação. V., nesse sentido, e destacando a importância da capacidade de orientação estratégica da empresa para se colocar no mercado e na concorrência, Michael Best, *The New Competition: Institutions of Industrial Restructuring*, pp. 1-23.

para a produção de vários lotes menores de produtos diferenciados, somando esforços para a constante inovação. Com efeito, nas empresas de organização pós-fordista rompe-se também a estrita segmentação entre gerência e execução, integrando-se essas atividades e todos os seus funcionários para o aperfeiçoamento mais rápido e contínuo da produção e da própria organização da empresa, com o objetivo básico de aumentar sua eficiência. Esse padrão de funcionamento permite conciliar a mudança rápida nos produtos, conforme a demanda de consumidores de gosto diferenciado, sinalizada pelo mercado, com a necessidade de utilização de grande parte da capacidade de produção, para manter a lucratividade.

A emergência desse novo padrão de produção não substituiu o modelo chamado de *fordista*. Mais exatamente, ambos coexistem na organização industrial dos diversos países, cada um deles predominante em determinados setores econômicos. Isto porque a criação de nichos no mercado consumidor de certos produtos não eliminou o mercado consumidor de massa, onde a procura é por bens homogêneos, pouco diferenciados e de preços inferiores.

A organização em termos mais flexíveis, paralelamente às oportunidades oferecidas pelo desenvolvimento de estruturas de transporte e comunicações, permitiu às empresas – mesmo as não aderentes ao modelo identificado com o da especialização flexível – a adoção de estruturas cada vez mais descentralizadas, nas quais parte do processo de produção deixa de ser realizada sob sua esfera, passando a ser desempenhada por empresas menores através de encomendas, empreitadas e contratações diversas. Essa estratégia empresarial combinou-se com as reduções das barreiras à circulação dos fatores de produção internacionalmente e com o aumento da concorrência entre agentes situados em países diferentes, todos tentando a máxima redução dos seus custos de produção. Assim, o processo de fragmentação das etapas de produção estendeu-se além das fronteiras nacionais. As empresas passaram a transferir fases da produção para países do Terceiro Mundo, muitas vezes terceirizando essas tarefas, delegadas para agentes produtivos locais, beneficiando-se, assim, de custos mais baixos.

Nesse contexto, parte da produção industrial passa a ser organizada em cadeias transnacionais, integrando empresas de diferentes tamanhos e tipos, com ou sem vínculo societário entre si, em cadeias produtivas que ligam bens, serviços e recursos de diferente valor agregado na formação de produtos finais, em grande parte para exportação.[11] Pode-

---

11. O conceito de "Cadeia Global de Produtos" (*Global Commodity Chain*) é desenvolvido por Gary Gereffi ("Global production systems and Third World development",

se ilustrar essa situação com a indústria automobilística, na qual as montadoras – empresas transnacionais – chegam a contar com dezenas de milhares de subcontratados para a produção de peças e componentes dispersos por diferentes países, sendo o produto final montado pelas subsidiárias das montadoras, também situadas em diferentes regiões. Na indústria de bens de consumo, como roupas, sapatos e brinquedos, sobretudo nos mercados dos países avançados, as detentoras das marcas encomendam a produção dos bens em empresas de menor porte localizadas em países do Terceiro Mundo, onde os custos de produção são inferiores.[12]

Diante desses novos padrões de produção, as empresas de atuação internacional alteraram seu padrão de organização. Com efeito, anteriormente as empresas multinacionais instalavam-se em países periféricos com o objetivo de se expandir para mercados protegidos por políticas protecionistas. Criavam, assim, subsidiárias em outros países cuja estrutura decisória era muito rígida e subordinada à matriz. Com as condições facilitadas pelo processo de globalização, elas passaram a alterar sua ação, organização e estrutura decisória, que se tornou mais leve e ágil, preparada para se adaptar às peculiaridades de cada mercado e para reagir rapidamente a novas tendências, para estar sempre em busca de inovação e aperfeiçoamento de seus produtos e de estratégias de aumento de produtividade.

in Barbara Stallings (org.), *Global Change, Regional Response: the New International Context for Development*, pp. 113-118), que distingue dois tipos principais: *the buyer driven chain* e *the producer driven chain*. A última é típica de setores intensivos em capital e tecnologia, como o automobilístico, aeronáutico e de *hardwares*, nos quais as grandes empresas que se dedicam à sua produção, muitas vezes transnacionais, controlam a cadeia tanto "para trás", isto é, com relação aos fornecedores, quanto "para a frente", com relação aos encarregados da comercialização, sendo comum a subcontratação de fabricação de componentes cuja produção seja intensiva em mão-de-obra. A primeira ocorre em indústrias intensivas em mão-de-obra, em *design* e estratégias de *marketing*. É controlada pelos vendedores e possuidores das marcas sob as quais os produtos são vendidos, empresas que concebem o produto mas não contam sequer com instalações para sua produção, que é subcontratada internacionalmente. Permitem grande descentralização das fases produtivas, através de encomendas e contratações por especificação. O autor aponta, ainda, que a distinção entre os dois tipos de cadeias de produção coincide com a distinção entre produção em massa e especialização flexível.

12. Os países mais intensamente envolvidos nessas "cadeias" são os da Ásia, sobretudo os do Sudeste (os *Tigres Asiáticos*: Coréia do Sul, Taiwan, Singapura e Hong Kong), sendo a participação dos países da América Latina pequena nesse tipo de exportação de produtos manufaturados finais, por contratos de especificação. O maior mercado de destino desses produtos é o norte-americano, onde são vendidos sob marcas famosas como *Gap*, *Liz Clairbone* e outras (cf. G. Gereffi, in Barbara Stallings (org.). *Global Change, ...*, pp. 116-117).

A formação de estruturas empresariais aptas a atuar com sucesso nesses mercados mais exigentes e extremamente competitivos, e nos quais o processo de produção envolve atividades em mais de um território nacional, levou as empresas a um amplo processo de reestruturação. Com efeito, nas décadas de 80 e 90 assistiu-se à realização de um grande número de aquisições de empresas, fusões, cisões e incorporações, formação de grupos societários e de acordos de cooperação de vários tipos, principalmente de *joint ventures*, todos voltados à racionalização das estruturas administrativas, aos arranjos de menor tributação, à maximização das sinergias produtivas, administrativas e comerciais, à ampliação ou redução de linhas de atividade e à expansão no mercado, através da incorporação ou associação com agentes estabelecidos nos mercados em que desejavam ingressar, sobretudo nos emergentes.

O padrão de concorrência entre os agentes também se altera nesse novo contexto. Assim, além da capacidade de investimento em pesquisa tecnológica e inovação e de expansão para novos mercados, a necessidade de competir em igualdade de condições com agentes de atuação global tem levado a um processo de intensa concentração de empresas. Essa tendência decorre, além disso, da intensificação da concorrência, resultante da abertura de muitos mercados, antes protegidos, à concorrência internacional. Existe um acirramento da concorrência, não apenas em preços, mas em inovação, pesquisa e desenvolvimento, criação de linhas de produto-prêmio, marcas, atendimento ao cliente, assistência técnica e fatores que tais. Em conseqüência disso, muitas empresas vêem-se forçadas a sair do mercado ou a se associar com outras para melhor enfrentar as novas condições de concorrência.[13] Desse processo resultam, muitas vezes, as chamadas *megafusões*, envolvendo dois concorrentes vultosos em seus mercados nacionais, atuantes também internacionalmente.[14]

---

13. Para uma análise de como esses argumentos se apresentam no controle de atos de concentração, cf. o Capítulo V, subitem 15.3 e item 16, e para uma descrição de como foram apresentados em algumas notificações à autoridade antitruste brasileira, v. o Capítulo VII, item 23.

14. Esse movimento concentracionista desenrola-se não apenas através de atos de concentração propriamente ditos, nos quais há união duradoura entre dois agentes anteriormente independentes, mas também através de alianças corporativas formadas para exploração de mercados internacionalmente, tais como as alianças entre companhias aéreas (*Star Alliance* entre *Air Canada, Lufthansa, SAS, Thai Airlines, United* e *Varig*) e agentes de telecomunicações (*Global One* entre *Sprint, Deutsche Telekom* e *France Telecom*) (cf. Renato G. Flores Jr., "Globalização e o fim do protecionismo", in Paulo B. Casella (org.), *Mercosul: Integração Regional e Globalização*, pp. 372-373). Para uma análise da distinção entre *atos de concentração* propriamente ditos e *acordos de cooperação* entre agentes econômicos, v. o Capítulo I, subitem 3.4.

A partir do momento em que a atividade produtiva passa a ter a possibilidade de se instalar ou se retirar de qualquer lugar, conforme os custos de produção, a lucratividade e as facilidades de comercialização, os Estados começam a, de certa forma, ter de lutar para atrair e manter o capital produtivo. Essa situação é tanto mais delicada para os países em desenvolvimento, cuja capacidade de se desenvolver numa economia globalizada depende do sucesso em desempenhar tarefas na divisão internacional do trabalho de maior valor agregado, que lhes proporcionem maior renda e também sinergia aos vários setores internos de suas economias. Note-se, a esse respeito, que a disputa por investimentos diretos, isto é, o capital produtivo, relativizou a importância do conceito de *empresa nacional* nos países periféricos e semiperiféricos, a partir das medidas desreguladoras de restrições ao capital estrangeiro pelas legislações nacionais. Enfatiza-se em seu lugar o conceito de *produção local*, considerando seus aspectos positivos sobre o emprego, a tributação e os já referidos efeitos sinérgicos.[15]

Conforme aponta Peter Evans, "o desenvolvimento deixa de ser uma trajetória meramente local, passando a ser definido pela relação entre a capacidade produtiva local e a alteração global do arranjo de setores. Os países que preenchem os nichos setoriais mais dinâmicos e recompensadores são 'desenvolvidos', ao passo que aqueles que ficam relegados a nichos menos recompensadores numa 'cadeia de produto' vêem reduzidas as perspectivas de uma mudança progressiva. Na medida em que a divisão internacional do trabalho é uma hierarquia, preocupar-se com o desenvolvimento significa preocupar-se com o seu lugar nessa hierarquia".[16]

Nesse sentido, a trilha do desenvolvimento econômico consistiria no progressivo galgar de posições na hierarquia da divisão internacional do trabalho, com o desempenho de tarefas produtivas de valor agregado crescente. Quanto mais alto o patamar na hierarquia, por outro lado, maiores as sinergias que as atividades industriais promovem nos demais setores da economia.[17]

Esse desafio de atrair para seu território atividades produtivas e se inserir de forma satisfatória numa cadeia de produção global gera, porém, alguns paradoxos. Atente-se, por exemplo, ao fato de que a lógica de maximização de lucros por parte dos agentes econômicos, principal-

---

15. Faria, *O Direito* ..., 1ª ed., 2ª tir., pp. 100-101.
16. *Embedded Autonomy: States and Industrial Transformation*, p. 8.
17. As condições de desenvolvimento, como é sabido, não se referem apenas à economia, envolvendo outros indicadores, como a porcentagem da população em estado de pobreza, o analfabetismo e a escolaridade, entre outros.

mente aqueles mais influentes sobre o processo de globalização, impele-os a transferir algumas fases da cadeia produtiva para países onde os salários e os custos sociais sejam inferiores, sem transferência equivalente de lucratividade a esses países. Sua capacitação ao desempenho de tarefas industriais mais sofisticadas, com investimento em treinamento de mão-de-obra e pesquisa, não se converte, assim, num substancial aumento da riqueza da nação.[18] No tocante às tarefas menos sofisticadas, a tendência é sua transferência para países ainda mais atrasados na hierarquia industrial global.[19]

Quanto a este aspecto, é importante destacar que a globalização econômica – em que pese a seus efeitos homogeneizadores sobre padrões de consumo, práticas comerciais, elementos culturais e mesmo políticas macroeconômicas – é um processo que atinge diferentes países e regiões de maneira muito heterogênea, produzindo mais assimetrias do que uniformidades. A capacidade de se colocar com algum sucesso nesse processo, mesmo para países do Terceiro Mundo, depende do desenvolvimento de instituições e políticas aptas a propiciar uma interação original entre as vantagens comparativas do país e as cadeias de produção global. Deve ser apontado também que, dentro da complexidade que caracteriza o processo de globalização, a reformulação do papel do Estado com relação às questões econômicas e sociais não implica um movimento linear de enfraquecimento, mas antes um deslocamento no sentido da sua atuação, que tenderá a incluir estratégias de inserção oportunista na concorrência internacional e de desenvolvimento de maneira geral.[20]

Se esse processo gera alterações nas estratégias de concorrência pelas empresas empenhadas em atuar nos mercados internacionais, como foi apontado, não é diferente o que se passa com o suporte a elas oferecido

18. Cf. Faria, *O Direito ...*, 1ª ed., 2ª tir., pp. 97-98.

19. Um bom exemplo são as contratações por especificação de produtos de consumo, como roupas, sapatos, brinquedos, anteriormente encomendados por distribuidores norte-americanos predominantemente de países do Sudeste Asiático, hoje transferidos em grande parte para outros países asiáticos, entre os quais a China retém grande parte dos mercados para as contratações (cf. G. Gereffi, in Barbara Stallings (org.), *Global Change, ...*, pp. 126-130).

20. Nesse sentido, Boaventura de Sousa Santos (*Towards a New Common Sense: Law, Science and Politics in the Paradigmatic Transition*, p. 279) aponta: "The decentering of State action in certain areas (labor relations, social welfare) may thus coexist with the reentering of State action in other areas (job training, political surveillance, tightening foreign policy to TNC's operations)". Para uma discussão profunda das características da alteração da intervenção estatal na economia diante da aplicação de políticas de "ajuste estrutural" pelos diversos Estados, v. B. Santos, *Towards a New Common Sense: ...*, pp. 274-281.

pelas políticas estatais. Nesse sentido, a globalização econômica, à medida que acirra a disputa por mercados, produz reações protecionistas voltadas à proteção dos mercados nacionais da concorrência internacional, com o aumento das queixas *antidumping*, ou reclamações contra práticas de subsídios e outras formas distorcivas do comércio internacional, com prejuízo dos ideais de livre cambismo e concorrência, definidos como objetivo de todas as instituições de cunho econômico criadas no pós-guerra.[21] A questão do protecionismo, por sua vez, é a base para discussões e iniciativas de uniformização das leis antitruste, como se verá logo adiante.[22]

12. Globalização econômica e Direito

Os aspectos do processo de globalização econômica, discutidos no item anterior, obviamente repercutem no campo das relações jurídicas. Desencadeiam reações por parte dos legisladores nacionais e dos operadores do Direito, colocando em questionamento vários dos conceitos desenvolvidos pelo Direito moderno.

De forma resumida, pode-se distinguir três ordens de conseqüências, sobre o Direito, do movimento de globalização econômica. Em primeiro lugar, resultado da interligação das economias nacionais e da difusão de políticas econômicas valorizadoras dos mecanismos de mercado, vem-se acentuando um processo de aproximação entre as legislações nacionais em matéria econômica e comercial. Em segundo lugar, identifica-se uma crescente tendência dos operadores internacionais de estabelecer suas próprias regras a fim de reger relações contratuais e solucionar eventuais controvérsias surgidas nas relações comerciais, implicando, assim, a constituição de campos jurídicos autônomos com relação ao direito estatal. Finalmente, em terceiro lugar, vem-se discutindo, com freqüência, o possível esvaziamento ou alteração do sentido de conceitos tais como o de soberania e de legitimidade, entre outros, assim como a própria conceituação dos elementos que definem e consti-

---

21. Discutindo essa questão de acesso a mercados internacionais e as diferentes estratégias adotadas pelos países, nesse sentido, Barbara Stallings ("Introduction: global change, regional response", in Barbara Stallings (org.), *Global Change, Regional Response: the New International Context for Development*, pp. 9-10) aponta as dificuldades encontradas pelos países que procuraram uma estratégia "independente" de entrada no mercado internacional, ao invés de se integrarem em redes de produção internacional. Afirma, assim, que "Brazil is an example in its steel and footwear industries, as well as sophisticated goods like aircrafts and weapons. Its problems with US protectionism in addition to keeping up with technological advances show many of the difficulties with the independent approach".

22. No item 13 deste capítulo, abaixo.

tuem o Direito, em comparação com outros tipos de regras e mecanismos de controle social não-jurídicos.

Vale a pena uma análise mais detida dessas três ordens supra-apontadas.

A aproximação do conteúdo de leis nacionais diversas – conforme aponta Lawrence Friedman[23] – efetiva-se ao longo de três linhas principais: 1) a normatização imposta, isto é, aquela emanada de um órgão supranacional com jurisdição sobre diferentes províncias ou nações, caso dos sistemas federativos ou o da Comunidade Européia; 2) a normatização planificada, mas voluntária, também referida como *uniformização provocada*,[24] que diz respeito aos esforços no sentido de uma uniformização ou harmonização de textos de lei a partir da iniciativa dos Estados, através de tratados ou da adoção de leis-modelos elaboradas por organizações internacionais; e 3) a normatização não-planificada e evolutiva, ou *convergência*, denominada, também, *uniformização espontânea*.[25] Refere-se à evolução de sistemas jurídicos, ou de parte deles, em sentidos paralelos, como resultado de um desenvolvimento social e econômico também algo aproximado, muita vezes reforçado por uma origem comum, tal como nos países que adotam a *common law* ou o sistema de origem romano-germânica da *civil law*. Assim, embora com variações específicas, todos os países capitalistas possuem leis sobre sociedades anônimas, mercado de capitais e proteção à concorrência.[26]

A tendência de convergência ou aproximação de leis nacionais não é nova. Com efeito, a adoção de Códigos e de demais leis inspiradas nas já existentes em outras áreas por países periféricos após sua independên-

---

23. "Verso una Sociologia del Diritto transnazionale", *Sociologia del Diritto* XX/43-44.
24. Cf. Jacob Dolinger, *Direito Internacional Privado*, pp. 31-34. O autor propõe seja o direito uniforme provocado denominado direito uniformizado, para sua distinção do direito uniforme.
25. J. Dolinger, ibidem.
26. Conforme aponta José Augusto F. Costa (*Normas de Direito Internacional: Aplicação Uniforme do Direito Uniforme*, pp. 29-30) "Não obstante, é a mudança de estruturas sócio-econômicas – não a mera existência de modelos exemplares – que permite a efetiva harmonização espontânea: a generalização do aumento da influência do juiz na aplicação da lei deve-se muito mais à disseminação do *welfare state* no segundo pós-guerra do que à divulgação de teorias jurídicas, assim como a aproximação da estrutura sócio-jurídica européia da norte-americana desenvolve-se com base na integração econômica e na globalização e, mesmo no caso da nova *lex mercatoria*, a busca generalizada de soluções que diminuam o risco contratual é que embasa o processo de concretização de regras internacionais eficazes, além de anteceder em muito os princípios *Unidroit*".

cia ou ainda em períodos coloniais forçou a convergência de sistemas jurídicos nacionais. Por outro lado, a uniformização (provocada) do Direito sempre foi o objetivo de internacionalistas e comparativistas, levando mesmo à criação de instituições como o *International Institute for the Unification of Private Law* (*Unidroit*). Isso sem falar nas leis uniformes, tais como as decorrentes das Convenções de Genebra sobre títulos cambiais.

A globalização econômica reforça essas tendências, acrescentando-lhes contornos especiais. Com efeito, na medida em que uma das suas características tem sido a difusão de políticas orientadas pela prevalência do mercado (*market friendly policies*)",[27] seguindo-se a um período histórico de intensa intervenção estatal, surge um movimento de reformas do Estado, com a criação de um arcabouço institucional adequado às práticas de mercado. Isso não significa seja esse processo uniforme e homogêneo. A concretização dessas reformas caracteriza-se por conflitos e reações entre as pressões internacionais por uma homogeneização e as especificidades de cada sistema econômico, modelo de desenvolvimento, instituições jurídicas e conformação da distribuição do poder entre as diferentes classes sociais nos vários países.[28]

A questão de uma estrutura jurídica adequada para a modernização e inserção no sistema capitalista atual é reforçada pela transformação do sistema dos países socialistas para o capitalismo, nos quais a diferença da estrutura jurídica preexistente torna mais difícil o papel das leis modernizantes.

O antitruste, à medida que passa a constituir regras do jogo para a atividade econômica e para o funcionamento do mercado, inclui-se nesse esforço de modernização econômica por países do Segundo[29] e Tercei-

---

27. B. Santos (*Towards a New Common Sense:* ..., p. 276) aponta como fatores específicos do processo corrente de transnacionalização do direito estatal a tendência à reformulação dos padrões de intervenção estatal e a realização de ajustes estruturais e a acentuação da assimetria do poder entre centro e periferia – Norte e Sul. Atualmente a soberania dos Estados mais fracos é ameaçada não apenas por Estados mais poderosos, mas por organismos financeiros internacionais e outros autores internacionais privados.

28. Nesse sentido, Eros Roberto Grau (*O Direito Posto e o Direito Pressuposto*, 3ª ed., p. 18) aponta que, "embora se possa referir a um modo de produção capitalista, em cada sociedade manifesta-se *um determinado direito*, diverso e distinto dos outros direitos, que se manifestam em outras sociedades".

29. Para uma análise das novas leis antitruste em países ex-socialistas, v. Carolyn Brzezinski, "Competition and antitrust law in Central Europe: Poland, the Czech Republic, Slowakia and Hungary", *Michigan Law Journal of International Law* 15/1.129-1.178, e Russel Pitman, "Merger law in Central and Eastern Europe", *American University Journal of International Law and Policy* 7/649-665.

ro Mundos. Nessa linha, muitos deles vêm adotando leis de proteção à concorrência, tomando por paradigma as dos Estados Unidos, da Alemanha, da Comunidade Européia e até do Japão, conforme a região na qual estejam inseridos. A institucionalização de políticas antitruste, porém, leva um certo tempo para ser consolidada. Mesmo porque em alguns desses países, até recentemente, a eficácia das leis de proteção à concorrência era prejudicada por políticas econômicas de desenvolvimento com ênfase na concentração dos mercados. Esse foi o caso do Brasil nas décadas de 60 e 70, e do Japão até a década de 80.[30]

A adoção de paradigmas legislativos, em paralelo à existência de práticas de cooperação e assistência por parte das agências antitruste norte-americanas em outros países e do intercâmbio entre juristas e economistas, estudiosos ou militantes da área, acaba por gerar uma tendência à aproximação na matéria. Mas trata-se de um processo tênue, pelo simples fato de as diferentes leis de proteção à concorrência basearem-se em conceitos diferentes. Por outro lado, a vinculação da aplicação das leis de proteção à concorrência a outros objetivos sociais, que não os exclusivamente concorrenciais (por exemplo, a proteção às pequenas empresas e ao emprego), e às políticas industriais também são empecilhos a uma uniformização absoluta. Conforme será verificado adiante,[31] essas questões representam obstáculos às iniciativas de uniformização legislativa provocada, isto é, a partir de tratados internacionais e do comprometimento dos Estados em adotar determinadas regras substantivas em matéria antitruste.

A segunda conseqüência do processo de globalização econômica no Direito, acima referida – a constituição de campos jurídicos autônomos com relação ao direito estatal –, representa uma das discussões mais sérias sobre o impacto da globalização nas relações jurídicas.

Como resultado da crescente interligação entre agentes situados em diferentes partes do mundo, percebe-se uma tendência à formação espontânea de normas efetivas em diferentes setores da economia. Com efeito, para atender ao dinamismo e especialização das operações industriais e mercantis transnacionais, os agentes vêm desenvolvendo regras próprias, não-estatais, estabelecidas em contratos detalhados e abrangentes, com previsão de procedimento arbitral para a solução de potenciais litígios. Esse procedimento é reforçado pelo movimento de padronização de normas levado a efeito por associações e câmaras comerciais internacionais, tais como a *Unidroit* e a *Uncitral*, pela institucionalização

---

30. V. Capítulo VI, item 19. V., ainda, Capítulo III, itens 9 e 10, sobre as políticas antitruste no Japão e na Coréia do Sul.
31. V. o item 13, abaixo.

dos procedimentos de câmaras arbitrais e por um processo, embora ainda incipiente, de consolidação "jurisprudencial" dos laudos por elas produzidos. Assim, criam-se relações jurídicas baseadas em regras criadas espontaneamente pelos agentes comerciais internacionais, sem intervenção estatal e sem vínculos com a política, cujas controvérsias são solucionadas por órgãos também extra-estatais. Essas regras – conhecidas como a nova *lex mercatoria*[32] – e os foros arbitrais, embora com um grau de organização e diferenciação muito inferior ao do direito estatal, desempenham a função, típica do Direito, de estabilização de condutas e expectativas sociais.[33]

A discussão sobre a natureza das regras criadas pelos agentes econômicos transnacionais data de algumas décadas. Na doutrina do direito internacional privado tem sido intenso o debate sobre a existência ou não da nova *lex mercatoria*, cuja validade seria independente do direito estatal. A maioria dos estudiosos do assunto insiste em que a validade das regras pactuadas pelos agentes econômicos internacionais repousa nos ordenamentos nacionais a que estão vinculados os agentes, os quais sempre poderão ser invocados em tribunais estatais. Seria essa a garantia de coercibilidade dos pactos contratuais – e, portanto, da eficácia social da *lex mercatoria*.[34]

A elaboração da tese da independência da *lex mercatoria* com relação aos ordenamentos estatais tem implicações profundas para a Teoria Geral do Direito, exigindo, em primeiro lugar, a aceitação da idéia de pluralismo jurídico, no qual diversos discursos normativos se sobrepõem em áreas e tópicos específicos. Além disso, a coerência da doutrina exigiria também a aceitação do contrato como uma fonte de Direito independente, assim como o deslocamento da sanção da posição central na definição da ordem jurídica.[35] Essa discussão, entretanto, foge aos

32. Cf. Hans-Joaquim Mertens, "*Lex mercatoria*: a self-applying system beyond national law?", in Gunter Teubner (org.), *Global Law without a State*, pp. 31-41.
33. A literatura voltada ao estudo da *globalização* estende a formação de inter-relações e de regras a outros setores da sociedade civil que interagem transnacionalmente em campos diferentes do econômico e do comercial, tal como o dos direitos humanos, em que, conforme aponta Gunter Teubner ("'Global Bukowina': legal pluralism in the world society", in Gunter Teubner (org.), *Global Law* ..., p. 4), "is pressing for its own law, not only from a source other than the States but against the States themselves". Para uma análise do processo de globalização dos direitos humanos e de sua proteção, cf. Flávia Piovesan, "Direitos humanos e globalização", in Carlos Ari Sundfeld e Oscar Vilhena Vieira, *Direito Global*, pp. 195-208.
34. Cf. Hermes Marcelo Huck, *Sentença Estrangeira e "Lex Mercatoria": Horizontes e Fronteiras do Comércio Internacional*, pp. 107-108.
35. Para a discussão de uma teoria apta a justificar a independência da *lex mercatoria* com relação ao direito estatal, v. Gunter Teubner, in *Global Law* ..., pp. 3-28.

limites deste trabalho, pois a área que constitui seu objeto – o direito da concorrência – é estabelecida por normas de direito público, que estabelecem relações entre o Estado e os agentes econômicos, e não entre estes apenas. Isso sem falar na estreita relação do antitruste – principalmente de suas regras de controle de atos de concentração – com a política econômica do Estado. Assim, nem a criação de normas sobre a matéria nem sua aplicação podem se dar fora do âmbito estatal.

Além dos movimentos de uniformização de ordens jurídicas, seja espontânea, seja intencionalmente, e da criação de campos jurídicos autônomos em relação aos direitos nacionais, acima analisados, uma terceira conseqüência da globalização sobre o Direito vem a ser de extrema importância. Trata-se da alteração e, mesmo, do esvaziamento de conceitos centrais à Teoria do Direito moderno.

Nesse campo a discussão mais importante refere-se ao enfraquecimento do conceito de *soberania do Estado*. Formulado inicialmente para a afirmação do poder absoluto do soberano dentro dos limites territoriais dos Estados-Nações, quando estes se encontravam em formação, o conceito de *soberania* foi sendo gradualmente desenvolvido no sentido da limitação desse poder e na construção de mecanismos para sua legitimidade, o que inclui sua divisão entre três instituições independentes e com funções complementares, a separação entre a esfera política e a econômica, a autonomia do Direito e o monismo jurídico, em termos formais, assim como as garantias aos direitos individuais e aos direitos humanos, em termos materiais.

Após a transformação dos Estados Modernos em regimes constitucionais, a *soberania* passou a implicar o exercício do poder dentro dos limites formais e materiais estabelecidos constitucionalmente, mas com autoridade – garantida também pela legitimidade do poder, por meio de mecanismos como o voto, por exemplo – para a implementação de políticas sociais formuladas pelo governo para atingir seus governados dentro do território nacional. A transformação do Estado Liberal em intervencionista ampliou essas políticas sociais consideravelmente, passando a incluir os diversos aspectos da economia nacional.

Nesse sentido, algumas das implicações da globalização econômica apontadas erodem a soberania dos Estados, evidentemente de forma mais acentuada conforme se localize na periferia ou no centro do sistema capitalista.

Com efeito, a tendência à formação de ordens jurídicas, ainda que fragmentárias, espontâneas e desvinculadas do poder e da justiça estatal erode o pressuposto do monismo jurídico, essencial ao Direito moderno. Por outro lado, à medida que parte dos governados – justamente aqueles que têm maior influência na economia – passam a atuar de forma independente dos limites territoriais e, principalmente, se deslocam com muita facilidade pelas fronteiras nacionais, a capacidade regulatória do Estado-Nação se vê enfraquecida. A função deste último de controle das crises do sistema capitalista e das suas tendências autodestrutivas torna-se cada vez mais difícil e complexa, exigindo com freqüência o apoio de instituições internacionais, como o Fundo Monetário Internacional (FMI). Sua prerrogativa de implementação de política econômica, por sua vez, também é limitada e pautada pela preocupação em atrair capitais, produtivos ou não. Isso impõe aos Estados a escolha de determinados tipos e instrumentos de política econômica, em detrimento de outros. Nesse sentido, por exemplo, são implementadas com freqüência políticas de estabilização fiscal e monetária, de abertura comercial e de privatizações, mas são raras as políticas voltadas, por exemplo, a garantir o pleno emprego.[36]

Esse processo, como é evidente, não implica o desaparecimento do Estado-Nação, nem de sua estrutura administrativa, mas, simplesmente, enfraquece suas prerrogativas de soberanamente comandar e dirigir políticas públicas autônomas, independentes de fatores externos e do fluxo de capitais internacionais.

Uma redefinição das funções e dos instrumentos de políticas públicas disponíveis ao Estado nacional é tarefa a ser desenvolvida pelas Ciências Econômicas e Sociais e pela Teoria do Direito,[37] tendo em vista a paradoxal independência do mercado à regulação estatal e, ao mesmo tempo, sua dependência de políticas industriais e econômicas que lhe favoreçam a concorrência no novo cenário, sobretudo se o processo de globalização econômica seguir na intensidade atual. Com efeito, e como já foi observado,[38] o Estado, ainda quando enfraquecido, terá de organizar as reações nacionais ao movimento da globalização, seja através de respostas protecionistas,[39] seja formulando políticas de inserção

---

36. Cf. Faria, *O Direito* ..., 1ª ed., 2ª tir., pp. 23-27.
37. Nesse sentido, Celso F. Campilongo ("Teoria do Direito e globalização econômica", in Carlos Ari Sundfeld e Oscar Vilhena Vieira (orgs.), *Direito Global*, pp. 80-85) aponta como uma solução para a definição do sistema jurídico, diante da realidade imposta pela globalização, a abordagem do sistema do Direito a partir de sua especificidade funcional, e não de sua arquitetura formal.
38. V. o item 11, acima.
39. Expressando a idéia de que o movimento de globalização torna o protecionismo, como compreendido de maneira clássica, fadado ao desaparecimento, na medida em que o protecionismo vai contra os interesses dos agentes transnacionais, que querem um Planeta sem fronteiras para mover suas fábricas, centro de decisões e bens, cf. R. Flores Jr., in Paulo B. Casella (org.), *Mercosul:* ..., p. 378.

de sua economia nesse contexto, criando-lhe vantagens comparativas e condições de atratividade para o capital externo.

No tocante ao antitruste, cabe indagar se o processo de globalização impõe algum tipo de restrição ao exercício soberano de uma política de concorrência pelas agências competentes para sua formulação. Há dois tipos de questões que podem ser levantadas nesse sentido.

Em primeiro lugar, a globalização pode ser apontada como elemento incompatível com uma aplicação mais intensa e efetiva de uma política de concorrência. Dentro dessa visão, a necessidade de reestruturação das empresas para enfrentar um cenário mais competitivo e de internacionalização, somada às políticas comerciais de caráter liberal, que aumentam o número de concorrentes num mercado relevante e, assim, diluem o poder de mercado dos agentes, tornaria políticas de concorrência mais severas simultaneamente desaconselháveis e inócuas. Acresça-se a esse argumento o perigo, sobretudo em economias periféricas, de assustar e afugentar o capital estrangeiro, o qual tenderia a preferir um país com leis antitruste mais lenientes ou, no mínimo, cuja aplicação fosse muito previsível, sem chances de resultados surpreendentes.

Em contraposição, porém, é levantado que a globalização exige a adaptabilidade dos agentes econômicos a um ambiente mais competitivo e internacionalizado, o que pode ser estimulado por uma política antitruste efetiva nos seus mercados nacionais de origem. Por outro lado, o processo de globalização representa uma tendência possível de afetar a concorrência, mas que pode coexistir com processos de produção, comercialização e disputas por mercados em níveis nacionais, regionais e locais, onde seu impacto é reduzido. Essa realidade leva ao descrédito o argumento de que políticas comerciais liberais podem substituir uma política antitruste.[40]

Nesse sentido, a globalização, antes que eliminar a soberania do Estado para implementar políticas econômicas, exige uma adaptação destas a um contexto diferente de organização da produção, de disponibilidade de créditos e de circulação de investimentos, assim como de concorrência. Por isso, o direito da concorrência não pode ser apontado como vítima do enfraquecimento da soberania do Estado, condenado à ineficácia. Antes, a globalização econômica tem de ser entendida como o contexto fático da economia sobre o qual as políticas antitruste devem se desenvolver, já que, como é óbvio, nenhuma legislação que pretenda regular a esfera econômica prescinde da compreensão de seu funcionamento e condicionantes econômicos e sociais.

---

40. Esse e o argumento oposto, mencionado no parágrafo anterior, são analisados com maior profundidade no item 13, subitem 13.1, abaixo.

13. Globalização econômica e direito da concorrência

Os itens anteriores deste capítulo apontaram como a globalização econômica impõe novos padrões de concorrência, colocando diversos problemas novos para o antitruste. Eles dizem respeito tanto à elaboração de normas de defesa da concorrência quanto à efetividade de sua aplicação. Em primeiro lugar, a globalização econômica colocou a necessidade de adaptação das empresas e das próprias legislações nacionais a novos padrões – o que, pela sua importância no controle dos atos de concentração, será tratado no capítulo correspondente.[41]

Outros tipos de questões, porém, também são colocadas especificamente ao direito de proteção à concorrência. Elas relacionam-se ao imperativo de um comércio internacional mais livre e normas de concorrência sem distorções a ele prejudiciais – condição fundamental para a integração econômica em um contexto globalizado. Interessam, a esse propósito, as relações entre políticas antitruste e políticas comerciais; a intensificação da aplicação extraterritorial das leis de defesa da concorrência, conforme a regra do efeito, que pode levar a conflitos entre diferentes jurisdições e divergências entre os países; a ocorrência de práticas que requerem a atuação conjunta de mais de uma autoridade antitruste nacional e o conseqüente aumento de importância de mecanismos de cooperação entre agências antitruste relacionadas.

Essas questões têm incentivado esforços de criação de regras multilaterais, tanto em nível mundial quanto em quadros de integração econômica regional. No primeiro caso o sucesso é ínfimo. No segundo os resultados são relativos, dependendo do grau de integração econômica do bloco regional dentro do qual foram empreendidos. Esses esforços – deve ser lembrado – caminham em paralelo com um movimento de convergência das legislações antitruste, o qual decorre, em primeiro lugar – e como já mencionado acima –, da sua implantação nos países do Terceiro Mundo e ex-integrantes do Bloco Socialista a partir dos modelos legislativos dos Estados Unidos, Alemanha e Comunidade Européia. Em segundo lugar, a partir do aumento dos convênios e acordos executivos ou de assistência entre autoridades e agências antitruste, que têm promovido grande intercâmbio e difusão das doutrinas econômicas aplicadas pelas mais experientes.

13.1 Relações entre políticas de concorrência e de livre comércio

Em teoria, políticas de livre comércio e antitruste são instrumentos complementares para a maior satisfação de consumidores e desenvolvi-

---

41. Capítulo V, "Controle de Atos de Concentração e Globalização Econômica".

mento econômico das nações. Havendo um comércio internacional intenso, cada país se especializaria na produção daqueles bens para os quais tem vantagens comparativas – menores custos de produção –, propiciando aos consumidores acesso a uma ampla variedade de produtos a preços baixos. A concorrência nos mercados, por sua vez, promove a eficiente alocação de recursos e o estímulo à inovação.[42] Na prática, porém, essa complementaridade não é tão perfeita, na medida em que os interesses de cada nação – ou de suas classes empresariais dominantes – buscam a melhora de sua posição nesse comércio internacional, tanto quantitativa quanto qualitativamente, isto é, exportando mais bens e os de maior valor.[43] Além disso, também é de seu interesse proteger sua indústria da concorrência internacional, através de medidas protecionistas.

As leis antitruste nacionais, tanto quanto sejam aplicadas para a repressão às práticas anticoncorrenciais, tais como os cartéis, os boicotes e restrições verticais e horizontais para dificultar o acesso de concorrentes estrangeiros a insumos e canais de distribuição, têm por efeito garantir as condições de concorrência de agentes econômicos de outros países nos mercados domésticos. Complementariam, assim, as normas acordadas no âmbito do GATT/OMC, cujo objetivo é precisamente eliminar as barreiras ao comércio internacional. Nesse sentido, para a promoção efetiva dos ideais de livre comércio, as normas antitruste deveriam ser aplicadas com severidade, tanto quanto as regras do GATT/OMC. Porém, a proteção à concorrência também está imbricada nos interesses e nas políticas domésticas de cada país. Isso implica, muitas vezes, a isenção de certas práticas anticoncorrenciais genericamente proibidas pela legislação ou relaxamento na aplicação da lei. Não podem, assim, ser vistas como um simples conjunto de regras potencialmente uniformes.

Nesse sentido, há evidente dificuldade de conjugação de ambas as políticas na construção de um sistema comercial internacional realmente mais livre e aberto. De outro lado, a inegável intensificação desse comércio acentua os esforços, pressões e movimentos no sentido de uma conformação mais harmônica entre ambas as políticas. Para as finalidades deste trabalho interessa discutir dois tipos de relações entre elas: a substitutividade entre políticas de concorrência e de livre comércio, vale dizer, a possibilidade de produtos estrangeiros concorrerem efetivamente com os nacionais, e o uso de práticas restritivas pelos agentes do mercado nacional para afastar a concorrência externa, como acima se acenou.

---

42. Para a discussão dos objetivos da política de livre comércio e da política antitruste, cf. Friederich M. Scherer, *Competition Policies for an Integrated World*, pp. 1-16.

43. Sobre a questão da divisão internacional do trabalho e desenvolvimento, v. o item 11, acima.

Quanto à primeira delas – a substitutividade entre as duas políticas –, alega-se que a abertura da economia à concorrência externa produz efeitos semelhantes aos de uma política de concorrência, reduzindo o poder de mercado dos agentes nacionais, com o desmantelamento dos monopólios e desestabilização das estruturas cartelizadas. Em suma: impõe nova disciplina competitiva aos mercados envolvidos. Inegável que em mercados abertos, com taxas de câmbio neutras, os consumidores ou clientes podem optar pelo produto estrangeiro diante de um aumento de preço dos bens produzidos ou correntemente comercializados em cada território nacional. À medida que o poder de mercado dos produtores locais é cerceado pela possível entrada de concorrentes externos, diminui a necessidade de acompanhamento e repressão às condutas das empresas dominantes. Sob essa mesma perspectiva, atos de concentração definidos como anticoncorrenciais quando analisados apenas em função do mercado nacional podem vir a ser aprovados se for demonstrado que a concorrência externa reduz o poder de mercado dos agentes internos. Evidentemente, essa perspectiva pressupõe realmente a prática de tarifas baixas ou zero para a importação de uma ampla gama de produtos aos mercados domésticos – situação ainda distante no comércio internacional.

Entretanto, apesar da intensificação do comércio internacional e do aumento das situações de contestabilidade do poder de mercado de agentes dominantes nos mercados domésticos, ainda são poucos aqueles autenticamente globais, restritos a áreas de grande tecnologia ou investimento, como o setor de aeronaves ou de programas para computadores. Com efeito, as tarifas de importação, mesmo inferiores às praticadas no passado, a flutuação das taxas de câmbio, combinadas às dificuldades de entrada e concorrência efetiva no mercado – especialmente a criação de canais de distribuição e o estabelecimento de clientela –, ainda dificultam a presença e elevam o preço da maior parte de produtos estrangeiros, impedindo sua concorrência plena com os similares nacionais.[44] Assim, em geral, a análise de questões de concorrência ainda parte de mercados relevantes definidos em termos nacionais. Muitas vezes até locais, pois alguns tipos de produtos e serviços não comportam comercialização em mercados muito amplos, como o comércio varejis-

---

44. Uma discussão prática desse aspecto encontra-se no relatório da conselheira-relatora Lúcia Helena Salgado no exame do Ato de Concentração 27/95, em que foram requerentes *K&S Aquisições Ltda.* e *Kolynos do Brasil S/A*. Foi apontado que, mesmo com a redução de tarifas para 2% entre março de 1994 e abril de 1995, o volume de importações não afetou o padrão de concorrência, constituindo parcela irrelevante (cerca de 1% do mercado) (voto publicado em Pedro Dutra, *A Concentração do Poder Econômico: Jurisprudência Anotada*, pp. 635-636).

ta de produtos alimentícios. O mesmo ocorre com bens cujo custo de transporte é muito alto, como o cimento.

Obviamente, não devem ser esquecidos os setores nos quais a concorrência externa não só é efetiva quanto predatória, reclamando, então, eficaz e rápida aplicação de normas proibitivas, sejam elas previstas nas leis de proteção à concorrência, sejam elas estabelecidas nas leis *antidumping* de cada país.

A análise de casos e o estudo de problemas de concorrência mostram que a substitutividade de políticas de concorrência por políticas de livre comércio ainda é restrita, impondo cautelas com relação a argumentos minimalistas que defendem a desnecessidade de políticas antitruste vigorosas em razão da concorrência trazida pelos produtos estrangeiros. A definição da intensidade da concorrência externa nos mercados nacionais depende do exame de casos concretos e da delimitação cautelosa dos mercados relevantes.[45]

A existência de efetiva concorrência por parte de empresas estrangeiras, por outro lado, leva a uma questão problemática para as relações comerciais internacionais, que é a reação protetora das indústrias nacionais à concorrência externa através do uso abusivo de queixas *antidumping*. Com efeito, a unilateralidade da imposição de direitos compensatórios, que torna limitado o espectro do contraditório nos processos por *dumping*, e a falha representação dos interesses dos exportadores no país importador tornam o uso desses procedimentos um expediente relativamente fácil para a proteção da indústria nacional contra a entrada de produtos estrangeiros.[46] A desigual capacidade de retaliação pelos diferentes países piora em muito este quadro, acentuando a desvantagem dos países periféricos.

Como nos casos típicos de conflitos entre Estados, não há uma solução definitiva para esse problema. As sugestões apontadas para sua minoração centram-se essencialmente numa "consciência sobre o tema (...) para neutralizar os apelos para o fortalecimento de leis protetoras do comércio como forma de compensar a diminuição das barreiras tarifárias resultante da Rodada Uruguai do GATT".[47] Essa conscientização relaciona-se diretamente com o aumento da cultura de defesa da livre

---

45. Sobre a noção de *mercado relevante*, v. o Capítulo I, subitem 2.1.
46. Para a descrição de casos ilustrativos do uso de medidas compensatórias em processos *antidumping* para a inibição da concorrência estrangeira, e sua discussão dentro de processos instaurados perante autoridades antitruste, cf. Jacques Bourgois, "Regras multilaterais de concorrência: ainda uma busca do Santo Graal?", in Paulo B. Casella (org.), *Contratos Internacionais e Direito Econômico no Mercosul*, pp. 81-88.
47. J. Bourgois, in Paulo B. Casella (org.), *Contratos Internacionais ...*, p. 92.

concorrência no país importador, que pode impor limites a essas reações exclusivamente protecionistas, com base nos efeitos lesivos que produzem nas condições de concorrência do próprio mercado interno. Algumas legislações nacionais – Austrália, por exemplo –, atentas à relação conflitiva entre as políticas de livre comércio e antitruste, exigem que as decisões tomadas no âmbito das primeiras levem em consideração as questões colocadas pelas segundas.[48] Essa regra, se efetivamente aplicada, impede o abuso das queixas *antidumping*. É importante, porém, não deixar desprotegida a indústria nacional no caso de efetiva predação. Nesse caso, a regra tem que ser interpretada no sentido de que as importações realmente predatórias devem ser sancionadas, a fim de evitar a eliminação do concorrente local e o conseqüente prejuízo ao regime concorrencial.

O segundo tipo de relação entre as políticas de concorrência e de livre comércio refere-se ao uso de práticas restritivas pelos agentes estabelecidos nacionalmente, para afastar concorrentes externos. A aplicação das leis antitruste pode tanto reforçar quanto minorar essas restrições. O exemplo mais típico é a exclusão dos cartéis de exportação da jurisdição das leis antitruste nos países de origem, produzindo distúrbios no comércio internacional. Essas questões reforçam as opiniões pelo estabelecimento de regras antitruste internacionais.

As principais barreiras ao acesso impostas aos concorrentes estrangeiros em mercados nacionais decorrem de ações do governo, agindo dentro do seu *jus imperii* ou no exercício de atividade econômica. Trata-se de expedientes como as restrições ao investimento estrangeiro, a concessão de subsídios distorcidos aos produtos locais e a discriminação entre empresas nacionais e estrangeiras nos contratos e licitações com o governo, que dificultam a entrada e concorrência nos mercados internos por firmas estrangeiras. Esse tipo de barreiras não é combatível por leis antitruste, sendo objeto de diversos acordos internacionais, principalmente o GATT/OMC e suas Rodadas.[49]

Porém, paralelamente a essas restrições, e mais comumente a partir de sua eliminação, podem existir dificuldades ao acesso de empresas estrangeiras decorrentes da conduta de agentes privados que, detendo, individual ou coletivamente, poder de mercado, agem no sentido de dificultar a venda de produtos estrangeiros no mercado local ou, ainda,

---

48. Idem, ibidem, p. 93.

49. Dada a importância da eliminação desse tipo de barreiras à integração através do comércio, a lei de proteção à concorrência da Comunidade Européia impõe uma série de restrições à concessão de auxílios e subsídios pelos Estados às empresas nacionais. V. o Capítulo III, subitem 8.1.

o acesso de concorrentes internacionais a canais de distribuição. Esse tipo de comportamento tem por objetivo o isolamento do mercado local de uma concorrência mais intensiva, com a manutenção das posições vantajosas detidas pelas empresas dominantes nacionais. São exemplos de condutas restritivas à concorrência o abuso de posição dominante, no qual as empresas nacionais ameaçam boicotar distribuidores que negociem produtos estrangeiros, as restrições verticais, tais como o estabelecimento de exclusividade para os distribuidores, e os cartéis entre os concorrentes nacionais para exercer condutas predatórias contra os concorrentes estrangeiros.[50]

Um caso ilustrativo de divergência entre países a respeito da ineficácia da legislação antitruste para a coibição de práticas restritivas à concorrência internacional envolveu os Estados Unidos e o Japão na década de 80. Representantes da indústria no primeiro país apontaram ser o sistema de distribuição e as relações internas dos grupos empresariais (*keiretsus*) anticompetitivos e, sobretudo, hostis à entrada e comercialização de produtos estrangeiros no mercado japonês. Em 1989 as negociações resultaram num acordo, denominado *Structural Impediments Initiative* (SII), no qual o Governo Japonês comprometeu-se a fortalecer a aplicação da lei antimonopólio, inclusive através do incremento da estrutura e de quadro de funcionários da sua agência antitruste (a *Fair Trade Commission* – FTC).[51]

Condutas restritivas a concorrentes externos são viáveis em mercados de países onde não exista legislação antitruste ou, havendo, não seja suficientemente eficaz. Inúmeros são os motivos para a possível ineficácia: a inadequação dos dispositivos legais; o desaparelhamento da autoridade antitruste e, muitas vezes, a aplicação condicionada por políticas econômicas em sentido diferente, vale dizer, permissivas às condutas restritivas. Por isso, a análise adequada das possibilidades de exercício dessas práticas restritivas não se pode limitar à verificação da existência ou não de leis antitruste nos mercados estudados, devendo incluir os critérios utilizados para a sua aplicação, se são baseados em razões de concorrência ou em outro tipo de justificativas. Há alguns tipos de critérios estabelecidos nas normas antitruste que se prestam especialmente a uma aplicação voltada a outros objetivos políticos que não simplesmente a concorrência. É o caso da permissão da formação

---

50. Cf. Barry E. Hawk, "Overview", in OCDE, *Antitrust and Market Access: the Scope and Coverage of Competition Laws and Implications for Trade*, p. 12.
51. V. o Capítulo III, subitem 9.1. Para um exame das discussões que envolveram o SII, das medidas acordadas pelo Governo Japonês e de seu impacto, cf. H. Iyori e A. Uesugi, *The Antimonopoly Laws and Policies of Japan*, pp. 61-64.

de grandes empresas com a finalidade de estímulo à sua competitividade no mercado externo e dos efeitos favoráveis à balança comercial, mesmo que produzindo alto índice de concentração no mercado interno (campeões nacionais).[52]

Note-se que a mera existência desses critérios em algumas legislações não indica sua aplicação no sentido de reforço às barreiras de entrada de mercadorias estrangeiras. Eles podem ser utilizados como mecanismo de compatibilização da política de concorrência com outras políticas econômicas, sem ter por efeito direto a permissão de condutas restritivas pelas empresas nacionais aos concorrentes estrangeiros. Assim mesmo, os defensores mais enfáticos da remoção das barreiras ao livre comércio internacional apontam a conveniência de se uniformizar no maior grau possível as regras substantivas das legislações antitruste nacionais, eliminando as brechas para as decisões com base em critérios alheios à defesa da concorrência.

O aumento da atuação internacional dos agentes econômicos, seu interesse simultâneo e conflitivo em maior abertura e maior proteção de mercados, sua preocupação com as práticas restritivas privadas impeditivas da concorrência em mercados nacionais e seu desconforto em lidar com leis e culturas antitruste muito diversas geram dois tipos de reação. Em primeiro lugar, a tentativa de aplicação extraterritorial das próprias leis nacionais de defesa da concorrência. Em segundo, o crescimento das pressões pela criação de regras antitruste multilaterais e pela maior cooperação entre as agências antitruste. Esses temas serão tratados a seguir.

13.2 Aplicação extraterritorial de leis antitruste

A aplicação extraterritorial de leis antitruste foi construída pela jurisprudência norte-americana, sendo atualmente prevista na maior parte dos ordenamentos. Fundamenta-se na teoria do *impacto territorial*, conforme a qual o Estado é competente para legislar e conhecer de eventos ocorridos fora de seu território, envolvendo participantes não-nacionais, desde que tais eventos produzam efeitos dentro do território nacional.[53]

---

52. Como aponta B. Hawk (in OCDE. *Antitrust and Market Access:* ..., p. 13): "(...) the heart of the problem, which is the appropriateness or legitimacy of the operational criteria used to condemn or accept those arrangement under competition law".

53. Sobre o desenvolvimento da *teoria do impacto territorial* como elemento de aplicação extraterritorial da lei antitruste e sua comparação com as outras doutrinas justificativas da aplicação extraterritorial, v. José Carlos Magalhães, "A aplicação extraterritorial de leis nacionais", *RF* 293/91-99. Para uma análise da evolução da aplicação extra-

Nesse sentido, à medida que práticas restritivas ou atos de concentração envolvendo agentes estabelecidos em outros mercados afetem as condições de concorrência em mercados relevantes internos, faz sentido a iniciativa do Estado em disciplinar tais condutas, obviamente no limite dos efeitos sobre seu próprio mercado.

A doutrina da aplicação extraterritorial da lei antitruste foi, inicialmente, desenvolvida no direito norte-americano. Em 1945, no julgamento do caso "United States *v.* Alcoa" determinou-se a possibilidade de aplicação do *Sherman Act* quando a prática produzisse um efeito qualificado no comércio norte-americano. Obviamente, a determinação do que vem a constituir um *efeito qualificado* é elemento de vital importância para a aplicação da doutrina. Nesse sentido, construiu-se o entendimento de que o *efeito qualificado* é aquele *direto, substancial e razoavelmente previsível*,[54] consolidado no *Foreign Trade Antitrust Improvement Act* (FTAIA) de 1982, que determinou a utilização desse "teste" para as decisões sobre aplicação extraterritorial da lei norte-americana.

A partir daí, o critério do efeito convive nas diferentes legislações antitruste com o critério da territorialidade na determinação da lei aplicável às práticas econômicas relevantes do ponto de vista da concorrência, sendo freqüente sua conjugação. É o caso do Direito Brasileiro, no qual os critérios de determinação da aplicabilidade da Lei 8.884, de 1994 – e, portanto da extensão da jurisdição brasileira –, são o territorial e o do local de verificação dos efeitos, mesmo que potencialmente, pois o art. 2º da lei estabelece que essa se aplica às *práticas cometidas no todo ou em parte no território nacional ou que nele produzam ou possam produzir efeitos*.

A aplicação extraterritorial leva, com certa freqüência, ao concurso de jurisdições, com a sujeição de uma determinada prática à aplicação de leis diferentes. Essa situação pode resultar em decisões inconsistentes entre si, na medida em que a proximidade entre política antitruste, política econômica e ideologia forja sistemas e culturas de concorrência nacionais muito diversos entre si. Não é incomum, assim, a existência de conflitos no caso de práticas autorizadas pela lei do país em que se consumaram mas condenadas pelo país em cujo mercado interno são produzidos efeitos anticoncorrenciais.

---

territorial da lei norte-americana na jurisprudência daquele país, com base no efeito, v. William Walker, "Extraterritorial application of U.S. antitrust laws: the effect of the European Community – United States antitrust agreement", *Harvard International Law Journal* 33/583-586, n. 2.

54. *Direct, substantial and reasonably foreseeable effect* (cf. Herbert Hovenkamp, *Federal Antitrust Policy: the Law of Competition and its Practice*, p. 699-701).

A situação de potencial conflito entre decisões de diferentes jurisdições intensifica dois problemas sérios da aplicação extraterritorial de normas antitruste. Em primeiro lugar, sua efetividade; e, em segundo, a dificuldade de estabelecer os contornos, tênues por natureza, entre aplicação extraterritorial legítima e ingerência sobre assuntos de política interna do outro país envolvido.

A efetividade de decisões ou sentenças aplicadas extraterritorialmente fica prejudicada na medida em que sua execução depende de procedimento a ser realizado no outro país, que pode ter proferido decisão diferente ou, simplesmente, tolerar a prática. A falha pode ser contornada se a empresa tiver subsidiárias, filiais ou ativos no país sancionador, pois aí a pena pode recair sobre esses. Um exemplo interessante a esse respeito é narrado por Philip Areeda e Louis Kaplow, tratando-se do caso dos relógios suíços, no qual os produtores formaram cartel de preços para exportação para os Estados Unidos. A prática foi levada a julgamento nesse último país, onde os efeitos anticoncorrenciais foram sentidos, e a decisão proferida atingiu somente os acordos entre os produtores suíços e os distribuidores norte-americanos, pois seria praticamente impossível executar qualquer medida contra os primeiros em seu país de origem.[55] Mesmo existindo a possibilidade de execução de medidas contra a prática no mercado interno, o conflito entre decisões diversas sobre a mesma prática é danoso aos agentes econômicos e aos governos envolvidos, sensibilizando políticas de concorrência e a sinalização por elas enviada para indicar condutas adequadas aos agentes de mercado.

Esses potenciais conflitos estimulam discussões sobre a definição de limites entre a aplicação extraterritorial legítima e ingerência na política interna de outros países. Nesse particular, são intensas as críticas ao Governo Norte-Americano, que com freqüência aplica suas leis (não apenas as antitruste) fora de seu território, gerando críticas, insatisfações e reações por parte dos seus parceiros comerciais. Alguns deles – é o caso da Inglaterra – criaram leis proibindo o fornecimento de informações ou cumprimento de ordens decorrentes de aplicação extraterritorial, conhecidas como *Blocking Statutes*, como *The Protection of Trade Interest Act*, de 1980.[56]

Com a intensificação da atuação transnacional das empresas, de um lado, e o aumento das regulações nacionais em matéria de concorrên-

---

55. *Antitrust Analysis: Problems, Texts, Cases*, 4ª ed., pp. 158-159.

56. Cf., inclusive para a discussão dos limites entre a *aplicação extraterritorial* e a *ingerência*, André de Carvalho Ramos e Ricardo Thomazinho da Cunha, "A defesa da concorrência em caráter global: utopia ou necessidade?", in Paulo B. Casella e Araminta A. Mercadante (orgs.), *Guerra Comercial ou Integração Multilateral pelo Comércio? A OMC e o Brasil*, pp. 821-822.

cia a partir da década de 80, de outro, há um potencial aumento das situações de concurso de jurisdição e dos problemas daí derivados. Essa situação é desconfortável para as empresas, que têm que entender e observar diferentes leis nacionais; mas também, e principalmente, para os governos, que têm as possibilidades de efetividade da aplicação de suas leis – já limitadas em casos de aplicação extraterritorial – ainda mais remotas.

Finalmente, como a aplicação extraterritorial de leis antitruste é assunto relacionado ao comércio exterior, no qual a internacionalização das relações sempre se coloca em paradoxo ao protecionismo e defesa de interesses nacionais, as chances de aplicação efetiva da lei nacional extraterritorialmente acabam sendo proporcionais à posição e poder do país na divisão internacional do trabalho. Em outras palavras: quanto mais poderoso o país, maior o número de empresas transnacionais sediadas em seu território e de empresas estrangeiras interessadas em seu mercado interno, maior a chance de aplicação da lei e de imposições de sanções, assim como a possibilidade de enfrentar as atitudes reativas dos parceiros comerciais.

Os problemas decorrentes do concurso de jurisdições, o consenso em relação à necessidade de se enfrentar práticas como os cartéis internacionais e os atos de concentração transnacionais de maneira cooperativa,[57] assim como a percepção da danosidade para o comércio internacional da utilização de regras antitruste nacionais como mecanismo protecionista têm levado a iniciativas multilaterais e bilaterais de cooperação ou uniformização de leis.

13.3 Esforços de uniformização legislativa e acordos de cooperação internacional

São dois os tipos básicos de iniciativas para responder à necessidade de afinar a dissonância entre as diferentes legislações de proteção à concorrência e sua aplicação. O primeiro volta-se às próprias legislações, tentando uniformizá-las; e o segundo diz respeito à aplicação das regras antitruste nacionais pelas autoridades competentes,[58] tendo por objetivo a mútua cooperação para a harmonização dos respectivos interesses nos casos de concorrência de jurisdição. Por outro lado, varia o âmbito

---

57. Nesse sentido, Dieter Wolf, "Políticas de concorrência em tempos de globalização", *Caderno de Pesquisas n. 13*, pp. 76-85.
58. Em alguns casos, supranacionais, como é o caso da Comunidade Européia, que também participa desses acordos executivos.

dos projetos e mecanismos, que podem ser regionais ou multilaterais no caso de uniformização, e costumam ser bilaterais nos acordos executivos de cooperação.

13.3.1 *Esforços de uniformização*

Conforme verificado,[59] os processos de uniformização de leis podem se dar tanto espontaneamente quanto de forma intencional.

No primeiro caso não é desprezível o processo de aproximação. Isso se deve a algumas circunstâncias determinadas. Em primeiro lugar a edição de leis antitruste em países que anteriormente não contavam com elas. As criações legislativas sempre tomam por base modelos de direito comparado, a partir dos quais se amolda a nova lei após a configuração do ponto de equilíbrio entre os interesses envolvidos na matéria a ser regulada. Nesse sentido, as novas legislações antitruste combinam as influências das leis já amadurecidas em países ou blocos que se anteciparam na sua adoção.

Mas, além dessa influência no processo de elaboração de normas, que não é propriamente novo, tem havido crescente intercâmbio entre as autoridades antitruste nacionais e os advogados e economistas militantes na matéria, levando a uma aproximação também dos critérios de aplicação das normas, das teorias econômicas aplicadas, da produção doutrinária e da cultura antitruste. Com efeito, as agências norte-americanas têm sido ativas na cooperação com seus pares nos países emergentes.

As tentativas de uniformização provocada realizadas no âmbito regional tiveram maior êxito do que aquelas propostas em âmbito multilateral. Isso porque inserem-se num processo de integração econômica, dada a importância de eliminação de distorções à concorrência num mercado comum.

O exemplo paradigmático de constituição de um ordenamento regional é o da Comunidade Européia, sobre cujo modelo já se falou. Trata-se de uma legislação de aplicação supranacional diretamente aplicável aos seus membros e que inclui a outorga de competência para órgãos da Comunidade. O direito da concorrência comunitário coexiste com as leis antitruste nacionais dos países-membros e não se dirige à sua uniformização. O primeiro aplica-se quando o mercado comum e o objetivo da integração são afetados tanto por condutas anticoncorrenciais quanto por atos de concentração de dimensões comunitárias. Trata-se de um

---

59. V. o item 12, acima, sobre os conceitos de *uniformização espontânea* e *intencional*.

direito supranacional bastante avançado, a implicar a redução da soberania dos Estados-membros para regular as matérias disciplinadas pela Comunidade ou para aplicar suas legislações nacionais de modo incompatível com as decisões proferidas pelos órgãos comunitários. Obviamente, foi sendo construído gradualmente, acompanhando o processo de integração econômica e política da Europa.

Existem, porém, mecanismos menos abrangentes de uniformização de regras antitruste em blocos de comércio regionais. Um deles, aproveitando-se da participação dos países integrantes da Comunidade Européia, foi criado no âmbito da Área Econômica Européia, pelos países participantes da Associação Européia de Livre Comércio. Houve transposição de normas substantivas da Comunidade Européia referentes a práticas e acordos restritivos, abuso de posição dominante, fusões, subsídios e empresas estatais. Ao mesmo tempo, foram criadas regras sobre a aplicação dessas normas, a cargo das duas autoridades antitruste: a da Comunidade e a da Associação.[60]

No âmbito do Mercosul foi aprovado pelo Conselho do Mercado Comum, o *Protocolo de Defesa da Concorrência*,[61] com o objetivo de assegurar as condições adequadas de concorrência no bloco regional. Para tanto, tem como objetivo criar regras substantivas destinadas a coibir práticas que tenham por objeto ou efeito limitar, restringir, falsear ou distorcer a concorrência ou o acesso ao mercado, ou que constituam abuso de posição dominante no mercado relevante de bens ou serviços no âmbito do Mercosul ou afetando o comércio entre os Estados-partes. O Protocolo não estabelece a criação de uma agência antitruste supranacional, devendo as normas ser aplicadas pelo *Comitê de Defesa da Concorrência*, a ser integrado pelas autoridades antitruste nacionais. Além de estabelecer regras substantivas para práticas que afetem a concorrência no Mercosul, o Protocolo tem por objetivo promover uma aproximação entre as legislações nacionais dos países-membros em matéria de proteção à concorrência. Observe-se que, até o presente momento, o Protocolo não entrou em vigor em qualquer dos Estados-membros.

O êxito alcançado na criação de sistemas regionais de proteção à concorrência é explicável pelo menor número e maior envolvimento dos países participantes. Contrariamente, os esforços de elaboração de mecanismos multilaterais com a mesma finalidade foram mal-sucedidos, apesar de não terem sido poucas as tentativas.[62]

---

60. Cf. J. Bourgois, in Paulo B. Casella (org.), *Contratos Internacionais* ..., pp. 79-80.

61. Decisão 18/1996.

62. Cf. A. Ramos e R. Cunha, in Paulo B. Casella e Araminta A. Mercadante (orgs.), *Guerra Comercial* ..., pp. 830-834.

A primeira deu-se logo após a II Guerra, com o projeto de uma Organização Internacional do Comércio (OIC), paralela à Organização das Nações Unidas, voltada a finalidades econômicas. Sua criação estava prevista na Carta de Havana de 1948, a qual, como é sabido, continha regras abrangentes sobre matérias econômicas diversas, incluindo a defesa da concorrência. A Carta estabelecia a competência da OIC para a apreciação de práticas anticoncorrenciais, que implicava uma transferência de soberania dos Estados para decisão de assuntos econômicos considerada excessiva na época. Esse foi o motivo da oposição e da não-entrada em vigor da Carta.

Em 1967 e em 1980 novas iniciativas de tratamento internacional de regras antitruste foram levadas a efeito pela OCDE e pela ONU. Tratava-se não mais de uma tentativa de criar regras substantivas vinculantes aos Estados – meta excessivamente ambiciosa –, mas apenas de recomendar a adoção e observância de certas regras fundamentais de proteção à concorrência. Pela falta de caráter vinculante e pela ainda pouca difusão da cultura antitruste na maior parte dos países, a eficácia daquelas recomendações foi mínima.

Com a criação da Organização Mundial do Comércio (OMC) e eliminação de várias barreiras tarifárias e governamentais, a necessidade de criação de regras antitruste destinadas à remoção das barreiras privadas ao livre comércio internacional tem sido crescentemente defendida. Já existem propostas concretas de regras multilaterais a serem incorporadas num possível tratado a respeito.

A principal dessas propostas foi elaborada por um grupo de especialistas representando diferentes países, predominantemente europeus, reunidos em Munique em 1993, e visa à adoção de um "Código" contendo regras substantivas mínimas a serem incorporadas pelos ordenamentos dos países aderentes bem como a obrigatoriedade de criação de procedimentos e de constituição de autoridades independentes para sua aplicação no âmbito interno. A par disso, no âmbito internacional, o Código cria uma autoridade executiva (*International Antitrust Authority*), composta de 1 presidente e 20 conselheiros, com competência para requerer às autoridades nacionais que investiguem determinados casos e, na falta de cumprimento da requisição, para iniciar procedimentos perante as Cortes nacionais. Entendendo ter havido violação do Código por um dos Estados, pode levá-lo ao *Painel Internacional*, órgão com poderes quase-judiciais, formado por um corpo permanente de árbitros, com mandato de seis anos – diferindo, assim, dos painéis do GATT, formados por membros *ad hoc*.

Sua proposta é, assim, conciliar as leis antitruste nacionais com uma esfera internacional tendente a forçar os Estados-membros a manter a eficácia das normas. Trata-se de regras subsidiarias às normas antituste nacionais, inspirando-se, portanto, no mecanismo normal do ordenamento da Comunidade Européia, no qual as questões são primeiramente apreciadas em esfera local ou nacional, sendo submetida aos órgãos comunitários posteriormente – salvo em determinadas matérias, como o direito da concorrência, em que a competência dos órgãos comunitários é originária para questões que afetem o comércio dentro do mercado comum.

Não há prognósticos, porém, da entrada em vigor de tal Código. Como previsível, o texto tem sido objeto de diversas críticas. As mais relevantes apontam a dificuldade de conciliar os diferentes conceitos típicos das legislações nacionais, o que levou à adoção de termos excessivamente vagos e ambíguos. Conforme aponta Daniel Gifford, "talvez essa ambigüidade tenha aumentado a aceitabilidade do Código entre os advogados das diferentes nações, porque cada um pode ler nessas disposições as suas próprias pressuposições. Isso, porém, seria uma miragem legislativa, aparecendo a alguns, mas não a outros, podendo assumir qualquer forma desejada pelo usuário".[63] O fato de o texto ter sofrido influência predominantemente européia, por sua vez, dificulta sua aceitação por parte dos Estados Unidos, cuja base legislativa, por força de sua jurisprudência, é mais "econômica" – vale dizer, a lei é aplicada segundo uma projeção das prováveis conseqüências econômicas produzidas pela prática analisada –, ao passo que a legislação européia tem um caráter mais conceitual.[64]

Nesse sentido, não obstante a intensificação do contato e do intercâmbio econômico, técnico e cultural propiciados pelo processo de globalização econômica esteja promovendo uma aproximação das legislações antitruste nacionais, as diferenças de conceitos, culturas e políticas públicas a elas subjacentes respondem por sensíveis disparidades no quadro geral de sua aplicação. Assim, por exemplo, é diferente o grau de inter-relação entre políticas industriais e antitruste nos diferentes países e a promoção de outros objetivos sociais que não a concorrência, exclusivamente. Uma medida de uniformização tão intensa não tem, portanto, muita chance de ser ratificada por muitos países, nem mesmo entre os membros da OCDE.

Com efeito, se por um lado é desejável a criação de regras básicas de concorrência no âmbito internacional para se evitar as fricções decor-

---

63. "The draft international antitrust proposed at Munich: good intentions gone away", *Minnesota Journal of Global Trade* 6/29. O autor critica especificamente o tratamento dado aos conceitos substantivos em matéria de restrição à concorrência, abuso de posição dominante, controle de concentrações e reestruturação do mercado (pp. 3-23).

64. Idem, ibidem, p. 4.

rentes do uso protecionista de leis antitruste nacionais e das reações retaliatórias a esse uso, de outro é impossível eliminar certa margem de autonomia dos diferentes países para formular suas estratégias de inserção, desenvolvimento e concorrência numa economia crescentemente globalizada. Nesse sentido, as possibilidades de criação dessas regras e de sua aplicação efetiva são maiores quanto mais minimalistas as disposições supranacionais, sem exigir dos Estados transferência desnecessária e certamente problemática de sua soberania para a regulação de matérias econômicas.

13.3.2 Acordos de cooperação

Em razão das reações à aplicação extraterritorial de leis antitruste e seus efeitos desagregadores ao comércio e às relações internacionais, têm surgido iniciativas de cooperação internacional entre os Estados para a aplicação mais harmônica e efetiva de suas respectivas leis de proteção à concorrência.

A cooperação internacional é estabelecida através de acordos bilaterais firmados entre governos nacionais, os quais desenvolvem mecanismos mais informais do que o tratado internacional, até porque não exigem compromissos de alteração legislativa, limitando-se a proposições de cooperação na aplicação das leis existentes. Dada sua limitação aos assuntos relativos à aplicação das leis, são denominados por alguns de *acordos executivos*.[65]

Os principais deveres assumidos pelas partes referem-se à informação recíproca a respeito de atividades potencialmente anticompetitivas realizadas em seu território de que tenham conhecimento e sejam do interesse da contraparte; à informação sobre investigações ou medidas tomadas que possam afetar os interesses da outra parte; ao oferecimento de assistência na obtenção de provas necessárias às atividades da parte, podendo requisitar documentos, inquirir testemunhas, realizar buscas etc. Costuma-se estabelecer também as chamadas *cláusulas de cortesia*, através das quais as partes se comprometem a levar em consideração os interesses da contratante no desempenho de suas funções.

Embora estejam se intensificando, acordos desse tipo não são propriamente mecanismos novos. Existiam já há algum tempo envolvendo

---

65. A Comissão da Comunidade Européia assinou um desses acordos com o Governo Americano, tendo sido o instrumento anulado pelo Tribunal de Justiça das Comunidades Européias em razão da incompetência da Comissão para firmá-lo. Tal competência cabe ao Conselho de Ministros da Comunidade Européia (cf. J. Bourgois, in Paulo B. Casella (org.), *Contratos Internacionais* ..., p. 79).

certos países da OCDE. Recentemente, porém, eles têm aumentado não somente em número, envolvendo países que anteriormente não dispunham de legislações antitruste, mas também em escopo. Quando a legislação das duas partes permite, dispõem sobre a possibilidade de troca de informações sigilosas. Além disso, tem-se difundido o uso da chamada *cláusula de cortesia positiva*, estabelecendo a presunção de deferimento por uma das partes, na aplicação de suas regras de concorrência, ao interesse da outra, quando as atividades anticompetitivas forem direcionadas principalmente ao território dessa última.[66]

Embora os acordos executivos possam ser firmados entre quaisquer países, bilateral ou mesmo plurilateralmente, têm sido os Estados Unidos seu maior utilizador. Com efeito, a partir do *International Enforcement Assistance Act of 1994* (IAEAA) foram conferidos poderes às agências antitruste para firmar acordos de assistência mútua e compartilhar reciprocamente informações obtidas em investigações antitruste, sigilosas também. A essa possibilidade legal combinaram-se pressões pela efetiva utilização dessas prerrogativas, a fim de pressionar os outros países a reprimir práticas restritivas que imponham barreiras à entrada das empresas americanas em seus mercados ou pelo menos servir-se das informações obtidas em outros territórios para ajuizarem ações perante as Cortes Americanas.[67]

Nos últimos anos foram firmados acordos executivos, assim como acordos de assistência, entre os Estados Unidos e países emergentes do Terceiro Mundo. Como já indicado, a cooperação ou assistência têm envolvido muito intercâmbio entre os funcionários das agências encarregadas e, nesse sentido, contribuído ao aumento do espectro de influência norte-americana na aplicação das leis antitruste nesses países. O Brasil mantém acordo de cooperação com o Governo dos Estados Unidos, firmado em 26.10.1999.[68]

A cooperação tem-se tornado muito importante na apreciação de controle de atos de concentração em decorrência do crescente número de operações de dimensão internacional, isto é, envolvendo dois ou mais mercados relevantes situados em diferentes países. Esses podem ser atingidos separadamente, quando as partes na operação atuam em diversos

---

66. Cf. Youri Devuyst, "Transatlantic competition relations", in European Union Center, *The New Transatlantic Dialogue: Intergovernmental, Transgovernmental and Transnational Approaches* (conferência), p. 8.
67. Cf., nesse sentido, Jay M. Vogelson, Michael H. Byowitz e Mark R. Sandstrom, "Using antitrust laws to enhance access of U.S. firms to foreign market. Recommendation and Report", American Bar Association, Section of International Law and Practice Report to the House of Delegates, *International Lawyer* 29/953-954.
68. Esse acordo será tratado novamente no Capítulo V, item 18.

mercados de âmbito exclusivamente nacional, como ocorreu com a compra internacional da *American Home Products*, detentora da marca brasileira de creme dental *Kolynos*, pela *Colgate*; ou, ainda, podem ser afetados conjuntamente, quando se trata de um mercado transnacional ou global, como o de telecomunicações e de aeronaves. Nessas situações a necessidade de cooperação não se refere à obtenção de informação e provas, pois essas podem ser amplamente exigidas no processo de apreciação da concentração; mas à compatibilidade das decisões, necessária para sua efetividade. Nesse sentido, as autoridades buscam harmonizar os "remédios" acordados com as partes para minorar os efeitos anticoncorrenciais das operações e possibilitar sua aprovação.[69]

O funcionamento desses acordos de cooperação em atos de concentração depende da concordância das partes, das autoridades nacionais e da uniformidade de seus interesses com relação à concentração. Se houver consenso sobre a necessidade de ajustar a operação para torná-la mais competitiva, ou mesmo de desautorizá-la, a cooperação pode ser muito bem sucedida. O mesmo não ocorre quando houver conflito de interesses entre os dois países com relação à operação, o que é algo previsível em mercados que envolvam alta tecnologia e concorrência global, nos quais as questões de política industrial interferem mais diretamente na operação. Um exemplo desse tipo de discordância teve lugar no ato de concentração entre a *Boeing* e a *McDonell Douglas*, no qual a Comissão da Comunidade Européia viu grande ameaça à concorrência na operação, a qual, por sua vez, foi avaliada diferentemente pelas autoridades norte-americanas. Dada a importância da indústria envolvida, o episódio contou até mesmo com pressões de Chefes de Estado, politizando a questão.[70]

---

69. Para a descrição de casos de cooperação entre autoridades norte-americanas e as da Comunidade Européia, v. Y. Devuyst, in European Union Center, *The New Transatlantic Dialogue:* ..., pp. 10-12.

70. Para uma descrição do episódio, vide Y. Devuyst, in European Union Center, *The New Transatlantic Dialogue:* ..., pp. 13-15.

Capítulo V

CONTROLE DE ATOS DE CONCENTRAÇÃO E GLOBALIZAÇÃO ECONÔMICA

14. Globalização econômica e controle de atos de concentração. Apresentação. 15. A afluência do conceito de eficiência econômica: 15.1 Eficiência e Direito – 15.2 Eficiência e direito da concorrência – 15.3 A aplicação do conceito de eficiência econômica. 16. Defesas ligadas à política industrial e globalização econômica: 16.1 Pesquisa e desenvolvimento – 16.2 Empresas em crise e setores em depressão – 16.3 Estímulo à pequena empresa – 16.4 Outras defesas. 17. Alteração dos limites do mercado relevante. 18. Uniformização e cooperação em controle de atos de concentração.

14. Globalização econômica e controle de atos de concentração. Apresentação

Conforme foi apontado anteriormente,[1] a globalização econômica influencia o direito da concorrência em dois sentidos diferentes. De um lado, impõe a necessidade de uma revisão nas legislações nacionais, assim como na sua aplicação. De outro lado, impele os países à criação de normas e foros supranacionais, numa tentativa de harmonizar a aplicação das diferentes legislações com o propósito de facilitar o fluxo comercial e as relações econômicas entre as nações. A disciplina do controle dos atos de concentração acompanha essa tendência.

No tocante às alterações produzidas na criação e aplicação de leis antitruste nos países envolvidos, identificam-se duas tendências opostas, embora, paradoxalmente, complementares. Em primeiro lugar, em

1. V. Capítulo IV, item 13.

um grande número de países a legislação – ou seus padrões de aplicação – foi alterada de forma a se tornar mais efetiva na defesa da concorrência. Em outras palavras, essas mudanças tiveram por finalidade afastar o espectro de influência de políticas sociais e industriais na aplicação das respectivas leis.[2] Em segundo lugar, o Direito Norte-Americano, o principal paradigma da criação e da aplicação de leis antitruste, sofreu um movimento oposto, incorporando teorias econômicas e defesas em atos de concentração destinadas a criar alguma permeabilidade a objetivos de política industrial. Nos dois casos, tanto a partir de um reforço das leis antitruste quanto de um relativo enfraquecimento, instaurou-se uma preocupação com a competitividade internacional das indústrias e com a concorrência de empresas estrangeiras dentro dos mercados nacionais.

Os principais efeitos desse novo tipo de enfoque foram: a) a afluência do conceito de *eficiência econômica* no antitruste em geral, e notadamente no controle de atos de concentração; b) a extensão de defesas ligadas à política industrial a situações nas quais a globalização econômica alterou a capacidade competitiva das indústrias envolvidas; e c) a incorporação da concorrência externa na definição dos mercados relevantes ou, ao menos, na verificação da existência de poder de mercado.

A afluência do conceito de *eficiência econômica* relaciona-se à expansão dos princípios e da lógica dos mercados, que, conforme será analisado a seguir, é emblemática da globalização. A utilização do conceito no controle dos atos de concentração, por sua vez, relaciona-se à difusão de um certo consenso acerca da relação entre o aumento da produtividade e da competitividade das empresas nacionais e o sucesso na concorrência internacional.

A utilização de defesas ligadas à política industrial, por sua vez, deve-se a duas ordens de fatores. Em primeiro lugar, à necessidade de fomento da competitividade das empresas, sobretudo no tocante a pesquisa e desenvolvimento, que acarreta as vantagens competitivas ligadas à inovação, à criação de novos produtos, de novos *designs* e apresentação. Além disso, nas situações em que os projetos de pesquisa têm êxito, permitem ao produtor saltos qualitativos na redução dos custos de produção, aumentando, assim, sua eficiência produtiva. A utilização da política industrial para fomento da competitividade das indústrias nacionais relaciona-se com o papel assumido pelo Estado de patrocinador das indústrias nacionais na concorrência global.

---

2. É o caso da Inglaterra, onde o tratamento dos atos de concentração baseava-se em diversos critérios de interesse público. Após os anos 80, no entanto, as autoridades competentes passaram a analisá-los quase inteiramente a partir de análises de seus efeitos na concorrência (cf. Roger A. Boner e Reinald Krueger, "The basics of antitrust policy", *The World Bank Technical Paper* 160/36).

Deve ser acrescentado, ainda, que o crescimento da importância das leis de proteção à concorrência em cada nação, e mesmo nos blocos supranacionais, resultado de um comércio internacional mais livre,[3] impede que os objetivos de política industrial sejam perseguidos pelas nações ao arrepio da política de defesa da concorrência,[4] exigindo a conciliação de ambas as políticas. Esse aspecto é reforçado pela crença de que mercados internos competitivos são um fator fundamental para o estímulo da competitividade dos agentes econômicos no mercado internacional.[5]

A incorporação de concorrentes estrangeiros na definição dos mercados relevantes é uma decorrência da intensificação do comércio internacional, através do qual produtos importados – e até mesmo a possibilidade de sua entrada – passam a ser disponibilizados em mercados domésticos, tendo por uma de suas conseqüências a limitação do poder de mercado dos produtores nacionais.

15. A afluência do conceito de eficiência econômica

15.1 Eficiência e Direito

O conceito de *eficiência* na doutrina econômica relaciona-se à alocação de recursos na sociedade. Conforme a doutrina econômica tradicional, considera-se *eficiente* qualquer alteração econômica que coloque alguém numa situação mais vantajosa sem colocar outro em situação desvantajosa. Essa situação hipotética é conhecida como *ótimo de Pareto*.[6] Esse conceito, no entanto, é de difícil aplicação, pois poucas são as políticas públicas que podem tornar melhor a situação de determinado grupo sem prejudicar outros.[7] Assim, foi formulado um conceito

---

3. Sobre as relações entre o livre comércio e a necessidade de proteção à concorrência, v. o Capítulo IV, item 13.1.

4. Como foi típico no Japão até a década de 80. Para um breve apanhado do direito antitruste japonês e das relações entre a política antitruste e industrial naquele país, v. o Capítulo III, item 9.

5. Cf., nesse sentido, Michael Best, *The New Competition: Institutions of Industrial Restructuring*, p. 266.

6. Por referência ao economista italiano que formulou a idéia, Wilfredo Pareto (cf. A. Mitchell Polinsky, *An Introduction to Law and Economics*, p. 7, e Mark Seidenfeld, *Microeconomic Predicates to Law and Economics*, p. 49).

7. Conforme exemplifica Herbert Hovenkamp (*Federal Antitrust Policy: the Law of Competition and its Practice*, p.75), com muita felicidade, até mesmo uma lei prescrevendo a punição ao furto seria Pareto ineficiente, pois colocaria os ladrões em posição desvantajosa.

alternativo, denominado *Kaldor-Hicks,* ou *Pareto potencial,* conforme o qual é eficiente a modificação cujos benefícios sejam superiores às perdas, de modo a ser possível, em tese, compensar prejuízos sofridos por terceiros, ainda que essa compensação não se efetive na prática.

Nessa medida, além da *eficiência alocativa,* que trata das disposições dos recursos na sociedade, fala-se em *eficiência técnica,* ou *produtiva,* dizendo respeito à produção a partir dos insumos empregados, isto é, à produtividade das empresas.[8]

A discussão sobre o conceito de eficiência expandiu-se da economia para outras áreas do saber, como é o caso do Direito. Questões outrora avessas à análise econômica passaram a exigir uma solução adequada a parâmetros anteriormente concebidos exclusivamente para discussões de cunho econômico. A compreensão do significado e da extensão da análise econômica para o Direito exige o exame de alguns antecedentes do seu desenvolvimento teórico.

O conceito de *eficiência econômica* ganhou relevo na análise de questões jurídicas a partir do movimento doutrinário conhecido como *Análise Econômica do Direito* (*Law and Economics*), iniciado nos Estados Unidos na década de 60. Em termos gerais, tratou-se de um esforço interdisciplinar de aplicação de ferramentas conceituais da teoria econômica ao Direito. Costuma ser apontada como marco inicial desse movimento a publicação, em 1960, do artigo de Ronald H. Coase, "The problem of social cost",[9] o qual, numa síntese apertada, dispõe-se a analisar a alocação de custos na sociedade através da proteção jurídica a certos interesses e o efeito dessa alocação em termos de eficiência. Sua conclusão é no sentido de que, na ausência de custos de transação,[10] os agentes, atuando racionalmente, transacionarão de modo a chegar ao resultado mais eficiente, independentemente de como os direitos (isto é, sua definição) estejam distribuídos.[11]

---

8. Cf. Alan Stone, *Regulation and its Alternatives,* p. 66-67, e M. Seidenfeld, *Microeconomic Predicates ...,* pp. 51-52.

9. *Journal of Law and Economics* 2/1, 1960. Assim como do artigo de Guido Calabresi, "Some thoughts on risk distribution and the law of torts", *Yale Law Journal* 70/499. Cf. Richard Posner, *Economic Analysis of Law,* p. 21.

10. *Custos de transação* referem-se genericamente às despesas incorridas pelos agentes para negociações e para a consumação da transação, tais como o dispêndio de tempo, gastos contratuais e assunção de riscos. Por exemplo, uma transação implica despesas de transporte, para o encontro dos agentes, e de chamadas telefônicas, além do tempo necessário para a identificação da parte com quem transacionar e o tempo das reuniões.

11. Essa conclusão é denominada *Coase's theorem* (cf. M. Seindenfeld, *Microeconomic Predicates ...,* p. 9; também A. Polinsky, *An Introduction ...,* pp. 11-14).

Nesse sentido, o *teorema de Coase* propôs que o bem-estar social seria maximizado se fosse permitida aos agentes individuais envolvidos a livre negociação sobre a alocação dos recursos. Esse enfoque alterou o sentido da abordagem econômica do Direito, que até então acreditava que as regras jurídicas deveriam forçar as partes a agir de forma a maximizar o bem-estar social sempre que o mercado apresentasse falhas.[12] Passou a ser defendido, então, que o papel do Estado deveria ser simplesmente o de tentar minimizar os custos de transação, deixando às partes a obtenção de resultados eficientes.[13]

Muito embora Coase focalizasse no referido artigo uma outra falha de mercado – a questão das *externalidades negativas*, ou, como diz o título, *custos sociais* –, e não a falha estrutural da concentração dos mercados, objeto propriamente dito do antitruste, seu raciocínio, acima sintetizado, pode ser aplicado também neste último campo, como, aliás, em diversos outros campos da vida econômica que a legislação procura regular. Em síntese, a idéia que daí se propagou é a de que, sob certas circunstâncias, se torna mais oneroso para a sociedade tentar corrigir diretamente uma falha de mercado do que procurar conviver com ela, adotando mecanismos do próprio mercado para a mitigação dos seus efeitos.

Essa teoria toma por base o modelo de mercado ideal,[14] no qual o valor de determinado produto é correspondente à quantia que o consumidor está disposto a pagar por ele, e o vendedor a receber para entregá-lo, definindo, assim, seu preço de mercado. Essa quantificação usada para a definição do valor dos bens em comércio deveria, segundo se sustentava, ser estendida a outros, se não à totalidade dos recursos sociais.

Foi notável a repercussão dessa linha de pensamento, que se expandiu não apenas no número de autores a ela filiados, mas na extensão das áreas do Direito envolvidas na análise econômica. Essa abordagem entende constituir a *eficiência* um critério simultaneamente positivo – isto é, adequado à descrição dos mercados e das questões jurídicas – e normativo para a análise do Direito, no sentido de determinante de sua aplicação.

A Análise Econômica do Direito, enquanto critério positivo, em seu nascedouro, assumia a proposição de que as regras da *common law*, em oposição à regulação estatal, tendem, ainda que de forma inarticulada, à realização de uma lógica econômica de maximização da eficiência na alocação dos recursos sociais. Essa tendência deveria ser reforçada pelo

---

12. Sobre o conceito de *falhas de mercado*, v. o Capítulo II, item 4.
13. M. Seidenfeld, *Microeconomic Predicates* ..., p. 93.
14. Sobre esse modelo v. o Capítulo I, subitem 2.2.

credenciamento desse tipo de análise como o método mais adequado para a compreensão das regras e instituições jurídicas.[15] Abre-se, assim, espaço ao aspecto normativo dessa teoria, segundo a qual a eficiência passa a ser encarada como principal objetivo do Direito. Dentro dessa visão, boa parte dos objetivos perseguidos pelas políticas públicas e implantados pelo Direito são explicáveis em termos de maximização do bem-estar social, devendo a análise econômica ser utilizada para o aperfeiçoamento das normas e instituições, a partir da indicação daquelas mais adequadas para atingir a eficiência econômica.[16]

Nesse sentido, a análise econômica tende a provocar um deslocamento do centro da Teoria do Direito – então pautado pela busca da justiça – para a persecução de resultados economicamente eficientes. Alega-se ser o conceito de *justiça*, como o de *eqüidade*, extremamente subjetivo – vale dizer, existem tantos conceitos quantos intérpretes forem ouvidos –, enquanto o de *eficiência* é objetivo. A justificativa para essa opção é a de que questões relativas a valores e ao redistributivismo deveriam ficar restritas à esfera da política, não cabendo sua análise na aplicação do Direito.[17]

Como é evidente, essa abordagem é alvo de intensas críticas, as quais apontam desde a dificuldade de se realizarem efetivamente transações em grande parte das situações, exigindo a imposição de uma solução pelo Direito, até a impossibilidade de contabilização dos custos e benefícios de todos os indivíduos envolvidos numa determinada alocação.[18] A crítica mais fundamental, no entanto, diz respeito à validade da eficiência como objetivo a ser perseguido pela sociedade. Contrariamente, outros objetivos ou valores definidos pelo processo político devem ser promovidos pelo Direito independentemente de o montante das perdas incorridas pelos prejudicados ser superior ao ganho dos beneficiados.

---

15. Cf. Richard A. Posner, *The Economics of Justice*, pp. 103-106. Nesse sentido, as regras da *common law*, formuladas em grande parte no século XIX, quando a ideologia dominante era a do *laissez-faire*, são superiores, em termos de eficiência, à legislação escrita, que incorpora pressões distributivistas por certos grupos de interesses (cf. R. Posner, *Economic Analysis* ..., p. 23).

16. Cf. R. Posner, *Economic Analysis* ..., pp. 21-27. Para um breve histórico do desenvolvimento da teoria da análise econômica, cf. Pedro Mercado, *El Análisis Económico del Derecho: una Reconstrucción Teórica*, pp. 27-33.

17. Cf. Ugo Mattei, *Comparative Law and Economics*, pp. 3-4.

18. Daniel A. Farber e Philip P. Frickey (*Law and Public Choice: a Critical Introduction*, p. 34), por exemplo, apontam que a análise econômica pode levar a resultados inconsistentes, na medida em que pode indicar mais do que um resultado eficiente. Assim, "for technical reasons, cost-benefit analysis – or more specifically, the underlying standard of economic efficiency – cannot be applied until a prior decision is made about how to distribute social entitlements".

Por outro lado, entretanto, a análise econômica da eficiência de determinadas situações jurídicas tem um caráter instrumental bastante útil na definição não dos fins, mas dos meios a serem utilizados na consecução das finalidades previamente definidas, permitindo conhecer e avaliar os custos e benefícios de uma determinada medida jurídica.

A expansão dos princípios e da lógica dos mercados proporcionada pela análise econômica – tanto na sua versão mais abrangente, isto é, enquanto asserção normativa, quanto na sua versão mais limitada, como mecanismo de análise da eficiência de medidas jurídicas – pode ser apontada como emblemática dos problemas e tendências envolvidos no processo de globalização, tal como vem sendo impulsionado atualmente.

Com efeito, a globalização econômica, na medida em que implica um processo de expansão do mercado externa e internamente,[19] afina-se à idéia de que transações privadas atingem melhores resultados, por um lado, e que os esforços de regulação estatal da economia, por outro lado, devem ser eficientes, envolvendo menos dispêndio de recursos para produzir resultados cujos benefícios superem os custos. A mesma identificação dá-se também com relação a questões necessariamente inseridas nas agendas políticas contemporâneas, como a importância do ajuste fiscal e a preocupação de estimular a competitividade dos agentes econômicos de seu território. O aumento da competitividade em termos mundiais impulsiona, ao menos em termos da fixação teórica de metas e objetivos, o movimento no sentido de uma alocação eficiente de recursos sociais no plano interno de cada país.

Por certo, não se pretende sustentar seja a Análise Econômica do Direito o paradigma hegemônico da doutrina jurídica no contexto contemporâneo de globalização da economia. Ao contrário, esse processo de globalização, extremamente complexo e heterogêneo, produz ações e reações diversas também no campo do Direito e da sua produção doutrinária.[20]

Finalmente, reconhecer o caráter emblemático do conceito de *eficiência* e a importância da Análise Econômica do Direito em uma economia globalizada não significa encampar o caráter normativo de tal asserção, que leva à redução substancial do papel do Direito nas esferas econômica e social. Busca-se, isso sim, identificar um elemento que é determinante na compreensão e aplicação do Direito contemporâneo,

---

19. V., a esse respeito, a "Introdução", acima.

20. Nesse sentido, como o processo de globalização acarreta a valorização do mercado e de seus mecanismos, implicando uma crítica dos parâmetros de intervenção estatal na economia do Estado Social, existem outras vertentes teóricas, diferentes da análise econômica, embasando a supremacia do mercado enquanto mecanismo alocador de recursos.

extremamente marcado por políticas que reconhecem a importância do incremento da competitividade dos agentes e dos Estados na disputa por posições nos mercados, investimentos e na divisão internacional do trabalho – elementos, esses, que convergem para a idéia de *eficiência*.

15.2 Eficiência e direito da concorrência

A idéia de eficiência sempre esteve subjacente à concepção de mercado competitivo. O argumento clássico, formulado por Adam Smith, é o de que os preços fornecem a informação necessária à ação dos produtores no sentido do aumento da produção dos bens mais valorizados pelos consumidores, alternativamente a outros bens, e pelos processos produtivos mais eficientes, promovendo a melhor alocação dos recursos escassos no mercado. À medida que os produtores se orientam em interesse próprio – aumentar seus lucros –, eles tendem a produzir aqueles bens mais desejados pela sociedade e cuja oferta ainda não satisfaz a procura, o que é indicado pelos altos preços do bem em determinado momento – é a idéia da *mão invisível* na alocação dos recursos produtivos. Em paralelo, ainda a fim de elevar seus ganhos, o fornecedor é estimulado a procurar as técnicas mais econômicas de produção, fazendo o melhor uso dos recursos escassos e permitindo a comercialização dos bens por melhores preços. Finalmente, a concorrência entre as várias unidades produtivas constitui um estímulo essencial à venda pelo preço mais baixo possível e à produção pelos menores custos.[21]

Sendo, mais do que um objetivo, um verdadeiro atributo, inerente ao mercado concorrencial enquanto alocador de recursos, a relação entre concorrência e eficiência era tão intrínseca que as primeiras normas antitruste não precisaram sequer apontá-la como um objetivo específico de sua proteção. Propunham-se elas à defesa de bens jurídicos como a livre iniciativa e a livre concorrência ou a repressão à indevida concentração de poder, sendo a eficiência dos mercados considerada um subproduto da conduta competitiva que se buscava tutelar.

A eficiência ganhou importância como um objetivo autônomo no antitruste com a própria mudança da estrutura dos mercados, à medida que, na maior parte deles, a atomização cede lugar à concentração. A partir desse processo inicia-se uma certa tensão entre a manutenção de um número elevado de produtores e comerciantes, evocando um clamor pela defesa das possibilidades de exercício efetivo do direito de iniciativa, e a eficiência econômica enquanto aumento da produtividade e melhora das técnicas de produção.

---

21. Cf. A. Stone, *Regulation* ..., pp. 48-52.

A análise do conceito e da problemática da eficiência, por sua vez, foi influenciada pela corrente doutrinária neoclássica formada nos Estados Unidos a partir da década de 50, genericamente referida como *Escola de Chicago*.[22] O desenvolvimento dessa doutrina, que tomou corpo a partir do final da década de 60 e início dos anos 70, teve raízes e postulados semelhantes ao movimento da Análise Econômica do Direito.[23]

Com efeito, suas proposições principais afirmam:[24] 1) a busca da eficiência deve ser o objetivo exclusivo das leis antitruste; 2) os mercados em sua maioria são competitivos, mesmo quando compostos de poucos vendedores, pois é difícil a manutenção do comportamento colusivo exigido para a eliminação da concorrência em mercados oligopolizados ou cartelizados;[25] 3) os monopólios, quando existentes, tendem a se autocorrigir, vale dizer, atrair a entrada de novos concorrentes, interessados na alta rentabilidade do setor; 4) as barreiras à entrada são produtos da imaginação dos teóricos, não existem tantas dificuldades à entrada de concorrentes potenciais nos mercados concentrados; 5) economias de escala são um fator mais importante do que propunham as doutrinas anteriores, sendo importante que as empresas tenham certa dimensão; 6) as empresas maximizam seus lucros quando os mercados envolvidos na cadeia da produção dos bens que oferecem são competitivos; assim, não têm interesse em bloquear essa competição, não tendo sentido as leis antitruste coibirem integrações verticais.[26] Esses postulados levam a dois outros, muito importantes para essa teoria: a aplicação das leis antitruste deve estimular as condutas eficientes e penalizar as ineficientes;[27]

---

22. O movimento iniciou-se na década de 50 com trabalho de Aaron Director e outros professores de Economia e Direito Antitruste na Universidade de Chicago, que passaram a aplicar – e a sofisticar – a teoria econômica dos preços às normas antitruste e aos casos judiciais (cf. Richard A. Posner, "The Chicago School of antitrust analysis", *University of Pennsylvania Law Review* 127/925-929, e Robert H. Bork, *The Antitrust Paradox: a Policy in War with Itself*, 2ª ed., pp. xii-xiii). Não por coincidência, a Universidade de Chicago consolidara-se, naquela época, como um centro propagador de idéias liberais e, no campo da economia, ortodoxas. Essa Escola desenvolveu uma análise crítica altamente refinada da regulação econômica e da intervenção estatal nos mercados, divulgada, em grande parte, no *Journal of Law and Economics*, periódico no qual foi publicado o trabalho pioneiro de Coase.
23. V. o subitem 15.1, acima.
24. Cf. H. Hovenkamp, *Federal Antitrust Policy:* ..., pp. 61-63.
25. Para a análise do comportamento nos mercados oligopolizados e monopolizados a partir da ação de cartéis, v. o Capítulo I, subitens 2.4 e 2.5, respectivamente.
26. Sobre as concentrações verticais, v. o Capítulo I, subitem 3.2.
27. Essa afirmação implica uma alteração no sentido da aplicação das leis antitruste até então, que se preocupavam em manter o espaço de pequenos concorrentes no mercado mesmo quando isso exigisse o sacrifício da eficiência de empresas maiores. V. o Capítulo III, item 7.

em segundo lugar, a intervenção estatal, mesmo em mercados anticompetitivos, apenas tem sentido se produzir resultados superiores, tomando em conta os custos da intervenção. É uma presunção não comprovada ser a intervenção mais eficiente do que os processos naturais de mercado.

No tocante aos atos de concentração, a afirmação de Richard Posner ilustra a posição da Escola: "Uma lei anti-atos de concentração acaba por constituir um método muito custoso de lidar com a colusão. Não apenas porque a desconstituição da operação é um remédio tão custoso, mas também porque atos de concentração que possam ser considerados ilegais podem servir à exploração de economias de escala mais rapidamente do que através do crescimento interno, concentrar ativos nas mãos de uma administração de talento superior e para punir administradores corruptos".[28]

A aplicação de análise econômica, note-se, já era então amplamente difundida no antitruste norte-americano, com o uso da teoria dos preços para descrição e previsão do comportamento dos mercados. Havia, portanto, uma tradição na aplicação de modelos econômicos nessa área. Porém, a concepção de eficiência limitava-se ao atributo dos mercados competitivos, constituindo a principal justificativa para a coibição dos monopólios.[29] O desenvolvimento do conceito de *eficiência produtiva*, assim, deveu-se à Escola de Chicago.[30]

A doutrina antitruste passou, então, a diferenciar os dois sentidos para o conceito de eficiência, a *eficiência alocativa* (*ótimo de Pareto* ou *Pareto superior*) – referindo-se à eficiência geral dos mercados em levar os fatores de produção aos seus pontos de aplicação ótima – e a *eficiência produtiva* – relacionada à efetiva e melhor coordenação dos fatores de produção pelas empresas, individualmente consideradas. Entre os principais itens da eficiência produtiva estão as economias de escala, a integração das fases produtivas, a especialização das plantas de produção, os custos de transporte, o sistema de distribuição, custos de publicidade e *marketing*, bem como a pesquisa e desenvolvimento.[31]

28. *Antitrust Law: Economic Perspective*, p. 96.
29. V., a respeito, o Capítulo I, subitem 2.5.
30. Cf. H. Hovenkamp, *Federal Antitrust Policy:* ..., p. 61.
31. A menção genérica à expressão "eficiência produtiva" inclui também o que alguns autores designam de *eficiência inovativa*. Esta última refere-se à redução de custos ou ganhos decorrentes do incremento dos produtos em decorrência da inovação, desenvolvimento ou difusão de nova tecnologia. Ganhos decorrentes da pesquisa e desenvolvimento, assim, constituem um exemplo de eficiência inovativa. A *eficiência produtiva*, por sua vez, tem a ver com os ganhos obtidos na produção de bens a custos inferiores ou da melhora da qualidade de bens a partir da tecnologia existente, tais como as economias de escala e as economias de escopo (cf. Joseph F. Brodley, "Proof of efficiencies

A globalização econômica, conforme foi verificado,[32] produz algumas alterações na dinâmica da concorrência, tais como a alteração do ciclo de produção de vários bens, sujeitos a processos de inovação constante e necessidade de recuperação dos investimentos em prazos menores; distribuição das fases produtivas por diferentes áreas geográficas e recrudescimento da disputa por mercados, exigindo aos agentes maior competitividade. Essas mudanças reclamam a reestruturação dos agentes de modo a minimizar custos e maximizar sua produtividade – e, portanto, impõem a inclusão da eficiência produtiva das operações como um elemento importante a ser considerado no direito da concorrência, e sobretudo no controle dos atos de concentração. A manutenção da concorrência alocativa, no sentido da prevenção ao monopólio ou aos oligopólios, por sua vez, não perde importância. Ao contrário, entende-se hoje que a existência de concorrência nos mercados domésticos é um fator essencial para estimular a competitividade das empresas e, assim, seu sucesso na concorrência internacional.[33]

A consagração do conceito de *eficiência produtiva*, entretanto, é problemática para a política de proteção à concorrência, pois há um potencial conflito entre a *eficiência produtiva* e a *alocativa* – o que pode manifestar-se em casos concretos. Com efeito, a maximização dos benefícios sociais da atividade econômica decorreria de uma combinação ótima entre os dois aspectos da eficiência. Nesse sentido, Robert Bork afirma que "os dois tipos de eficiência constituem a eficiência geral que determina o nível da riqueza da nossa sociedade, ou o bem-estar do consumidor. A tarefa toda do antitruste pode ser sintetizada no esforço de melhorar a eficiência alocativa sem prejudicar a eficiência produtiva a ponto de levar a uma perda ou a um não-ganho no bem-estar do consumidor".[34]

Afirmação de tal sorte mostra o potencial conflito entre a promoção da *eficiência alocativa* – entendida pela teoria clássica como um atributo dos mercados nos quais vige a livre concorrência, justificando a regulação antitruste para a repressão às práticas ou estruturas que eliminem a concorrência – e a *eficiência produtiva* – que aponta as vantagens da produção por empresas de grande escala e, portanto, dotadas de maior

---

in mergers and joint ventures", *Antitrust Law Journal* 64/579-580, e, ainda, "The economic goals of antitrust: efficiency, consumer welfare and technological progress", *New York Law Review* 62/1.026-1.027).

32. V. o Capítulo IV, item 11.

33. Nesse sentido, Michael E. Porter (*The Competitive Advantage of Nations*, p. 107) afirma que: "The pattern of rivalry at home also has a profound role to play in the process of innovation and the ultimate prospects for international success".

34. *The Antitrust Paradox:* ..., 2ª ed., p. 91 (trad. do original).

poder de mercado. Em outras palavras, a *eficiência alocativa* tende a ser correspondente à existência de concorrência nos mercados, situação mais provável com a existência de maior número de unidades produtivas. A *eficiência produtiva*, porém, decorre da escala de produção e da capacidade dos produtores de investir em tecnologia, exigindo a presença de agentes com maior poder de mobilização de capital e maquinário, e, portanto, maiores no mercado – isto, é maior concentração.

Ora, a detenção de grande poder de mercado por uma empresa, cujo grau extremo é o monopólio, estimula-a[35] a reduzir a produção e a aumentar o preço, excluindo do acesso ao produto uma faixa de consumidores, não disposta ou não capacitada a adquiri-lo pelo novo preço. Uma vez que tais recursos, não gastos pelos consumidores, não são sequer transferidos aos produtores, essa situação é referida como *dead weight loss* (*peso morto*) e considerada como uma perda ou prejuízo social.[36] Além desse, outros custos incorridos pelo detentor de poder de mercado para mantê-lo – tais como a excessiva publicidade e o *lobbying* para favorecimento de sua posição – expressam a ineficiência alocativa gerada pelos monopólios ou posições dominantes no mercado, ao transferirem recursos em direções diferentes ao aumento do bem-estar dos consumidores e da sociedade.

Por outro lado, as economias de escala e outras vantagens decorrentes da realização de maior volume de produção são fator de redução dos custos de produção e, portanto, do custo unitário de cada bem produzido.[37] Assim, a possibilidade de redução do seu preço daí decorrente tornaria a formação de empresas de maior porte – e, portanto, com maior poder de mercado – vantajosa aos consumidores.

A situação de ocorrência mais típica desse conflito é o controle das concentrações, na qual a discussão essencial é como equilibrar o risco à concorrência apresentado pela operação (ineficiência alocativa) e as vantagens decorrentes do aumento das economias de escala e da capacidade de investimento e atuação da nova empresa (eficiência produtiva).[38]

---

35. Sobre os mercados oligopolizados, v. o Capítulo I, subitem 2.4.

36. Uma explicação menos sintética da conduta do monopolista e do conceito de *dead weight loss* é elaborada no Capítulo I, subitem 2.5.

37. Entra aí o conceito das *economias de escopo*, que se relaciona com as economias decorrentes da produção em mais de uma planta ou de mais de um produto, tais como estruturas de distribuição, custos de publicidade, entre outros (cf. J. Brodley, in *Antitrust Law Journal* 64/580-581).

38. Há várias condutas a princípio proibidas pelas regras antitruste que a teoria neoclássica afirma serem eficientes. O exemplo mais comum é a dos *acordos verticais*, que permitiriam maior eficiência na distribuição mas são, se referentes ao preço, considerados ilegais pelos precedentes judiciais vinculantes no sistema norte-americano. No nosso raciocínio e exemplos nos limitaremos aos problemas das concentrações.

Apesar da crucialidade de tal conflito para o direito da concorrência, não há solução que permita apontar, *a priori*, se uma determinada posição dominante de mercado trará mais prejuízo, sob a forma da ineficiência alocativa, ou mais vantagens ao consumidor, a partir do aumento da eficiência produtiva.[39]

Nesse sentido, a teoria neoclássica – e sobretudo seus membros mais radicais – defende a supremacia da eficiência produtiva sobre a prevenção à ineficiência alocativa, assumindo a necessidade de um certo grau de arbitrariedade nos casos de dúvida.[40] Tal posição é decorrente da visão ideológica dos seus defensores, propugnando por uma política antitruste de caráter menos intervencionista, já que entendem ser custosa e muitas vezes "ineficiente" (ao bloquear a realização de eficiências) a aplicação da legislação. A teoria neoclássica opõe-se explicitamente aos rumos tomados pelo antitruste, sobretudo o controle dos atos de concentração, à época da chamada *Warren Court*,[41] a qual caracterizou-se por uma ênfase na proteção às pequenas empresas, em detrimento da busca de eficiência.[42] Uma das características da Escola de Chicago é o credo na capacidade dos mercados de encontrarem as soluções de maior eficiência, nos dois sentidos da palavra – e, portanto, contrária ao seu excessivo monitoramento pelo Estado, mesmo através das normas antitruste.

Com efeito, opondo-se à proteção das pequenas empresas no mercado, os adeptos de Chicago defendem ser a *maximização do bem-estar*

---

39. Oliver E. Williamson ("Economies as an antitrust defense revisited", *University of Pennsylvania Law Review* 125/714-735, n. 4) elabora um modelo de análise para o cotejo do aumento da eficiência promovido por um ato de concentração e o aumento do poder de mercado decorrente da operação, defendendo que o aumento do bem-estar econômico (eficiência alocativa) é superior com a permissão da operação em comparação à sua negativa. Cf., ainda, para uma discussão aprofundada sobre as possibilidades de cotejo entre os dois aspectos da eficiência, Calixto Salomão Filho, *Direito Concorrencial – As Estruturas*, pp. 168-173.

40. R. Bork (*The Antitrust Paradox: ...*, 2ª ed., p. 129) afirma: "(...) but the nature of the problems shows that some degree of arbitrariness will have to be accepted as satisfactory by everyone because direct measurement of the conflicting factors cannot conceivably handle the trade-off dilemma. Indeed it is precisely the introduction of an attempt to quantify economies that would make the law even more arbitrary than it need to be, by eliminating the most important efficiencies from consideration". Joseph Brodley (in *New York Law Review* 62/1.028), por sua vez, afirma: "(...) this further confirms that production and innovation efficiencies should be the primary efficiency goals of antitrust, and that even in the pursuit of allocative efficiency the enforcement agencies should, whenever possible, take production and innovation efficiency effects into account".

41. Referência que designa o período em que a Suprema Corte Norte-Americana esteve sob a presidência de Earl Warren, de 1953 a 1969. Note-se que o cargo de *Chief Justice* (presidente) na Suprema Corte dos Estados Unidos é cargo vitalício.

42. V. o Capítulo III, subitem 7.1.

do consumidor o objetivo principal das normas de proteção à concorrência.[43] E é a partir da satisfação do consumidor que a teoria proclama a eficiência alocativa, no sentido da maximização da riqueza global da sociedade como o objetivo supremo do antitruste.[44] A fim de caracterizar o que constituiria a alocação de recursos mais eficiente – isto é, vantajosa ao consumidor –, entretanto, aponta para a situação de produção a menores custos, vale dizer, realização de eficiência produtiva. É bem ilustrativa a afirmação de Bork de que "o bem-estar do consumidor é maior quando os recursos da sociedade são alocados de modo a satisfazer seus desejos o mais completamente possível quanto permitido pelos limites tecnológicos".[45] O potencial conflito entre os dois tipos de eficiência, acima descrito, é resolvido a partir da crença na capacidade do mercado de solucionar as situações de poder de mercado satisfatoriamente, bem como nas vantagens da promoção da eficiência produtiva, que permitem produzir a custos inferiores.

Não foi por acaso, assim, que a elaboração doutrinária do conceito de *eficiência econômica* e sua aplicação na análise de questões antitruste surgiu nos Estados Unidos. Isso ocorreu a partir de dois vetores de influência: o surgimento do movimento acadêmico da Análise Econômica do Direito, que tem como proposição básica a imperatividade de o Direito promover a eficiência econômica, e a necessidade de flexibilização do direito de proteção à concorrência, de modo a adaptá-lo ao contexto de uma economia globalizada.

Quanto ao segundo vetor de influência, diz respeito à necessidade sentida pela doutrina da concorrência de flexibilizar a aplicação do controle dos atos de concentração de modo a permitir a união de empresas, com vistas ao aumento de sua eficiência produtiva. A melhora de sua produtividade era apontada como solução para a crise de competitividade da indústria norte-americana com relação a empresas européias e asiáticas. A concorrência de produtos estrangeiros nos mercados domésticos vinha crescendo ao mesmo tempo em que os mercados externos tornavam-se mais disputados.[46]

---

43. Cf. R. Bork, *The Antitrust Paradox:* ..., 2ª ed., p. xi.
44. V. o conceito paretiano de eficiência no subitem 15.1.
45. *The Antitrust Paradox*, ..., 2ª ed., p. 90. Herbert Hovenkamp (*Federal Antitrust Policy:* ..., p. 77) também afirma, nesse sentido, que "the consumer welfare principle in use has become identical with the principle that the antitrust laws should strive for optimal allocative efficiency. Perhaps an only slightly cruder alternative is that antitrust policy under the consumer welfare principle chooses that option which leads to highest output and lowest prices in the market in question".
46. Conforme aponta Joel Davidow ("Liberalization of trade regulation as a trade strategy", *Columbia Business Law Review* 83/86 e 90, respectivamente): "Trade deficits,

Conforme já analisado,[47] a disciplina legislativa do controle de atos de concentração nos Estados Unidos não menciona a possibilidade de alegação de eficiência para defesa de atos de concentração tendentes a uma redução substancial da concorrência ou à criação de monopólio no mercado envolvido.[48] Como as regras mais específicas do sistema de proteção à concorrência no país são formuladas pela jurisprudência,[49] entende-se ser possível às Cortes desenvolver regras sobre a questão. Até recentemente, porém, esse tipo de defesa não era aceito judicialmente.[50] Daí a campanha doutrinária pelo desenvolvimento de regras jurisprudenciais tendentes a incorporar a eficiência como defesa. Mais exatamente, as agências governamentais encarregadas de apreciar as operações de concentração passaram a tomar em consideração o aumento da eficiência proporcionado pelo ato de concentração. Nas suas decisões esse é um aspecto importante, na medida em que, atualmente, as partes compõem-se com as agências, adaptando as operações às suas exigências, a fim de impedir seu ingresso em juízo para desconstituir a operação.[51] Não sendo possível a conciliação prévia, normalmente desistem da concentração, pois a condenação judicial, no caso, torna-se muito provável.

particularly in U.S., have made politicians particularly susceptible to the argument that selective weakening or reshaping of national antitrust rules can achieve some mercantilist advantage or at least remove a perceived disadvantage". No tocante especificamente aos atos de concentração, o autor aponta que as agências antitruste norte-americanas "responded to the trade deficit crisis and policy criticism by issuing guidelines in 1982 and 1984, (...) suggesting that mergers might be justified as necessary to achieve efficiency and that the potential foreign competition would be taken into account in defining markets". Cf. também o *FTC Staff Report* ("Competition policy in the new high-tech, global marketplace", *Antitrust Law Journal* 64/791), recomendando a revisão da política antitruste com relação a atos de concentração e *joint ventures* "to ensure that procompetitive, efficiency-enhancing transactions are permitted".

47. V. o Capítulo III, subitem 7.2.

48. O texto do *Clayton Act*, Seção 7, proíbe a aquisição de ações ou ativos de empresa cujo efeito "may be substantially to lessen competition, or to tend a create a monopoly" (cf. Handler *et al.*, *Cases and Materials on Trade Regulation*, pp. 11-12, "Appendix A – Principal Antitrust Statutes").

49. O exemplo mais significativo nesse sentido é a criação da *regra da razão*. V. o Capítulo II, item 6.

50. Atualmente, tem crescido a aceitação da defesa da eficiência pelas Cortes inferiores, mas não ainda pela Suprema Corte (cf. Margarida Afonso, "A catalogue of mergers defenses under European and United States antitrust law", *Harvard International Law Journal* 33/1. Cf., ainda, J. Brodley, in *Antitrust Law Journal* 64/575-576).

51. Isso porque, conforme foi analisado no Capítulo III, item 7, o modelo norte-americano de proteção à concorrência é judicial, vale dizer, as agências não têm competência para aprovar ou reprovar atos de concentração e outras operações potencialmente lesivas à concorrência, devendo entrar em juízo para obter a cessação da prática e a condenação dos agentes, quando cabível.

Nos países cujo direito da concorrência desenvolveu-se de modo mais flexível e permeável a outras políticas econômicas, a própria legislação costuma prever a possibilidade de aprovação de operações de concentração que tenham por potencial efeito o progresso tecnológico e econômico[52] ou, ainda, a aceitação de atos que tendam a promover o interesse público.[53] Esses termos vagos permitem a flexibilização da aplicação da lei para defesas não ancoradas em razões puramente concorrenciais. Quando a lei antitruste não alude especificamente a justificativas que possam compensar a aprovação de atos de concentração tendentes à redução da concorrência no mercado relevante, a flexibilização para o atendimento de outro tipo de interesses torna-se viável somente através da não-efetividade da lei, que deixa de ser aplicada aos casos sob sua disciplina. Foi o que ocorreu no Japão, onde, historicamente, tendeu-se à omissão diante de atos de concentração, mesmo em mercados concentrados.[54] Algo similar ocorreu nos Estados Unidos na década de 80, quando a legislação antitruste foi aplicada de forma extremamente leniente à onda de fusões e aquisições que marcou aquela economia no período.

Inicialmente, as críticas de que o sistema de proteção à concorrência no país tinha se tornado um obstáculo ao crescimento e eficiência das empresas norte-americanas provinham de uma linha doutrinária mais conservadora, interessada na diminuição da interferência estatal na economia – mesmo aquela veiculada por regras antitruste, um mecanismo de regulação, como é sabido, de caráter pouco interventivo.

Porém, a percepção de que as empresas norte-americanas necessitavam de um incremento produtivo e de sua capacidade de inovação e que isso podia ser conquistado através da fusão e união de empresas ganhou consenso a partir da década de 90. Passou a ser defendida a permissão para atos de concentração nos quais haja formação ou aumento de poder de mercado. Apontava-se que "no passado o tradicional balanceamento era entre um aumento no poder de mercado causado pela redução do número de concorrentes num mercado e a necessidade de preser-

---

52. Cf. art. 2 da *European Community Merger Control Regulation*, de 20.9.1990.

53. A lei alemã instituidora de um controle de atos de concentração permite ao ministro da economia reformar decisões da autoridade antitruste a fim de aprovar operações que promovam "vantagens para a economia como um todo" ou "o prevalecente interesse do público". A legislação inglesa – *Fair Trading Act* de 1973 –, sobretudo até a metade da década de 80, era aplicada tomando em consideração amplas defesas no sentido do interesse público. A partir de então sua aplicação vem restringido defesas outras que não as condições de concorrência nos mercados analisados (cf. Roger Alan Boner e Reinald Krueger, in *The World Bank Technical Paper* 160/28-30 e 34-37, respectivamente).

54. Para uma análise da legislação e política antitruste no Japão, v. o Capítulo III, item 9.

CONTROLE DE ATOS DE CONCENTRAÇÃO E GLOBALIZAÇÃO 189

var oportunidades às empresas de alcançar eficiência através de um ato de concentração. Com o aumento e dinâmica da concorrência global, os consumidores são, muitas vezes, protegidos contra o abuso do poder de mercado pela entrada no mercado, efetiva ou potencial, de empresas estrangeiras. O mais importante é que as firmas americanas não serão bem-sucedidas na concorrência global se não forem eficientes. Assim, o tradicional balanceamento pode, justificadamente, ser modificado para encorajar arranjos eficientes, mesmo às expensas de algum aumento no poder de mercado".[55]

A complicadíssima questão dos limites para a aceitação da defesa no caso de atos de concentração considerados lesivos à concorrência, porém, está longe de ser consensual, e continua sendo debatida.[56]

Obviamente, o desenvolvimento do conceito e seus delineamentos não podem ser compreendidos como uma decorrência pura e simples da globalização. Em termos substantivos, como foi apontado, a elaboração e gradativo crescimento de importância do conceito decorreram do trabalho e hegemonia acadêmica da chamada *Escola de Chicago* a partir da saturação das teorias econômicas que embasavam a aplicação da lei antitruste e da excessiva ênfase na manutenção dos concorrentes de menor porte no mercado. Mas sua difusão como uma defesa a ser utilizada na apreciação do controle dos atos de concentração foi acentuada como uma resposta ao problema da concorrência internacional e ao relativo desaparelhamento conceitual das Cortes para tomar em conta os novos elementos do processo de concorrência.

No Brasil, a Lei 8.884, de 1994, incorpora a noção de *eficiência* em dois contextos diferentes. No § 1º do art. 20, como excludente de ilicitude para a conduta do domínio de mercado caso resulte do crescimento interno da empresa. No art. 54 trata-se de uma defesa para a aprovação dos atos de concentração potencialmente prejudiciais à livre concorrência, desde que combinada a outras condições – a divisão com os consumidores dos benefícios decorrentes da operação, a não-eliminação da concorrência em parcela substancial do mercado relevante de bens e serviços e a observância dos limites estritamente necessários para a consecução dos objetivos da operação.

15.3 A aplicação do conceito de eficiência econômica

Conforme foi analisado, o conceito de *eficiência econômica* no antitruste foi desenvolvido pela doutrina norte-americana. Sua difusão e

---

55. Robert Pitofsky, "Proposals for revised United States merger enforcement in a global economy", *Georgetown Law Journal* 81/205-206.
56. Essa questão será aprofundada no item subitem 15.3, abaixo.

elaboração nos tribunais, sobretudo no tocante aos atos de concentração, entretanto, foram bastante limitadas, em virtude, principalmente, de alterações na disciplina do controle de atos de concentração, com o estabelecimento da notificação prévia das operações às autoridades.[57] Gerou-se, assim, uma situação ambígua. Tratando-se de um sistema jurídico da *common law*, no qual os precedentes judiciais são fundamentais na criação do Direito, é necessária a existência de precedentes judiciais da Suprema Corte para fundamentar a validade da defesa da eficiência no sistema jurídico daquele país. Por outro lado, mesmo inexistindo a fundamentação judicial, a aplicação do conceito pelas agências antitruste tem dotado essa defesa de efetividade no controle dos atos de concentração.

A análise da aplicação da eficiência econômica em sede judicial, entretanto, costuma apontar alguns casos nos quais as Cortes entenderam ser essa defesa uma justificativa compensadora da criação ou aumento do poder de mercado dos agentes. Trata-se, no geral, de casos referentes a acordos verticais, não podendo, assim, ser estendidos à disciplina do controle de atos de concentração.

O caso apontado como marco da adoção de uma postura mais sensível à defesa da eficiência pela Suprema Corte é "Continental T.V., Inc. *v.* GTE Sylvania Inc.", no qual se afirmou a necessidade de submeter acordos verticais entre produtor e seus franqueados à regra da razão, e não ao sistema da ilegalidade *per se*. Isso porque *as restrições verticais promovem competição entre marcas (**interbrand competition**), ao permitir ao produtor alcançar certas eficiências na distribuição de seus produtos.*[58] A esse julgado seguiram-se novas decisões mencionando a possível realização de eficiências em restrições verticais.[59]

No campo dos atos de concentração, porém, como já foi mencionado, o desenvolvimento da doutrina da eficiência não teve sede na esfera judicial, ao menos não da Suprema Corte. É possível, todavia, encontrar decisões de instâncias inferiores tratando da eficiência. Essas decisões têm como traço a exigência de provas efetivas do aumento de eficiência e de que esse aumento será transferido a consumidores. Além disso, as Cortes relutam em aprovar atos de concentração cuja realização de eficiência pode ser obtida por formas menos restritivas, bem como em

---

57. Para uma descrição mais detalhada do sistema de notificação das operações de concentração e de sua aplicação, v. o Capítulo III, subitens 7.2 e 7.3.

58. "Continental T.V., Inc. *v.* GTE Sylvania, Inc." (433 US 36, 97 S.Ct. 2.549, 53 L. Ed.2d. 568), transcrito por Thomas D. Morgan, *Cases and Materials on Modern Antitrust Law and its Origins* (trad. do original), p. 532.

59. Por exemplo, "Broadcast, Inc. *v.* Columbia Broadcasting System, Inc." (441 US 99 S.Ct. 1.551, 60 L.Ed.2d 1, 1.979), transcrito por T. Morgan, *Cases and Materials* ..., pp. 565-575.

permitir a realização de operações ilegais, comprovadamente anticoncorrenciais, apenas em decorrência da sua capacidade de aumentar a eficiência dos agentes envolvidos. A defesa da eficiência acaba, assim, por ser mais efetiva em concentrações cujo potencial lesivo à concorrência é menor.[60]

É ilustrativo desta tendência de reconhecer aumento de eficiência após a avaliação de que a operação não apresenta riscos excessivos à concorrência o caso "United States v. Syufy Enterprises", de 1990. A Divisão Antitruste do Departamento de Justiça requeria a desconstituição de compras de salas de cinema realizadas entre 1982 e 1984, na região de Las Vegas, por um dos operadores de sala na área, *Syufy*. As sucessivas aquisições tornaram *Syufy* praticamente o único concorrente na região e foram motivadas pelo seu estilo empreendedor e pioneirismo na abertura de cinemas com diversas salas de projeção. A demanda do autor foi rejeitada em primeira instância com base no fato da não-existência de barreiras à entrada e, portanto, não-detenção por *Syufy* de poder de mercado suficiente para controlar os preços dos ingressos. A Corte de Apelação, por sua vez, manteve a decisão, reconhecendo a inexistência de danos aos consumidores em razão da incapacidade da *Syufy* de aumentar preços. E justificando que "a compra de concorrentes não apenas é permitida, como contribui à estabilidade dos mercados e promove a alocação eficiente dos recursos (...). Numa economia de livre mercado decisões como esta devem ser tomadas pelos atores econômicos, em resposta às forças do mercado, e não por burocratas perseguindo suas próprias noções de como o mercado deveria operar".[61]

É na atividade das agências antitruste no exercício de seu poder de receber e analisar notificações de operações concentrativas que a eficiência é tratada com mais sistematicidade e aplicada de forma mais efetiva.

As diversas *mergers guidelines*[62] emitidas pelos órgãos mostram a evolução do seu tratamento às eficiências.

O tema da eficiência nesse tipo de publicação das agências antitruste foi elaborado com maior ênfase na revisão às *merger guidelines*, em 1984.[63] A posição afirmada pelo Departamento de Justiça nesse docu-

---

60. Cf. Joseph P. Griffin e Leanne T. Sharp, "Efficiency issues in competition analysis in Australia, the European Union and the United States", *Antitrust Law Journal* 64/658.
61. "United States v. Syufy Enterprises" (*United States Court of Appeals*, Ninth Circuit, 1990, 903 F. 2ed. 659), transcrito por T. Morgan, *Cases and Materials* ..., p. 765.
62. Para uma explicação mais detalhada da iniciativa das agências antitruste norte-americanas de publicarem *mergers guidelines*, v. o Capítulo III, subitem 7.2.
63. Na verdade, as 1982 *mergers guidelines* do Departamento de Justiça já tocavam no tema, mas muito timidamente. Com efeito, afirmava-se numa das seções finais

mento era no sentido de que seria dada importância às alegações de aumento de eficiência em todos os casos nos quais estivessem fundamentadas em provas claras e convincentes. Afirma-se ainda que o aumento da eficiência não constitui defesa para um ato de concentração anticoncorrencial, mas é um dos vários fatores a serem considerados pelo Departamento na determinação sobre a impugnação ou não da operação. Além disso, o documento indica como as eficiências seriam avaliadas. Os tipos de eficiência aceitos eram as economias de escala, a melhor integração das estruturas de produção, a especialização de fábricas e a redução de custos de transportes. Além disso, redução em custos de vendas e administração também poderiam ser aceitos, desde que comprovados. As exigências estabelecidas pelo Departamento de Justiça para aceitação das eficiências referiam-se à sua comprovação, e à não existência de meios menos lesivos à concorrência, suficientes para a consecução dos fins da operação.[64]

As *Antitrust Enforcement Guidelines for International Operations* do Departamento de Justiça, publicadas em 1988, por sua vez, afirmam a posição das agências de analisar sob a regra da razão práticas cooperativas restritivas à concorrência que possam aumentar a eficiência produtiva e, assim, o bem-estar dos consumidores. Nessas situações o potencial efeito anticompetitivo revelado pelo aumento do poder de mercado deveria ser comparado com o possível aumento de eficiências. As *guidelines* utilizam com freqüência a expressão "eficiências integrativas", a qual inclui a redução de custos, a produção de novos produtos ou serviços e a promoção de pesquisa e desenvolvimento.[65]

As *mergers guidelines* publicadas conjuntamente pelo Departamento de Justiça e pela *Federal Trade Commission*, em 1992, mantêm a linha geral da versão de 1984. Afirmam que o benefício primordial dos atos de concentração à economia é seu potencial de criação de eficiências. Assim, algumas operações que as agências, em outras circunstâncias, poderiam impugnar podem ser consideradas necessárias à obtenção de eficiências significativas. As *guidelines*, para esse efeito, conside-

do documento que apenas em casos extraordinários o Departamento iria considerar uma alegação de eficiência como fator de mitigação de operação considerada inaceitável (*United States Department of Justice, Antitrust Division Statement Accompanying 1982 Merger Guidelines*, transcrito por Andrew I. Gavil, *An Antitrust Anthology*, p. 307).

64. Cf. *United States Department of Justice, Statement Accompanying Release of Revised Merger Guidelines, June 1994*, transcrito por A. Gavil, *An Antitrust Anthology*, pp. 317-318.

65. *Antitrust Enforcement Guidelines for International Operations*, transcrito por Philip Areeda e Louis Kaplow, *Antitrust Analysis. Problems, Texts, Cases*, 4ª ed., "Supplement", pp. 181-186.

ram incluídas no conceito de *eficiência* as economias de escala, a melhor integração das estruturas de produção, a especialização de unidades fabris, a redução de custos de transportes, assim como a redução de custos relativos às vendas, serviços ou distribuição das firmas em concentração, mesmo reconhecendo que, na prática, alguns dos tipos de eficiência sejam de difícil demonstração. Ademais, defesas baseadas na eficiência serão rejeitadas quando houver a possibilidade de que economias comparáveis possam ser obtidas por outras formas, menos restritivas à concorrência. Finalmente, afirmam as *guidelines* ser necessário que as eficiências sejam substanciais na medida em que a operação apresente riscos à concorrência.[66]

O tratamento das eficiências nas *mergers guidelines* de 1992 foi objeto de revisão em 1997, com a publicação da *revision* da *Section 4* da *Horizontal Merger Guidelines*, pelas duas agências antitruste.[67] O documento teve por finalidade explicitar, com maior detalhamento, a posição das agências com relação à defesa da eficiência.

Nesse sentido, as *guidelines* afirmam constituir a eficiência – com seu potencial de redução de custos, melhora de qualidade, desenvolvimento de novos serviços e produtos – um estímulo à concorrência pelas empresas. Esse incentivo a competir tende a ser especialmente relevante quando duas empresas ineficientes se agrupam, formando um agente com maior potencial de concorrência, capaz de pôr em xeque o poder de mercado do concorrente-líder. Mesmo assim, as agências afirmam que a eficiência raramente justifica um ato de concentração resultante em monopólio ou muito próximo de um monopólio. Ademais, a experiência das autoridades antitruste é no sentido de que a eficiência tende a fazer mais diferença quando os efeitos anticoncorrenciais de um ato de concentração não são excessivos. Ainda no tocante à preservação da concorrência, as *guidelines* exigem que o ato de concentração seja a única maneira adequada de propiciar a consecução das eficiências alegadas, não sendo viável sua substituição por uma operação menos lesiva à concorrência – extraindo daí o conceito de eficiências específicas aos atos de concentração.

As *guidelines*, finalmente, exemplificam os tipos de eficiências específicas aos atos de concentração que tendem a produzir os efeitos mais benéficos à economia e à concorrência. Em primeiro lugar, a eficiên-

---

66. *Department of Justice and Federal Trade Commission Horizontal Merger Guidelines*, transcrito por Philip Areeda and Louis Kaplow, *Antitrust Analysis.* ..., pp. 121-130.

67. "Revision to horizontal merger guidelines issued by the US Department of Justice and the Federal Trade Commission", in *BNA, Antitrust and Trade Regulation Report*, 4.10.1997.

cia decorrente da transferência da produção entre diferentes unidades anteriormente separadas, o que permite a redução do custo marginal de produção. Em segundo lugar, a pesquisa e desenvolvimento, ainda que a demonstração de seus possíveis resultados eficientes seja menos segura. Finalmente, alegadas reduções de custo na obtenção de capital ou de administração não tendem a ser consideradas como específicas de atos de concentração. Nesse último ponto, assim, retrocedem da posição adotada na versão de 1984. Isso se explica pelo fato de a política antitruste no Governo Reagan ter sido excessivamente leniente, com a ocupação dos cargos-chaves por ideólogos afinados com as visões mais radicais da Escola de Chicago.[68]

A aplicação da defesa da eficiência econômica na Comunidade Européia tem traços peculiares que a distinguem da jurisprudência norte-americana. Um dos principais motivos da dessemelhança é a menor tradição na Europa de aplicação da análise econômica[69] no direito da concorrência. Com efeito, sob influência predominante da tradição jurídica do direito civil, de origem romano-germânica, a aplicação do direito da concorrência da Comunidade baseia-se principalmente na exegese dos textos legais. Outra razão que pode ser apontada para a diferença tem a ver com a influência dos debates sobre a importância da eficiência, proposta pela Escola de Chicago, mais reduzida no antitruste europeu. A bem da verdade, os textos legais da Comunidade sequer utilizam o termo "eficiência". Se a análise de sua aplicação nesse ordenamento jurídico é possível, e tem sido empreendida por estudiosos da matéria, isso se deve à influência da doutrina norte-americana no antitruste europeu e ao crescimento da influência do método comparativo.

Deve ser ressalvado, ainda, que na Europa o conceito de *eficiência* é delimitado com menos rigor que nos Estados Unidos, misturando-se, muitas vezes, a outras considerações de política econômica e industrial. Sua aplicação tem lugar na apreciação de acordos restritivos ou que destorçam a concorrência, proibidos pelo art. 81 (1) do Tratado de Roma, mas sujeitos à possibilidade de exceção com base no art. 82 (3), desde que (a) contribuam para o incremento da produção ou distribuição de mercadorias ou para a promoção do desenvolvimento técnico ou econômico, ao mesmo tempo em que distribuam uma fatia justa dos benefícios decorrentes da operação aos consumidores, (b) não imponham às partes envolvidas restrições à concorrência que não sejam absolutamente

---

68. Sobre as idéias da Escola de Chicago no direito antitruste, v. o item 15.2, acima.

69. Como é evidente, não se está referindo, aqui, ao movimento da Análise Econômica do Direito, mas sim à aplicação dos conceitos da Microeconomia à análise do comportamento dos agentes no mercado, assim como de sua estrutura.

necessárias à consecução dos objetivos visados e (c) não restrinjam a concorrência em parte substancial dos mercados em questão.[70] Além disso, desde 1989 aplica-se às concentrações de dimensão européia[71] o Regulamento do Conselho Europeu 4.064/89, o qual determina que, na apreciação dos atos de concentração, a Comissão leve em conta o desenvolvimento técnico e o progresso econômico, desde que sejam benéficos aos consumidores e não constituam um obstáculo à concorrência.

A aplicação do art. 85 (3) do Tratado de Roma mostra que a interpretação do que venha a ser considerado "incremento da produção" ou "distribuição de mercadorias", ou "promoção do desenvolvimento técnico ou econômico", inclui ganhos de eficiência, tais como redução de custos na produção, nos acordos de especialização e na eliminação de duplicações em pesquisas. Além disso, efeitos relacionados mais proximamente à construção do mercado comum também são valorizados nas decisões, tais como o aumento da facilidade de entrada em novos mercados geográficos. Efeitos relacionados ao emprego e questões redistributivas também podem entrar em consideração.[72]

No tocante à aplicação do Regulamento 4.064/89 a Comissão Européia entende que a definição do que venha a constituir "desenvolvimento do progresso técnico e econômico" deve tomar por base os princípios criados para interpretação do art. 85 (3). De qualquer forma, a Comissão tem entendido que, quaisquer que sejam o aumento de eficiência ou a produção de efeitos econômicos positivos decorrentes de um ato de concentração, o mesmo não pode ser aprovado se criar ou aumentar posição dominante cujo efeito seja a redução substancial da concorrência. Esse entendimento foi expresso em alguns casos.

Foi *Aerospatiale-Alenia/De Havilland*[73] o primeiro caso no qual a Comissão entendeu que a eficiência alegada – redução de custos da ordem de 0,5% do faturamento combinado das empresas em concentração – era insuficiente para contribuir para o desenvolvimento do progresso técnico descrito pelo Regulamento. Tratava-se da aquisição de *De Havilland*, uma subsidiária da *Boeing*, por *ATR*, uma *joint venture* entre *Aerospatiale*, francesa, e *Alenia*, italiana. Essa última era a líder mundial na produção de aeronaves médias para passageiros, e *De Havilland*

---

70. Para uma descrição mais detalhada do direito da concorrência na Comunidade Européia, v. o Capítulo III, subitem 8.1.
71. Para uma descrição de como o Regulamento define as concentrações de dimensão européia, v. o Capítulo III, subitem 8.2.
72. Cf. J. Griffin e L. Sharp, in *Antitrust Law Journal* 64/662-663.
73. Commission Decision 91/619 (O.J. L 3.344/42, Dec. 5, 1991), transcrito por George A. Bermann *et al.*, *Cases and Materials on European Community Law*, pp. 871-878.

a segunda no mercado, cujo grau de concentração passaria de 46% para 63%, ficando o terceiro concorrente, *Fokker*, com apenas 22%. A Comissão entendeu que, em decorrência do aumento da posição dominante da nova empresa, dificilmente os benefícios da operação seriam repassados aos consumidores, existindo a tendência em sentido contrário, da exploração do mercado pela empresa dominante. Outras decisões da Comissão seguiram essa linha, considerando incompatíveis com o mercado comum operações resultantes na criação ou aumento de posição dominante em determinados mercados, à medida que o poder da nova empresa seria um obstáculo à transferência dos benefícios decorrentes do aumento da eficiência econômica aos consumidores.

Outros exemplos de decisões da Comissão nesse sentido foram *MSG Media Service* e *Nordic Satellite Distributorship*.

MSG Media Service[74] era uma *joint venture* entre três grandes empresas alemãs para desenvolver aspectos técnicos, comerciais e administrativos do serviço de televisão por assinaturas e difundir o sistema digital no serviço e foi considerada incompatível com o mercado comum, na medida em que seria criado um monopólio nas fases de desenvolvimento do serviço. Embora a Comissão tenha concordado com o fato de que a difusão da televisão digital era um empreendimento de que poucas empresas poderiam dar conta, o requisito de que não fosse criado obstáculo à concorrência não estava presente no caso.

Nordic Satellite Distributorship,[75] por sua vez, referia-se à formação de *joint venture* para a distribuição de televisão por satélite nos países nórdicos. A operação teria criado uma estrutura vertical altamente integrada, envolvendo significantes economias de escala e de escopo, mas teria por resultado o reforço da posição dominante das partes em diferentes mercados, tendo, assim, sido proibida pela Comissão.

Apesar da postura rigorosa da Comissão com operações envolvendo parcelas muito grandes de mercados relevantes dentro da Comunidade (a porcentagem de 40% é tida como limite a partir do qual a operação passa a ser considerada incompatível com o mercado), essa autoridade estimula a reapresentação, pelas partes, da operação reformulada, a fim de conciliar a obtenção de efeitos eficientes e os requisitos para a aprovação da operação, especialmente a inexistência de forma menos lesiva à concorrência para a consecução das finalidades pretendidas com a operação.[76]

74. IV/M. 126, 1.992 O.J. (L 2.041), cit. por J. Griffin e L. Sharp, in *Antitrust Law Journal* 64/669-670
75. IV/M. 490, 5 C.M. L.R. 258 (1.995), cit. por J. Griffin e L. Sharp, in *Antitrust Law Journal* 64/670.
76. Idem, ibidem, p. 670.

Permite-se, assim, uma conciliação entre a política de concorrência e a política industrial na Comunidade.[77]

Por outro lado, as operações de concentração envolvendo setores de alta tecnologia tendem a ser vistas com maior tolerância pela Comissão, na linha do entendimento desenvolvido pelo órgão na interpretação do art. 81 (3) do Tratado de Roma. Um exemplo dessa postura foi demonstrado na fusão entre *Plessey*, *GEC* e *Siemens* em 1989, na qual o argumento de que seriam alocados vultosos recursos para pesquisa e desenvolvimento em telecomunicações e circuitos integrados foi decisivo para aprovação da operação.[78]

Em conclusão, a defesa da eficiência econômica tem servido ao propósito de flexibilizar as normas de controle de atos de concentração e viabilizar a realização de operações que permitam às empresas sua reestruturação diante de novos contextos de concorrência. Isso não significa, entretanto, seja sua aplicação, pelas autoridades antitruste, isenta de condições e regras. Nesse sentido, a necessidade de provas efetivas, a exigência de repartição dos ganhos com o consumidor, a não-eliminação total da concorrência e a não-existência de meios menos lesivos à concorrência são exigências estabelecidas pelas legislações para a aceitação da defesa. A dificuldade da prova[79] e o requisito de não-eliminação substancial da concorrência acabam por se constituir num limite para o enfraquecimento das políticas de concorrência, diante da defesa da eficiência.

16. Defesas ligadas à política industrial e globalização econômica

Política industrial é definida por Paul Krugman e Mark Obstfeld como "uma tentativa pelo governo de alterar a alocação de recursos para promover o crescimento econômico".[80] Pierre Buigues e André

---

77. Sobre as características da política antitruste européia e suas relações à política industrial e a outras políticas econômicas, v. o Capítulo III, subitem 8.1.

78. Cf. M. Afonso, in *Harvard International Law Journal* 33/34.

79. Alguns autores norte-americanos, para minorar esse problema, chegam a sugerir que a prova da eficiência seja feita em duas etapas. Uma no momento da submissão da operação a aprovação, e outra após o decurso de um período de três a cinco anos. Cf., nesse sentido, Brodley, in *Antitrust Law Journal* 64/595-606.

80. *International Economics: Theory and Policy*, 1991, p. 281, *apud* Mitsuo Matsushita, "The intersection of industrial policy and competition: the Japanese experience", *Chicago-Kent Law Review* 72/477.

Sapir, de sua parte, definem a expressão como "o conjunto de medidas aplicadas pelos governos para lidar com o processo de ajuste estrutural associado às alterações nas vantagens comparativas".[81] Essas e outras definições destacam serem as políticas industriais medidas de intervenção estatal na economia tanto para direcionar a atividade econômica para determinados setores mais benéficos ao país, quanto para minorar e suavizar os efeitos negativos da decadência de outros, afetados por alterações na estrutura do processo produtivo.[82] Os meios através dos quais se atingem os objetivos maiores de política industrial são diversos. O de maior destaque, sobretudo nos dias de hoje, é o incentivo à pesquisa tecnológica. Entre os principais devem ser mencionadas também as medidas voltadas aos setores em crise, com vistas à sua adaptação às novas condições de produção e competitividade ou à realocação de seus fatores na economia, e a promoção às pequenas empresas.[83]

Tradicionalmente, a política industrial caracterizava-se pela aplicação de medidas protecionistas destinadas a isolar a indústria nacional da concorrência externa. Muitas vezes, para incentivar o crescimento da indústria, a pressão competitiva era afastada mesmo no âmbito do mercado interno, mediante mecanismos como o controle de preços e de práticas anticoncorrenciais consolidadas, como a cartelização, oficial ou não, a tolerância às condutas abusivas por parte dos agentes com posição dominante de mercado e medidas de estímulo à concentração de empresas para formação de agentes de grande porte. Políticas industriais, nesse sentido, eram mecanismos quase incompatíveis com o direito da concorrência.

Atualmente, diante do contexto de redução da intervenção estatal na economia e da maior interligação entre os mercados, porém, tem havido uma preocupação crescente com a competitividade das indústrias, além de um crescimento da importância do antitruste como mecanismo de controle de mercados, levando a uma revisão das políticas industriais tradicionais, que isolavam os agentes nacionais da concorrência. Em muitos países, assim, a tendência é relacionar a política industrial à

---

81. "Community industrial policies", in Phedon Nicolaides (org.), *Industrial Policy in the European Community: a Necessary Response to Economic Integration?*, p. 21.

82. A perda de vantagens comparativas pode ser em relação à indústria de outro país que tem condições de produção que se tornaram mais vantajosas, pode ser em relação a outros produtos aos quais a demanda do primeiro se deslocou, ou ambos os aspectos combinados – isto é, produção mais vantajosa de produto substitutivo por outro país (cf. Mitsuo Matsushita, *International Trade and Competition Law in Japan*, p. 281).

83. Cf. M. Matsushita, in *Chicago-Kent Law Review* 72/482. V., também, sobre as defesas à concentração econômica ligadas à política industrial, C. Salomão Filho, *Direito Concorrencial* – ..., p. 180.

competitividade, dentro do objetivo de sucesso em mercados internacionalizados, compatibilizando-a com políticas antitruste.[84]

Dessa forma, algumas políticas industriais passam a ser avaliadas como defesas ou justificativas para exceções, isenções ou autorizações na aplicação das leis antitruste a atos de concentração, realização de *joint ventures* ou acordos de cooperação entre concorrentes. No passado a repercussão dessas políticas industriais nos sistemas econômicos nacionais já era considerável, mas sua articulação com políticas antitruste era incipiente. Sua aplicação ensejava mais diretamente exceções à aplicabilidade da lei de proteção à concorrência ou simplesmente o relaxamento dessa.

As principais defesas ligadas à política industrial em atos de concentração aceitas pelos ordenamentos dentro de uma perspectiva de globalização econômica, e que são conciliáveis com a proteção à concorrência, são o incentivo à pesquisa e desenvolvimento, às empresas em crise ou setores em depressão.

Há outras defesas para atos de concentração com base em políticas industriais também aplicáveis dentro de uma perspectiva de acirramento da disputa por mercados. Sua compatibilização com uma política de proteção à concorrência, porém, é discutível. Trata-se, exemplificativamente, do equilíbrio da balança de pagamentos, ou do aumento da competitividade internacional.

Essas defesas não se prestam somente ao controle dos atos de concentração, sendo possivelmente aplicáveis em outras questões envolvendo a proteção à concorrência. Sua utilização é especialmente importante na apreciação de acordos de cooperação e na formação de *joint ventures* entre concorrentes.

16.1 *Pesquisa e desenvolvimento*

Conforme vem-se comentando neste capítulo, a concorrência, hoje, envolve a constante e rápida inovação dos produtos. Nessas condições, o desenvolvimento tecnológico passa a ser a base não apenas para a

---

84. Conforme aponta Elisabeth Farina ("Política industrial e política antitruste: uma proposta de conciliação", *Revista do Instituto Brasileiro de Estudos das Relações de Concorrência e Consumo – IBRAC* 3/34-35, n. 8): "Em sua concepção tradicional, a política industrial sempre esteve associada ao protecionismo e à redução da pressão competitiva sobre as atividades econômicas que se desejava incentivar, uma receita de política de desenvolvimento econômico seguida por muitos países nas décadas de 60 e 70. Modernamente, a política industrial passou a ser relacionada à competitividade, em um contexto de países de economia madura e que têm perdido sua hegemonia nos mercados internacionais e nacionais".

inovação, mas também para a produção com menores custos e, assim, maior competitividade.

Dada sua importância para a competitividade, e, portanto, para o sucesso das empresas na concorrência – interna e externa –, com reflexos importantes nas economias nacionais, é comum a presença estatal para o incentivo a projetos realizados pela iniciativa privada, variando as políticas adotadas nos diferentes países para esse fim. Essas políticas, geralmente, são complementadas por exceções às regras antitruste para permitir a cooperação na forma de arranjos contratuais diversos, *joint ventures* ou, mesmo, atos de concentração entre concorrentes, como forma de enfrentar pesados custos envolvidos em programas de pesquisa e desenvolvimento. Além do custo, esses projetos envolvem ainda o problema do chamado *free rider*, isto é, do concorrente que não realizou qualquer pesquisa e desenvolvimento mas consegue copiá-los, principalmente na falta de mecanismos adequados de patenteamento e proteção à invenção. Esse perigo desestimula o investimento, reduzindo as atividades em pesquisa tecnológica. A permissão à participação da maior parte de potenciais *free riders* em *joint ventures*, acordos de cooperação ou atos de concentração tende a minorar o problema.[85]

Variam as soluções dadas pelas legislações antitruste para acomodar as operações envolvendo concorrentes com a finalidade de desenvolver pesquisa tecnológica. Em muitas situações o tratamento da pesquisa e desenvolvimento é unificado ao da eficiência, sendo aquela considerada um subtipo dessa. Esse tratamento em conjunto é possível na medida em que a pesquisa tecnológica desenvolvida pelas partes não se enquadre dentro de um programa de estímulo mais amplo, de iniciativa governamental. Do contrário é mais adequado seu tratamento como uma justificativa à parte para a concessão de isenções, exceções ou autorizações legais, com o estabelecimento de requisitos e condições próprios à situação.

Na Comunidade Européia, por exemplo, o sistema é o da isenção, individual ou em bloco, nos termos do § 3º do art. 82 do Tratado de Roma, aplicável a transações que "contribuam para o aperfeiçoamento da produção ou distribuição de bens ou para a promoção do progresso técnico ou econômico, desde que permitam aos consumidores uma parcela justa do benefício resultante" e, ainda, limitem-se às restrições à concorrência indispensáveis para a consecução desses objetivos e não permitam a eliminação da concorrência no mercado implicado.

No Direito Brasileiro o art. 54 da Lei 8.884, de 1994, prevê a autorização de atos que propiciem o desenvolvimento tecnológico ou econômico desde que satisfaçam as condições dos incisos II, III e IV do § 1º,

---

85. R. Pitofsky, in *Georgetown Law Journal* 81/240.

claramente inspirado no § 3º do art. 81 do referido Tratado da Comunidade Européia.

Os Estados Unidos são, formalmente, o país mais restritivo à defesa da pesquisa e desenvolvimento, pois não estabelecem qualquer sistema especial de isenção ou autorização para operações voltadas à pesquisa tecnológica, limitando-se, através do *National Cooperative Research Act of 1984*, a afastar a ilegalidade *per se* e reduzir as penalidades a que se sujeitam as *joint ventures* de pesquisa e desenvolvimento. Na prática, porém, seu tratamento de *joint ventures* para fins de pesquisa tecnológica foi bastante leniente.[86] Além disso, a pesquisa tecnológica pode ser analisada dentro da defesa da eficiência, sujeitando-se, aí, às condições impostas para sua aceitação.

O caso, porém, mais enfático de apoio à pesquisa e desenvolvimento é o japonês. Conforme analisado,[87] o país sempre colocou muita ênfase em políticas econômicas voltadas ao desenvolvimento industrial e à exportação. Sendo assim, as exceções às proibições estabelecidas nas leis antitruste combinam-se com diversos mecanismos de incentivo à pesquisa e desenvolvimento.

Um aspecto bastante importante da conciliação entre políticas de concorrência e estímulo às operações destinadas a pesquisa e desenvolvimento é a determinação dos limites estritamente necessários à consecução dos seus objetivos. Com efeito, na maior parte das vezes os projetos de pesquisa tecnológica podem ser realizados sem que as empresas participantes recorram à solução mais radical do ato de concentração, fundindo definitivamente seus ativos, com a eliminação de concorrentes e aumento de poder de mercado. Os resultados desejados podem ser obtidos através de *joint ventures*, cooperativas ou associações de empresas para a realização dos projetos. Essas soluções são comuns no Japão.

Em determinadas situações, porém, os atos de concentração são o caminho mais conveniente. É o caso do desenvolvimento a partir de base tecnológica existente, em que há justo receio dos participantes da associação ou *joint venture* de desvendar sua tecnologia para os demais.[88]

Obviamente, como em qualquer ato de concentração em que se alegam eficiências, a avaliação da operação deve ser cuidadosa, a fim de se evitar o indesejado resultado de eliminação da concorrência em inovação. Isto pode ocorrer em transações que agreguem dois esforços

---

86. O sistema antitruste norte-americano é descrito com maior detalhamento no Capítulo III, item 7.
87. V. o Capítulo III, item 9.
88. Cf. C. Salomão Filho, *Direito Concorrencial* – ..., p. 183.

de inovação concorrentes, ou esforços de inovação com produtos concorrentes cujas prováveis conseqüências serão a redução da qualidade ou diversidade da próxima geração do produto em questão ou o retardamento do seu lançamento e a eliminação da concorrência de preços entre os dois produtores.[89]

É importante acentuar que o estímulo à pesquisa e desenvolvimento, embora implique isenção e relaxamento das regras de concorrência, não é com elas incompatível. Ao contrário, a aplicabilidade das leis antitruste às condutas das associações, cooperativas ou mesmo *joint venture* que extrapolem os objetivos da pesquisa – por exemplo, estabelecendo políticas de preços ou de comercialização do produto em comum, divisão de territórios e outros acordos restritivos, ou utilizando a faculdade de licenciar patentes de modo a prejudicar concorrentes e, assim, dominar mercados – é importantíssima para impedir abusos da política incentivadora à pesquisa. É também comum na maior parte das legislações.

Tratando-se de atos de concentração justificados pelas partes interessadas com base na pesquisa e desenvolvimento, a autoridade antitruste deve verificar não apenas a necessidade da operação, em comparação com alternativas menos restritivas à concorrência, mas também os detalhes da operação e a possibilidade de ajustá-la o máximo possível à concorrência, utilizando-se para isso do mecanismo do *compromisso de desempenho*[90] ou figuras similares estabelecidas por outras legislações.

A conciliação entre o estímulo à pesquisa tecnológica e as políticas de concorrência, de fato, é possível. É bastante desejável sua busca pelas legislações, para evitar que a aplicação de políticas industriais ou desenvolvimentistas tenha que ser paga pelos consumidores e pela sociedade em geral na forma de eliminação da concorrência e das distorções daí decorrentes.

16.2 *Empresas em crise e setores em depressão*

Em algumas situações, empresas ou setores econômicos inteiros entram em crise, tendo dificuldades em permanecer como competidores viáveis nos mercados. Um determinado setor econômico pode entrar em depressão por diversas razões: aumento excessivo no custo de algum insumo; redução significativa na procura, explicável por mudanças de hábito de consumo ou pela descoberta de sucedâneos; perda de

---

89. Cf. *FTC Staff Report*, "Competition policy in the new high-tech, global marketplace", *Antitrust Law Journal* 64/794-795.

90. A Lei 8.884, de 1994, prevê que o CADE definirá compromissos de desempenho para os interessados que submetam atos a exame na forma do art. 54, de modo a assegurar o cumprimento das condições estabelecidas no § 1º do referido artigo.

vantagem comparativa da indústria com relação à de outro país ou perda de competitividade com relação a outros produtos são as principais. No caso de empresas individualmente consideradas, além de vulneráveis a esses fatores quando atingem seu setor, acrescentam-se à lista razões de ordem interna, como a má administração e conflitos societários.[91]

O processo de globalização tende a aumentar a incidência de casos de depressão de setores motivados pela perda de vantagem comparativa da indústria com relação a concorrentes estrangeiros, como ocorreu na indústria brasileira de brinquedos. Por outro lado, empresas podem ver-se em dificuldades para acompanhar o processo produtivo e de concorrência numa economia globalizada, tal como apontaram as empresas *Mahle, COFAP* e *Metal Leve* para justificação da compra da terceira pelas outras.[92]

As conseqüências são danosas à economia, gerando problemas sociais, como o desemprego em massa. Prejudicam também a concorrência, pois as empresas afetadas por crises e depressões tendem a sair do mercado, reduzindo-se sua capacidade instalada e gerando o aumento do poder de mercado daquelas que permanecem. Por isso, em caso de crise de uma empresa em um mercado já concentrado não se pode concluir que a alternativa de livre mercado – deixar que as empresas ineficientes fechem – seja a melhor alternativa para a política de concorrência. Ao contrário, tentar facilitar a recuperação dos agentes econômicos ou, pelo menos, a absorção da sua capacidade produtiva é solução pró-competitiva.

Nesse sentido, várias legislações contemplam políticas destinadas a auxiliar as empresas em dificuldade ou a reestruturar os setores em depressão, com o objetivo de reduzir os custos sociais da saída de agentes do mercado. Fazem parte dessas políticas exceções à lei antitruste para empresas em situação pré-falimentar ou em dificuldades e/ou setores econômicos em depressão, a fim, justamente, de propiciar a recuperação das empresas ou do setor, ou o aproveitamento da capacidade instalada.

São duas as soluções em geral adotadas pelos ordenamentos para lidar com a questão de setores em crise: a permissão para os cartéis (*crisis cartel*) e a permissão a atos de concentração envolvendo empresas em crise, mesmo quando resultam em elevada participação no mercado.

---

91. Cf. M. Matsushita, *International Trade* ..., p. 281; também R. Pitofsky, in *Georgetown Law Journal* 81/227.
92. O pedido de aprovação e a decisão do CADE nesse ato de concentração serão analisados no Capítulo VII, item 23.

Os *cartéis de crise* são acordos mediante os quais as empresas de um setor firmam contratos dispondo sobre redução da produção, utilização de capacidade e, quando necessário, preços. A importância da redução da produção é explicada pelo fato de os setores em depressão muitas vezes estarem produzindo acima do nível da procura no mercado. Todavia, as empresas têm receio de reduzir unilateralmente sua produção, sem que as demais tomem a mesma atitude, o que resultaria no encolhimento da sua participação no mercado.[93] Acordos para a redução da produção, se bem-sucedidos, evitam a necessidade de deliberação sobre preços,[94] o que seria mais prejudicial à concorrência.

A formação de cartéis, mesmo quando justificada, é muito perigosa para a concorrência, pois pode levar seus participantes a se aproveitarem do cartel para a fixação anticoncorrencial de preços e a exploração do consumidor. É desejável, assim, que haja um acompanhamento da situação das empresas e do seu setor de mercado pelas autoridades antitruste durante o tempo em que perdurar a permissão.

Os *cartéis de crise*, ou *depressão*, são mecanismos muito típicos da economia japonesa, previstos na lei antimonopólio, que permite exceções à proibição aos cartéis nos casos em que haja desequilíbrio entre oferta e procura de um determinado bem. Mas, além dessa previsão, cartéis foram historicamente autorizados por leis especiais, destinadas a reorganizar setores em crise. Além de permitir os cartéis, essas leis estabelecem planos, formulados pelo Ministério da Indústria e Comércio Internacional, destinados a reorganizar os setores em crise.[95]

A lei antitruste sul-coreana, muito influenciada pela japonesa, também prevê a possibilidade de autorização de cartéis pela Comissão de Livre Concorrência quando tiverem por finalidade a racionalização da indústria, a superação de situações de depressão e o aumento da competitividade de pequenas e médias empresas. Os atos de concentração também são estimulados quando tiverem por justificativa a racionalização da indústria afetada ou o fortalecimento de sua competitividade internacional.[96]

---

93. Cf. M. Matsushita, *International Trade* ..., pp. 283-284. Cf. também H. Iyori e A. Uesugi, *The Antimonopoly Laws and Policies of Japan*, pp. 93-95.

94. Conforme apontam H. Iyori e A. Uesugi (*The Antimonopoly Laws* ..., p. 94): "(...) in the past, only 5, out of 96 depression cartels (73 if the same depression cartels that were extended more than twice are excluded) are price-related. More than half (54) are related to restrictions on the amount of production, and 25 are related to restrictions on facilities. Restrictions on sales volume were authorized in 12 cases".

95. V. o Capítulo III, item 9.

96. Danny Abir, "Monopoly and merger regulation in South Korea and Japan: a comparative analysis", *International Tax and Business Lawyer* 13/157.

Os cartéis de crise passaram a ser aceitos pelo direito da concorrência da Comunidade Européia a partir do início dos anos 80, período de recessão no qual surgiram em diversos pontos excessos de capacidade, levando as empresas desses setores ao estabelecimento de acordos bilaterais ou multilaterais prevendo várias medidas para a redução da sua capacidade. O entendimento formado pela Comissão em casos sucessivos foi no sentido de serem tais acordos para reestruturação de setores compatíveis com sua política. Passaram a constituir, assim, exceções ao art. 81 do Tratado de Roma, proibitivo dos acordos tendentes a eliminar a concorrência. Os acordos de fixação de preços e de quotas, porém, são explicitamente excluídos da exceção, conforme declarado pela Comissão em relatório.[97]

No Direito Brasileiro não há qualquer exceção aos dispositivos da lei antitruste para setores em depressão ou para a prática do cartel em geral. A defesa da compatibilidade com a concorrência dos acordos de cooperação entre concorrentes em fases de crise teria de passar pela desqualificação do seu objetivo ou dos efeitos de limitação ou prejuízo da concorrência ou da livre iniciativa, estabelecidos no inciso I do art. 20 da Lei 8.884, de 1994. Isso porque nossa lei caracteriza a ilicitude de atos pelo seu objeto ou pelos seus efeitos danosos à livre concorrência e livre iniciativa, estabelecidos no art. 20. As condutas exemplificativamente arroladas no art. 21 são proibidas na medida em que tenham por objeto ou causem os efeitos descritos no artigo anterior.[98] Ademais, esses acordos teriam de ser analisados não apenas com base nos arts. 20 e 21 da lei, mas também no art. 54. Neste último caso, cumprindo as condições estabelecidas no seus §§ 1º e 2º, poderão os acordos ser aprovados.[99]

A outra maneira de lidar com o problema de empresas ou setores em crise é via permissão de atos de concentração que tenham por resultado a formação ou incremento de poder de mercado.[100]

---

97. Cf. Frank L. Fine, *Mergers and Joint Ventures in Europe: the Law and Policy of the EEC*, pp. 369-372.

98. Sobre o caráter do direito antitruste brasileiro e seus sistema de caracterização do ilícito pelos objetivos ou efeitos, v. Paula A. Forgioni, *Os Fundamentos do Antitruste*, p. 137.

99. Cf. C. Salomão Filho, *Direito Concorrencial – ...*, p. 188. Note-se que esse autor tem posição contrária à que se apontou aqui com relação à sistemática dos arts. 20 e 21 da Lei 8.884, de 1994. Entende ele tratarem as práticas descritas nos incisos I, III e IX do art. 21 de proibições *per se*.

100. Como é óbvio, os atos de concentração que não tendam à formação ou aumento de poder de mercado, por não implicarem potencial lesão à concorrência, podem ser aprovados sem qualquer indagação sobre seus efeitos benéficos. As justificativas como aumento de eficiência ou manutenção de capacidade produtiva prestes a deixar o mercado sequer entram em discussão.

Uma primeira vantagem dos atos de concentração sobre os acordos de cooperação é o fato de permitirem a formação de economias de escala. Além disso, há situações nas quais as empresas afetadas pela crise não têm condições ou intenção de permanecer no mercado ou a cooperação, por qualquer razão, não é possível. A justificativa em termos concorrenciais para a aprovação da operação é a manutenção da capacidade produtiva no mercado e o fato de a saída por fechamento da empresa resultar no aumento do poder de mercado das unidades restantes. Nesse caso, o resultado da operação de concentração, com a manutenção da capacidade produtiva no mercado, é social e concorrencialmente mais benéfico.

Por outro lado, apesar de representarem uma alternativa mais radical do que acordos de cooperação temporária, nos ordenamentos onde não há tradição de permissão a cartéis, os atos de concentração acabam por encontrar uma reação mais positiva do que os acordos. O estado de incapacidade competitiva da empresa a ser adquirida ajuda a justificar conclusões no sentido de que a operação não gerará aumento significativo do poder de mercado ou que a eficiência trazida pela operação compensará seus efeitos concentracionistas, tornando-a, ao invés de lesiva à concorrência, pró-competitiva.

Assim, nos Estados Unidos a defesa da empresa em situação pré-falimentar é aceita, mas sob condições bastante estritas. Com efeito, as *mergers guidelines* de 1992 impõem como condições para sua aplicação: a) suas possibilidades de recuperação sejam remotas; b) a empresa não tenha condições de se reabilitar em processo de concordata; c) já tenha feito tentativas, mal-sucedidas, de ser adquirida em operação que teria menor impacto na concorrência; e d) não sendo a operação realizada, os ativos da empresa deixarão o mercado.

Na Comunidade Européia o tratamento é menos rígido. Com base na jurisprudência formada desde o Tratado da Comunidade do Carvão e do Aço, transações necessárias para assegurar a viabilidade da companhia adquirida costumam ser aprovadas, cabendo às partes demonstrar que a redução da concorrência no mercado envolvido decorre das dificuldades de atuação da empresa, e não do ato de concentração.[101]

No Direito Brasileiro a operação tem que ser analisada a partir dos dispositivos do art. 54 da Lei 8.884, de 1994, já que não existe previsão específica alguma para aquisição de empresas em crise. Os casos enquadrados nessa categoria, assim, exigem que o artigo seja interpretado de forma adequada à situação fática com que se está lidando.

---

101. Cf. M. Afonso, in *Harvard International Law Journal* 33/28.

Nesse sentido, aponta Calixto Salomão Filho, a aplicação do art. 54 a esses casos deve tomar "como parâmetro de comparação a situação que se verificaria caso a capacidade produtiva da empresa deixasse o mercado, *[dessa forma]* todos os requisitos do art. 54 estariam cumpridos. Haveria um real ganho líquido de eficiência. Com ou sem aquisição, ocorreria ineficiência alocativa (em função da diminuição da produção). Portanto, o único efeito da aquisição é a criação de eficiência produtiva (art 54, § 1º, inciso I). Por outro lado, pelas mesmas razões já expostas, a concentração não cria barreiras adicionais à entrada de concorrentes se comparada com a situação alternativa, de falência da empresa e destruição de sua capacidade produtiva (inciso III)".[102]

Assim, uma vez comprovada a incapacidade da empresa em permanecer no mercado, a concentração cumpre todos os requisitos estabelecidos no § 1º do art. 54, merecendo aprovação, ainda que condicionada a obrigações específicas para as partes, estabelecidas em compromisso de desempenho.

16.3 Estímulo à pequena empresa

O estímulo às pequenas empresas tem como base aspectos de ordem econômica e política. Relaciona-se à proteção da livre iniciativa e da livre concorrência, permitindo o acesso dos agentes à atividade econômica e favorecendo a competitividade nos mercados, com a possibilidade de entrada e atuação de mais concorrentes em cada atividade. Assim, se por um lado pode ter efeitos positivos sobre a economia e o mercado, de outro representa também demandas políticas, de manutenção das condições de existência das pequenas empresas.

Uma das formas de proteção às pequenas empresas no processo concorrencial é a proibição de operações que possam dar vantagem superior às concorrentes de maior porte, colocando em risco sua capacidade de competir no mercado. Essa postura pode ser ilustrada a partir de algumas decisões tomadas pelas Cortes Norte-Americanas na era Warren.[103] No entanto, tem-se hoje por superada a idéia de que a proteção de pequenos concorrentes por meio do sacrifício de operações eficientes não traz benefícios ao mercado e à sociedade. Ao contrário, é a facilitação ao aumento da eficiência – produtiva e alocativa – no mercado, dinamizando a concorrência em benefício dos consumidores, que se deve procurar. Em outras palavras, entende-se que a política antitruste

---

102. *Direito Concorrencial* – ..., pp. 188-189.
103. V. o Capítulo III, subitem 7.3.

tem por objetivo a proteção da concorrência, e não de concorrentes. Evidentemente, isso não quer dizer que operações que eliminem substancialmente a concorrência no mercado relevante em questão não devam ser proibidas ou restringidas.

Outra maneira de beneficiar as pequenas empresas é seu estímulo através de mecanismos que lhes permitam ser concorrentes viáveis no mercado, tais como a constituição de redes, cooperativas de pesquisa ou distribuição, além de mecanismos creditícios e fiscais. Com efeito, alguns autores dedicados ao estudo das transformações da organização industrial e das condições de concorrência na atualidade apontam as pequenas empresas como agentes capazes de combinar flexibilidade e capacidade de empreendimento, com condições promissoras de responder às demandas por constante inovação, diferenciação e aperfeiçoamento de seus produtos e serviços.[104]

Esse tipo de estímulo às pequenas empresas muitas vezes inclui a exceção ou isenção da aplicação de regras antitruste restritivas aos acordos de cooperação entre agentes.

As exceções às normas antitruste para grupos de pequenas empresas é um mecanismo típico no Japão. Há duas leis principais estabelecendo esse tratamento.

A *Lei de Organização dos Pequenos e Médios Negócios*[105] permite a formação de associações entre pequenas empresas para fins semelhantes à criação de um cartel de depressão em situações de excessiva competição e instabilidade na administração das empresas participantes, sendo as condições estabelecidas por essa lei mais brandas do que as impostas pela lei antimonopólio.[106] Essa lei é muito criticada pelo fato de, ao exigir que apenas dois-terços dos membros das associações sejam pequenas ou médias empresas, ter permitido a formação de cartéis com a participação de empresas grandes.[107]

A Lei de Cooperativas entre Pequenas e Médias Empresas[108] autoriza o estabelecimento de cooperativas para a realização conjunta de diversas atividades, tais como vendas, compras e manufatura. O objetivo da lei é permitir às empresas ganho de escala para as atividades realizadas no âmbito da cooperativa. Esse mecanismo pode ser utilizado também para a realização em grupo de pesquisa e desenvolvimento.

104. Cf., nesse sentido, M. Best, *The New Competition* ..., pp. 2-4.
105. *The Medium and Small Business Organization Law* (cf. Matsushita, *International Trade* ..., pp. 290-291).
106. Para o sistema de criação de cartéis de depressão na lei antimonopólio japonesa, v. o Capítulo III, subitem 9.1.
107. Cf. Matsushita, *International Trade* ..., p. 291.
108. Idem, ibidem, pp. 291-292.

Na Comunidade Européia, conforme foi mencionado,[109] os acordos de especialização entre pequenas e médias empresas, aplicáveis a acordos envolvendo parcela de mercado em parte da Comunidade não superior a 20%, são objeto de isenções em bloco desde o início da década de 80.

Um aspecto importante da aplicação das regras antitruste com relação às pequenas empresas, finalmente, relaciona-se à repressão do abuso de poder econômico por parte das empresas grandes com as quais as pequenas se relacionam, normalmente como fornecedoras, e às vezes como concorrentes. O exercício abusivo do poder das primeiras é suficiente para inviabilizar a permanência das segundas nos mercados, além de representar danos à concorrência e ao mercado. Nesse sentido, estruturas de mercado que combinem grandes agentes e pequenas empresas requererem normas antitruste de conduta suficientemente efetivas para evitar o domínio de mercado e o abuso de posição dominante por parte das grandes empresas.

16.4 Outras defesas

É possível identificar em algumas legislações, assim como na doutrina, a existência de outras defesas a atos de concentração, malgrado riscos de excessivo poder de mercado neles envolvidos, relacionadas, de alguma forma, à internacionalização da economia. Trata-se de defesas vinculadas intimamente a outros objetivos mais específicos de política econômica do que a manutenção do potencial de livre concorrência ou a promoção genérica de maior eficiência, sendo, por esse motivo, entendidas como compensatórias do aumento de poder de mercado. As defesas mais comuns nesse sentido são o aumento da competitividade internacional e, ainda, outros objetivos das economias nacionais, tais como o equilíbrio da balança de pagamentos e a geração de empregos.

Em legislações de países que priorizam o comércio internacional como objetivo de sua política econômica ou modelo de crescimento, o aumento da competitividade internacional pode ser expressamente previsto como justificativa para a autorização de atos de concentração anticompetitivos para o mercado interno. O efeito da aplicação dessa defesa é o prejuízo à concorrência no mercado interno, que se torna excessivamente concentrado, com o conseqüente prejuízo aos seus consumidores, a fim de financiar a capacidade das empresas de competir externamente. Trata-se de uma opção de política interna do país em questão, a

---

109. V. o Capítulo III, subitem 8.1.

qual pode vir a se tornar problemática às suas relações comerciais internacionais, à medida que nesses mercados concentrados sejam levadas a efeito práticas restritivas aos concorrentes exteriores que também desejem nele ingressar.

Exemplos de legislações que possibilitam a defesa de atos de concentração a partir do aumento da competitividade internacional ou do aumento das exportações são a Inglaterra, a França e a Coréia do Sul. Percebe-se, porém, uma tendência de redução da influência desse tipo de defesa e de maior ênfase em questões mais puramente concorrenciais quando da apreciação dos atos de concentração.[110]

Os outros objetivos de política econômica mencionados, tais como o equilíbrio da balança de pagamentos, questão vinculada ao aumento de exportações, e o crescimento do emprego, por sua vez, são defesas identificadas com o *interesse público*. As legislações em sua maior parte possuem alguma previsão possibilitando a autorização de atos de concentração com base nessa motivação. A lei brasileira, por exemplo, permite, no § 2º do art. 54, a aprovação de atos de concentração e outros atos restritivos *quando necessários por motivo preponderante da economia nacional e do bem comum*, desde que satisfeitas três das quatro condições estabelecidas para a aprovação de operações no § 1º do mesmo artigo[111] e que não impliquem prejuízo ao consumidor ou usuário final. Com efeito, dada a relação do controle de atos de concentração com questões de política econômica e industrial, as legislações mantêm uma brecha de flexibilização da norma, a ser utilizada nos casos mais conflituosos. Também no tocante a essas defesas a tendência tem sido a redução do seu peso em comparação às motivações de ordem concorrencial.

A possibilidade de utilização dessas defesas relacionadas a motivos de interesse público assim como ao aumento da competitividade internacional, no Direito Brasileiro, tem que passar pelo escrutínio dos §§ 1º ou 2º do art. 54. No primeiro caso, se a operação, além de propiciar o equilíbrio da balança de pagamentos ou a geração de empregos,

---

110. Cf. R. Boner e R. Krueger, in *The World Bank Technical Paper* 160/35-36, 33-34 e 44-45, respectivamente. Sobre o direito da concorrência na Coréia do Sul, v. também o Capítulo III, item 10.

111. São elas: "I – tenham por objetivo, cumulada ou alternativamente: a) aumentar a produtividade; b) melhorar a qualidade de bens ou serviços; ou c) propiciar a eficiência e o desenvolvimento tecnológico e econômico; II – os benefícios decorrentes sejam distribuídos eqüitativamente entre os seus participantes, de um lado, e os consumidores ou usuários finais, de outro; III – não impliquem eliminação da concorrência de parte substancial do mercado relevante de bens e serviços; e IV – sejam observados os limites estritamente necessários para atingir os objetivos visados".

satisfizer também cada um dos incisos do § 1º do artigo, poderá ser aprovada independentemente do mérito próprio desses efeitos. Se não for possível sua aprovação com base no § 1º, notadamente se a operação levar à eliminação da concorrência no mercado relevante, poderá ainda ser analisada com base no § 2º do artigo. Mas, aí, terá que ser reconhecida pela autoridade julgadora sua relevância à economia nacional ou ao bem comum, já que essa possibilidade legal não se dispõe a facilitar qualquer ato de concentração que não satisfaça os requisitos do § 1º do art. 54. Além disso, terá que ser comprovada a inexistência de prejuízo ao consumidor ou usuário final – uma tarefa, aliás, difícil, quando se tratar de operação eliminadora da concorrência.

17. Alteração dos limites do mercado relevante

Conforme verificado anteriormente,[112] a concorrência, assim como as práticas a ela lesivas, tem lugar num mercado concreto – o *mercado relevante* –, a ser delimitado pela autoridade antitruste quando da apreciação de uma conduta anticoncorrencial ou de um ato de concentração. Essa definição toma por base o espaço geográfico no qual interagem a oferta e a procura, assim como o espectro de produtos que podem ser considerados substitutos. Nesse sentido, analisa-se o mercado relevante sob dois aspectos: o geográfico e o do produto.

A definição dos mercados relevantes, na prática, como é sabido, é elaborada a partir de técnicas e métodos cuja escolha e interpretação podem levar a resultados díspares. De fato, a conclusão sobre deter ou não determinada empresa posição dominante, ou apresentar ou não a concentração risco de lesão à concorrência, depende da delimitação do mercado relevante, que pode ser diferente conforme os métodos e interpretações utilizados para tanto. Nesse sentido, quanto mais largo seu contorno, abrangendo um espaço geográfico maior – ou um conjunto maior de produtos tidos como substitutos –, e maior o número de concorrentes, menor o poder de mercado da empresa ou empresas analisadas. Ao contrário, definindo-o em contornos mais estreitos, tanto em termos geográficos quanto de produto, enxerga-se as empresas com maior participação no mercado.

O aspecto mais impactado pelo processo da globalização é o do *mercado relevante geográfico*. Com efeito, entre os principais fatores que influenciam seus limites estão o custo do transporte, as barreiras à entrada e o gosto do consumidor, os quais são extremamente sensíveis a

---

112. V. Capítulo I, subitem 2.1.

esse processo, a partir da redução do custo dos transportes e das comunicações internacionais, da progressiva diminuição de barreiras tarifárias e não-tarifárias ao comércio internacional e, também, da crescente homogeneização do gosto dos consumidores, a partir de intercâmbio cultural e comercial mais intenso.

A partir dessas alterações, questiona-se sobre a possibilidade de delimitar mercados relevantes globais, ou mundiais, à medida que a redução das barreiras ao comércio internacional e a alteração dos padrões da concorrência permitiriam uma resposta relativamente rápida a um aumento de preços de bens e serviços nos mercados internos, mediante a oferta de produtos importados. Com exceção, porém, de poucos mercados efetivamente globais, tais como o de aeronaves, em que os casos de concentração apreciados nos últimos anos acentuaram serem eles um produto de oferta e procura globais, ou de matérias-primas como o aço e o cobre, todavia, essa idéia de mercados globais tem se demonstrado um mito. Isso porque a concorrência de produtos estrangeiros nos mercados nacionais ainda difere qualitativamente da concorrência doméstica em razão de problemas como a variação cambial, a existência de quotas de importação e de outras barreiras, assim como as ainda freqüentes fricções do comércio internacional, responsáveis pela impossibilidade de a concorrência estrangeira disciplinar efetivamente posições dominantes de agentes instalados nos mercados nacionais. Nesse sentido, a confiança exagerada na concorrência de produtos importados levaria à errada definição dos mercados relevantes domésticos, que incluiriam a capacidade produtiva dos concorrentes estrangeiros, e à aceitação da formação de empresas com poder de mercado excessivo, a partir da impressão de que sua participação no mercado seja inferior àquela efetivamente detida.

No entanto, as implicações do processo de globalização impõem realmente a reflexão sobre a influência dos produtos importados, efetiva ou potencialmente, na concorrência doméstica e, assim, na definição dos mercados relevantes. Essa não é uma tarefa fácil, na medida em que para se apreciar a concorrência potencial de importados se tornam imprescindíveis informações não facilmente disponíveis às autoridades domésticas, assim como a necessidade de avaliação de todos os dados responsáveis pela inferioridade da capacidade de concorrência dos produtos estrangeiros com os nacionais – ou seja, variação das taxas de câmbio, existência de quotas de importação, dificuldades de distribuição, entre outros.

Nesse sentido, as agências antitruste norte-americanas vêm desde 1982 tentando estabelecer parâmetros para abranger a concorrência de produtos importados potencialmente direcionados ao mercado sob sua jurisdição, além dos produtos importados que já ingressaram e concorrem no mercado doméstico. Inicialmente mais cautelosas, as *mergers guidelines* e as *international guidelines* do Departamento de Justiça e da *Federal Trade Commission* acabaram por adotar uma postura mais liberal e receptiva à idéia de inclusão, nos mercados relevantes sob análise, dos produtos potencialmente importados em caso de aumento de preços nos Estados Unidos. As *guidelines* estabelecem diretivas para a avaliação dos fatores especiais aos quais se sujeitam os concorrentes estrangeiros no tocante ao cálculo de sua participação no mercado. Essa iniciativa das agências explica-se pelo volume de produtos importados comercializados no país e pela crítica, no início dos anos 80, à desadaptação da política antitruste no país à concorrência internacional e ao processo de globalização.[113] Deve-se, ainda, à influência da teoria desenvolvida pela Escola de Chicago, conhecida como *diversion approach*, segundo a qual devem ser incluídos na definição de um mercado relevante – ao lado dos produtos do país ou região em questão – não apenas os produtos importados corretamente comercializados naquela área, mas toda a produção do produtor estrangeiro desses importados. A justificativa para essa opção é o fato de que a existência de vendas, mesmo que em pouca quantidade, comprova a capacidade do produtor de atuar no mercado importador e que, mediante um aumento substancial e não transitório de preços, tenderá a aumentar sua presença nesse mercado, até o limite de sua produção.[114]

No Brasil apenas os produtos efetivamente importados têm sido incluídos no mercado relevante, excluindo-se da análise a possibilidade de aumento das importações decorrente do aumento do preço do bem nacional. Sendo a economia brasileira menos integrada no comércio internacional do que a norte-americana, de fato, não é incorreto esse posicionamento das agências antitruste, já que a inclusão de potenciais importações nos mercados relevantes nacionais poderia ter por efeito sua excessiva concentração. Em alguns casos, porém, mesmo havendo informações suficientes indicando a pressão de potenciais importações no mercado nacional, a dificuldade de obtenção de informações a respeito impede sua inclusão no mercado relevante. É o ocorrido no exame do ato de concentração entre *Metal Leve*, *COFAP* e *Mahle*, no qual, apesar da declaração das montadoras de que poderiam contar com fornecedores externos em caso de pequena elevação de preços por parte das empre-

---

113. Um foco catalisador dessas críticas foi a decisão de não-aprovação do ato de concentração entre *LTV/Republic Steel*, no qual o *Department of Justice* excluiu do mercado a oferta de aço europeu e japonês em razão da existência de quotas de importação (cf. Joseph Winterscheid, "Foreign competition and US merger analysis", *Antitrust Law Journal* 65/244, 1996).

114. G. W. Landes e R. Posner, *Market power in antitrust cases*, pp. 963-964, Para uma crítica dessa teoria cf. C. Salomão Filho, *Direito Concorrencial...*, p. 106.

sas em fusão, o CADE definiu o mercado relevante como o nacional, *em face da ausência de dados precisos para uma análise dessa amplitude e ainda do custo de sua obtenção*. No caso, a exclusão de potenciais importações da definição do mercado relevante não impediu a aprovação da operação, perdendo a discussão, assim, sua relevância.[115]

No caso de países como o Brasil, apesar da dificuldade de se avaliar mais precisamente a participação da importação potencial nos mercados relevantes, é importante seja levada em conta a ameaça da concorrência estrangeira às empresas nacionais quando, por qualquer razão, estejam estas desaparelhadas para enfrentar a concorrência agressiva de produtores internacionais. Nessas situações, a defesa das empresas – ou setores – em crise pode ser pertinente.

18. Uniformização e cooperação em controle de atos de concentração

O processo de reestruturação das empresas, estimulado pelas novas condições de concorrência na economia globalizada, tem gerado um grande número de operações de concentração de dimensão internacional, isto é, envolvendo dois ou mais mercados relevantes. São operações que ocorrem à medida que as empresas interessadas em ingressar em determinado mercado compram empresas locais ou, mesmo, divisões de empresas multinacionais atuando no mercado de seu interesse, ou, ainda, operações através das quais, de alguma forma, reorganizam-se processos produtivos ou cadeias de produção.[116] Os diferentes mercados relevantes, relembre-se, podem ser atingidos separadamente, quando as partes na operação atuam em diversos mercados de âmbito exclusivamente nacional, como ocorreu com a compra internacional de parte da divisão de saúde bucal da *American Home Products*, dona da marca brasileira de pasta de dentes *Kolynos*, pela *Colgate-Palmolive*; mas podem também ser afetados conjuntamente, quando se trata de um mercado transnacional, ou global, como o de aeronaves.

Nesse tipo de operação envolvem-se diversas autoridades nacionais (ou supranacionais, no caso da Comissão da Comunidade Européia) diferentes, na medida em que, pelas suas regras antitruste pró-

---

115. Para uma descrição da decisão no caso, v. o Capítulo VII, item 23.

116. V. a descrição do conceito de cadeias produtivas no Capítulo IV, item 11. Um exemplo de ato de concentração envolvendo a reestruturação de cadeias de produção no Brasil foi o da *Mahle* e *Metal Leve*, que será analisado em maior profundidade no Capítulo VII, item 23.

prias, normalmente baseadas no efeito da operação sobre seus mercados, reconheçam ter jurisdição sobre a operação. Essa situação, além de causar um certo transtorno às partes, implica um potencial conflito de opiniões e decisões emitidas pelas diferentes autoridades, corroendo sua efetividade. Isto porque, embora atualmente haja um reconhecimento amplo da regra do efeito, que permite às autoridades apreciar operações ocorrentes fora de seu território quando essas venham a afetar a concorrência no seu interior, não se reconhece aos Estados afetados pela operação o direito de determinar providências com relação a títulos de propriedade localizados fora de sua jurisdição.[117]

Diante da necessidade de harmonizar suas decisões nessas operações internacionais, as autoridades antitruste procuram agir em cooperação, buscando harmonizar os "remédios" acordados com as partes para minorar os efeitos anticompetitivos das operações e possibilitar sua aprovação. Um exemplo ilustrativo dessa cooperação é o das autoridades norte-americanas com a Comissão da Comunidade Européia, cujo relativo sucesso decorre da freqüência com que operações de concentração envolvem as duas jurisdições.[118]

Conforme já foi discutido, o funcionamento desses acordos de co-operação em atos de concentração depende da concordância das autoridades nacionais e da uniformidade de seus interesses com relação à concentração.[119]

A fim de facilitar a cooperação entre as diferentes autoridades antitruste potencialmente competentes para apreciar operações de concentração de dimensão internacional, existem iniciativas de estudos e propostas de harmonização das regras sobre controle de atos de concentração nas diferentes legislações antitruste. Um desses estudos, elaborado por um comitê especial da *American Bar Association* (ABA), no início da década de 90, enfatiza a necessidade de uniformização do procedimento de apresentação da operação a exame. Nesse sentido, todas as legislações deveriam estabelecer duas fases de apresentação. A primeira, mais simples, na qual as operações de menor potencial anticompetitivo podem ser aprovadas diretamente, com a possibilidade de um escrutínio posterior, mais profundo, para as operações de maior vulto. As diferen-

---

117. Cf. James T. Halverson, "Harmonization and coordination of international merger procedures", *Antitrust Law Journal* 60/535-536.
118. Para a descrição dos casos em que a cooperação entre essas autoridades foi bastante efetiva, cf. Youri Devuyst, "Transatlantic competition relations", trabalho apresentado na conferência *The New Transatlantic Dialogue: Intergovernmental, Tran governmental and Transnational Approaches*, pp. 10-12.
119. Vide o Capítulo IV, item 13.3.2.

tes legislações deveriam ser harmonizadas também no tocante aos prazos e ao tipo de informações e documentos solicitados em cada fase. Existindo essa sincronia de procedimentos, as autoridades deveriam consultar-se imediatamente após a primeira notificação, o que, no entendimento do Comitê, permitiria àquelas com menor interesse na operação, quando ocorrente fora de seu território, renunciar ao seu exame.[120] Permanecendo mais de uma autoridade na apreciação da operação, a cooperação constante permitiria uma uniformização das decisões e dos "remédios" exigidos para a aprovação da concentração.

O Brasil mantém acordo de cooperação com o Governo dos Estados Unidos, firmado em 26.10.1999. No entanto, como é evidente, são remotas, na prática, as possibilidades de as autoridades brasileiras emitirem decisões muito discrepantes das de outros países nos quais estão sediadas as matrizes das empresas atuantes no Brasil. Deve haver um cuidado e um esforço, porém, de afirmação dos interesses da proteção à concorrência no país, com a imposição dos remédios para tanto considerados necessários, ou mesmo da solução mais radical da negação da operação.

O processo de globalização, como é sabido, coloca alguns limites de fato à soberania dos Estados, sendo os subdesenvolvidos os mais penalizados. Mas, como, de resto, em todo processo desconhecido, há um componente de mito no da globalização, que não pode impedir aos Estados a formulação das políticas necessárias à defesa dos interesses de seu mercado e de sua inserção no processo de globalização.

---

120. Cf. J. Halverson, in *Antitrust Law Journal* 60/532-540.

Parte III

O CONTROLE DOS ATOS DE CONCENTRAÇÃO DE EMPRESAS NO BRASIL

Capítulo VI – O Controle dos Atos de Concentração de Empresas e os Princípios do Direito Econômico Brasileiro. **Capítulo VII** – O Controle dos Atos de Concentração de Empresas no Brasil e a Globalização Econômica.

Capítulo VI

O CONTROLE DOS ATOS DE CONCENTRAÇÃO DE EMPRESAS E OS PRINCÍPIOS DO DIREITO ECONÔMICO BRASILEIRO

19. A evolução da legislação antitruste e do controle dos atos de concentração no Direito Brasileiro. 20. O controle dos atos de concentração de empresas na Lei 8.884, de 1994. 21. Direito de proteção à concorrência e princípios da ordem econômica brasileira: 21.1 Livre iniciativa – 21.2 Livre concorrência – 21.3 Repressão ao abuso de poder econômico – 21.4 Promoção da eficiência econômica – 21.5 O bem-estar e a defesa do consumidor. 22. Conflitos e conciliação entre os fundamentos jurídicos do antitruste.

19. A evolução da legislação antitruste e do controle dos atos de concentração no Direito Brasileiro

A defesa da livre concorrência no Brasil tem sua origem imiscuída na proteção à economia popular. Com efeito, é a percepção da lesividade das práticas abusivas descontroladas dos agentes econômicos, antes do que uma crença genuína nos valores da livre iniciativa e da livre concorrência, que levou à adoção de regras destinadas a, de alguma forma, proteger a integridade dos mercados nacionais.

A primeira lei nesse sentido foi o Decreto-lei 869, de 18.11.1938, definindo e penalizando crimes contra a economia popular. Estabelecia-se, assim, a punição penal a práticas que envolvessem a manipulação dos mercados e a eliminação da concorrência, chegando a estabelecer, mesmo, alguns dispositivos acerca das concentrações de empresas. Assim, eram definidas como crime, pelo art. 2º do decreto-lei, a promoção ou participação em consórcio, convênio, ajuste, aliança ou fusão de capitais com o fim de impedir ou dificultar a concorrência e propiciar o aumento arbitrário de lucros. Da mesma forma, proibia-se o exercício de funções de direção, administração ou gerência de mais de uma empresa do mesmo ramo com o fim de impedir ou dificultar a concorrência.

Subjacente a esse tipo de disciplina legal das práticas prejudiciais à concorrência, existia a concepção de um mercado atomizado, que se auto-regulava através da interação entre os diferentes produtores e seus clientes, prescindindo de uma disciplina externa, veiculada pelo Direito. Conforme aponta Tércio Sampaio Ferraz Jr., "nos contornos desse quadro, mais ideológico do que descritivo, as diferentes formas de concentração econômica, mormente os monopólios, tendiam a ser vistas como formas distorcidas da estrutura mercadológica. E, quando a evolução desimpedida do mercado as fez proliferar, a reação jurídica foi, *prima facie*, vê-las como patentes ilicitudes".[1] Dentro desse horizonte, portanto, era inevitável que a repressão às práticas lesivas à concorrência tivesse caráter penal. A concentração, identificada com o monopólio, era vista como uma prática abusiva em si. Isso porque o conhecimento dos processos de mercado, então, não incluía a percepção da naturalidade do processo de concentração na evolução do sistema capitalista.[2]

Foi mínima a aplicação dessa lei a problemas de concorrência, de modo que não é possível analisar nem a interpretação da proibição à

---

1. "Lei de defesa da concorrência: origem histórica e base constitucional", *Arquivos do Ministério da Justiça* 45/176.

2. Cf. Tércio Sampaio Ferraz Jr., "A concentração econômica e fiscalização administrativa: entendimento do art. 74 da Lei 4.137 segundo a redação do art. 13 da Lei 8.158/91", *RDA* 193/65-66.

concentração de empresas, nem o alcance do desenvolvimento de uma política de proteção à concorrência no seu âmbito.[3] Seguiu-se ao Decreto-lei 869, de 1938, o Decreto-lei 7.666, de 22.6.1945, promulgado em razão da influência do então Ministro da Justiça, Agamenon Magalhães,[4] que teve, porém, curta duração (pouco menos de três meses) de vigência. Apesar da rápida revogação, esse decreto-lei teve uma influência importante na legislação antitruste brasileira, notadamente ao introduzir o conceito de *abuso de poder econômico*, influenciando o sucessivo tratamento constitucional da proteção à concorrência. Além disso, tratava da matéria da defesa da concorrência de maneira mais sistematizada que seu antecessor e criava a Comissão Administrativa de Defesa Econômica (CADE) para averiguar práticas ilícitas e determinar a aplicação de sanções, trazendo a matéria mais para o campo administrativo, e retirando-a do penal.

Com efeito, a Constituição de 1946 traz, no seu art. 148,[5] pela primeira vez, dispositivo referente ao abuso de poder econômico, criando as bases para a promulgação de uma lei antitruste. Agamenon Magalhães, então deputado, foi o autor do projeto de uma nova lei de defesa da livre concorrência em regulamentação ao artigo constitucional. O Projeto 122/48 propunha a adoção das diretrizes norte-americanas, com as adaptações necessárias às condições brasileiras.[6] A definição do que seriam essas condições deu ensejo a intensos debates.

O cerne das discussões acerca do projeto dizia respeito à efetiva necessidade e conveniência de uma nova lei antitruste no Brasil.[7] Confor-

---

3. Conforme aponta Benjamin Shieber (*Abusos do Poder Econômico. Direito e Experiência Antitruste no Brasil e nos EUA*, p. 6), após pesquisar a jurisprudência nacional, o único caso de aplicação do decreto-lei consistiu num parecer do Consultor-Geral da República em resposta a consulta formulada por *Standard Oil do Brasil* sobre cláusulas de contrato celebrado entre a empresa norte-americana e proprietários brasileiros de postos de gasolina. O parecer, encaminhado ao Presidente Getúlio Vargas, indicava a ilicitude de algumas cláusulas, tendo-se determinado que a consulente as alterasse.

4. Sobre o papel desempenhado pelo então ministro, e posteriormente deputado, Agamenon Magalhães no desenvolvimento da legislação antitruste brasileira, assim como sua tendência nacionalista no enfoque da regulamentação do abuso de poder econômico, cf. Paula A. Forgioni, *Os Fundamentos do Antitruste*, São Paulo, Ed. RT, 1998, pp. 108-111. V., também, Isabel Vaz, *Direito Econômico da Concorrência*, p. 248.

5. O art. 148 da Constituição de 1946 estabelecia que "a lei reprimirá toda e qualquer forma de abuso do poder econômico, inclusive as uniões ou agrupamentos de empresas individuais ou sociais, seja qual for a sua natureza, que tenham por fim dominar os mercados nacionais, eliminar a concorrência e aumentar arbitrariamente os lucros".

6. Cf. T. Ferraz Jr., in *Arquivos do Ministério da Justiça* 45/177.

7. Cf. I. Vaz, *Direito Econômico* ..., pp. 253-255. V., também, José Alfredo de Oliveira Baracho, "O abuso do poder econômico nas Constituições Brasileiras", *Revista Brasileira de Estudos Políticos* 200/60.

me apontava o deputado Hermes Lima, o país contava então com normas que possibilitavam a repressão de práticas lesivas à economia popular e à concorrência, na época consubstanciadas nas Leis 1.521 e 1.522, de 26.12.1951. Essa legislação, segundo o deputado, estabelecia até mesmo competência a uma comissão administrativa (o Conselho Federal de Abastecimento e Preços – COFAP) para disciplinar a circulação e distribuição de bens e acompanhar preços.

No tocante à conveniência de uma lei de proteção à concorrência, questionava-se até que ponto o fortalecimento dos agentes empresariais brasileiros, através de combinações e ajustes, não seria um elemento necessário para o desenvolvimento econômico, tal como os *trusts* haviam sido na evolução da economia norte-americana. O projeto de desenvolvimento de Juscelino Kubitschek acentua essa percepção contraditória do processo concentracionista, de um lado adequado a um melhor aparelhamento técnico da economia, e de outro potencialmente prejudicial ao equilíbrio econômico, que era pressuposto da concepção de mercado então vigente.[8] Os debates levaram à idéia de que a disciplina de uma lei antitruste a ser promulgada deveria cingir-se ao abuso do poder econômico por parte das empresas dominantes, evitando colocar obstáculos no processo de concentração, tido então como natural numa economia capitalista.[9]

A Lei 4.137 foi finalmente promulgada em 10.9.1962, com o objetivo de regular a repressão ao abuso do poder econômico. A lei cria, no seu art. 8º, o Conselho Administrativo de Defesa Econômica (CADE), com competência para aplicar a lei, investigar e reprimir os abusos do poder econômico.

O principal artigo da Lei 4.137, de 1962, era o art. 2º, que descrevia um elenco de práticas consideradas formas de abuso do poder econômico, aumento arbitrário de lucros, provocação de condições monopolísticas, formação de grupo econômico em detrimento da livre deliberação dos compradores ou vendedores e exercício de concorrência desleal.

Além desse dispositivo de caráter repressivo, no entanto, a lei estabelecia, no art. 74, a necessidade, para que fossem válidos, de aprovação e registro no CADE de "atos, ajustes, acordos ou convenções entre as empresas, de qualquer natureza, ou entre pessoas ou grupo de pessoas vinculadas a tais empresas ou interessadas no objeto de seus negócios" quando produzissem o efeito de: a) *equilibrar a produção com o consumo*; b) *regular o mercado*; c) *padronizar a produção*; d) *estabilizar os*

---

8. Cf. T. Ferraz Jr., in *Arquivos do Ministério da Justiça* 45/178.
9. Cf. P. Forgioni, *Os Fundamentos* ..., p. 119.

preços; e) *especializar a produção ou distribuição*; f) *estabelecer uma restrição de distribuição em detrimento de outras mercadorias do mesmo gênero ou destinadas à satisfação de necessidades conexas.*

Com esse dispositivo estabelecia-se um mecanismo de controle de atos de concentração, que emprestava à lei um caráter regulativo da atividade econômica e do mercado nacional, encaminhando-a mais na direção de um direito econômico, no qual a autoridade antitruste tinha um controle sobre as práticas potencialmente prejudiciais à livre concorrência, com vistas não apenas a reprimi-las, mas enquadrá-las num quadro de maior compatibilidade com as políticas públicas do país.

A interpretação doutrinária e a aplicação desse artigo da lei levaram ao reconhecimento de um poder discricionário amplo por parte do CADE para permitir atos que poderiam ser tidos como abusivos em si. Essa tendência demonstrava a predominância, ainda, de uma concepção do fenômeno das concentrações como um ilícito, a atrair uma proibição *per se* – o que era reforçado pela letra da lei, que estabelecia: "(...) não terão validade, senão depois de aprovados e registrados pelo CADE (...)". A ele era reconhecido o poder discricionário de aprovar os atos descritos no artigo, aplicando aos casos concretos a regra da razão, que lhe permitiria a aceitação das operações cujos efeitos não fossem desarrazoados.[10]

Essa atuação discricionária do CADE teve que se adaptar à política de desenvolvimento concentracionista levada a efeito pelos governos militares pós-1964, principal causa da reduzida eficácia material da Lei 4.137, de 1962.[11] Com efeito, a estratégia desenvolvimentista de substituição de importações escolhida pelo Brasil décadas antes ganhou novo impulso com o regime militar, quando investimentos diretos do Estado, crédito externo e incentivos fiscais e financeiros combinaram-se numa política concentracionista.[12] Os estímulos a esse fim foram explicitados nos Planos Nacionais de Desenvolvimento, PND I e II, estabelecidos, respectivamente, pelas Leis 5.727, de 1971, e 6.151, de 1974. Criou-se

---

10. Cf. T. Ferraz Jr., in *RDA* 193/67. Sobre o conceito de *regra da razão*, v. o Capítulo II, item 6.

11. Paula A. Forgioni (*Os Fundamentos* ..., pp. 126- 131) contesta a afirmação de inoperância do CADE na vigência da Lei 4.137, de 1962, demonstrando que não foi insignificante o número de averiguações preliminares instauradas pelo Conselho nos anos em questão. Entretanto, parte das decisões do CADE foi suspensa pela atuação do Poder Judiciário na salvaguarda dos direitos individuais dos envolvidos nas averiguações. Por outro lado, deve ser acentuado o fato de os governos da época não terem dado ao órgão a importância, o apoio e os recursos que uma atuação mais decidida exigiria.

12. Cf. T. Ferraz Jr., in *Arquivos do Ministério da Justiça* 45/180.

um esquema de incentivos fiscais para as fusões, incorporações e abertura de capital de empresas, a serem aprovadas pela Comissão de Fusão e Incorporação de Empresas (COFIE), criada pelo Decreto-lei 1.182, de 16.7.1971, e fundos especiais no âmbito do BNDE, destinados a incentivar o agrupamento das empresas, a fim de a indústria brasileira superar a posição desvantajosa perante os concorrentes estrangeiros.

A jurisprudência desenvolvida pelo CADE, e mesmo pelo Judiciário, para lidar com essa situação amoldava-se a essa política. No tocante às operações de concentração entendia-se impossível negar eficácia a operações aprovadas pela COFIE. É ilustrativo nesse sentido o voto no Processo de Averiguações Preliminares 15 (22.2.1974), tendo como partes Departamento de Pesquisas Econômicas do CADE (representante) e Indústrias de Artefactos de Cimento Amianto: "Ainda quando verificada existência de concentração econômica, não há falar em abuso do poder econômico quando as empresas envolvidas atuem de conformidade com as normas legais e regulamentares emanadas dos órgãos competentes da Administração Pública, máxime quando a atividade vise um benefício para a economia nacional, tal como, por exemplo, a substituição de importações".[13]

O julgamento de práticas de abuso de poder econômico, por sua vez, ficava prejudicado pelo tabelamento de preços pelo Conselho Interministerial de Preços (CIP), como demonstra o trecho da sentença de primeira instância da 6ª Vara da Justiça Federal em São Paulo na AOr 52/76, tendo como partes *Pirelli S/A – Cia. Industrial Brasileira, Cia. Goodyear do Brasil – Produtores de Borracha* e *Indústria de Pneumáticos Firestone S/A* (autores) e a União Federal e o CADE (réus): "Lícito é o ajuste entre fabricantes para a fixação uniforme de tabelas de preços através das quais são os revendedores divididos em categorias objetivas e não-discriminatórias e concedidos descontos quantitativos e variáveis conforme as categorias ali previstas. Impõe-se a solução, máxime quando, estando os preços praticados pelos fabricantes sob o controle do CIP, não houver ofensa aos preços máximos permitidos por esse órgão".[14]

A política de liberalização da economia levada a efeito a partir de 1990 trouxe um novo impulso à defesa de uma lei antitruste efetiva, que permitisse o *desbloqueio da iniciativa privada, pela implosão dos cartéis*

---

13. Trecho de voto transcrito por José Inácio Gonzaga Franceschini e José Luiz Vicente de Azevedo Franceschini, *Poder Econômico: Exercício e Abuso. Direito Antitruste Brasileiro*, p. 60.

14. Trecho da sentença transcrito por J. I. Franceschini e J. V. Franceschini, *Poder Econômico: ...*, pp. 67-68.

e dos *"cartórios"*.[15] Para isso, a ressurreição da lei antitruste era apontada como fundamental.

Com a finalidade explícita de dar agilidade e celeridade aos procedimentos administrativos da Lei 4.137, de 1962, foi editada a Medida Provisória 204, de 1.8.1990, posteriormente convertida na Lei 8.158, de 8.1.1991, pela qual transferiram-se à Secretaria Nacional de Direito Econômico (SNDE), vinculada ao Ministério da Justiça, a apuração e a proposição de medidas cabíveis para a correção de comportamentos lesivos à concorrência. O art. 2º da lei dava, assim, competência à SNDE para atuar de forma a evitar a ocorrência de certas distorções no mercado, tais como a fixação de preços abaixo dos custos de produção, o cerceamento à entrada ou permanência de concorrentes no mercado, bem como seu acesso a matérias-primas, insumos, tecnologias e meios de distribuição, o controle regionalizado do mercado e de redes de distribuição e fornecimento e a formação de conglomerados ou grupos econômicos com vistas a inibir a livre concorrência.

O art. 13 da Lei 8.158, de 1991, por sua vez, alterou substancialmente o art. 74 da Lei 4.137, de 1962, estabelecendo o exame e a anuência da SNDE, ao invés do CADE, aos ajustes, acordos ou convenções que pudessem *limitar ou reduzir a concorrência entre empresas*, incluindo as operações de concentração econômica que implicassem a participação de empresa ou grupo de empresas resultante em parcela de 20% de um mercado relevante de bens ou serviços. A Secretaria deveria considerar, para a aprovação desses atos, o preenchimento cumulativo dos requisitos enumerados: a) *tenham por objetivo aumentar a produção ou melhorar a distribuição de bens ou o fornecimento de serviços, ou propiciar a eficiência e o desenvolvimento tecnológico ou econômico, ou incrementar as exportações*; b) *os benefícios decorrentes sejam distribuídos eqüitativamente entre os seus participantes, de um lado, e os consumidores ou usuários finais, de outro*; c) *não sejam ultrapassados os limites estritamente necessários para que se atinjam os objetivos visados*; e d) *não impliquem a eliminação da concorrência de uma parte substancial do mercado de bens e serviços pertinentes*. Além disso, esse artigo (§ 1º) previa a possibilidade de aprovação de atos, ainda que não atendidas todas as condições previstas no *caput*, quando a restrição fosse necessária por motivos preponderantes da economia nacional e do bem comum, desde que a restrição tivesse duração prefixada e fosse comprovado que sem sua prática haveria prejuízos ao consumidor e usuário final. O § 5º, por sua vez, estabelecia a possibilidade de realização de consultas prévias à SNDE sobre a validade de atos a serem celebrados.

---

15. T. Ferraz Jr., in *Arquivos do Ministério da Justiça* 45/181.

A Lei 8.158, de 1991, reforçou, pois, os mecanismos de controle prévio de atos potencialmente prejudiciais à livre concorrência, atribuindo ao Executivo a possibilidade de uma interferência preventiva para a coibição de práticas lesivas ao mercado. A lei antitruste avançava, com isso, mais um passo no sentido de um caráter regulador da economia e da promoção da livre concorrência, inserindo-se mais claramente num quadro de direito econômico, ao invés de permanecer dentro dos limites mais rígidos das normas de caráter penal, que anteriormente tratavam da defesa da concorrência no ordenamento jurídico brasileiro.

O controle de atos de concentração ganhava, com isso, um tratamento explícito, detalhado e condizente com sua problemática: a conciliação da proteção à livre concorrência, de um lado, e a necessidade constante de ajuste das empresas às alterações nas condições efetivas de concorrência, que lhes impõem reestruturações, muitas vezes no sentido da concentração, sem implicar uma lesão, por si, da concorrência. Essa mudança de percepção da lei é evidente pelo fato de deixar de tratar as operações de concentração econômica – assim como os demais atos, ajustes e convenções entre as empresas – como práticas ilícitas *a priori*. A ilicitude, na nova redação do art. 74, configurava-se apenas nos casos de operações entendidas pela autoridade como tendentes à limitação ou redução da concorrência e que, ao mesmo, tempo, não satisfizessem as condições para sua aprovação, estabelecidas nas letras "a" a "d".

Deve ser observado que esse deslocamento do controle de atos de concentração para a esfera do direito econômico e das prerrogativas de regulação e fiscalização do mercado pelo Poder Público não envolveu propriamente um aumento de poderes da autoridade antitruste. Ao contrário, a ampla margem de discricionariedade de que dispunha o CADE até o advento da Lei 8.158, de 1991, foi bastante reduzida com a nova redação do art. 74. De fato, com o estabelecimento, pelas letras "a" a "d", de requisitos cumulativos a serem considerados pela SNDE para a aprovação dos atos ali referidos, sua competência passou a ser vinculada, e não mais discricionária.[16] Em outras palavras, a autoridade não poderia decidir conforme critérios de oportunidade e conveniência, tendo de se ater a um juízo de legalidade – no caso, o cumprimento daqueles requisitos.[17]

A promulgação da Lei 8.884, em 11.6.1994, finalmente, estabeleceu um novo marco na política antitruste brasileira, dando seqüência à nova fase de revigoramento da legislação, iniciada com a edição da Lei 8.158, de 1991.

---

16. Cf. T. Ferraz Jr., in *RDA* 193/69.

17. Para uma discussão dos contornos da competência do CADE no regime da Lei 8.884, de 1994, como um ato vinculado na aplicação de conceitos jurídicos indeterminados, v. o Capítulo II, item 6.

20. O controle dos atos de concentração de empresas na Lei 8.884, de 1994

O controle dos atos de concentração é disciplinado pelo art. 54 da Lei 8.884, de 1994, cuja redação é bastante próxima à do art. 74 da Lei 4.137, de 1962, após a emenda trazida pela Lei 8.158, de 1991.

Nesse sentido, o *caput* do artigo prescreve que: "Os atos, sob qualquer forma manifestados, que possam limitar ou de qualquer forma prejudicar a livre concorrência, ou resultar na dominação de mercados relevantes de bens ou serviços, deverão ser submetidos à apreciação do CADE".

De acordo com o seu § 1º, o CADE pode autorizar atos que atendam às condições: "I – tenham por objetivo, cumulada ou alternativamente: a) aumentar a produtividade; b) melhorar a qualidade de bens ou serviços; ou c) propiciar a eficiência e o desenvolvimento tecnológico ou econômico; II – os benefícios decorrentes sejam distribuídos eqüitativamente entre os seus participantes, de um lado, e os consumidores ou usuários finais, de outro; III – não impliquem eliminação da concorrência de parte substancial de mercado relevante de bens e serviços; e IV – sejam observados os limites estritamente necessários para atingir os objetivos visados".

O § 2º estabelece, ainda, a possibilidade de serem considerados legítimos os atos necessários por motivo preponderante da economia nacional e do bem comum, desde que atendidas pelo menos três das condições previstas nos incisos do parágrafo anterior, desde que não impliquem prejuízo ao consumidor ou usuário final.

O art. 54 traz, ainda, uma regra específica às operações de concentração, no § 3º, que estabelece: "Incluem-se nos atos de que trata o *caput* aqueles que visem a qualquer forma de concentração econômica, seja através de fusão ou incorporação de empresas, constituição de sociedade para exercer o controle de empresas ou qualquer forma de agrupamento societário, que implique participação de empresas ou grupos de empresas resultante em 20% de um mercado relevante, ou em que qualquer dos participantes tenha registrado faturamento bruto anual no último balanço equivalente a R$ 400.000.000,00 (quatrocentos milhões de reais)".

Foram muita poucas as alterações da nova lei à sistemática em vigência desde a Lei 8.158, de 1991. Com efeito, foi retirada a referência ao aumento das exportações entre as condições do inciso I do § 1º do art. 54 da nova lei, tendo-se modificado também as condições para a aprovação dos atos de que trata o § 2º da lei posterior, pois antes exigia-se que a restrição tivesse duração prefixada e fosse comprovado que sem sua prática haveria prejuízo ao consumidor final, sendo, nesse aspecto, a redação da Lei 8.884, de 1994, mais benevolente à operação de concentração. Finalmente, a competência para a apreciação e aprovação dos atos, antes da SNDE, passou de volta ao CADE, cujos poderes foram aumentados na nova lei, sobretudo com sua transformação em autarquia.

Deve ser observado que a elaboração da Lei 8.884, de 1994, inclusive com o controle de atos de concentração, expressou uma opção pela independência do CADE e da aplicação da lei, de maneira geral, com relação a interesses políticos ou setoriais. Editada sob o peso da histórica inefetividade da lei anterior, a de n. 4.137, de 1962, procurou-se pôr os órgãos encarregados da aplicação da lei a salvo de pressões de interesses econômicos envolvidos. Não existe na lei antitruste brasileira, assim, a previsão de uma instância política de revisão das decisões do CADE em matéria de concentrações, tal como na lei alemã ou na francesa, nas quais o Ministro da Economia pode reconsiderar a operação a pedido das partes envolvidas e aprová-la em consideração a questões sociais, de comércio internacional ou de racionalização.[18]

Outro aspecto relevante da lei foi a consolidação da sistemática estabelecida na Lei 8.158, de 1991, que eliminou o anterior sistema de manter suspensas, em princípio, as operações sujeitas à apreciação da autoridade antitruste. Com efeito, no sistema do art. 74 da Lei 4.137, de 1962 os ajustes, acordos ou convenções entre empresas que produzissem efeitos anticoncorrenciais não tinham validade senão após a aprovação.[19] Existia, assim, em teoria, uma cláusula suspensiva de todas as práticas restritivas, que produziam efeitos somente após a aprovação pela autoridade antitruste. No regime do art. 54 da Lei 8.884, de 1994, porém, os negócios jurídicos sujeitos ao controle do CADE devem ser celebrados com cláusula resolutiva tácita, ficando sua eficácia condicionada a evento futuro e incerto. Enquanto a autorização não for concedida, porém, o ato jurídico tem plena eficácia.[20]

Nesse sentido, o controle de atos de concentração na lei brasileira caracteriza-se pela predominância dos interesses concorrenciais sobre outros interesses de política econômica ou industrial. Com efeito, embora a lei trate certos aspectos de caráter econômico como idôneos a, de certa forma, compensar uma redução da concorrência no mercado envolvido, sua consideração prende-se aos limites estabelecidos na lei, confor-

---

18. Cf. José Júlio Borges da Fonseca, *Direito Antitruste e Regime das Concentrações Empresariais*, pp. 121-122.

19. Conforme aponta T. Ferraz Jr. (in *RDA* 193/66), "a presunção de abuso virtual era tal que, mesmo quando o CADE extrapolava o prazo de 60 dias, a ele assinalado para pronunciamento, atribuía-se às práticas uma validade provisória até que, afinal, o CADE sobre elas se decidisse (art 74, § 3º)".

20. Cf. P. Forgioni, *Os Fundamentos ...*, pp. 197-198.

me será analisado a seguir. Em decorrência dessa opção fundamental, assim, não há entre os critérios elencados no § 1º menção ao aumento das exportações, à competitividade internacional das empresas ou ao aumento da oferta de emprego em determinada região.

A exigência de submissão à apreciação do CADE, assim, recai sobre quaisquer atos que possam, de alguma forma, prejudicar a livre concorrência ou resultar na dominação de mercados relevantes de bens ou serviços, e não apenas sobre os atos de concentração. Acordos de cooperação, tais como as *joint ventures*, nesse sentido, têm sua notificação obrigada pelo *caput* do art. 54 desde que, potencialmente, possam produzir os efeitos lá descritos.

A necessidade de notificação das concentrações econômicas, por sua vez, é objeto do § 3º do art. 54. A rigor, a regra do *caput* já seria suficiente para determinar a apreciação pelo CADE de atos de concentração cujo efeito potencial fosse um daqueles descritos pelo artigo. No entanto, além de reforçar a submissão das concentrações à regra, o § 3º estabelece algumas presunções de efeitos críticos à livre concorrência. Uma delas refere-se à participação das empresas envolvidas na operação, ou seu grupo, no mercado relevante, fixando como critério de definição desse ponto crítico a porcentagem de 20% do mercado – a mesma porcentagem, aliás, estabelecida no art. 20 da lei como presunção de posição dominante. A outra diz respeito ao faturamento bruto anual no último balanço de pelo menos um dos participantes, quando igual ou superior a R$ 400.000.000,00.

Nesse sentido, qualquer operação que se enquadre em um ou nos dois dos critérios estabelecidos no parágrafo tem que ser submetida à apreciação do CADE. Além disso, concentrações que não atinjam esses limites também devem ser apresentadas desde que, potencialmente, prejudiquem a livre concorrência ou resultem em dominação de mercado relevante de bens ou serviços. Deve ser observado, todavia, que há alguns juristas que defendem posição em sentido contrário, considerando que não existe obrigatoriedade de apresentação caso a operação não tenha a potencialidade de causar danos à concorrência.[21] A interpretação que parece mais adequada, porém, é no sentido de que todas as operações que se enquadrem nos parâmetros do § 3º devem ser apresentadas ao CADE, que irá aprová-las caso não imponham riscos à livre

---

21. Cf., nesse sentido, defendendo que o critério do faturamento não impõe obrigatoriedade de notificação para operações que não apresentem potenciais efeitos de prejuízo à livre concorrência ou de domínio de mercados, Tércio Sampaio Ferraz Jr., "Das condições de obrigatoriedade de comunicação de atos de concentração", *Revista do Instituto Brasileiro de Estudo das Relações de Concorrência e Consumo – IBRAC* 5/10-12, n. 2.

concorrência. Isso porque do contrário o § 3º seria inútil, sendo suficiente a regra geral estabelecida no *caput* do artigo, combinada com os dispositivos do art. 20.

O § 4º do art. 54 estabelece o prazo máximo de 15 dias úteis da sua realização para a apresentação das operações à SDE, o que pode ser feito também previamente. A partir desse momento inicia-se o trâmite do ato de concentração. Em primeiro lugar, incumbe à Secretaria de Acompanhamento Econômico (SEAE) emitir parecer técnico, em 30 dias, após o quê deve manifestar-se a Secretaria de Direito Econômico (SDE), no mesmo prazo. Juntados os pareceres, a SDE encaminha o processo ao plenário do CADE, para decisão.

Uma vez submetidas à apreciação do CADE, incumbe ao órgão verificar se as operações realmente impõem os riscos de prejuízo à livre concorrência e de dominação de mercados, que, conforme o *caput* do artigo, podem resultar na sua ilicitude. Em caso negativo – vale dizer, quando fatores como a estrutura do mercado, seu nível de concentração, a participação no mercado das partes, a natureza do produto e a inexistência de barreiras à entrada não indicarem haver risco de efeitos anticoncorrenciais – o colegiado deve, simplesmente, aprová-las, sem passar pela verificação do cumprimento das condições estabelecidas no § 1º do artigo. Incluir-se-iam nesse caso, ainda, as concentrações entre empresas em crise quando a probabilidade de saída de uma das partes do mercado indique que a operação não implica prejuízo à concorrência.

As operações nas quais o CADE entenda que há riscos à concorrência, no entanto, não são por si só ilícitas, pois caso satisfaçam as exigências do § 1º ou do § 2º do art. 54 podem ser aprovadas pelo colegiado.

As condições estabelecidas no § 1º, assim, dizem respeito, por um lado, ao aumento da eficiência econômica (alíneas "a" e "c" do inciso I);[22] por outro lado, abrem espaço à apresentação de uma defesa mais próxima a objetivos de política industrial, mencionando o desenvolvimento tecnológico e econômico (alínea "c"). Em ambos os casos, independentemente do montante do benefício propiciado pela operação no tocante aos critérios do inciso I, a concentração não pode ser aprovada se não forem satisfeitos os demais requisitos dos incisos II a IV.

O § 2º, por sua vez, amplia a flexibilidade do sistema para a possível aprovação de operações de maior potencial ofensivo à concorrência, caso os benefícios dela decorrentes, por sua vez, possam ser considerados relevantes ao interesse nacional e ao bem comum.

---

22. Sobre os diferentes tipos de eficiência econômica no antitruste e suas características, v. o Capítulo V, subitem 15.2.

É polêmica a questão sobre a natureza dos poderes do CADE na apreciação de atos de concentração; vale dizer, há posições divergentes sobre se tratar essa prerrogativa de um ato vinculado ou discricionário. Embora a maioria dos autores nacionais entenda tratar-se de um ato vinculado, há defensores no sentido contrário, apontando que a complexidade e a flexibilidade das regras do mercado exigem do órgão aplicador da lei poder discricionário para delimitar as hipóteses de incidência da norma.

Entretanto, não parece possível defender a discricionariedade do poder funcional do CADE com relação ao art. 54. O estabelecimento de critérios para a aprovação do ato, ainda que expressos de maneira flexível – vale dizer, através do uso de conceitos jurídicos indeterminados –, limita o âmbito do poder da autoridade a juízos de legalidade, caracterizando-o como um ato vinculado, e não de conveniência e oportunidade, típicos de um poder discricionário. A natureza vinculada do ato, como é sabido, gera conseqüências no sentido da possibilidade de revisão judicial de mérito das decisões do CADE, ampliando o papel potencialmente desempenhado pelo Poder Judiciário na aplicação da lei antitruste.[23]

Caso não sejam atendidas as condições legais para a aprovação da operação, nem haja possibilidade de impor condições à aprovação, o CADE deve negar-lhe autorização. Da desaprovação decorrem conseqüências como a necessidade de desconstituição, total ou parcial, da operação. O desfazimento da operação, no entanto, não decorre automaticamente da decisão do CADE, que não tem natureza desconstitutiva. Assim, não lhe cabe determinar de que forma as partes irão se adaptar à decisão, o que recai sob sua autonomia e liberdade de iniciativa. Neste sentido, a prática que se desenvolveu diante de casos de desaprovação é que as partes apresentem um plano para a desconstituição, que deve ser submetido à autoridade para a verificação de sua adequação às finalidades da decisão.[24]

Além da aprovação pura e simples e da negação de uma operação de concentração, a autoridade pode aprová-la sob condições, destinadas a garantir o cumprimento dos requisitos do § 1º do art. 54 da Lei 8.884, de 1994, a serem estabelecidas em compromissos de desempenho acorda-

---

23. A questão do caráter vinculado da autoridade antitruste na aplicação do controle de atos de concentração assim como as implicações da natureza vinculada do ato na possibilidade de revisão judicial de mérito foram tratadas com maior profundidade no Capítulo II, item 6.

24. Cf. Calixto Salomão Filho, *Direito Concorrencial – As Estruturas*, pp. 298-299.

dos entre as partes. Esse mecanismo é de larga utilização pelo CADE e pelas autoridades antitruste de outros países, permitindo uma flexibilização do controle de atos de concentração e reduzindo a necessidade de proibição das operações, com suas complicadas conseqüências, relacionadas à desconstituição do negócio.

A questão central que envolve a aprovação com condições diz respeito aos seus limites e à sua extensão possível. Com efeito, poderia a autoridade antitruste valer-se dessa possibilidade legal para privilegiar objetivos de política industrial em detrimento dos objetivos concorrenciais? Ou, ainda, poderia a autoridade impor as condições para a aprovação em termos amplos, desvinculados de metas objetivas e específicas?

Calixto Salomão Filho[25] responde negativamente a essas questões, afirmando constituir o art. 174, *caput*, da Constituição Federal um óbice à possibilidade de o Estado ou as pessoas jurídicas a ele vinculadas definirem discricionariamente o comportamento a ser adotado pelos particulares. Esse tipo de decisão implicaria a implementação de um planejamento econômico sobre a conduta dos agentes econômicos, o que não é possível no nosso sistema constitucional. O autor aponta, ainda, que, mesmo que não houvesse tal impedimento constitucional, o planejamento do setor privado teria, forçosamente, de ser setorial, e não seria o CADE – a autoridade antitruste – o órgão competente para tanto. Por essas razões, entende que a aprovação condicionada da concentração deve ser um substituto da aprovação da operação, e não da sua negativa. Isso quer dizer que o CADE somente pode aprovar uma operação sob condições quando estiver convencido da possibilidade de consecução das metas, que têm de ser propostas pelas partes em seu pedido de aprovação.[26]

Com efeito, não é possível no sistema jurídico brasileiro que o CADE desempenhe função de planejamento. Não é a essa autarquia que incumbe definir quais metas de aumento de produtividade, eficiência, ou no sentido do desenvolvimento tecnológico podem compensar eventual limitação da concorrência. Esse aspecto é reforçado pelo § 2º do art. 58, estabelecendo que os compromissos de desempenho devem conter metas qualitativas e quantitativas, além da previsão de prazos para seu cumprimento – o que cerceia a possibilidade da fixação de condições mais amplas como condição da aprovação.

Essas limitações a uma atuação mais dirigista do CADE na fixação de condições para a aprovação de operações de concentração, no entan-

---

25. Idem, ibidem, pp. 290-294.

26. Nesse sentido, também, Magali Klajmic e Cynthia Nascimento, "Compromisso de desempenho: uma abordagem introdutória", *Revista do Instituto Brasileiro de Estudos das Relações de Concorrência e Consumo – IBRAC* 4/34, n. 4.

to, não descaracterizam a aprovação condicionada como mecanismo de adaptação da lei antitruste às solicitações do desenvolvimento econômico. De fato, é possível que, a partir do pedido e por iniciativa das partes, quando da apresentação da submissão ou em pedido de reapreciação, a aprovação com condições permita a consecução de projetos relacionados ao desenvolvimento tecnológico e econômico de determinadas empresas ou setores, desde que observadas as demais condições da lei para aprovação.

A Lei 8.884, de 1994, estabelece, no art. 58, que o Plenário do CADE deve levar em consideração o grau de exposição do setor à competição internacional e as alterações no nível de emprego, dentre outras circunstâncias relevantes, ao definir os compromissos de desempenho, cuja finalidade principal, de qualquer forma, é assegurar o cumprimento das condições previstas no art. 1º.

A omissão desses dois aspectos entre as condições para a aprovação das operações de concentração no § 1º do art. 54 demonstra que não houve o objetivo de lhes dar tanta importância quanto a dada aos demais requisitos lá estabelecidos. Sua consideração no estabelecimento de compromissos de desempenho, porém, empresta-lhes um caráter atenuante à concentração, mas não de justificativa para sua licitude.[27] Essa sistemática pode ser explicada pela firme direção da lei no sentido de limitar brechas para a consideração de outros objetivos não-concorrenciais como excludentes de ilicitude às condutas prejudiciais à concorrência. A regra do § 1º do art. 58, por sua vez, reabre uma possibilidade menor de atenção a essas questões de sensibilidade econômica e social no estabelecimento dos compromissos de desempenho.

Essas discussões sobre quais tipos de condições podem ser estabelecidos em compromissos de desempenho referiram-se, basicamente, ao aspecto comportamental das condições definidas para a aprovação das concentrações. Entretanto, uma solução comum no Direito Estrangeiro, que tem sido adotada pelo CADE, é o estabelecimento de condições estruturais, tais como a alienação parcial do controle de uma empresa anteriormente adquirida, a venda de empresa controlada e o licenciamento de marca. Compromissos estruturais são especialmente comuns nos Estados Unidos. O objetivo desses tipos de cláusulas no Direito Brasileiro é a adequação da operação às exigências estabelecidas nos incisos III e IV do § 1º do art. 54 da Lei 8.884, de 1994. Um dos exemplos polêmicos de sua utilização foi no caso da aquisição da *Kolynos* pela *Colgate* (Ato de Concentração 27/95), no qual a aprovação foi condicionada à escolha pela adquirente entre três alternativas de caráter

27. Cf. C. Salomão Filho, *Direito Concorrencial* – ..., p. 295.

estrutural: a suspensão do uso da marca *Kolynos* por 4 anos, o licenciamento exclusivo para terceiros da marca *Kolynos* por 20 anos ou a alienação da marca *Kolynos* – foi escolhida a primeira alternativa.[28]

O compromisso de desempenho não pode ser revogado senão nas hipóteses estabelecidas no art. 55 da lei, quais sejam: o uso de informações falsas ou enganosas, o descumprimento de quaisquer das obrigações assumidas e a não-consecução dos benefícios visados. Tratando-se a aprovação – e mesmo o estabelecimento de condições para a aprovação – de um ato vinculado, a autoridade não pode discricionariamente revogá-lo, senão nas condições estabelecidas na lei.

21. Direito de proteção à concorrência e princípios da ordem econômica brasileira

O direito da concorrência no Brasil – seja no aspecto de seu texto normativo, seja no de sua efetiva aplicação – é determinado pelos princípios jurídicos conformadores da ordem econômica constitucional.[29] Observe-se, assim, que a ordem econômica constitucional não é estabelecida apenas pelas regras dispostas no Título VII da Constituição, pois diversas disposições tratadas em outros títulos referem-se a essa ordem. Essas regras em conjunto é que devem ser interpretadas e aplicadas como um todo para a concreção das normas constitucionais.[30]

As normas constitucionais, por sua vez, incorporam valores políticos e ideologias, institucionalizando, assim, uma determinada ordem econômica. A estruturação do sistema constitucional em normas de diferente qualidade – os princípios e as regras – permite-lhe um balanceamento de valores e interesses potencialmente conflitantes, possibilitando um maior pluralismo de valores e interesses protegidos no ordenamento jurídico. Por outro lado, a capacidade das normas constitucionais de se adaptar à evolução e às alterações do contexto fático a que se

---

28. Para uma breve descrição do caso e de sua decisão, v. o Capítulo VII, item 23.

29. Para uma crítica da ambigüidade e do caráter ideológico da expressão "ordem econômica", que expressaria a idéia de que no âmbito das Constituições liberais a "ordem econômica" é auto-regulada, de forma natural, ao passo que a "ordem econômica" de caráter jurídico é marca de um modelo econômico intervencionista, v. Eros Roberto Grau, *A Ordem Econômica na Constituição de 1988 (Interpretação e Crítica)*, 6ª ed., pp. 43 e ss.

30. Eros Grau (*A Ordem Econômica ...*, 6ª ed., p. 189), a esse propósito, insiste na impossibilidade de aplicação de uma norma jurídica, pois é o Direito que deve ser aplicado. Assim se passa com a Constituição, cuja interpretação correta a toma como um todo, e não suas normas individualmente consideradas.

aplicam permite sua atualidade e funcionalidade enquanto orientação normativa à produção normativa infraconstitucional e à sua aplicação.[31]

O direito da concorrência no ordenamento brasileiro é conformado pelos princípios estabelecidos constitucionalmente e, ainda, por outros estabelecidos na legislação infraconstitucional, cuja verificação é essencial para a compreensão da aplicação dos dispositivos antitruste.

A temática dos princípios na orientação do Direito foi significativamente incrementada por trabalhos recentes que analisam sua função no ordenamento e na aplicação do Direito, bem como sua distinção das demais normas.[32]

Deve-se observar que, sobretudo na análise de normas sobre a ordem econômica, os princípios – entendidos enquanto *pautas cuja observância corresponde a um imperativo de justiça, de honestidade ou de outra dimensão da moral*[33] ou, ainda, *porque explicitam as valorações políticas fundamentais do legislador constituinte*[34] e estabelecem valores fundamentais de organização social – convivem com outras pautas interpretativas cuja função é semelhante à sua no ordenamento. É o caso das diretrizes, *que se referem a objetivos a serem atingidos, geralmente em questões econômicas, políticas ou sociais*.[35] As políticas públicas de alguma forma adotadas pela ordem jurídica constituem diretrizes para orientar a interpretação e a aplicação do Direito. A referência, neste trabalho, aos princípios da ordem econômica orientadores da aplicação

---

31. José Joaquim Gomes Canotilho (*Direito Constitucional e Teoria da Constituição*, 4ª ed., p. 1.033), nesse sentido, define como um dos elementos principais do sistema jurídico ser ele um sistema aberto, vale dizer, uma estrutura dialógica, traduzida na disponibilidade e "capacidade de aprendizagem" das normas constitucionais para captarem a mudança da realidade e estarem abertas às concepções cambiantes da "verdade" e da "justiça".

32. V. o item 22, abaixo. São especialmente influentes no desenvolvimento dessa linha de análise da função dos princípios no ordenamento os trabalhos de Ronald Dworkin, *Taking Rights Seriously*, pp. 14-45, e *A Matter of Principle*, pp. 33-103; Robert Alexy, *Teoría de los Derechos Fundamentales*, pp. 81-115; e José J. G. Canotilho, *Direito Constitucional ...*, 4ª ed., pp. 1.033-1.049. Na doutrina nacional, vide Eros Roberto Grau, *A Ordem Econômica ...*, 6ª ed., pp. 75-122, e Willis Santiago Guerra Filho, "Sobre princípios constitucionais gerais: isonomia e proporcionalidade", *RT* 710/57-63.

33. Dworkin, *Taking Rights ...*, p. 22.

34. J. Canotilho, *Direito Constitucional ...*, 4ª ed., pp. 1.039-1.040.

35. Na elaboração de Dworkin, o termo "princípio" refere-se genericamente a todos os *standards* diferentes das regras, apenas ocasionalmente é feita alguma distinção entre princípios e diretrizes (*Taking rights ...*, p. 22). J. Canotilho (*Direito Constitucional ...*, 4ª ed., p. 1.040) nesse sentido, fala em *princípios jurídicos impositivos* como aqueles que, "sobretudo no âmbito da Constituição dirigente, impõem aos órgãos do Estado, sobretudo ao legislador, a realização de fins e a execução de tarefas". Exemplifica com o princípio da correção das desigualdades na distribuição da riqueza e do rendimento.

do direito da concorrência, nesse sentido, toma o termo em sentido amplo, incluindo também diretrizes e normas objetivas.

Ressalvando-se que as questões concretas podem suscitar a consideração de outros princípios no momento da aplicação da lei antitruste, pode-se enumerar os mais relevantes à matéria, dentro do enfoque deste trabalho: livre iniciativa; livre concorrência; repressão ao abuso do poder econômico; promoção da eficiência econômica; e bem-estar do consumidor.

21.1 Livre iniciativa

O princípio da livre iniciativa é fundamento da República e da ordem econômica no texto constitucional brasileiro. Relaciona-se ao princípio da livre concorrência, mas não é a ele equivalente. O princípio da livre iniciativa tem a ver com a manutenção das possibilidades reais de acesso e exercício de atividade econômica pelos indivíduos, como garantia de sua liberdade econômica. O princípio da livre concorrência refere-se às possibilidades desses agentes de disputarem as preferências do consumidor no mercado e às medidas de salvaguarda a um tipo de mercado que assim o permita.

Nesse sentido, conforme aponta Luiz Gastão Paes de Barros Leães, "a livre iniciativa e a livre concorrência são conceitos distintos, se bem que complementares. O primeiro não é senão a projeção da liberdade individual no plano da produção, circulação e distribuição das riquezas, significando a livre escolha e o livre acesso às atividades econômicas. Já o conceito de livre concorrência é um conceito instrumental daquele, significando o princípio econômico segundo o qual a fixação dos preços dos bens e serviços não deve resultar de atos de autoridade, mas sim do livre jogo das forças em disputa no mercado".[36]

Uma das facetas do conteúdo do princípio da livre iniciativa relaciona-se ao problema da ingerência do Estado nas atividades e decisões dos agentes econômicos. Nesse sentido, relaciona-se à origem de sua proteção jurídica, remontando ao início do desenvolvimento do sistema de livre mercado, quando a liberdade de indústria e comércio começava a desgarrar-se do controle das corporações de ofício e do Estado. O princípio tinha o sentido, então, de uma garantia de legalidade imposta a qualquer intervenção do Estado no domínio econômico e da liberdade de exercício da atividade econômica. A partir da expansão do Capitalis-

---

36. "O *dumping* como forma de abuso de poder econômico", *RDM* 91/7-8.

mo e do aparecimento do fenômeno concentracionista, entretanto, o princípio da livre iniciativa, ponderado pelo da liberdade de concorrência, passa a exprimir a necessidade de proteção contra formas de atuação na concorrência que eliminem o jogo do mercado, criando obstáculos ao acesso e permanência nas atividades econômicas. Passa-se a distinguir, assim, duas facetas da livre iniciativa, enquanto liberdade pública e liberdade privada.[37]

Com a conjugação desses dois aspectos, o princípio expressa, contemporaneamente, a preferência por um mercado descentralizado, cuja iniciativa principal cabe aos agentes privados. Nesse sentido, na estrutura constitucional brasileira, o dispositivo do art. 219, que declara o mercado interno como patrimônio nacional, relaciona-se com o princípio da livre iniciativa e o complementa.

A noção de que livre iniciativa indica a preferência por uma economia descentralizada, organizada em mercados onde essa liberdade de ação se desenvolve concretamente, empresta-lhe um sentido que tem caráter social, por oposição à noção de liberdade econômica como liberdade pública oponível ao Estado, de conotação mais individualista. Essa distinção é explorada pela doutrina, que, predominantemente – e a partir do texto do inciso IV do art. 1º da Constituição Federal –, defende ser o sentido social da livre iniciativa, e não o individualista, que ocupa posição de tamanho destaque na estrutura constitucional brasileira.

Com efeito, Eros Roberto Grau salienta: "São fundamentos da República, isto é, do Brasil, entre outros, o *valor social do trabalho* e o *valor social da livre iniciativa*. A ordem econômica (mundo do ser) deve estar fundada na *valorização do trabalho humano* e na *livre iniciativa* – a

---

37. Eros Grau (*A Ordem Econômica* ..., 6ª ed., p. 240) apresenta quadro classificatório compondo os dois sentidos do princípio da livre iniciativa, enquanto liberdade de indústria e comércio e enquanto liberdade de concorrência, com a distinção entre liberdade pública e liberdade privada:
"a) liberdade de comércio e indústria (não-ingerência do Estado no domínio econômico):
"a.1) faculdade de criar e explorar uma atividade econômica a título privado – liberdade pública;
"a.2) não-sujeição a qualquer restrição estatal senão em virtude de lei – liberdade pública;
"b) liberdade de concorrência:
"b.1) faculdade de conquistar a clientela, desde que não através de concorrência desleal – liberdade privada;
"b.2) proibição de formas de atuação que deteriam a concorrência – liberdade privada;
"b.3) neutralidade do Estado diante do fenômeno concorrencial, em igualdade de condições dos concorrentes – liberdade pública."

Constituição consagra, aí, note-se, *valorização do trabalho humano* e *livre iniciativa*, simplesmente. A *livre iniciativa*, ademais, é tomada no quanto expressa de socialmente valioso; por isso não pode ser reduzida, meramente, à feição que assume como *liberdade econômica*, empresarial (isto é, da empresa, expressão do dinamismo dos bens de produção); pela mesma razão não se pode nela, *livre iniciativa*, visualizar tãosomente, apenas, uma afirmação do Capitalismo. Assim, *livre iniciativa* é expressão de liberdade titulada não apenas pelo capital, mas também pelo trabalho".[38]

Nesse sentido, a livre iniciativa indica a questão do acesso ao mercado tanto do capital quanto do trabalho, no sentido da promoção de uma sociedade livre e pluralista.[39]

O caráter social da livre iniciativa, além disso, é expresso pela finalidade apontada para a ordem econômica no *caput* do art. 170, de *assegurar a todos existência digna, conforme os ditames da justiça social*. Isso significa que a liberdade de iniciativa apenas é considerada um fundamento da ordem econômica na medida em que ela é orientada para a realização dos fins expressos para essa ordem.[40] Nesse sentido, o texto constitucional define princípios da ordem econômica que devem ser ponderados com aqueles definidos como seu fundamento na consecução de seus fins.

Sendo o princípio da livre iniciativa, enquanto valor social – isto é, ponderado pelos princípios estabelecidos no art. 170 –, um dos fundamentos da ordem econômica, justifica-se a criação de leis de proteção à concorrência, para manter as condições – mercados competitivos – nas quais a livre iniciativa, enquanto meio de assegurar a todos existência digna, se possa expressar Nesse sentido, ainda que a Constituição não estabelecesse a livre concorrência como princípio da ordem econômica, ou não mencionasse a necessidade de repressão ao abuso do poder econômico, estaria a existência de leis de proteção à concorrência no Brasil devidamente fundamentada, a partir da posição ocupada pela dimensão social da livre iniciativa no sistema. Porém, essa discussão torna-se algo inócua à medida que o princípio da livre concorrência também é destacado no capítulo constitucional referente à ordem econômica.

---

38. Grau, *A Ordem Econômica ...*, 6ª ed., p. 249.

39. Apoiando-se em Miguel Reale Jr., Eros Grau afirma que a "livre iniciativa é um modo de expressão do trabalho e, por isso mesmo, corolário da valorização do trabalho, do trabalho livre (...) em uma sociedade livre e pluralista" (*A Ordem Econômica ...*, 6ª ed., p. 241).

40. Cf. Maurício Moura Rocha, "O princípio constitucional da livre concorrência", *Revista do Instituto Brasileiro das Relações de Concorrência e Consumo – IBRAC* 5/11, n. 1. V., ainda, Werter Faria, *Constituição Econômica: Liberdade de Iniciativa e de Concorrência*, pp. 104-105.

O princípio da livre iniciativa relaciona-se à proteção das oportunidades dos empreendedores no mercado, sobretudo os menores. Conforme já analisado,[41] a progressão do sistema de livre mercado tende ao fenômeno da concentração, com a expulsão de parte dos agentes e a diferenciação da escala de produção, surgindo, aí, poder de mercado entre os concorrentes. Nesse sentido, as leis de proteção à concorrência muitas vezes voltam-se ao objetivo de reprimir a tendência dos agentes mais fortes de abusarem de seu poder, tentando dominar os mercados ou impondo condições restritivas àqueles mais fracos. Mantêm, assim, a possibilidade de os pequenos empreendedores ocuparem determinados nichos na atividade econômica e exercerem a liberdade de escolha entre a iniciativa própria e a locação de sua força de trabalho. O direito de proteção à concorrência, entretanto, não é o único instrumento disponível às políticas públicas para a proteção dos agentes de menor porte. Ao contrário, à medida que se tem consolidado a visão de que o direito da concorrência protege a ela, e não aos concorrentes, esse tem sido um instrumento tímido para sua proteção.

No cenário de uma economia globalizada, com as características por ela impostas ao processo de concorrência, a proteção à pequena empresa depende mais de outras políticas – creditícias e tributárias, por exemplo – do que da aplicação da lei antitruste. Em algumas situações, porém, a isenção das regras de concorrência pode ser necessária à efetivação de uma política de incentivos às pequenas empresas, que lhes permita ocupar nichos de mercado e se tornar competitivas na concorrência global.[42]

21.2 Livre concorrência

O princípio da livre concorrência tem um caráter instrumental ao princípio da livre iniciativa, na medida em que constitui um dos elementos a balizar seu exercício, a fim de que ela seja exercida dentro de suas finalidades sociais, mantendo condições propícias à atuação dos agentes econômicos, de um lado, e beneficiando os consumidores, de outro.

É importante notar, porém, que a livre concorrência não constitui um corolário da livre iniciativa, vale dizer, não é uma conseqüência natural, ou um mero desdobramento, dessa última. Com efeito, à medida que se constatou ser o mercado falho na alocação de recursos e na manutenção do jogo concorrencial, não foi mais possível identificar a

---

41. V. o Capítulo I, subitem 1.2.
42. V. o Capítulo V, subitem 16.3.

livre concorrência como um subproduto da livre iniciativa. Nesse sentido, embora complementares, livre iniciativa e livre concorrência têm conteúdos diferentes.[43]

Quanto ao seu conteúdo, o princípio da livre concorrência costuma ser identificado com a liberdade de atuar nos mercados buscando a conquista de clientela, com a expectativa de sua aplicação levar os preços de bens e serviços, fixados pelo jogo dos agentes em disputa pela clientela, a níveis razoavelmente baixos, chegando, no caso extremo de concorrência perfeita, a se igualarem ao custo marginal do produto.[44] Aponta-se, no entanto, que a essa liberdade jurídica de conquista de clientela pelos concorrentes deve somar-se a liberdade dos consumidores de usufruírem de alternativas.[45]

A proteção constitucional à livre concorrência, no entanto, não pode ser confundida com a manutenção das condições de concorrência perfeita, na qual não há qualquer manifestação do poder econômico de agentes no mercado. Ao contrário, o fenômeno do poder econômico é até mesmo reconhecido constitucionalmente, no § 4º do art. 173, que prescreve a repressão ao seu abuso. Nesse sentido – afirma Tércio Sampaio Ferraz Jr. – "o mundo capitalista desenvolvido já percebera há muito tempo a profunda alteração sofrida pela concepção oitocentista do mercado concorrencial. Aceitava-se agora tratar-se de um processo comportamental competitivo, que admite gradações tanto na atomicidade quanto na fluidez de sua estrutura. E é este elemento comportamental – a competitividade – que passa a definir a concorrência. A competitividade exige a descentralização de coordenação como base da formação dos preços, o que supõe livre iniciativa e apropriação privada dos bens de produção. Isto faz com que a luta, no interior do mercado, receba um novo peso estrutural. Ela não é apenas ativadora do processo, mas elemento que o regula e, no limite, altera a própria estrutura".[46]

Assim, a interpretação do sentido do princípio da livre concorrência passa pela compreensão dos fenômenos das economias de escala na indústria moderna com o privilégio à conduta competitiva das empresas. A análise contextual da competitividade de cada setor econômico leva à relativização da aplicação de modelos de análise *a priori* do

---

43. Cf. Rocha, in *Revista do Instituto Brasileiro das Relações de Concorrência e Consumo – IBRAC* 5/13.

44. Para uma descrição do funcionamento dos mercados onde vige a concorrência perfeita, v. o Capítulo I, subitem 2.2.

45. Cf. Rocha, *Revista do Instituto Brasileiro das Relações de Concorrência e Consumo – IBRAC* 5/16.

46. In *Arquivos do Ministério da Justiça* 45/178.

funcionamento dos mercados a partir de sua estrutura. No caso do controle dos atos de concentração nas economias contemporâneas essa capacidade de compreensão e análise por parte das autoridades competentes para a decisão é essencial.

O aspecto mais importante a ser abordado com relação ao princípio da livre concorrência, todavia, diz respeito ao seu papel na fundamentação da legislação de proteção à concorrência. No Brasil ela levou, inclusive, a alterações na disciplina da ordem econômica na Constituição de 1988, com relação àquelas que a antecederam.[47]

Com efeito, desde a Constituição de 1946 prevê-se a existência de um direito da concorrência, a partir da regra que determinava a repressão dos abusos do poder econômico. Em 1967 essa regra passou a integrar o capítulo da ordem econômica,[48] o que foi mantido pela Emenda 1, de 1969. Na Constituição atual, embora conservado, o princípio da repressão ao abuso do poder econômico teve sua importância deslocada, compondo a disciplina de um artigo referente à exploração de atividade econômica pelo Estado (§ 4º do art. 173). Simultaneamente, incluiu-se o princípio da livre concorrência entre os definidores da ordem econômica (inciso IV do art. 170).

Nesse sentido, a partir das inovações trazidas pela Constituição de 1988 à disciplina da ordem econômica, deve-se concluir ser o princípio da livre concorrência, e não o da repressão ao abuso do poder econômico, o fundamento da lei antitruste (Lei 8.884, de 1994). Essa conclusão não se limita a interesses meramente classificatórios, mas tem importância na definição da natureza da lei.

A disciplina de repressão às lesões à concorrência anteriormente à Constituição atual era tida como penal,[49] em função da "linguagem da finalidade"[50] e do estilo tipificante[51] utilizado por esses textos constitucionais. Assim, apesar de a lei então vigente (Lei 4.137, de 1962) estabelecer mecanismo de regulação *a priori*, e não apenas de repressão *a posteriori*, caracterizador de seu caráter penal-administrativo, ela foi

---

47. Essa análise é elaborada por Rocha, *Revista do Instituto Brasileiro das Relações de Concorrência e Consumo – IBRAC* 5/7 e 20-26.
48. O art. 157 da Constituição de 1967 dispunha: "A ordem econômica tem por fim realizar a justiça social, com base nos seguintes princípios: (...) VI – repressão ao abuso do poder econômico, caracterizado pelo domínio dos mercados, a eliminação da concorrência e o aumento arbitrário dos lucros".
49. Cf. nesse sentido, Pontes de Miranda, *Comentários à Constituição de 1967*, 2ª ed., t. IV, p. 50.
50. "Linguagem da finalidade" diz respeito ao texto da Constituição de 1946, que falava no abuso do poder econômico que "tenha por fim (...)", influenciando toda a doutrina antitruste a partir de então.
51. Cf. B. Schieber, *Abusos do Poder Econômico. ...*, p. 28.

entendida como predominantemente penal pelos seus aplicadores e pela doutrina.[52]

A Lei 8.884, de 1994, embora editada a partir de uma disciplina constitucional inovadora do tratamento da proteção à livre concorrência, tem sido analisada por grande parte da doutrina como fundamentada no dispositivo do § 4º do art. 173 da Constituição, mantendo-se sua filiação à interpretação construída no passado. Assim, impor-se-ia a conclusão de ter a lei atual caráter penal-econômico.

Entretanto, à medida que foi retirada a repressão ao abuso do poder econômico da listagem dos princípios da ordem econômica constitucional, e incluída nela a livre concorrência, a Lei 8.884, de 1994, comporta outro tipo de interpretação. A conformação dada à ordem econômica na Carta não apenas erige a livre concorrência como princípio, mas estabelece a priorização do valor social da livre iniciativa, para o quê a proteção às condições efetivas de concorrência nos mercados é essencial. Nesse sentido, fica legitimada constitucionalmente a criação de uma lei de proteção à concorrência composta de mecanismos sancionatórios às infrações contra a concorrência, mas também de mecanismos de caráter regulador do mercado, típicos de um direito econômico, tal como exemplifica seu art. 54, que estabelece o controle de atos de concentração. A Lei 8.137, por sua vez, trata da disciplina penal às infrações contra a ordem econômica, regulamentando, portanto, o § 4º do art. 173 da Constituição.[53]

21.3 Repressão ao abuso de poder econômico

O poder econômico é um fenômeno inerente ao sistema de mercado, tolerado pelo Direito. Conforme aponta Tércio Sampaio Ferraz Jr., o poder econômico "goza de uma certa legitimidade *a contrario sensu*",[54] isto é, não pode ser limitado pelo Poder Público, exceto quando abusivo.[55]

A doutrina define o poder econômico como a possibilidade de exercício de uma influência notável e a princípio previsível pela empresa

---

52. Cf. Ferraz Jr., in *Arquivos do Ministério da Justiça* 45/178-180.

53. Nesse sentido, Eros Grau (*A Ordem Econômica* ..., 6ª ed., p. 246) afirma: "Note-se bem que a Lei n. 8.884/94 não veicula matéria penal; a matéria penal, relativa à concorrência e à ordem econômica é regulada pela Lei n. 8.137, de 27.12.1990, que permanece vigente". O autor reforça esse argumento a partir do teor do art. 20 da Lei 8.884, de 1994, que estabelece responsabilidade objetiva aos autores das infrações lá descritas, incompatível com o direito penal (p. 249).

54. "Da abusividade do poder econômico", *Revista de Direito Econômico* 21/24-25.

55. Nesse sentido – comenta Eros Grau (*A Ordem Econômica* ..., 6ª ed., p. 244) –, o poder econômico "é não apenas um elemento da realidade, porém um dado constitucio-

dominante sobre o mercado, influindo na conduta das demais concorrentes ou, ainda, subtraindo-se à influência dessas últimas, através de uma conduta indiferente e delas independente em alto grau.[56] Impossibilitados de enfrentar competidor de maior poder econômico, os demais concorrentes, consumidores ou mesmo agentes atuantes em outros mercados encontram-se em posição de sujeição à conduta e aos preços por ele impostos. A situação de exercício abusivo de poder econômico por parte do agente que o detém tende a criar no mercado distúrbios e ineficiências semelhantes àqueles típicos de mercados monopolizados.

Sendo o poder econômico, enquanto situação de fato, legítimo, e proibido seu abuso, a doutrina volta-se a definir a natureza desse abuso.

Nesse sentido, partindo dos conceitos de *abuso de direito* e *desvio de poder*, formulados nos âmbitos do direito privado e do direito público, respectivamente, aponta-se o fato de que ambas as noções passaram a ser vistas como complementares na definição de conceitos que, como o de abuso de poder econômico, não se reduzem diretamente a qualquer delas. Isso porque tais conceitos vinculam-se à necessidade de se preservar certos valores sociais. Assim, "mesmo o exercício de direitos e de um poder anteriormente considerado normal segundo os parâmetros individuais dominantes passa a ser irregular ou ilícito, seja pelo dano acarretado, seja pela gritante desproporção surgida entre a titularidade do direito e as prerrogativas e privilégios que ela proporcionaria a alguns em detrimento da coletividade".[57]

Seguindo essa linha, o abuso de poder econômico passa a ser entendido como a sua utilização para fins contrários aos estabelecidos normativamente. É visto como um desvio da obrigação de usá-lo dentro dos padrões da legalidade e, assim, dominar o mercado, eliminar a concorrência ou aumentar arbitrariamente seus lucros.[58]

No Direito Norte-Americano a preocupação de controle do poder econômico remete-se ao temor de que a excessiva concentração econômi-

---

nalmente institucionalizado, no mesmo texto que consagra o princípio *[da repressão ao abuso do poder econômico]*".

56. Cf. Giuliano Amato, *Antitrust and the Bounds of Power. The Dilemma of Liberal Democracy in the History of the Market*, p. 67.

57. Cf. Miguel Reale, "Abuso de poder econômico e garantias individuais", in J. I. Franceschini e J. V. Franceschini, *Poder Econômico:* ..., p. 523

58. Cf. Luís Fernando Schuartz, "Poder econômico e abuso do poder econômico no direito de defesa da concorrência brasileiro", *RDM* 94/22-27. O autor defende a idéia de que da transposição da teoria do desvio do poder administrativo para o abuso do poder econômico deduz-se estar o uso do poder econômico caracterizado pela legalidade estrita, típica do direito administrativo, em função da sistemática da lei (no caso, a Lei 8.158, de 1991, mas nesse aspecto mantida pela Lei 8.884, de 1994), que pune as condutas

ca ameace valores democráticos, paralelamente à percepção dos distúrbios causados pelo monopólio ao funcionamento dos mercados. Essa consideração diz respeito ao fato de os grandes agentes econômicos deterem um espectro muito grande de discricionariedade sobre as decisões econômicas, ameaçando o ideal de descentralização e pluralismo que deveria marcar o sistema de mercado. Além disso, na mesma linha de preocupações, aponta-se que numa economia muito concentrada há necessidade de uma intervenção mais contínua do Estado.[59] A importância desse tipo de raciocínio nos Estados Unidos relaciona-se com a ideologia do país, desde seu período colonial, com relação à organização econômica.

No Brasil as origens da repressão ao poder econômico foram bastante diferentes. Surgidas num contexto de influência fascista, na década de 30, e atreladas à defesa da economia popular, as primeiras leis voltadas à disciplina de matérias econômicas tinham um caráter repressivo penal, o que caracterizou a evolução da legislação antitruste.[60] Conforme foi verificado, porém, com o advento da Constituição de 1988 e da Lei 8.884, de 1994, um caráter diferente, de natureza mais administrativa, tem sido apontado nas normas de proteção à concorrência no país. A criação de uma ordem que permita a regulação dos mercados e da concorrência, respeitado o princípio da livre iniciativa, é necessária, por um lado, à consecução das finalidades definidas na ordem econômica constitucional e, por outro, ao desempenho das funções do Estado de preservar os mercados e implementar políticas econômicas determinadas, relacionadas à concorrência.[61]

21.4 Promoção da eficiência econômica

A eficiência econômica foi incorporada ao direito da concorrência brasileiro pela Lei 8.158, de 1991, que alterou a antiga lei de repressão

---

abusivas a partir de seu efeito, e não da intenção do agente, mostrando-se, assim, superada a caracterização penal da lei.

59. Cf. Robert Pitofsky, "The political content of antitrust", *University of Pennsylvania Law Review* 127/1.052-1.060. V., ainda, para os fundamentos do direito antitruste norte-americano, o Capítulo III, subitem 7.1. A dimensão das preocupações de caráter político na doutrina americana reduziu-se sensivelmente a partir da influência da chamada *Escola de Chicago*, conforme foi abordado no Capítulo V, subitem 15.2.

60. V. o item 19, acima. Note-se que a legislação antitruste norte-americana contém diversas definições de figuras penais. Não se quer afirmar, portanto, que a diferente origem e os diferentes valores incorporados nas nossas leis e naquelas imponham a conclusão de possuírem caráter diverso.

61. V. o Capítulo II, item 4.

ao abuso do poder econômico, de n. 4.137, de 1962. A Lei 8.884, de 1994, por sua vez, mantém a referência à eficiência econômica.

Assim, a eficiência é uma das defesas que podem ser invocadas na aprovação dos atos de concentração econômica descritos no inciso I do § 1º do art. 54 da Lei 8.884, de 1994, desde que atendidos os requisitos dos demais incisos. A eficiência como defesa à concentração não se limita à alínea "c" do inciso I do § 1º do art. 54, que a menciona expressamente, incluindo-se também nas alíneas "a" e "b", uma vez que o aumento da produtividade; a melhora da qualidade de bens e o próprio desenvolvimento tecnológico são formas de eficiência.[62]

O conceito aparece também no § 1º do art. 20 da mesma lei,[63] como excludente de ilicitude na caracterização da figura do *domínio de mercado* quando a conquista da posição resultar do crescimento interno da empresa, demonstrando a compreensível preferência do legislador pelos processos de crescimento a partir da expansão interna do agente econômico, ao invés das concentrações.

Além dessas referências, deve ser lembrada a Emenda Constitucional 19, de 1998, ao texto do art. 37 da Constituição Federal, que estabeleceu como um dos princípios da Administração Pública o da *eficiência*. Haverá alguma uma ligação entre a Emenda e os conceitos do art. 54 da lei antitruste?

Embora se possa identificar na chamada *Reforma do Estado Brasileiro*, no bojo da qual se insere a referida Emenda, a influência de uma ideologia de retração do Estado e de expansão da lógica de mercado à própria Administração Pública, com a menção expressa à meta de eficiência, que ganhou uma conotação muito própria a partir do movimento da Análise Econômica[64] do Direito, não se pode deduzir a extensão desse princípio à ordem econômica. Trata-se de princípio constitucional limitado à disciplina da Administração Pública. Com efeito, mesmo tendo-se por certo que a Constituição deve ser interpretada em seu todo, o fato de a eficiência ter sido inserida tão-somente em artigo da seção que estabelece princípios gerais referentes à Administração Pública, no título da organização do Estado, torna impossível estendê-la ao Título VII, tocante à ordem econômica.

Nesse sentido, o significado da eficiência na atuação da Administração Pública tem a ver com seu aspecto de *eficiência técnica*, ou *produti-*

---

62. V. o Capítulo V, item 15, referindo-se aos diferentes aspectos da eficiência.

63. O texto do § 1º do art. 20 é: "A conquista de mercado resultante de processo natural fundado na maior eficiência de agente econômico em relação aos seus competidores não caracteriza ilícito previsto no inciso II".

64. Sobre o movimento da Análise Econômica do Direito, v. o Capítulo V, subitem 15.1.

va, referindo-se à capacidade de maior produção de resultados, pelos agentes públicos, a partir dos recursos orçamentários utilizados. Não havendo referência à eficiência no Título VII da Constituição, mais exatamente no art. 174, que trata do exercício da capacidade normativa e reguladora da economia pelo Estado, não é possível identificar a opção constitucional por uma atuação do Estado no sentido da maximização da eficiência alocativa – vale dizer, transferindo recursos de forma a produzir benefícios superiores aos custos incorridos.

Dessa forma, impõe-se a conclusão de ser a eficiência no direito da concorrência brasileiro um princípio infraconstitucional, estabelecido pela Lei 8.884, de 1994.

Deve ser observado, ainda, que a definição da eficiência como um *princípio* do direito de proteção à concorrência brasileiro é problemática. Em primeiro lugar pela novidade da noção, que não encontra origens nem na tradição do direito liberal, nem tampouco foi introduzida com a ampliação da atuação do Estado, intervencionista, na economia, dentro dos quadros de um direito social. Em segundo lugar porque, à medida que remete a um modelo teórico que alça a eficiência como objetivo primordial do sistema sócio-político e do Direito, promovê-la a princípio poderia implicar adesão a esse modelo, ao arrepio da tradição e da orientação ideológica da Constituição. Nesse sentido, defender estar o direito da concorrência baseado no princípio da eficiência econômica poderia levar a lhe negar os vínculos com os demais princípios da ordem econômica constitucional, ainda mais porque a Lei 8.884, de 1994, estabelece expressamente em seu art. 1º a orientação dos ditames constitucionais da liberdade de iniciativa, livre concorrência, função social da propriedade, defesa dos consumidores e repressão ao abuso do poder econômico.

Negar o fato de que a eficiência constitua um dos princípios de referência ao direito antitruste no Brasil, contrariamente, implicaria dissociar a análise jurídica de um componente fundamental da realidade econômica. Com efeito, o desenvolvimento das técnicas produtivas e do sistema capitalista como um todo demonstrou a importância das economias de escala, da capacidade de investimento em produtividade e inovação, exigindo que a proteção jurídica à concorrência tenha em conta seu objetivo de garantir a competitividade nos mercados sem impedir o desenvolvimento de novas estruturas e formas de competição, sob pena de estancar o próprio desenvolvimento da economia de mercado, à qual deve servir de instrumento de preservação e renovação. Além disso, o processo de globalização tem impulsionado um crescimento da competitividade em escala mundial e nacional, o que leva o conceito de eficiência a ocupar um papel central na dinâmica econômica da atualidade. O reconhecimento da eficiência, assim, como um princípio basilar do direito de proteção à concorrência representa a disposição da lei na conciliação de sua tarefa de manter a concorrência e impulsionar o processo de evolução das técnicas produtivas e de concorrência nos mercados.

O fato de o princípio da eficiência não ser constitucional, uma vez que tão-somente a Lei 8.884, de 1994, o prevê, impõe a conclusão da sua inferioridade – no nível da Teoria do Direito – perante os demais princípios constitucionais da ordem econômica, estabelecidos para a conformação dessa última. Entretanto, no momento da aplicação desses princípios a casos concretos, nos quais seria impossível a aplicação simultânea de todos, e entrando o princípio da eficiência em conflito com outro daqueles princípios envolvidos na proteção à concorrência, não será possível resolver a controvérsia através da declaração, pura e simples, da inferioridade da eficiência perante os demais princípios, sendo necessário ao intérprete a verificação de qual o mais adequado àquela situação e aos fins gerais do sistema jurídico.[65] Isso se deve ao caráter do princípio da eficiência no antitruste, que representa a ligação da esfera jurídica – a norma – à realidade de funcionamento do mercado. Sem a observância dessa realidade a atuação do Direito na esfera econômica produzirá resultados anômalos.

Em certa medida, é possível entender que a aplicação do princípio da eficiência no direito da concorrência, de forma a permitir a flexibilidade das normas jurídicas às características reais do funcionamento dos mercados e ao inevitável dinamismo dos processos de produção, pode concretizar o objetivo constitucionalmente fixado de desenvolvimento nacional.

Sem dúvida, a noção de desenvolvimento implica questões de maior profundidade e abrangência do que aquelas eventualmente analisadas numa operação de concentração de empresas, referentes a aspectos sociais e culturais e à necessária existência de um projeto público capaz de organizá-lo enquanto processo de alteração estrutural da economia e da sociedade de um país.[66] No entanto, é inegável que, sob o aspecto econômico, está relacionado à alavancagem de novos processos produtivos e gerenciais, à inovação, ao aumento da produtividade das empresas e a novas estratégias de competição, no âmbito do mercado interno

---

65. Sobre o que vem a constituir um *conflito entre princípios* e de que forma encontra o Direito solução a eles, v. o item 22, abaixo.

66. Cf. Marco Antônio Sandoval de Vasconcelos *et al.*, *Economia Brasileira Contemporânea: para Cursos de Economia e Administração*, pp. 56 e ss. – que frisam: "A idéia de desenvolvimento econômico está associada às condições de vida da população, ou à qualidade de vida dos residentes no país"; insistindo na verificação de outros indicadores sociais que não a renda *per capita* para a definição do grau de desenvolvimento de um país.

e internacional.[67] Nessa linha, a análise da eficiência em casos concretos referentes à concorrência, desde que observados os demais princípios que conformam a ordem econômica e as disposições legais que estabelecem parâmetros à defesa da concorrência, permitirá sua aplicação harmoniosa aos processos de desenvolvimento econômico.

21.5 O bem-estar e a defesa do consumidor

A proteção aos interesses do consumidor tem posição de relevo no sistema constitucional e na lei de defesa da concorrência brasileiros.

Deve ser observado, porém, que a proteção ao consumidor relacionada à concorrência não se confunde com as normas específicas destinadas à sua defesa nas relações de consumo. Com efeito, estas últimas, denominadas genericamente de *direito do consumidor*, visam a minimizar sua vulnerabilidade perante o fornecedor em questões como informação, riscos, segurança do produto e determinados direitos na relação contratual, e muitas vezes objetivam também estimular sua organização para proteção de seus próprios interesses.[68] As normas com esse objetivo estão agrupadas no *Código de Defesa do Consumidor*, estabelecido pela Lei 8.078, de 1990. A proteção ao consumidor no direito da concorrência, por sua vez, diz respeito ao preço dos produtos e serviços, ao seu acesso a alternativas de escolha e aos demais benefícios decorrentes de um mercado competitivo, tais como a qualidade dos produtos e serviços e outras facilidades oferecidas na disputa pela clientela.

A proteção ao consumidor é um parâmetro importante nas legislações antitruste modernas, gerando intensos debates sobre o sentido no qual as leis devem ser aplicadas para maximizá-la e sobre qual é a posi-

---

67. Com efeito, a noção de *desenvolvimento econômico* é muito influenciada por Joseph A. Schumpeter (*The Theory of Economic Development, an Inquiry into Profits, Capital, Credit, Interest and the Business Cycle*, pp. 65-74), que o define, *grosso modo*, como a realização de novas combinações dos recursos, a fim de criar coisas novas, por parte das classes industrial ou comercial, impondo um traço de descontinuidade no equilíbrio de um sistema prévio de produção ou comercialização.

68. Conforme aponta Alberto do Amaral Jr. (*Proteção do Consumidor no Contrato de Compra e Venda*, p. 109), o direito do consumidor pode ser visto como complementar ou compensatório do mercado. Sua concepção como *complementar* envolve a proteção da concorrência, o fornecimento de informações e melhora da posição individual dos consumidores. Como *compensatório*, procura intervir no mercado, seja através do Estado, seja através da formação de um contrapoder representado pela organização dos consumidores. O Brasil adotou ambas as vertentes no seu Código, com exceção de normas sobre a concorrência tratadas em lei própria (pp. 219-221).

ção ocupada pelo interesse dos consumidores em relação aos outros fundamentos e objetivos das leis de proteção à concorrência.

Com efeito, traços importantes dessa discussão devem-se à *Escola de Chicago*, para a qual o bem-estar do consumidor é correlato à promoção da eficiência econômica e apresentado como objetivo primordial na aplicação das normas antitruste. Segundo essa concepção, o consumidor se beneficiaria com a possibilidade de obter o máximo possível dos bens desejados que lhe seriam alocados pelo mercado. Além disso, como resultado de um mercado eficiente, o consumidor aproveita-se da redução do preço das mercadorias decorrente do aumento da escala de produção. Isto é, seu bem-estar decorreria diretamente do grau de eficiência – em ambos os aspectos: alocativa e produtiva.[69]

A argumentação desenvolvida pelos adeptos dessa posição tem por finalidade a defesa da supremacia da eficiência alocativa – balizada pela eficiência produtiva – entre os fundamentos e finalidades do direito da concorrência, descartando a importância e a conveniência de observar outros fundamentos, referidos como políticos: proteção ao acesso de pequenas empresas ao mercado e prevenção da excessiva concentração de poder, tradicionalmente considerados na aplicação do direito da concorrência norte-americano.[70] A identificação da eficiência ao bem-estar do consumidor, por sua vez, tem o sentido de torná-la mais palatável ideologicamente e compatível com a intenção legislativa do *Sherman Act* norte-americano.[71] Os debates que antecederam a aprovação dessa lei demonstraram sua preocupação com a transferência de renda dos consumidores para os monopolistas, ou grandes *trusts*, autorizando sua interpretação no sentido da proteção ao bem-estar do consumidor, entre outros objetivos. Em nenhum momento, porém – até mesmo em virtude do estado da Teoria Econômica de então –, o debate que antecedeu a criação da lei falou no objetivo da *eficiência*.

Há diversas críticas a essa posição. Em primeiro lugar, à identificação do bem-estar do consumidor com a eficiência, que nem sempre está garantida.

Com efeito, Joseph F. Brodley aponta três casos mais óbvios da descoincidência entre o bem-estar do consumidor e a eficiência: 1) práti-

---

69. V. o Capítulo V, subitem 15.2.
70. Sobre a posição de que o antitruste incorpora valores políticos, paralelamente aos econômicos, cf., mais uma vez, o texto clássico de Robert Pitofsky (in *University of Pennsylvania Law Review* 127/1.051), no qual afirma: "It is bad history, bad policy, and bad law to exclude certain political values in interpreting the antitrust laws".
71. Cf. Herbert Hovenkamp, *Federal Antitrust Policy: the Law of Competition and its Practice*, p. 77.

cas de discriminação de preços, que podem aumentar a eficiência alocativa no mercado, estimulando o produtor a expandir sua produção, mas reduzem o bem-estar do consumidor, pois geram transferência de renda desse para o produtor, 2) colaboração entre produtores que reduza os custos de produção, a qual aumenta a eficiência produtiva mas, ao estimular o aumento colusivo de preços, prejudica o consumidor, 3) permissão a práticas anticoncorrenciais que permitam a um concorrente deslocar da posição dominante outro competidor que a detenha por meios legais, como a patente. Pode levar a reduções de preço em benefício do consumidor, mas tornará menos atraente o esforço de inovação pelos agentes econômicos, reduzindo a eficiência do mercado.[72]

No caso específico do controle de atos de concentração, o argumento principal no sentido da identificação entre eficiência e bem-estar do consumidor é o fato de que a redução dos custos de produção, decorrente das economias de escala ou das demais economias propiciadas pela operação, leva a uma redução do preço do produto. Esse decréscimo de preço – defende a teoria – seria decorrente do fato de os mercados em sua maior parte serem bastante competitivos, mesmo quando concentrados. Ademais, a existência de altas taxas de lucratividade atrai a concorrência, fazendo desmoronar as posições dominantes. É altamente discutível, porém, terem os mercados esse potencial de resposta competitiva à formação de estruturas eliminadoras da concorrência. Ao contrário, a conduta racional do produtor será no sentido contrário, isto é, aumentar o preço e se esforçar por manter sua posição dominante, criando diversos tipos de dificuldade para a entrada ou crescimento de seus concorrentes.

Além de ser falsa, portanto, a identificação entre o interesse do consumidor e a eficiência, a posição da Escola de Chicago, seguindo a linha neoclássica, oferece uma definição muito limitada de interesse do consumidor, a partir da noção de bem-estar desenvolvida pela Teoria Econômica. O bem-estar do consumidor refere-se exclusivamente à capacidade dos mercados de alocarem a eles os bens mais desejados, assim definidos em função da sua disposição de pagar por eles. Exclui-se, assim, um aspecto importante do interesse do consumidor na concorrência: a existência de efetiva liberdade de escolha entre bens fornecidos por diferentes produtores de variadas qualidades.[73]

---

72. "The economic goals of antitrust: efficiency, consumer welfare and technological progress", *New York University Law Review* 62/1.033-1.035.
73. Calixto Salomão Filho (*Direito Concorrencial* – ..., p. 24) aponta a chamada *Escola Ordo-Liberal*, desenvolvida na Alemanha a partir da década de 30, como a vertente atual que se coloca em termos opostos à teoria neoclássica. Numa síntese apertada, podemos indicar que essa vertente enfatiza a importância do sistema concorrencial na sua capacidade de transmitir informações e garantir liberdade de escolha, sendo essa

Reconhecer a existência potencial de conflito entre a proteção dos consumidores e a promoção da eficiência implica o desenvolvimento de critérios para a conciliação dos dois objetivos. Para tanto é necessário, em primeiro lugar, distinguir entre os interesses dos consumidores a curto prazo e a longo prazo. Tendo em vista que arranjos tendentes à promoção de eficiência produtiva ou inovação no mercado podem gerar prejuízos aos consumidores a curto prazo, o direito da concorrência deve zelar pela minimização desses prejuízos e sua eliminação a longo prazo.[74]

Nesse sentido – aponta Brodley[75] –, políticas antitruste podem adotar três tipos de abordagem com relação à conciliação entre os interesses dos consumidores e a eficiência econômica.

Em primeiro lugar, tais interesse podem ser totalmente desconsiderados em função da eficiência ou, em termos mais amplos, do crescimento econômico.[76] Isso é impensável, porém, no âmbito das modernas legislações antitruste (e do sistema constitucional brasileiro), que incorporam valores de democracia econômica nos quais se incluem a proteção ao consumidor e sua participação numa parcela justa das riquezas sociais.

Uma segunda posição, por sua vez, poderia tomar em conta primordialmente os interesses imediatos dos consumidores, combatendo quaisquer condutas que pudessem ameaçá-los, através do aumento de poder de mercado dos produtores e vendedores. Jamais se conheceu historicamente tal atitude, pelo menos com caráter de permanência.

Finalmente, uma terceira abordagem procura harmonizar os interesses dos consumidores com a necessidade de aumento do bem-estar geral da sociedade, através do aumento da produtividade e da inovação e da alocação eficiente dos recursos, supondo-se, inclusive, que, a médio e longo prazos, tudo isso reverta em favor dos próprios consumidores. Nesse caso, a permissão às condutas e operações assim consideradas dependeria de existência de três condições: a) a operação deve oferecer um aumento significativo da eficiência produtiva ou inovativa; b) a atividade deve ser necessária para a obtenção da eficiência apontada e, entre várias alternativas razoáveis, ser a menos lesiva aos consumidores; e c) a operação não deve suprimir a rivalidade entre as empresas concorren-

---

considerada um valor em si mesma. Como essas opções mencionadas podem ser tanto reais quanto potenciais, as análises sobre o poder de mercado devem observar com atenção o problema da criação de barreiras à entrada de outros competidores no mercado.

74. Cf. Brodley, in *New York University Law Review* 62/1.042.

75. Idem, ibidem, pp. 1.035-1.041.

76. Em termos gerais, isso ocorre quando políticas de desenvolvimento econômico de caráter concentracionista são aplicadas às custas da inexistência ou ineficácia total de leis antitruste. Assim aconteceu no Japão nas décadas de 50 a 70, na Coréia até a década de 80, e no Brasil nas décadas de 60 a 80.

tes, mas deve permitir um futuro restabelecimento das condições de concorrência afetadas.[77]

Essa terceira opção foi a adotada pela legislação brasileira no art. 54 da Lei 8.884, de 1994, ao abrir a possibilidade de permissão do CADE a operações que possam limitar ou prejudicar a livre concorrência, demonstrando sua prioridade à proteção ao consumidor, por um lado, mas sua percepção da validade de permitir operações tendentes ao aumento da riqueza da sociedade, de outro lado.

Deve ser acrescentado, além disso, que a Constituição de 1988 demonstra preocupação com o estabelecimento de uma ordem econômica mais democrática, com uma mudança no sentido tomado pelo desenvolvimento econômico do período que a antecedeu, no qual os consumidores foram prejudicados pela política concentracionista de industrialização. Com efeito, no início da década de 90 assistiu-se à promulgação de leis voltadas a, de alguma forma, balancear eventuais efeitos anti-sociais do funcionamento do mercado e outros valores de interesse público É o caso do Código de Defesa do Consumidor, de 1990, e da própria lei antitruste em 1991 e em 1994, além da repressão penal, objeto da Lei 8.137, de 1991.

Nesse sentido, o inciso II do referido § 1º do art. 54 exige sejam os benefícios decorrentes da operação distribuídos eqüitativamente entre participantes da transação e consumidores. A aplicação atenta dos subsídios da Teoria Econômica sobre o comportamento nos mercados chama a atenção para o perigo do aumento de preços no caso de domínio do mercado, a par das vantagens ao consumidor decorrentes das condições do inciso I, ligadas à eficiência. Além disso, porém, o inciso III do § 1º determina não seja eliminada a concorrência em parte substancial dos mercados relevantes. Esse inciso, por um lado, impõe um limite à aplicação de interpretações excessivamente otimistas quanto à possibilidade de distribuição das vantagens do aumento da eficiência, possivelmente advinda do maior poder de mercado. De outro lado, inclusive em decorrência da posição dada aos princípios da livre iniciativa e da livre concorrência no sistema constitucional, esse inciso estabelece a manutenção das possibilidades de efetiva escolha pelos consumidores dentro do mercado.

O § 2º do mesmo artigo, que permite relevar as operações necessárias por motivo de preponderante interesse nacional, afastando a observância de todas as condições impostas, por sua vez, ressalva a necessidade de que não haja prejuízo ao consumidor ou usuário final. A definição do interesse do consumidor pelo repúdio ao seu prejuízo, antes do que pela

---

77. A observância desses critérios é a tendência nos Estados Unidos e na Comunidade Européia – inspirando, assim, o texto da lei brasileira.

exigência da maximização do seu bem-estar, demonstra a preocupação com o perigo do aumento abusivo de preços e conseqüente transferência de renda para os agentes que adquiriram posição dominante no mercado.

22. Conflitos e conciliação entre os fundamentos jurídicos do antitruste

A proteção à livre concorrência no contexto contemporâneo envolve os princípios analisados acima, os quais podem entrar em *tensão conflitiva*,[78] em determinadas situações. A proteção à livre iniciativa e à livre concorrência – num modelo liberal, a base primordial do sistema de mercado – passa a coexistir com outros elementos com os quais tem de ser balanceada, tendo em vista a tendência à concentração econômica, observada com o desenvolvimento do Capitalismo.

O principal contraponto à livre concorrência é a demanda por eficiência,[79] se tomados esses conceitos em termos absolutos. A chamada *eficiência* incorpora a necessidade de dinamismo da produção e da maximização da exploração dos recursos tecnológicos. O fato de as empresas precisarem crescer – ocupando parcelas maiores do mercado – para galgar patamares tecnológicos superiores, alcançar mecanismos ágeis de distribuição ou conquistar competitividade internacional, exige a concentração – o que pode reduzir a concorrência em determinados setores da economia. Outras diretrizes, através das quais são veiculados objetivos de política industrial que requerem exceções às normas antitruste, também podem se colocar em contraponto com a defesa da concorrência.[80]

Há, portanto, necessidade de um equilíbrio entre esses interesses em tensão, tanto no âmbito de situações concretas quanto na elaboração teórica do direito da concorrência, sobretudo no tocante ao controle de atos de concentração.

---

78. A tensão conflitiva e a colisão entre os princípios ocorrem em determinadas situações fáticas quando mais de um deles são aplicáveis ao caso e apontam para soluções diferentes. É apropriado distinguir ambas as expressões, "colisão" e "tensão conflitiva". A primeira refere-se a situações de maior incompatibilidade, quando a aplicação de um dos princípios implica o deslocamento do outro. Na tensão conflitiva, por sua vez, embora exista um conflito entre princípios, há possibilidades de conciliação entre eles.

79. Eficiência colocada nos termos atuais, vale dizer, após a influência da Escola de Chicago, pois, como foi tratado no item anterior, a eficiência é tradicionalmente considerada um atributo dos mercados competitivos, justificativa para a existência de normas antitruste.

80. Vários outros tipos de diretrizes e princípios poderiam, em tese, entrar em conflito com o princípio da livre concorrência. Para a análise deste trabalho, no entanto, interessam as relações entre a eficiência e a concorrência e entre essa última e diretrizes relacionadas aos fins de política industrial tratados no Capítulo V, item 16.

Com efeito, a proteção de determinados interesses básicos para o antitruste também sofre um impacto a partir da tensão entre concorrência e eficiência. A proteção do interesse do consumidor, diante da emergência do princípio da eficiência econômica, é definida no antitruste em termos de acesso a bens pelo menor preço e melhores qualidade e conveniência. Esse objetivo deve ser conciliado com a oferta do maior número possível de alternativas no mercado, decorrente da proteção da livre concorrência.

Desenvolvimento econômico e competitividade internacional, por sua vez, reclamam esse equilíbrio, a partir da simultânea necessidade de agentes de maior porte – aptos a enfrentar o mercado externo, exportar, gerar riquezas e alavancar processos de desenvolvimento tecnológico – e de preservação do padrão de competitividade dos agentes. Isto porque a relação entre concentração e eficiência não é direta ou indiscutível. O aumento do poder de mercado e a falta de repressão a posições dominantes abusivas estimulam a redução da produção, o excessivo gasto com formas de manutenção da posição dominante, em detrimento de melhorias técnicas e outros investimentos, com previsíveis prejuízos à concorrência, aos consumidores e às próprias metas desenvolvimentistas.[81]

Essa tensão entre os padrões de concorrência/atomização e eficiência/concentração, observada em situações concretas, expressa-se no plano da teoria jurídica na forma de princípios *prima facie* divergentes.

Conforme já mencionado, o tema dos princípios no ordenamento é tratado por autores no âmbito da Teoria Geral do Direito a partir do postulado de que o ordenamento é composto por dois tipos de normas: os princípios e as regras. A principal diferença entre os princípios e as regras, importante para a análise do direito da concorrência aplicável aos atos de concentração, diz respeito à ocorrência e às soluções para as situações de choques entre suas disposições.

O conflito entre duas regras de um mesmo ordenamento aplicáveis a uma determinada situação fática dá-se no nível da *validade*. Quando duas regras válidas estabelecem estatuições diferentes a uma mesma hipótese de fato, uma delas deve ser excluída do sistema. Para solucionar esse tipo de questão a doutrina estabelece regras de conflito, aptas a fornecer parâmetros para a exclusão de uma das normas em conflito. As regras mais típicas são: lei superior derrogar a lei inferior (critério hierárquico); lei especial derrogar a lei geral (critério de especialidade) e lei posterior derrogar a lei anterior (critério cronológico).[82]

---

81. Cf. o Capítulo I, subitem 2.5, sobre o funcionamento dos mercados monopolizados.

82. Cf. Norberto Bobbio, *Teoria do Ordenamento Jurídico*, 2ª ed., pp. 91-97, e Tércio Sampaio Ferraz Jr., *Introdução ao Estudo do Direito: Técnica, Decisão, Domi-*

Quando dois princípios jurídicos são aplicáveis a uma determinada situação, porém, não há necessidade de exclusão de um deles do sistema. Os princípios podem ser definidos como um *mandado de otimização*, pois determinam que algo seja realizado na maior medida possível, dentro das possibilidades jurídicas e reais existentes, podendo, pois, ser atendidos em diferente grau.[83] Diferem, portanto, das regras, cuja validade não tem um aspecto graduável. A regra é válida ou não.[84] E, sendo, não há a opção de não aplicá-la à hipótese de fato referente. Conflitos entre os princípios, assim, resolvem-se a partir da atribuição, pela autoridade julgadora ou pelo intérprete, de um *peso* maior a um dos princípios, em detrimento do outro (ou outros). Vale dizer: no momento de decidir, o intérprete leva em consideração todos os princípios aplicáveis ao caso, mas acaba por adotar um ou alguns deles a partir do julgamento de que, nas condições daquele caso concreto, o princípio escolhido produziria um melhor resultado dentro dos objetivos gerais do sistema – ou seja, tem maior peso. O princípio cuja aplicação foi rejeitada continua integrando validamente o sistema, podendo vir a ser aplicado em outras situações fáticas.[85]

Ronald Dworkin aponta ainda a situação de regras que contêm termos indeterminados, tais como "razoável", "negligente", "injusto", "importante", que as tornam, na sua interpretação, assemelhadas a princípios, pois a definição desses termos se assentará sobre outros princípios e diretrizes. Porém, trata-se ainda de regras, que não se transformam em princípios em razão dos termos indeterminados nelas contidos. Segundo o autor, a Seção 1 do *Sherman Act* é um exemplo. A lei declara nulos os contratos que restrinjam o comércio. A Suprema Corte teve que decidir se essa disposição deveria ser tomada como uma regra – e, assim, impugnando todo contrato que restringisse o comércio, o que sucede em quase todos os contratos – ou como princípio que estabelece uma

---

nação, 2ª ed., pp. 210-211. O conflito entre regras válidas num mesmo âmbito fático remete ao problema das antinomias jurídicas no ordenamento. A existência de regras de conflito serve para eliminá-las. Porém, esses critérios podem eles próprios entrar em conflito, deixando de solucionar o problema. Com base na possibilidade ou não de solução do conflito distinguem-se as antinomias aparentes das reais (cf. Ferraz Jr., idem, ibidem, pp. 211-212).

83. Exemplo excelente escolhido por Dworkin (*Taking Rights* ..., p. 25) é o do princípio de que ninguém pode se aproveitar da própria torpeza. Como observa o autor, a aplicação do princípio é tipicamente excluída no caso de servidões de passagem, em que a torpeza de invadir a propriedade alheia para travessia, reiteradamente, confere ao sujeito o direito permanente de atravessá-la. O princípio, porém, não perde sua validade no ordenamento por causa disso.

84. Dworkin (*Taking Rights* ..., p. 24) aponta que "rules are applicable in an all-or nothing fashion". Cf., também, Alexy, *Teoria* ..., pp. 86-87.

85. Dworkin, *Taking Rights* ..., pp. 26-27, e Alexy, *Teoria* ..., pp. 89-90.

razão para que se impugne um contrato a ser sopesado com princípios e diretrizes em sentido contrário. A Suprema Corte interpretou a norma como regra, mas como se nela estivesse escrito o termo "desarrazoado", proibindo os contratos de que resultasse uma restrição do comércio fora dos padrões de razoabilidade. Com isso, a disposição passou a funcionar logicamente como regra, mas substancialmente como princípio.[86]

Nos conflitos entre princípios, porém, é impossível o estabelecimento de regras de precedência *a priori* fora das circunstâncias do caso concreto.[87] Isso, evidentemente, desde que se situem no mesmo grau hierárquico, isto é, princípios constitucionais ou princípios estabelecidos por leis infraconstitucionais do mesmo tipo, pois princípios em grau hierárquico superior sobrepõem-se aos de grau inferior.[88]

Nesse sentido, poder-se-ia argumentar a prevalência do princípio da livre concorrência sobre o da eficiência no Direito Brasileiro, uma vez que o primeiro tem previsão constitucional e o segundo é estabelecido em lei ordinária. Esse raciocínio é muito singelo para dar solução aos problemas de interpretação do direito da concorrência, na medida em que outros princípios constitucionais incorporam o da eficiência para sua concretização. É o caso do desenvolvimento nacional como objetivo da República, e mesmo o da proteção aos interesses do consumidor, cujo atendimento passa pela questão do aumento de produtividade, da melhora das técnicas de produção e do progresso tecnológico. O parâmetro constitucional, assim, não é suficiente para eliminar a situação de tensão entre esses princípios.

O sistema legal brasileiro, para solucionar essa situação, disciplinou os potenciais conflitos entre princípios opostos no controle de con-

---

86. Essa decisão teve lugar nos casos "Standard Oil v. United States" (221 US I, 60 (1911) e "United States v. American Tobacco Co." (221 US 106, 180 (1911) (cf. Dworkin, *Taking Rights* ..., pp. 27-28).

87. Alexy (*Teoría* ..., pp. 90-95) constrói sua análise dos conflitos entre princípios afirmando que no caso concreto se forma uma "relação de precedência condicionada, ou concreta ou relativa", que se define a partir das condições concretas da situação.

88. A definição de graus hierárquicos entre princípios, sobretudo a partir da distinção entre aqueles estabelecidos pela Constituição e os demais, em regra tratados por leis infraconstitucionais, pode ser complicada se forem tomados em consideração princípios gerais de Direito não positivados, que são reconhecidos por parte da doutrina como normas que embasam a decisão pelo aplicador do Direito (cf. Grau, *A Ordem Econômica* ..., 6ª ed., pp. 101-110). Tais princípios podem ser tidos como normas à medida que decorrem do conjunto de disposições de um sistema legal, sendo difícil definir se seu *status* seria constitucional ou não, principalmente se não tratarem de direitos e garantias fundamentais. Quanto a esses, pode ser defendido seu *status* constitucional por força do § 2º do art. 5º da Constituição Federal, que determina que "os direitos e garantias expressos nesta Constituição não excluem outros decorrentes do regime e dos princípios por ela adotados ou dos tratados internacionais em que a República Federativa do Brasil seja parte".

centração, estabelecendo em lei critérios e condições para a orientação do intérprete. Nesse sentido, a solução de casos concretos de controle de atos de concentração que possam limitar a concorrência não é levada a efeito através da ponderação entre os princípios de base do antitruste. A operação deve ser analisada à luz de cada um dos parágrafos e respectivos incisos do art. 54 da Lei 8.884, de 1994, podendo ser aprovada ou não, conforme satisfaça as exigências do artigo. Com efeito, a partir desse dispositivo legal tem-se o seguinte:

a) atos de concentração que possam limitar a livre concorrência têm que ser submetidos à apreciação *detalhada* do CADE. Isso significa que a primeira questão a ser enfrentada pela autarquia é saber se a operação representa potencial perigo à concorrência. Em caso positivo a concentração deve ser submetida à análise dos §§ 1º e 2º daquele dispositivo legal. Em caso negativo é aprovada de plano. Lembre-se que qualquer concentração que implique participação igual ou superior a 20% do mercado relevante ou na qual qualquer dos participantes tenha registrado, no último balanço, faturamento bruto anual de R$ 400.000.000,00 deve ser notificada ao CADE;

b) são consideradas operações *eficientes* aquelas cujo objetivo seja o de aumentar a produtividade; (e/ou) melhorar a qualidade de bens ou serviços; (e/ou) propiciar a eficiência e o desenvolvimento tecnológico ou econômico;

c) as operações eficientes podem ser aprovadas desde que os benefícios decorrentes sejam distribuídos eqüitativamente entre seus participantes, de um lado, e os consumidores ou usuários finais, de outro, não impliquem eliminação da concorrência de parte substancial de mercado relevante de bens e serviços e sejam observados os limites estritamente necessários para atingir os objetivos visados;

d) também podem ser autorizadas operações que atendam a pelo menos três dos quatro requisitos impostos pelo art. 54 (isto é, os de eficiência, descritos na letra "b", acima, e os de cunho restritivo enumerados na letra "c", acima), quando necessárias por motivo preponderante da economia nacional e do bem comum e desde que não haja prejuízo ao consumidor ou usuário final.

Alguns dos termos da lei antitruste brasileira podem ser caracterizados como conceitos juridicamente indeterminados ou abertos, isto é, conceitos cujos termos são ambíguos ou imprecisos e o preenchimento depende de dados extraídos da realidade. Assim, somente podem ser completados por quem os aplique.[89] São exemplos de conceitos juridi-

---

89. Eros Roberto Grau (*Direito, Conceitos e Normas Jurídicas*, pp. 72-73) trata do tema dos conceitos jurídicos indeterminados, chamando atenção para o fato de que a

camente indeterminados "ordem pública", "justo preço", "calamidade pública", "medidas adequadas e proporcionais" e "interesse público".[90]

No caso do art. 54, § 1º, temos "eficiência", "desenvolvimento tecnológico ou econômico", "concorrência de parte substancial de mercado relevante" e, sobretudo, "motivo preponderante da economia nacional e do bem comum" – conceitos abertos ou indeterminados. Mesmo a distribuição eqüitativa de benefícios "entre os seus participantes, de um lado, e os consumidores e usuários finais, de outro", tem sentido difícil de ser explicitado, uma vez que não é possível quantificar o efetivo benefício gerado pela operação de concentração para seus participante e para cada consumidor, a fim de verificar sua eqüitatividade. Mais precisamente, tem o significado de um imperativo de que os interesses do consumidor sejam observados na decisão dos casos concretos.

Como aponta Dworkin, a utilização desse tipo de conceito tende a flexibilizar a regra,[91] permitindo que ela se assemelhe a um princípio, embora sem se transformar em princípio. Com isso, o preenchimento desses termos vagos permite ao intérprete uma margem de ponderação entre vários princípios e diretrizes legais. Mas, justamente por se tratar de uma regra, o intérprete do art. 54 não pode afastar-se das suas determinações.

Nesse exercício de interpretação e aplicação da norma em questão, portanto, é que se equilibrará a tensão entre a atomização/concorrência e concentração/eficiência, mencionada há pouco. Na verdade, não se trata de um conflito irreconciliável, no qual a preferência por um dos princípios exija o afastamento do outro no caso concreto. Os novos parâmetros de eficiência exigem antes uma releitura do conceito de *livre concorrência*, consentânea com a realidade atual da economia e com os problemas que se apresentam nas situações fáticas de aplicação da lei.

Com efeito, a tendência à concentração do mercado e a absorção da noção de eficiência impõem uma mudança no conceito de *concorrên-*

---

indeterminação é dos termos, e não dos conceitos. *Conceitos*, enquanto "sumas de idéias", hão de ser, no mínimo, determinados. Por essa razão, o autor aponta que o a expressão "conceitos abertos" seria mais indicada. Sobre a caracterização do conceito de *abuso de poder econômico* como jurídico indeterminado, v. José Alexandre Tavares Guerreiro, "Formas de abuso do poder econômico", *RDM* 66/45, e Sérgio Varella Bruna, *Poder Econômico e a Conceituação do Abuso em seu Exercício*, pp. 148-153.

90. E. Grau, *Direito, Conceitos ...*, pp. 76-77.

91. O autor norte-americano afasta-se da discussão dos conceitos juridicamente indeterminados, típica da tradição européia continental, enfocando a questão dos princípios sob um aspecto mais empírico, como é típico da tradição norte-americana. Em termos gerais, podemos afirmar que o raciocínio de Dworkin sobre as regras que passam a se assemelhar a princípios aplica-se aos conceitos jurídicos indeterminados.

cia, o qual deixa de corresponder necessariamente à atomização para ser definido pelo elemento da rivalidade, da luta entre os concorrentes pela conquista do mercado. Assim, o que se exige em termos de política antitruste é a manutenção das condições de competitividade, compreendida enquanto postura de disputa pela clientela nos mercados. É a esse aspecto, preponderantemente, que se voltam as autoridades encarregadas de autorizar atos de concentração, tomando os efeitos da operação na estrutura do mercado apenas como um ponto de partida para sua análise, à qual seguem-se questionamentos sobre as possibilidades efetivas de o agente exercer seu poder de mercado em prejuízo à concorrência e ao consumidor.

Nesse sentido, apesar de não ser possível eliminar as potenciais tensões conflitivas entre os princípios de base do antitruste nos casos concretos, sua ponderação e a compatibilização entre eles, a partir dos parâmetros impostos pelo art. 54 da Lei 8.884, de 1994, tornam-se mais factíveis.

No tocante a tais parâmetros, por fim, cabe chamar a atenção para o tratamento dado ao *interesse do consumidor*, já que esse constitui o critério mais enfático de orientação da norma em questão e sua restrição mais marcante. Apesar da carga de indeterminação do termo "eqüitativamente" com relação à divisão de benefícios com o consumidor, dentro da problemática e dos horizontes colocados pelo antitruste, deve ser interpretado como a oferta a melhores preços, a melhor qualidade dos produtos, maior variedade de tipos de produtos e/ou melhor conveniência para sua aquisição e existência de alternativas no mercado. O não-prejuízo ao consumidor, por outro lado – tendo-se por base o estado atual de desenvolvimento da doutrina econômica –, refere-se ao risco de aumento de preços decorrente da aquisição de poder de mercado pelos agentes concentrados. Nesse sentido, apesar da vagueza dos termos utilizados pela lei, há a imposição clara de um limite à aprovação das operações de concentração: a proibição daquelas cujo aumento do poder de mercado não ameaçado pela concorrência potencial (inexistência de barreiras à entrada) possibilite ao agente econômico aumentar seus preços em prejuízo ao consumidor, mesmo em caso de motivo preponderante da economia nacional. A interpretação que deixe de atentar para esse parâmetro será contrária à lei.

Capítulo VII

O CONTROLE DOS ATOS DE CONCENTRAÇÃO DE EMPRESAS NO BRASIL E A GLOBALIZAÇÃO ECONÔMICA

23. *O CADE e a aplicação das defesas à concentração de empresas.* 24. *O controle dos atos de concentração no Brasil e a globalização econômica.*

23. *O CADE e a aplicação das defesas à concentração de empresas*

Tomando-se como marco inicial para a análise da postura do CADE no controle de atos de concentração a publicação da Lei 8.884, de 11.6.1994, que deu à autarquia sua atual configuração e estabeleceu novos parâmetros para avaliação das operações, não é possível ainda estabelecer uma linha definida a caracterizar suas decisões. Em termos gerais, a atuação na área tem sido marcada mais pela formação e convicções dos conselheiros individualmente considerados do que pela consolidação de precedentes. Durante os primeiros cinco anos de sua existência como autarquia o órgão demonstrou empenho por se desincumbir de suas atribuições relacionadas à prevenção da excessiva concentração do mercado sem, por outro lado, impedir o exercício da livre iniciativa pelos agentes econômicos, voltada à consecução de operações eficientes.

As primeiras decisões em atos de concentração proferidas pelo CADE após a entrada em vigor da referida lei caracterizavam-se pela elaboração de um raciocínio jurídico mais estrito. O exame do aumento de eficiência ligado às operações não era submetido a uma análise econômica sofisticada, porém tratado de forma mais intuitiva do que teórica.

A forte presença de advogados na formação do Colegiado explica esse estilo de decisão.

Um dos casos marcantes julgados nesse período foi o Ato de Concentração 12/94, envolvendo a Rhodia S/A e a Sinasa S/A Administração, Participações e Comércio.[1] A operação envolvia a concentração de empresas pertencentes à Rhodia e à Sinasa atuantes nos mercados de filmes poliéster, fibras poliéster, fibras acrílicas, fibras viscose, produtos de resina e PTA, matéria-prima utilizada na produção de fibras poliéster. Alguns dos produtos cuja fabricação passou a ser integrada eram concorrentes entre si, outros complementares, apresentando a operação, portanto, características de horizontalidade e de verticalidade. Ela criava um monopólio na produção nacional de fibras poliéster e acrílica, além do fato de a empresa resultante passar a controlar a produção de parte substancial das matérias-primas dessas fibras. Embora as partes tenham alegado que tais matérias-primas constituíam *commodities*, de livre oferta no mercado internacional, com preços competitivos internamente, o Conselho entendeu que a concentração – em decorrência da formação de monopólio e da integração vertical – elevaria as barreiras à entrada para novos concorrentes que quisessem fazer frente ao monopólio criado.

A eficiência da operação, na argumentação das partes, referia-se ao aumento da produção e das exportações, com a criação de novos empregos, além da ampliação dos investimentos em pesquisa e desenvolvimento. Alegavam, ainda, que, em decorrência de tais investimentos e do aumento da produção e das exportações, a operação contribuiria para o desenvolvimento econômico do país. Diante desse tipo de justificativas, o Conselheiro-Relator entendeu aplicável à operação o § 2º do art. 54 da Lei 8.884, de 1994, que permite à autarquia aprovar operações necessárias por motivo preponderante da economia nacional e do bem comum, desde que não impliquem prejuízo ao consumidor final e satisfaçam três das quatro exigências estabelecidas no § 1º do artigo. Mesmo assim votou pela não-aprovação da operação no tocante aos mercados de fibras poliéster e acrílica, por entender não satisfeitas as exigências do art. 54. A decisão final do Colegiado, assim, ordenou a desconstituição parcial da operação, no tocante à produção das fibras de acrílico e poliéster. Quanto aos demais produtos a operação foi aprovada. O Conselho, posteriormente, examinou "Proposta de Desconstituição das Atividades de Produção de Fibras Acrílicas e Poliéster da Empresa *Rhodia-*

---

1. Votos e decisão in Pedro Dutra, *A Concentração do Poder Econômico: Jurisprudência Anotada*, pp. 1-79.

Ster S/A", submetida à apreciação do CADE pelas próprias requerentes, a qual foi aprovada sob condições.

Outro caso polêmico, em que o Conselho optou pela aprovação parcial da transação, foi a operação envolvendo a empresa *Siderúrgica Laisa S/A* (do *Grupo Gerdau S/A*) e a *Korf GmbH* (*Cia. Siderúrgica Pains*), no julgamento do Ato de Concentração 16/94.[2] Tratava-se da aquisição pela *Siderúrgica Laisa S/A* (empresa controlada pelo *Grupo Gerdau*) da totalidade das quotas da empresa *Korf GmbH*, que, por sua vez, era acionista majoritária da *Cia. Siderúrgica Pains* (quarta empresa produtora no mercado nacional de aços longos comuns). A operação envolveu também a integração vertical no mercado relevante de desenvolvimento e comercialização de tecnologias para processos siderúrgicos, comércio de produtos siderúrgicos e produção de ferro gusa. Resultaram da operação um aumento de participação relativa do *Grupo Gerdau* no mercado relevante de aços longos comuns (vergalhões, barras e perfis e fio-máquina), que passou à porcentagem de 46,2%, e ao mesmo tempo a eliminação de sua concorrente, com o aumento da concentração horizontal no referido mercado. A possibilidade de substituição por produtos estrangeiros foi considerada remota pelo Conselho, em razão da sua tributação à alíquota de 12%.

As partes alegavam que a operação propiciaria o aumento da capacidade de produção de laminados longos comuns, em razão da integração da *Pains*, e redução dos custos fixos, em decorrência da integração das partes e do acréscimo de mais laminadores, que tornariam possível a programação da produção de forma mais econômica, aumentando a produtividade. Além disso – sempre segundo as partes –, a operação conjunta das áreas comerciais beneficiaria os clientes da *Pains*, apresentando, portanto, vantagens aos consumidores; e, finalmente, permitiria à nova empresa absorver tecnologia desenvolvida pela *Korf* na *Pains*, cuja melhor forma de transferência seria através da integração.

O CADE, por maioria, determinou às requerentes, nos termos do § 9º do art. 54 da Lei 8.884, de 1994, a desconstituição da operação em relação à incorporação da *Cia. Siderúrgica Pains* ao *Grupo Gerdau*, entendendo que a operação não atendia aos requisitos estabelecidos nos §§ 1º e 2º do referido artigo.

Posteriormente as requerentes pediram a reapreciação do ato de concentração, com base na Resolução 01/95 do CADE. No pedido o *Grupo Gerdau* propôs-se a reorientar mais de 50% da produção da *Siderúrgica Pains* para o mercado de aços longos especiais – o que representaria a entrada de mais um produtor em mercado altamente concentra-

---

2. Votos e decisões in P. Dutra, *A Concentração* ..., pp. 217-454.

do. Entendeu então o Conselho pelo conhecimento e deferimento do pedido de reapreciação, fixando um Compromisso de Desempenho abrangente para as requerentes, com diversas cláusulas comportamentais. Entre essas condições incluíam-se a manutenção plena das atividades da *Cia. Siderúrgica Pains*, o redirecionamento das linhas de produtos oferecidas pela *Pains* para o mercado de aços longos, garantia de oferta ao mercado de produtos em novas bitolas e comprimentos além das opções-padrão, produzidas de acordo com as normas técnicas.

A partir de 1997, com o aumento expressivo do número de economistas no Conselho, as decisões passaram a incorporar um raciocínio econômico mais sofisticado, espelhando-se não apenas na jurisprudência estrangeira, mas na própria prática das agências antitruste norte-americanas. Com freqüência o Colegiado sugeriu a adoção de compromissos de desempenho voltados ao equilíbrio competitivo da operação como alternativa à sua proibição, mesmo que parcial. O objetivo dessa posição é o de minimizar a interferência sobre as decisões econômicas das partes, reduzindo, portanto, os custos privados e públicos da intervenção no mercado, e maximizar os resultados eficientes das operações de concentração.

Um dos casos mais ilustrativos dessa posição foi o Ato de Concentração 27/95, entre *K&S Aquisições Ltda.* e *Kolynos do Brasil S/A*.[3] Neste caso o Conselho examinou a aquisição da *Kolynos do Brasil* pela *Colgate Palmolive Co.*, através de sua subsidiária *KAC Corporation*, em decorrência do processo de leilão privado no exterior no qual a *American Home Products Corporation* (AHP) vendeu seus negócios na área de saúde bucal. A operação envolvia quatro diferentes mercados relevantes de produtos: enxaguante bucal, fio, escova e creme dentais. Apenas nesse último, todavia, foi a operação considerada prejudicial à concorrência, pois as duas partes envolvidas na operação passariam a deter cerca de 80% do mercado nacional de creme dental.

Embora tenha sido constatado que o mercado para produtos de limpeza e higiene é concentrado no mundo todo, caracterizando-se por uma estrutura oligopolizada, a operação implicaria a transformação de um oligopólio para um monopólio no mercado relevante de creme dental. As importações, por sua vez, foram consideradas insuficientes para se contrapor à concentração de poder de mercado daí resultante, na medida em que os produtos importados são substancialmente mais caros do que os similares nacionais, e, assim, destinados tão-somente a nichos específicos do mercado.

---

3. Votos e decisão in P. Dutra, *A Concentração* ..., pp. 553-792.

O aumento de eficiência alegado pelas partes dizia respeito a um programa de investimentos na *Kolynos* num montante próximo a R$ 200.000.000,00, a fim de transformá-la num centro de manufatura, exportação, tecnologia e pesquisa e, assim, ampliar as operações da *Colgate* na área de higiene bucal no Brasil, Mercosul e demais regiões da América Latina, além de outros mercados globais em desenvolvimento. Mais especificamente, o aumento da eficiência referia-se a: a) modernização dos bens de capital; b) implementação de um sistema de Informática ligando diversas tarefas, a fim de viabilizar processos de manufatura mais rápidos; e c) aprimoramento dos sistemas de trabalho, com conseqüente aumento da produtividade da mão-de-obra.

No tocante à pesquisa e desenvolvimento as partes apontavam a criação de um centro regional de excelência para produção com melhor qualidade e menor custo, além do desenvolvimento de novos produtos. Com a aquisição, ademais, a *Kolynos* teria acesso às novas tecnologias do centro global de pesquisa e desenvolvimento da *Colgate Co.*, no qual a empresa investe cerca de 60 milhões de dólares norte-americanos por ano no desenvolvimento de novas marcas e tecnologia, registradas em vários países. O acesso a essas marcas e patentes e o uso da tecnologia permitiriam à *Kolynos* aumentar sua penetração em novos mercados de exportação.

As partes destacavam, ainda, a capacidade da operação de produzir efeitos benéficos à sociedade em decorrência do aumento das exportações de produtos de higiene bucal, da redução de importações de tubos laminados, da criação de um quadro de funcionários mais competente e da implantação de programas de saúde bucal para a população de baixa renda. Sustentavam, ainda, que os benefícios gerados pela operação seriam divididos com o consumidor, mediante a manutenção dos preços reais, o aumento de qualidade e o lançamento constante de novos produtos.

A fim de permitir a aprovação da operação – que, no entender da Conselheira-Relatora, contrariava os dispositivos dos incisos III e IV do § 1º do art. 54 da Lei 8.884, de 1994, quais sejam: a não-eliminação substancial da concorrência no mercado relevante e se restringir a operação aos limites necessários à consecução das suas finalidades –, o CADE entendeu aprová-la sob condições. Baseando-se na jurisprudência internacional, o Conselho entendeu não ser cabível a uma mesma empresa deter o controle de duas marcas de posição proeminente no mercado, sobretudo se anteriormente essas marcas concorriam entre si. A linha da jurisprudência tem sido no sentido de que as aquisições envolvendo bens de consumo devem ser sujeitas a condições que impliquem a desincorporação, vale dizer, a venda dos ativos e das marcas do negócio paralelo à mesma linha de produto que está sendo adquirida.

Dessa forma, foram apresentadas às partes três alternativas para a permissão do ato de concentração: a) suspensão temporária do uso da marca *Kolynos* e extensões no mercado interno, pelo prazo de quatro anos, e a obrigação de oferta pública de contratos de produção de creme dental por encomenda no mesmo segmento do *Kolynos Superbranco* a concorrentes existentes ou potenciais e oferta de assistência técnica a varejistas e distribuidores de grande porte para o lançamento de marcas próprias no mesmo segmento; b) licenciamento exclusivo para terceiros da marca *Kolynos*, por 20 anos, prorrogáveis; e c) alienação da marca *Kolynos* e extensões a favor de comprador que não detivesse mais de 1% do mercado e se apresentasse como competidor capaz de sustentar a marca, a ser identificado através de processo de leilão privado.

A alternativa escolhida pelas partes foi a suspensão do uso da marca pelo período de quatro anos. Em observância às exigências do CADE, surgiu no mercado a marca *Sorriso*, produzida nas instalações da *Kolynos*. A verificação dos resultados das condições impostas pelo Conselho e da sua capacidade de restabelecer as condições de concorrência num mercado que se tornou monopolizado dependeria de um estudo do mercado brasileiro de creme dental após o decurso do período de suspensão do uso da marca *Kolynos* pela *Colgate*.

Contemporâneos à decisão no caso *Kolynos/Colgate* foram os exames de dois acordos de cooperação, ou *joint ventures*, entre cervejarias brasileiras e norte-americanas. Muito embora não tenha havido aumento do grau de concentração do mercado em decorrência dos mesmos, já que as partes estrangeiras não atuavam no mercado brasileiro, senão através de importações de participação residual nas vendas, o CADE entendeu-os prejudiciais à concorrência em razão da eliminação de concorrentes potenciais no mercado brasileiro de cervejas.

O Ato de Concentração 58/95, entre *Cia. Cervejaria Brahma, Miller Brewing Co.* e *Miller Brewing M1855 Inc.*[4] consistiu na criação de uma sociedade por quotas de responsabilidade limitada com igualdade de participação entre a *Brahma* e a *Miller M1855* destinada, basicamente, à fabricação, importação e exportação de produtos comestíveis e bebidas em geral, à exploração de suas próprias marcas ou de marcas licenciadas e à prestação de assistência técnica a produtores de cerveja. Os acordos de cooperação previam um prazo de duração para a operação de 15 anos, mas na prática a aliança tinha prazo virtualmente indeterminado.

Os objetivos a que se propunham as partes diziam respeito às novas condições de concorrência mundial nos mercados de cerveja e à necessidade de ambas se colocarem nesse processo. A *Brahma* alegava o exemplo de outras grandes cervejarias nacionais associando-se a com-

---

4. Votos e decisão in P. Dutra, *A Concentração* ..., pp. 1.655-1.866.

panhias estrangeiras para responder, dentro de curto espaço de tempo, à demanda por novos nichos de mercado surgidos com o fim do controle de preços e da inflação, notadamente no mercado de cervejas-prêmio.[5] A aliança lhe permitiria também projeção nas exportações dentro do mercado continental. A *Miller*, por sua vez, seguiria a estratégia de outras grandes cervejarias com atuação global, de se associarem àquelas instaladas no país para penetrar em mercados promissores e em expansão, fixando suas marcas, sem ter que investir quantias vultosas numa rede de produção e distribuição. Foi amplamente explorada nas peças do processo a tendência de alianças estratégicas entre as maiores cervejarias do mundo, aspirantes a uma atuação global, e as cervejarias de países selecionados.

A decisão do caso, no entanto, foi no sentido de que na operação, tal como estruturada, os ganhos privados superavam as vantagens a serem apropriadas pelo consumidor e pelo mercado como um todo. Eliminava-se em caráter praticamente definitivo uma das concorrentes potenciais com melhores condições de ameaçar a posição dominante da *Brahma*, além de inibir a concorrência das demais empresas não-associadas a cervejarias multinacionais. Ademais, a aliança não envolvia propriamente geração, mas apenas a transferência de tecnologia relacionada ao processo de produção de cervejas não-pasteurizadas, sendo que existiam produtos similares no mercado nacional.

Nesse sentido, o Conselho decidiu pela aprovação condicional da operação, que deveria reduzir seu prazo de duração, virtualmente indeterminado, para dois anos – tempo considerado suficiente para a *Miller* sedimentar seu ingresso no mercado brasileiro. Além disso, deveriam ser eliminadas as cláusulas contratuais estabelecendo relações de preços entre as marcas das duas cervejarias.

As partes requereram a reapreciação da operação, tendo o pedido sido aprovado sob novas condições. Duas alternativas foram apresentadas: a) disponibilizar, através de oferta pública, parcela da sua capacidade de envasamento a uma pequena cervejaria já em atividade no mercado relevante, para viabilizar o uso, por essas empresas, de embalagens não-retornáveis, típicas do segmento *premium*; b) oferecer a pequenas cervejarias, também mediante oferta pública, contratos de assistência técnica, a fim de difundir seus conhecimentos em técnicas de gerenciamento

---

5. Esse conceito é aplicado a produtos especiais, extras, com características que os distinguem do produto comum e, portanto, direcionados a faixas seletivas do mercado consumidor. Referidas características distintivas podem ser apenas mercadológicas, como embalagens especiais com preços mais elevados por exemplo; como podem referir-se a diferenças de qualidade intrínseca, muito embora estas últimas nem sempre sejam identificadas pelos consumidores (cf. P. Dutra, *A Concentração* ..., p. 1.673).

e de engenharia de montagem, disponibilizados à *Brahma* pela *Miller*; e c) eliminação de todas as referências a preços entre as diferentes marcas de titularidade da *Brahma* e da *Miller*.

O Ato de Concentração 83/96, entre a *Cia. Antárctica Paulista Indústria Brasileira de Bebidas e Conexos* e a *Anheuser Bush International Inc. Abii* e a *Anheuser Bush International Holding*,[6] envolvia a aquisição pela segunda de participação acionária nas empresas controladas pela primeira e a criação da *Budweiser do Brasil Ltda.*, com participação de ambas as empresas (51% da *Anheuser Bush* e 49% da *Antárctica*), pelo prazo inicial de 20 anos, virtualmente de duração indeterminada.

Os objetivos da operação consistiam na cooperação entre as partes para a produção, *marketing* e venda da cerveja *Budweiser* no Brasil através da nova empresa e para a introdução e incremento das vendas das marcas de cerveja e refrigerantes da *Antárctica* no exterior. Além disso, as partes apresentavam como aumento da eficiência da *Antárctica*, em decorrência da operação, seu acesso a práticas da *Anheuser Bush* em planejamento financeiro, *marketing*, negociações, treinamento de pessoal de vendas e desenvolvimento de novas marcas.

Como no caso *Brahma/Miller*, o CADE considerou os benefícios privados da operação superiores às vantagens ao mercado, aos consumidores e à concorrência, principalmente em vista da eliminação de concorrente potencial ameaçando o exercício do poder de mercado pelas empresas nele já atuantes. Além disso, a inexistência de eficiência relacionada ao esforço tecnológico e de geração de inovação não justificava uma associação por tão longo período.

A decisão do Conselho, nesse sentido, foi pela aprovação da operação por um período bem mais curto, de dois anos.

As partes requereram reapreciação, sustentando o pedido em fatos e decisões novos. Consistiam na elaboração de plano qüinqüenal de investimentos a serem realizados na *Antárctica* mediante inversão de recursos da *Anheuser Bush* para compra de participação acionária nas empresas da *Antárctica*. Esses investimentos teriam por finalidade reestruturar sua capacidade produtiva, através da construção de novas plantas e do fechamento das improdutivas, e também a estrutura de distribuição, reduzindo custos a partir da otimização da localização das unidades fabris, mais próximas aos pontos de distribuição.

Diante da perspectiva de aumento dos investimentos na *Antárctica*, e conseqüente aumento da eficiência dessa empresa, o Colegiado decidiu estender por três anos o prazo permitido à operação se, após o decurso

---

6. Votos e decisão in P. Dutra, *A Concentração* ..., pp. 1.009-1.329.

do prazo de dois anos, estabelecidos como limite na sua decisão anterior, tivessem sido cumpridas as metas de investimento propostas. Se após esse último prazo a *Anheuser Bush* tivesse adquirido participação acionária na *Antárctica* a operação poderia durar pelo período de 20 anos.

O Ato de Concentração 84/96, entre a *Metal Leve S/A, Mahle GmbH* e *Cia. Fabricadora de Peças* (*COFAP*)[7] foi o caso apreciado pelo CADE cujo quadro dos efeitos da globalização sobre o setor industrial envolvido – autopeças – foram mais sensíveis, constituindo a justificativa da operação.

Tratava-se da aquisição do controle acionário da *Metal Leve* pelas outras duas partes, complementada pela aquisição de parcela do capital votante da *COFAP* pela *Mahle*. Essa operação foi, posteriormente, complementada por outras de que resultaram a transferência das ações da *Metal Leve* adquiridas pela *COFAP* para a *Mahle* e a aquisição de participação por essa última na *COFAP*. Em decorrência da operação se elevaria moderadamente a concentração no mercado original de peças sinterizadas, significativamente no mercado original e de reposição de pistões e de reposição de camisas de pistões, e se formaria um monopólio no mercado nacional de camisas originais.

A justificativa da operação centrava-se na impossibilidade financeira da *Metal Leve* de se manter na disputa concorrencial globalizada, com a realização dos investimentos necessários em desenvolvimento tecnológico, principalmente para acompanhar os processos de *global sourcing* (aquisição de autopeças pelas indústrias automobilísticas a partir de um *shopping* global) e *follow source* (atração pelas montadoras de fábricas de autopeças de elite detentoras de parte da tecnologia de produção para perto de suas fábricas) que caracterizam atualmente o fornecimento de peças para a indústria automobilística.

Com efeito, foi analisado o fato de nos últimos anos a competição na indústria automobilística se ter transferido dos espaços nacionais para o espaço mundial. Assim, a produção nessa indústria passou a ter características específicas, como a utilização de plataformas únicas para a montagem do chamado "carro global". Com isso, comercializa-se amplamente um menor número de modelos a partir das bases de produção de cada montadora. Em segundo lugar, conseqüentemente, as práticas de abastecimento de autopeças pelas montadoras alteraram-se. Passou-se a exigir dos fabricantes de peças um padrão de qualidade internacional e preços competitivos internacionalmente, além da capacidade de fornecer peças em conjunto incorporando tecnologia nova para a satisfação

---

7. Votos e decisão publicados na *Revista do Instituto Brasileiro de Estudos das Relações de Concorrência e Consumo – IBRAC* 5/66-137, n. 8, 1998.

das montadoras. O poder de negociação destas últimas, por sua vez, espreme as margens de lucro das fabricantes de autopeças. Assim, a existência de fabricantes de peças de elite, que incorporam tecnologia e desenvolvimento no seu processo de produção e tendem a acompanhar as montadoras nos locais onde essas se instalam, fragiliza a posição das empresas de capital nacional tradicionalmente atuantes nesse setor, como a *Metal Leve*.[8] O parecer da Secretaria de Acompanhamento Econômico, do Ministério da Fazenda, reconheceu que a situação financeira da *Metal Leve* não lhe permitiria permanecer muito mais tempo no mercado. Em vista desse contexto econômico, as empresas alegavam que a operação lhes permitiria a adoção de estratégias conjuntas em nível operacional e de pesquisa e desenvolvimento. A unificação de plantas industriais possibilitaria o ganho de escala. A redução da ineficiência e do custo total de produção de alguns dos produtos e a possibilidade de contar com o apoio dos centros de engenharia tecnológica da *Mahle* e de sua rede logística, por sua vez, facilitariam a ampliação do número de seus clientes internacionais, além do fato de estar essa concorrente mais apta a conseguir boas posições na hierarquia de fornecimento às montadoras. Finalmente, as partes afirmavam que em decorrência da operação poderiam fornecer mais peças em conjuntos e subsistemas – uma das exigências do mercado, atualmente.

A decisão do Colegiado foi no sentido da aprovação da operação no tocante aos mercados relevantes de pistões e peças sinterizadas, nos quais reconheceu cumpridas as exigências do § 1º do art. 54, não apenas em decorrência do aumento de eficiência que decorria da operação, como em função da inexistência de poder de mercado pelas empresas participantes, eis que suas clientes poderiam abastecer-se no mercado internacional diante de um aumento de preços. A operação foi proibida, no entanto, com relação ao mercado de camisas de pistões, tendo sido determinada sua desconstituição. Além de a empresa deter folgada posição de domínio, sobretudo no mercado de reposição de peças, trata-se de atividade que está fora do núcleo de interesse central (*core business*) da *Mahle*, sendo improvável, assim, a realização de esforços para o incremento de sua eficiência.

Interessante observar que a defesa da empresa em situação pré-falimentar foi subsidiariamente acatada pela Conselheira-Relatora na formação de sua convicção sobre a operação. A aplicação total da defe-

---

8. Cf. voto da Conselheira Lúcia Helena Salgado mencionando estudo realizado pelo BNDES, "Reestruturação da indústria de autopeças. Área de operações industriais 2. Gerência setorial de automotivos, n. 10, junho de 1996", *Revista do Instituto de Estudo das Relações de Concorrência e Consumo – IBRAC* 5/115-116, n. 8.

sa, no entanto, foi descartada, na medida em que não satisfazia totalmente os rígidos requisitos definidos pela jurisprudência norte-americana como necessários para sua aplicação, a saber: estar a empresa em situação pré-falimentar, não ter capacidade de se recuperar sozinha e ser a adquirente a única possível compradora. A defesa da empresa em situação pré-falimentar, assim, foi combinada com a da eficiência no voto da Relatora, na medida em que, com a aquisição, maior capacidade produtiva estaria sendo utilizada no mercado; mas não chegou a constituir a fundamentação única para a decisão.

O ato de concentração mais polêmico decido pelo CADE nesses primeiros anos de sua transformação em autarquia, não apenas pelos elementos da operação, mas pela publicidade alcançada nos meios de comunicação, foi a criação da empresa *Cia. de Bebidas das Américas – Ambev*, reunindo sob único controle societário as cervejarias da *Antárctica* e da *Brahma*. Uma vez que *Antárctica* e *Brahma* são as maiores marcas e também as maiores produtoras de cerveja no país, a operação resultou na formação de posição de monopólio nos mercados relevantes de cerveja no Brasil, com participação de mais de 60% do mercado em todas as regiões geográficas, e mais de 80% em algumas delas.

As requerentes procuraram demonstrar que da operação adviria grande aumento de eficiência da nova empresa em comparação à atuação separada da *Antárctica* e da *Brahma*. O principal objetivo declarado pelas partes seria o de se tornarem uma empresa competitiva em níveis internacionais. Além disso, apontavam como decorrência da operação o aumento de eficiência na área industrial, administrativo-financeira, de distribuição e de suprimentos. Nesse sentido, a nova empresa teria redução de custos fixos a partir do fechamento de unidades pouco produtivas, redução do custo de puxada (retirada dos produtos da fábrica, por conta dos distribuidores), redução de mão-de-obra com a implantação na *Antárctica* de programa de aumento de produtividade da *Brahma* e redução de equipes, que seriam unificadas, renegociação da dívida da *Antárctica* com a capacidade de captação da *Brahma*, redução de gastos com Informática, via implantação, na *Antárctica*, de *software* com programas para uso na distribuição já utilizados na rede *Brahma* e *Skol*.

Apesar do substancial aumento da concentração no mercado relevante causado pela operação e da eliminação da concorrência entre as principais marcas do mercado, a operação foi aprovada pelo CADE sob condições relativamente brandas. Nesse sentido, a autarquia determinou a venda pela *Ambev* de uma das marcas da *Antárctica*, a *Bavária*, cuja participação no mercado era de aproximadamente 5%, para concorrente detendo participação inferior a 5% do mercado, bem como cinco fábricas espalhadas pelo país, além de determinar o uso da rede de distribuição da *Ambev* pelo comprador, como forma de lhe permitir penetração e crescimento no mercado. O Conselho impôs, ainda, condições de caráter social, ligadas ao problema do emprego. Assim, proibiu a desativação de fábricas no período de quatro anos e determinou que, em caso de demissões ligadas à reestruturação da empresa, a *Ambev* ficaria obrigada a aplicar medidas de recolocação e reciclagem profissional.

Diante dessas decisões, percebe-se que a tônica do Conselho, nesses anos, procurou estabelecer um equilíbrio entre os efeitos anticompetitivos da operação, por um lado, e a aplicação da defesa da eficiência econômica, por outro lado. Com efeito, essa defesa – incluindo seus mais diversos aspectos: redução de custos de produção, aumento da escala e da produtividade das empresas, melhora de qualidade dos produtos, adoção de práticas gerenciais mais adequadas, realização de pesquisa e desenvolvimento e adaptação às características da demanda – tem sido a base para a aplicação do § 1º do art. 54 da Lei 8.884, de 1994, que autoriza a permissão de operações consideradas lesivas à concorrência. Por outro lado, é importante acentuar que, em regra geral, a aplicação dessa defesa sempre foi balizada pela análise dos efeitos da operação sobre a concorrência, em inúmeros casos determinando a desconstituição parcial ou a adoção de medidas razoavelmente severas como condição para sua aprovação. A recente decisão do CADE no caso da *Ambev*, é verdade, aponta noutra direção. Não existem elementos, no entanto, para verificar se se trata de uma tendência ou de uma decisão isolada.

As defesas ligadas à política industrial têm tido um papel bem mais tímido em comparação à da eficiência econômica. Nas suas decisões o CADE levou em consideração a pesquisa e desenvolvimento a partir da ótica da eficiência econômica, e não como uma defesa independente, tratada a par das demais.[9] Isso se explica pela falta, no país, de outras políticas expressivas de estímulo à pesquisa tecnológica com as quais o direito da concorrência tivesse de ser compatibilizado.

As empresas em situação pré-falimentar ou setores em crise também têm tido importância relativamente reduzida, em especial diante do processo de reestruturação por que passa a indústria brasileira desde o início da década de 90, quando se intensificou sua abertura ao comércio internacional. A defesa, embora reconhecida em diversas decisões do Conselho, não tem sido aplicada como um tópico independente.

A proteção às pequenas empresas enquanto tais – vale dizer, a proibição de realização de operações de concentração porque seu resultado possa reduzir as condições de concorrência e, em última análise, de sobrevivência das pequenas empresas no mercado – é desconhecida do

---

9. Sobre pesquisa e desenvolvimento enquanto defesa de política industrial, ou seu tratamento dentro do aspecto da eficiência econômica, v. o Capítulo V, subitem 16.1.

CADE. Com efeito, sua postura tem sido no sentido da proteção da concorrência e dos arranjos eficientes do mercado, ciente de que a defesa de concorrentes prejudicados pelo jogo competitivo não está dentro – e é, mesmo, incompatível – da esfera de sua competência.

Nas decisões do Conselho, todavia, as pequenas empresas têm sido apresentadas como agentes capazes de estimular a competitividade do mercado em que atuam. Um bom exemplo foi a decisão no pedido de reapreciação do acordo entre *Brahma* e *Miller*, no qual se estabeleceu como condição para aprovação da operação o oferecimento de contratos de envasamento e assistência para pequenas empresas, a fim de viabilizar seu crescimento no mercado e sua possibilidade de enfrentar agentes de maior porte em caso de abuso, por parte desses últimos, de sua posição dominante.

24. O controle dos atos de concentração no Brasil e a globalização econômica

O CADE, nesses primeiros anos de sua atuação como autarquia, tem-se mostrado consciente do processo de reestruturação por que passa a indústria nacional em decorrência da globalização econômica.

Deve ser ressaltado que, apesar das pressões decorrentes desse processo de reestruturação econômica, procurou conservar-se fiel à sua atribuição principal de manutenção das condições de concorrência nos diferentes mercados brasileiros, através da imposição de condições voltadas ao restabelecimento da concorrência no segmento envolvido ou, mesmo, da proibição parcial da operação. A decisão do caso *Metal Leve* ilustra essa posição.[10] Apesar de se tratar de operação na qual os efeitos da globalização econômica, de forma mais aguda, afetaram a indústria nacional, foi parcialmente proibida no tocante ao mercado de camisas de pistões.

Evidentemente, isso não significa terem suas decisões se caracterizado sempre pelo acerto – o que seria impossível a qualquer órgão com atribuição de avaliar matérias tão complexas e interesses jurídicos tão diversos quanto aqueles que habitualmente lhe são colocados, sobretudo quando envolvendo agentes de maior vulto.[11] Por essa razão, algumas de suas decisões foram objeto de acesas críticas.

As decisões que, por seu caráter polêmico, merecem destaque, não apenas pela intensidade das críticas, mas pela sua pertinência, são as

---

10. Cf. a descrição do caso no item 23, acima.
11. Sobre as soluções da teoria geral para a compatibilização de interesses e princípios jurídicos diversos, v. o Capítulo VI, item 22.

relativas às *joint ventures* das cervejarias *Antárctica/Anheuser Bush* e *Brahma/Miller*, em 1997. Com efeito, a falta de aumento de concentração do mercado relevante, decorrente do fato de as empresas estrangeiras não atuarem no Brasil, e a utilização extensiva da doutrina da concorrência potencial, cujo reconhecimento pelas agências e Cortes norte-americanas atualmente é sujeito a condições muito estritas de aplicação, propiciaram ao CADE a oportunidade de ser taxado de xenófobo.[12] Em que pese à pertinência das críticas à doutrina da concorrência potencial, tal acusação de xenofobia absolutamente não tem procedência. O Conselho vem aprovando um grande número de aquisições de empresas nacionais pelas estrangeiras, em geral aprovadas sem condições ou com a imposição de medidas brandas.[13]

Se tais críticas são feitas pelos defensores de soluções de livre mercado, crentes de que a intervenção excessiva ou equivocada afugenta os investimentos, principalmente de capital estrangeiro, o CADE não escapa também da insatisfação de setores da opinião pública diante do processo de concentração econômica e de desnacionalização da indústria do país, decorrentes em grande parte da política econômica aqui desenvolvida desde o início dos anos 90.

Dentro desse debate insere-se uma questão recorrente no direito da concorrência: quais são seus objetivos? Simplesmente a defesa das condições de concorrência nos mercados, em benefício último dos consumidores, ou a proteção a outros tipos de interesse público, justificando a aplicação indireta de diversas outras políticas industriais e econômicas estranhas àquelas estritamente ligadas à preservação da concorrência?

Conforme se procurou mostrar,[14] entende-se serem conciliáveis a aplicação de políticas industriais de defesa da concorrência, sendo tal compatibilização, ademais, importante para uma inserção bem-sucedida dos diferentes países no processo de globalização. A formulação de políticas industriais na esfera macroeconômica, entretanto, escapa da competência dos órgãos antitruste, cabendo-lhes tão-somente compatibilizá-las com a política de concorrência.

---

12. Para uma crítica apontando ter o CADE decidido fora dos critérios legais, extrapolando os limites de sua competência, cf. Paulo Borba Casella, "Cervejas e orgia de poder no CADE" e "Nova dose de cerveja e poder no CADE", in Paulo Borba Casella, *Direito Internacional: Vertente Jurídica da Globalização*, pp. 369-373.

13. Para uma síntese de decisões do CADE envolvendo empresas atuantes no Brasil e concorrentes potenciais, muitas vezes estrangeiros, v. o voto do Conselheiro-Presidente Gesner de Oliveira no caso *Antárctica/Budweiser* (Ato de Concentração 87/97) in P. Dutra, *A Concentração* ..., pp. 1.145-1.153.

14. Mais exatamente no Capítulo V, item 16.

Nesse sentido, cabe notar que os diferentes países e a Comunidade Européia, analisados como modelos de comparação nos capítulos anteriores, apresentam soluções diferentes para a questão da compatibilização entre política de concorrência e políticas industriais.

O Japão,[15] historicamente, destacou-se pela predominância de suas políticas industriais. A formulação de políticas para o desenvolvimento de setores específicos, da pesquisa tecnológica, das medidas voltadas aos setores em crise e às pequenas empresas incumbe ao Ministério da Indústria e Comércio Internacional. À agência antitruste cabe, na aplicação da lei antimonopólio, a permissão a alguns tipos de cartel, que podem receber autorizações especiais apesar das proibições da lei. Esse exame caso a caso pode ocorrer também na análise de operações de concentração econômica. Os cartéis permitidos no Direito Japonês, no entanto, em sua maior parte são formados de acordo com legislação extravagante à lei antimonopólio, cabendo à agência antitruste, nesses casos, tão-somente a verificação da conduta dos agentes e de possíveis abusos decorrentes da oportunidade de adotarem práticas anticompetitivas que extrapolem os limites necessários às finalidades da exceção.

Na Comunidade Européia,[16] por sua vez, onde a aplicação do direito da concorrência também foi permeada por objetivos de política industrial e econômica – a integração dos agentes dos diferentes países e a formação de empresas de grande porte capazes de concorrer com as empresas norte-americanas –, o estabelecimento de isenções à aplicação da lei antitruste é de competência do próprio órgão encarregado da aplicação dessa lei, a Comissão. É verdade inexistirem no âmbito da Comunidade políticas industriais tão extensivas quanto as japonesas – o que tornou mais fácil sua conciliação com a política de defesa da concorrência. O desenvolvimento do direito antitruste na Comunidade Européia, além disso, deveu-se à importância da concorrência para a formação do mercado comum.[17]

O Brasil nas décadas de 60 e 70 também contou com políticas de desenvolvimento concentracionistas, nas quais não havia espaço para o amadurecimento da lei antitruste.[18] A partir dos anos 90 deu-se início a um processo de modernização legislativa, com a publicação da Lei 8.151, de 1991, e, posteriormente, da Lei 8.884, de 1994. A partir de então o órgão aplicador da lei tem enfatizado seu papel de defender a livre concorrência numa perspectiva diferenciada daquela que marcou a postura do

---

15. V. o Capítulo III, item 9.
16. V. o Capítulo III, item 8.
17. Conforme foi analisado no Capítulo III, subitem 8.1.
18. V. o Capítulo VI, item 19.

CADE anteriormente à reformulação de 1994 e da própria política econômica de então. Os integrantes da autarquia têm defendido sua missão de proteção às condições de concorrência no mercado e aos benefícios daí decorrentes ao consumidor. Ilustrativa desse posicionamento é a afirmação do ex-Presidente do Conselho, Gesner de Oliveira, no caso *Antárctica/Anheuser Bush* (Ato de Concentração 83/96): "Note-se que o efeito benéfico que interessa ao CADE não está associado ao seu impacto sobre o balanço de divisas, como se fazia convencionalmente nos anos 70 e 80 no âmbito do BEFIEX. Por mais convenientes e oportunos que sejam mecanismos de estímulo às vendas externas na atualidade, tais impactos pertencem a outra esfera da política pública".[19]

Aliás, não poderia ser diferente, na medida em que o CADE não é competente para formular políticas industriais, mas tão-somente para aplicar a lei antitruste – tarefa que lhe possibilita criar uma política de defesa da concorrência. Nesse sentido, a autarquia tem maior facilidade para a aplicação da defesa da eficiência econômica, não apenas em razão do teor da lei, mas da difusão do conceito de eficiência econômica no direito da concorrência atual. Não é impossível, no entanto, a aceitação pelo Conselho de defesas relacionadas à política industrial, em especial em relação àquelas mais compatíveis com a proteção à concorrência: a pesquisa e desenvolvimento, as empresas em situação pré-falimentar e os setores em crise. O procedimento da notificação e apreciação dos atos de concentração, nesse sentido, com pareceres de órgão vinculado ao Ministério da Fazenda, poderia, em tese, avaliar a pertinência e relevância dessas defesas ao caso, além de, evidentemente, analisar se a operação está estruturada de modo a não eliminar substancialmente a concorrência e se existiriam meios menos lesivos a ela para sua concretização.

---

19. Voto publicado na *Revista do Instituto Brasileiro de Estudos das Relações de Concorrência e Consumo – IBRAC* 4/182, n. 5, 1997.

Conclusões

GLOBALIZAÇÃO ECONÔMICA E O LIMITE DO CONTROLE DOS ATOS DE CONCENTRAÇÃO

Conforme foi analisado no Capítulo IV, o processo de globalização econômica altera as bases de concorrência nos mercados e a estratégia de competição das empresas, com o aumento da importância do progresso tecnológico, da inovação constante, da criação de novos modelos, marcas e tipos de produtos, da redução de custos de produção e da expansão para outros mercados nacionais. Esses fatores encontram-se por trás do movimento de reestruturação dos agentes produtivos nos setores impactados pela globalização, que buscam adaptar-se aos novos desafios. Nesse contexto, alguns agentes vêem-se forçados a sair do mercado, ao passo que outros encetam operações de fusão, aquisição, acordos de cooperação, ou *joint ventures*, com concorrentes, com a finalidade de ganhar escala tanto na produção quanto nos investimentos em pesquisa e inovação, ou simplesmente para se equipararem em tamanho e escala aos concorrentes de atuação transnacional, conquistando melhores condições competitivas. A formação de poder de mercado resultante de certas operações referidas em linguagem corrente como *megafusões* choca-se com o modelo de mercado forjado pela ideologia liberal e com algumas das mais importantes premissas econômicas de funcionamento do mercado perfeitamente competitivo.

Com efeito, na concepção liberal o mercado deveria auto-regular-se por meio da concorrência. A dispersão do poder econômico e político daí decorrente permitiria o desenvolvimento de modelos políticos democráticos em sua concepção e abstencionistas em sua influência sobre a esfera econômica, deixada ao impulso da livre iniciativa. Conforme analisado no Capítulo II, no entanto, à medida que se constataram falhas no funcionamento do mercado, acentuadas pelo próprio desenvolvimento do Capitalismo, o Estado iniciou um movimento em direção à maior presença no domínio econômico, exigindo das doutrinas política, econômica e jurídica reavaliações destinadas ao reconhecimento das novas relações entre esses sistemas sociais envolvidos naquela transformação. Nesse contexto é que se formula a concepção teórica sobre um *direito econômico*, apto a ordenar o processo de mercado e a implementar a política econômica do Estado. O *antitruste*, por sua vez, desenvolve-se como um dos instrumentos do Estado para alcançar essa ordenação do mercado, controlando sua tendência à excessiva concentração e criando mecanismos para a manutenção da concorrência por meio de medidas de regulação da própria estrutura dos mercados. O item 3 do Capítulo I procura dar conta dos pressupostos microeconômicos a partir dos quais o direito da concorrência é baseado, analisando as possíveis respostas aos desvios de uma estrutura de mercado plenamente competitiva.

O processo de globalização impõe dificuldades adicionais ao direito econômico, na medida em que os mercados passam a se formar em espaços mais amplos, que extravasam o nacional. No tocante ao controle de atos de concentração, no entanto, os desafios apresentados à autoridade antitruste relacionam-se à compreensão do processo e da necessidade de reestruturação dos agentes, garantindo, ao mesmo tempo, a manutenção da concorrência, com a coibição à formação de um poder de mercado que permita aos agentes econômicos a exploração dos consumidores. Coloca-se às agências a necessidade de distinguir se as motivações das operações alegadas pelas partes são justificáveis em termos de ganhos de competitividade e eficiência, ou diante do perigo de sua provável saída do mercado caso não se realize a concentração, ou se escondem um objetivo velado de domínio de mercado.

A aplicação das regras do controle de atos de concentração, conforme verificado no Capítulo V, tem respondido ao contexto de globalização econômica e de sua repercussão nas estratégias de organização dos agentes, através do desenvolvimento do conceito de *eficiência econômica* e da aceitação de algumas defesas a atos de concentração relacionados à política industrial. O conceito de *eficiência*, a esse propósito, é muito adequado ao movimento de expansão do mercado, permitindo às autoridades antitruste mais flexibilidade no controle de atos de concentração, com a possibilidade de aprovação de operações potencialmente ou *prima facie* prejudiciais à concorrência. Vale dizer, operações que promovam a redução de custos, o aumento de produção, a melhora da distribuição dos produtos, entre outros fatores, observadas certas condições impostas pela lei para a manutenção, tanto quanto possível, da concorrência no mercado envolvido. As defesas de política industrial, por sua vez, permitem às autoridades uma válvula-de-escape para situações de possível conflito entre políticas econômicas e de defesa da concorrência. As defesas mais importantes, sobretudo no controle de atos de concentração, dizem respeito à pesquisa e desenvolvimento, às crises ou depressões afetando empresas e setores econômicos. Na medida em que sejam observadas determinadas condições destinadas a minorar os efeitos anticompetitivos da operação, sua compatibilização com a defesa da concorrência é possível.[1]

A obtenção de um equilíbrio entre a adequada aplicação dessas defesas e a prevenção da eliminação da concorrência nos mercados é, assim, o grande desafio para as autoridades antitruste no controle de atos de concentração no contexto da economia globalizada, especialmente em decorrência dos seguintes fatores: a) a relativa novidade da situação, uma vez que a menos de duas décadas atrás as variáveis relevantes para a análise e decisão das autoridades antitruste eram bem menos complexas; b) a interação entre os vários mercados nacionais em operações concluídas em um deles, muitas vezes com a intervenção de outras autoridades antitruste; c) o forte apelo das pressões decorrentes das grandes concentrações com relação à necessidade de reestruturação dos agentes envolvidos no quadro da globalização.

A tendência das autoridades ao responder a essas demandas tem sido no sentido da imposição de condições para a aprovação da operação de concentração. Em algumas circunstâncias essas condições implicam a desconstituição parcial da operação, através da exigência de venda de uma das empresas envolvidas ou de ativos e marcas específicos. Em casos freqüentes, todavia, as condições impostas referem-se a compromissos de obrigação de fazer destinados ao restabelecimento de condições de concorrência, especificamente para auxiliar o crescimento de um novo agente no mercado, a fim de viabilizar a recriação de um espaço de concorrência obstruído pela operação. Esta última situação implica um monitoramento de conduta por parte das agências antitruste, alterando a finalidade original do controle de atos de concentração e, pode-se dizer, do próprio direito antitruste, por deixar de se constituir em uma intervenção única, corretiva do mercado, a partir da qual esse deveria voltar a funcionar em melhores bases, a partir da concorrência restabelecida.[2]

---

1. Para uma análise da aplicação dessas defesas no Direito Brasileiro, v. o Capítulo VII, item 23. Sua aplicação no direito comparado é ilustrada no Capítulo V, subitem 15.3 e item 16.

2. Essa idéia é bem ilustrada pela afirmação de Friederich. M. Scherer e David Ross (*Industrial Market Structure and Economic Performance*, 3ª ed., p. 12): "Antitrust is often viewed as a form of government regulation, and law school courses on the subject are sometimes found under the rubric 'trade regulation'. Yet in principle, there are (or ought to be) major philosophical differences. Traditional regulation usually requires a continuing relationship between regulator and regulatees as market conditions change

Observe-se que a expansão de agentes detentores de um poder de mercado suficiente para explorar consumidores e para eliminar outros concorrentes do mercado, monopolizando-o, exige um reforço das políticas de concorrência voltadas à conduta desses agentes. Assim, o aumento do grau de concentração que possa eventualmente resultar da reestruturação das empresas teria que ser compensado por um reforço do controle das condutas, através de maior fiscalização e de maior eficiência na investigação das práticas lesivas à concorrência. Tal reforço serviria não apenas para punir comportamentos desviantes, mas para aumentar o grau de coerção das leis antitruste, desestimulando as práticas anticoncorrenciais.

Evidentemente, esta afirmação não significa defender que o controle de atos de concentração deva ser relaxado em decorrência do processo de globalização. Ao contrário, trata-se de um mecanismo fundamental para, em primeiro lugar, impedir a realização de operações lesivas à concorrência que não apresentem justificativas convincentes para sua realização ou não possam ser adaptadas, através da imposição de condições, e, e segundo lugar, promover efetivamente a adaptação de operações cujo potencial positivo ao mercado seja considerável, necessitando, embora, de alterações a bem da concorrência. Não obstante o controle de atos de concentração ter sido concebido como um mecanismo para *estancar* o processo de concentração na sua incipiência,[3] isso tem-se mostrado impossível diante do desenvolvimento do sistema capitalista. Faz-se necessário, assim, que as políticas antitruste enfatizem o controle das condutas dos agentes, procurando estabelecer uma combinação ótima entre ambos os seus instrumentos (controle de estruturas e de condutas), para a criação de uma política de concorrência eficaz, diante dos desafios presentemente colocados.

Políticas de concorrência eficazes, por sua vez, são fundamentais. Isso não apenas em decorrência do interesse público, em particular no campo da defesa dos consumidores, como também do ponto de vista do

---

and compel price and capacity adjustments. Antitrust, on the other hand, is ideally episodic – more like surgical intervention than the steady administration of Medicine to treat a chronic disease. Conduct rules are articulated, and violations are penalized at a frequency and intensity just sufficient to achieve adequate deterrence. Or the antitrust authorities intervene to maintain or alter market structures so that good conduct and performance are expected to follow automatically, without further government involvement". Confrontem-se essa afirmação e a crítica aos *regulatory mergers*, nos Estados Unidos, descritos no Capítulo III, ao final do subitem 7.3.

3. Conforme relatório do *Senate Judiciary Committee* sobre a criação do *Clayton Act*, "to arrest the creation of trusts (...) in their incipiency and before consummation" (transcrito por William Letwin, *Law and Economic Policy in América: the Evolution of the Sherman Antitrust Act*, p. 275).

estímulo aos agentes em geral para uma inserção bem-sucedida na industrialização no contexto atual, da economia globalizada.

Com efeito, o sucesso num ambiente mais competitivo, por estar exposto à concorrência de agentes sediados em outras partes do mundo, com diferentes tipos de organização e incentivos, depende da capacidade dos agentes como empreendedores, voltados ao contínuo aperfeiçoamento em termos de métodos, produtos e processos. Essa atitude, se por um lado demanda investimentos, por outro demanda simplesmente um esforço de estruturação em bases eficientes, inovadoras e criativas.[4] Como é sabido, o poder de monopólio, ao propiciar ao agente auferir lucros excessivos sem maior pressão competitiva, desestimula um empenho constante de inovação e eficiência, ainda quando permita, em certas circunstâncias, a escala e o afastamento do risco necessários ao desenvolvimento de algumas invenções.[5] Assim, a existência de uma política de concorrência que estimule a competitividade e a adoção de uma postura empreendedora nos mercados domésticos coloca-se como um aspecto fundamental para o sucesso das empresas nele sediadas, tanto na concorrência internacional quanto na atração para o seu território de atividades de maior valor agregado e sinergias de crescimento econômico, propiciando-lhes o acesso a uma posição mais diferenciada na hierarquia da divisão de trabalho internacional.[6]

O desenvolvimento de uma política de concorrência eficaz, apta a combinar adequadamente o controle estrutural com a disciplina das condutas, coloca-se, dessa forma, como um dos elementos necessários à inserção bem-sucedida das economias nacionais no contexto de uma economia globalizada.

---

4. Cf., nesse sentido, Michael Best, *The New Competition. Institutions of Industrial Restructuring*, pp. 2-4) Esse autor defende a tese de que o modelo do *big business* (grandes empresas típicas da economia norte-americana), de estrutura rígida e separação total entre gerência e execução, estaria sendo suplantado por empresas mais flexíveis, cuja organização promove a interconexão entre criação e execução, a que denomina *new competition*. O sucesso das empresas organizadas no modelo da *new competition* consiste no fato de serem mais empreendedoras e atentas a todas as possibilidades de inovação.

5. Para essa discussão, v. o Capítulo I, subitem 2.5.

6. Nesse sentido, Michael Best (*The New Competition* ..., p. 266) aponta que "a strategic industrial policy depends upon a strong antitrust pro-competition policy, whether formal or informal". Em nota de rodapé afirma que a menção ao antitruste não significa o desmembramento de empresas grandes, mas a existência de uma agência governamental que procure conter os esforços pelas empresas grandes no sentido de dominar mercados, sobretudo na falta de concorrentes fortes. Sobre a posição dos países do Terceiro Mundo na divisão internacional do trabalho e suas condições de ascensão na hierarquia, v. o Capítulo IV, item 11.

BIBLIOGRAFIA

ABIR, Danny. "Monopoly and merger regulation in South Korea and Japan: a comparative analysis". *International Tax and Business Lawyer* 13. 1996 (pp. 143-175).
AFONSO, Margarida. "A catalogue of mergers defenses under European and United States antitrust law". *Harvard International Law Journal* 33. 1992 (pp. 1-66).
ALEXY, Robert. *Teoría de los Derechos Fundamentales.* Madri, Centro de Estudios Constitucionales, 1993.
AMARAL JR., Alberto do. *Proteção do Consumidor no Contrato de Compra e Venda.* São Paulo, Ed. RT, 1993.
AMATO, Giuliano. *Antitrust and the Bounds of Power: the Dilemma of Liberal Democracy in the History of the Market.* Oxford, Hart Publishing, 1997.
AREEDA, Philip, e KAPLOW, Louis. *Antitrust Analysis: Problems, Texts, Cases.* 4ª ed. Boston, Little, Brown and Co., 1988.
——————, e TURNER, Donald. "Conglomerate mergers: extended interdependence and effects on interindustry competition as grounds for condemnation". *University of Pennsylvania Law Review* 127, 1979 (pp. 1.082-1.103).
AUSTIN, Arthur. "Antitrust reaction to the merger wave: the revolution *v.* the counterrevolution". *North Carolina Law Review* 66. 1988 (pp. 931-962).
AZEVEDO, Paulo F., FARINA, Elisabeth Maria Q. M., e SAES, Maria Sylvia M. *Competitividade, Mercado e Organizações.* São Paulo, Singular, 1997.

BARROS LEÃES, Luiz Gastão Paes de. "O *dumping* como forma de abuso de poder econômico". *RDM* 91. São Paulo, Ed. RT, 1993 (pp. 4-15).
BAXTER, William. "Responding to the reaction: the draftsman's view". *California Law Review* 71. 1983 (pp. 618-631).
BECK, Ulrich. ¿*Que Es la Globalización? Falacias del Globalismo, respuestas a la Globalización.* Barcelona, Paidós, 1998.
BERMANN, George A., GOEBEL, Roger J., DAVEY, William J., e FOX, Eleanor M. *Cases and Materials on European Community Law.* Saint Paul, West Publishing, 1993.
BEST, Michael. *The New Competition. Institutions of Industrial Restructuring.* Cambridge, Harvard University Press, 1990.
BIELSCHOWSKY, Ricardo. *Pensamento Econômico Brasileiro: o Ciclo Ideológico do Desenvolvimentismo.* 3ª ed. Rio de Janeiro, Contraponto, 1996.
BLAIR, Roger D., e KASERMAN, David L. *Antitrust Economics.* Homewood, Richard D. Irwin, 1985.

BLAKE, Harlan M., HANDLER, Milton, PITOFSKI, Robert, e GOLDSCHMID, Harvey. *Cases and Materials on Trade Regulation*. Westbury, The Foundation Press, 1990.

BLANCHFIELD, William, e OSER, Jacob. *História do Pensamento Econômico*. São Paulo, Atlas, 1983.

BNA. *Antitrust and Trade Regulation Report* 4.10.1997.

BOBBIO, Norberto. *Teoria do Ordenamento Jurídico*. Brasília, UnB, 1982; 2ª ed. Brasília, UnB, 1994.

BOK, Derek C. "Section 7 of the Clayton Act and the merging of law and economics". *Harvard Law Review* 74. 1960/1961 (pp. 226-335).

BONER, Roger A., e KRUEGER, Reinald. "The basics of antitrust policy". *World Bank Technical Paper* 160. 1993.

BORK, Robert H. *The Antitrust Paradox: a Policy in War with Itself*. 2ª ed. Nova York, The Free Press, 1993.

BOS, Pierre, et al. *Concentration Control in the European Economic Community*. Londres, Graham and Trotman, 1992.

BOURGOIS, Jacques. "Regras multilaterais de concorrência: ainda uma busca do Santo Graal?". In: CASELLA, Paulo Borba (org.). *Contratos Internacionais e Direito Econômico no Mercosul*. São Paulo, LTr, 1996.

BRODLEY, Joseph F. "Antitrust standing in private merger cases: reconciling private incentives and public enforcement goals". *Michigan Law Review* 94. 1995 (pp. 1-108).

——————. "Proof of efficiencies in mergers and joint ventures". *Antitrust Law Journal* 64. 1996 (pp. 575-612).

——————. "The economic goals of antitrust: efficiency, consumer welfare and technological progress". *New York University Law Review* 62. 1987 (pp. 1.020-1.053).

BRUNA, Sérgio Varella. *Poder Econômico e a Conceituação do Abuso em seu Exercício*. São Paulo, Ed. RT, 1997.

BRZEZINSKI, Carolyn. "Competition and antitrust law in Central Europe: Poland, the Czech Republic, Slowakia and Hungary". *Michigan Law Journal of International Law* 15. 1994 (pp. 1.129-1.178).

BUCHANAN, Ruth, DAVIS, John R., DEZALAY, Yves, e TRUBEK, David. "Global restructuring and the law, studies of the internationalization of legal fields and the creation of transnational arenas". *Case Western Reserve Law Review* 44. N. 2. 1994 (pp. 407-498).

BUIGUES, Pierre, e SAPIR, André. "Community industrial policies". In: NICOLAIDES, Phedon (org.). *Industrial Policy in the European Community: a Necessary Response to Economic Integration?*. Dordrecht, Martinus Nijhoff, 1995 (pp. 21-37).

BULGARELLI, Waldírio. *Concentração de Empresas e Direito Antitruste*. 2ª ed. São Paulo, Atlas, 1996.

——————. *Fusões, Incorporações e Cisões de Sociedades*. São Paulo, Atlas, 2000.

BYOWITZ, Michael H., VOGELSON, Jay M., e SANDSTROM, Mark R. "Using antitrust laws to enhance access of U.S. firms to foreign market. Recommendation and Report", American Bar Association, Section of International Law and Practice Report to the House of Delegates. *International Lawyer* 29. 1995 (pp. 945-957).

CALABRESI, Guido. "Some thoughts on risk distribution and the law of torts". *Yale Law Journal* 70. 1961 (pp. 499-553).

CAMPILONGO, Celso F. "Teoria do Direito e globalização econômica". In: SUNDFELD, Carlos Ari, e VIEIRA, Oscar Vilhena (orgs.). *Direito Global*. São Paulo, Max Limonad, 1999 (pp. 77-92).

CANOTILHO, José Joaquim Gomes. *Direito Constitucional e Teoria da Constituição*. 4ª ed. Coimbra, Almedina, 1997.

CARSTENSEN, Peter C. "How to assess the impact of antitrust on the american economy: examining history or theorizing?". *Iowa Law Review* 74. N. 5. 1989 (pp. 1.175-1.217).

CARVALHO, Nuno T. P. *As Concentrações de Empresas no Direito Antitruste*. São Paulo, Resenha Tributária, 1995.

CARVALHOSA, Modesto. *Direito Econômico*, São Paulo, Ed. RT, 1973.

——————. *O Poder Econômico. A Fenomenologia – Seu Disciplinamento Jurídico*. São Paulo, Ed. RT, 1967.

CASELLA, Paulo Borba. *Comunidade Européia e seu Ordenamento Jurídico*, São Paulo, LTr, 1994.

——————. *Direito Internacional: Vertente Jurídica da Globalização*. Porto Alegre, Síntese, 2000.

—————— (org.). *Contratos Internacionais e Direito Econômico no Mercosul*. São Paulo, LTr, 1996.

—————— (org.). *Mercosul: Integração Regional e Globalização*. Rio de Janeiro, Renovar, 2000.

——————, e MERCADANTE, Araminta A. (orgs.). *Guerra Comercial ou Integração Multilateral pelo Comércio? A OMC e o Brasil*. São Paulo, LTr, 1998.

CASON, Jeffrey. *Development Strategies in Brazil: the Political Economy of Industrial Export Promotion, 1964-1990*. Tese de Doutoramento. Madison, University of Wisconsin, Political Sciencies School, 1993.

CELLI JR., Umberto. *Regras de Concorrência no Direito Internacional Moderno*. Porto Alegre, Livraria do Advogado, 1999.

CHAMBERLEIN, Edward H. *The Theory of Monopolistic Competition*. 8ª ed. Cambridge, Harvard University Press, 1969.

CHANDLER JR., Alfred D. *The Visible Hand: the Managerial Revolution in American Business*. Cambridge, The Belknap Press of Harvard University Press, 1977.

CLARKE, John D. *Federal Trust Policy*. 1931.

CLARKE, Simon. "A crise do fordismo ou crise da social democracia?". *Lua Nova – CEDEC* 24. 1991 (pp. 117-150).

COASE, Ronald. *The Nature of the Firm*. 1937.

——————. "The problem of social cost". *Journal of Law and Economics* 3. 1960 (pp. 1-41).

COMPARATO, Fábio Konder. "O indispensável direito econômico". *Estudos e Pareceres de Direito Empresarial*. Rio de Janeiro, Forense, 1978.

——————. *O Poder de Controle na Sociedade Anônima*. Rio de Janeiro, Forense, 1983.

——————. "Reflexões sobre o método do ensino jurídico". *Revista da Faculdade de Direito da Universidade de São Paulo* LXXIV. 1979.

COSTA, José Augusto Fontoura. *Normas de Direito Internacional: Aplicação Uniforme do Direito Uniforme*. São Paulo, Atlas, 2000.

CUNHA, Ricardo Thomazinho da, e RAMOS, André de Carvalho. "A defesa da concorrência em caráter global: utopia ou necessidade?". In: CASELLA, Paulo Borba, e MERCADANTE, Araminta A. (orgs.). *Guerra Comercial ou Integração Multilateral pelo Comércio? A OMC e o Brasil*. São Paulo, LTr, 1998 (pp. 810-837).

DAVEY, William J., BERMANN, George A., GOEBEL, Roger J., e FOX, Eleanor M. *Cases and Materials on European Community Law*. Saint Paul, West Publishing, 1993.

DAVIDOW, Joel. "Liberalization of trade regulation as a trade strategy". *Columbia Business Law Review* 83. 1986 (pp. 83-95).

DAVIS, John R., DEZALAY, Yves, TRUBEK, David, e BUCHANAN, Ruth. "Global restructuring and the law, studies of the internationalization of legal fields and the creation of transnational arenas". *Case Western Reserve Law Review* 44. N. 2. 1994 (pp. 407-498).

DE SANTI, Susan S., e YAO, Dennis A. "Game theory and the legal analysis of tacit collusion". *Antitrust Bulletin* 38, 1993 (pp. 113-141).

DENIS, Paul T. "Advances of the 1992 horizontal merger guidelines in the analysis of competitive effects". *Antitrust Bulletin* 38. 1993 (pp. 479-515).

DEVUYST, Youri. "Transatlantic competition relations". In: EUROPEAN UNION CENTER. *The New Transatlantic Dialogue: Intergovernmental, Transgovernmental and Transnational Approaches* (conferência). Madison, University of Wisconsin, 31.5-2.6.1999.

DEZALAY, Yves, TRUBEK, David, BUCHANAN, Ruth, e DAVIS, John R. "Global restructuring and the law, studies of the internationalization of legal fields and the creation of transnational arenas". *Case Western Reserve Law Review* 44. N. 2. 1994 (pp. 407-498).

DI PIETRO, Maria Sylvia Zanella *Discricionariedade Administrativa na Constituição de 1988*. São Paulo, Atlas, 1991.

DOLINGER, Jacob. *Direito Internacional Privado*. Rio de Janeiro, Renovar, 1996.

DUTRA, Pedro. *A Concentração do Poder Econômico: Jurisprudência Anotada*. Rio de Janeiro, Renovar, 1999.

DWORKIN, Ronald. *A Matter of Principle*. Cambridge, Harvard University Press, 1985.

——————. *Taking Rights Seriously*. Cambridge, Harvard University Press, 1977-1978.

ENGISH, Karl. *Introdução ao Pensamento Jurídico*. Lisboa, Fundação Calouste Gulbenkian, 1964.

EUROPEAN UNION CENTER. *The New Transatlantic Dialogue: Intergovernmental, Transgovernmental and Transnational Approaches* (conferência). Madison, University of Wisconsin, 31.5-2.6.1999.

EVANS, Peter. *Embedded Autonomy: States and Industrial Transformation*. Princeton, Princeton University Press, 1995.

FAGUNDES, Jorge, PONDÉ, João Luiz, e POSSAS, Mario. "Defesa da concorrência e regulação". *Revista de Direito Econômico do Conselho Administrativo de Defesa Econômica – CADE*, setembro de 1998 (pp. 49-72).

FARBER, Daniel A., e FRICKEY, Philip P. *Law and Public Choice: a Critical Introduction*. Chicago, The University of Chicago Press, 1991.

FARIA, José Eduardo Campos de Oliveira. *O Direito na Economia Globalizada*. 1ª ed., 2ª tir. São Paulo, Malheiros Editores, 2000.

FARIA, Werter. *Constituição Econômica: Liberdade de Iniciativa e de Concorrência*. Porto Alegre, Sérgio Antônio Fabris Editor, 1990.

FARINA, Elisabeth Maria Q. M. "Política industrial e política antitruste: uma proposta de conciliação". *Revista do Instituto Brasileiro de Estudo das Relações de Concorrência e Consumo – IBRAC* 3. N. 8. 1996 (pp. 33-45).

—————. "Regulamentação, política antitruste e política industrial". In: FARINA, Elisabeth Maria Q. M., AZEVEDO, Paulo F., e SAES, Maria Sylvia M. (orgs.). *Competitividade, Mercado e Organizações*. São Paulo, Singular, 1997 (pp. 115-162).

—————, AZEVEDO, Paulo F., e SAES, Maria Sylvia M. (orgs.). *Competitividade, Mercado e Organizações*. São Paulo, Singular, 1997.

FERRAZ JR., Tércio Sampaio. "A concentração econômica e fiscalização administrativa: entendimento do art. 74 da Lei 4.137 segundo a redação do art. 13 da Lei 8.158/91". *RDA* 193. 1993 (pp. 65-78)..

—————. "Da abusividade do poder econômico". *Revista de Direito Econômico* 21. Brasília, 1995 (pp. 23-30).

—————. "Das condições de obrigatoriedade de comunicação de atos de concentração". *Revista do Instituto Brasileiro de Estudo das Relações de Concorrência e Consumo – IBRAC* 5. N. 2. 1998 (pp. 7-15).

—————. *Introdução ao Estudo do Direito: Técnica, Decisão, Dominação*. 2ª ed. São Paulo, Atlas, 1994.

—————. "Lei de defesa da concorrência: origem histórica e base constitucional". *Arquivos do Ministério da Justiça* 45. Brasília, julho-dezembro de 1992 (pp. 175-185).

FINE, Frank L. *Mergers and Joint Ventures in Europe: the Law and Policy of the EEC*. Londres, Graham and Trotman/Martinus Nijhoff, 1994.

FIRST, Harry. "Antitrust enforcement in Japan". *Antitrust Law Journal* 64. 1995 (pp. 137-182).

FLORES JR., Renato G. "Globalização e o fim do protecionismo". In: CASELLA, Paulo Borba (org.). *Mercosul: Integração Regional e Globalização*. Rio de Janeiro, Renovar, 2000 (pp. 369-381).

FONSECA, José Júlio Borges da. *Direito Antitruste e Regime das Concentrações Empresariais*. São Paulo, Atlas, 1997.

FORGIONI, Paula A. *Os Fundamentos do Antitruste*. São Paulo, Ed. RT, 1998.

FOX, Eleanor M., BERMANN, George A., GOEBEL, Roger J., e DAVEY, William J. *Cases and Materials on European Community Law*. Saint Paul, West Publishing, 1993.

—————, e SULLIVAN, Lawrence A. *Cases and Materials on Antitrust*. Saint Paul, West Publishing, 1989.

FRANCESCHINI, José Inácio Gonzaga, e FRANCESCHINI, José Luiz Vicente de Azevedo. *Poder Econômico: Exercício e Abuso. Direito Antitruste Brasileiro.* São Paulo, Ed. RT, 1985.

FRAZER, Tim. *Monopoly, Competition and Law, the Regulation of Business Activity in Britain, Europe and America.* Nova York, Harvester Wheatsheaf, 1992.

FREITAS JR., Antônio Rodrigues de. *Globalização, Mercosul e Crise do Estado-Nação, Perspectivas para o Direito numa Sociedade em Mudança.* São Paulo, LTr, 1997.

FRICKEY, Philip P., e FARBER, Daniel A. *Law and Public Choice: a Critical Introduction.* Chicago, The University of Chicago Press, 1991.

FRIEDMAN, Lawrence. "Verso una Sociologia del Diritto transnazionale". *Sociologia del Diritto* XX. N. 1. 1993 (pp. 39-60).

FTC STAFF REPORT. "Competition policy in the new high-tech, global marketplace". *Antitrust Law Journal* 64. 1996 (pp. 791-798).

FURTADO, Celso. *O Capitalismo Global.* São Paulo, Paz e Terra, 1998.

GALANTER, Marc. "Adjudication, litigation and related phenomena". In: LIPSON, Leon, e WHEELER, Stanton (orgs.). *Law and the Social Sciences.* Nova York, Russel Sage Foundation, 1986 (pp. 151-257).

GAVIL, Andrew I. *An Antitrust Anthology.* Cincinnati, Anderson Publishing, 1996.

GEREFFI, Gary. "Global production systems and Third World development". In: STALLINGS, Barbara (org.). *Global Change, Regional Response: the New International Context for Development.* Cambridge, Cambridge University Press, 1995 (pp. 100-142).

GIFFORD, Daniel. "The draft international antitrust proposed at Munich: good intentions gone away". *Minnesota Journal of Global Trade* 6. 1997 (pp. 1-30).

GOEBEL, Roger J., BERMANN, George A., DAVEY, William J., e FOX, Eleanor M. *Cases and Materials on European Community Law.* Saint Paul, West Publishing, 1993.

GOLDSCHMID, Harvey, HANDLER, Milton, BLAKE, Harlan M., e PITOFSKI, Robert. *Cases and Materials on Trade Regulation.* Westbury, The Foundation Press, 1990.

GRAU, Eros Roberto. *A Ordem Econômica na Constituição de 1988 (Interpretação e Crítica).* 6ª ed. São Paulo, Malheiros Editores, 2001.

——————. *Direito, Conceitos e Normas Jurídicas.* São Paulo, Ed. RT, 1988.

——————. *O Direito Posto e o Direito Pressuposto.* 3ª ed. São Paulo, Malheiros Editores, 2000.

——————. *Planejamento Econômico e Regra Jurídica.* São Paulo, Ed. RT, 1978.

——————. "Princípio da livre concorrência – Função regulamentar e função normativa". *RTDP* 93. N. 1. São Paulo, Malheiros Editores, 1993 (pp. 104-129).

GREMAUD, Amaury Patrick, VASCONCELOS, Marco Antônio Sandoval de, e TONETO JR., Rudinei. *Economia Brasileira Contemporânea: para Cursos de Economia e Administração.* São Paulo, Atlas, 1996.

GRIFFIN, Joseph P., e SHARP, Leanne T. "Efficiency issues in competition analysis in Australia, the European Union and the United States". *Antitrust Law Journal* 64. 1996 (pp. 649-682).

GUERRA FILHO, Willis Santiago. "Sobre princípios constitucionais gerais: isonomia e proporcionalidade". *RT* 710. São Paulo, Ed. RT, setembro de 1995 (pp. 57-68).

GUERREIRO, José Alexandre Tavares. "Formas de abuso do poder econômico". *RDM* 66. São Paulo, Ed. RT, 1987 (pp. 41-52).

GUTTERMAN, Alan. "Japan and Korea: contrasts and comparisons in regulatory policies of cooperative growth economies". *International Tax and Business Lawyer* 8. 1991 (pp. 267-371).

HABERMAS, Jurgen. *A Crise de Legitimação no Capitalismo Tardio*. Rio de Janeiro, Edições Tempo Brasileiro, 1980.

HALEY, John O. "Antitrust sanctions and remedies: a comparative study of German and Japanese law". *Washington Law Review* 59. 1984 (pp. 471-508).

HALVERSON, James T. "Harmonization and coordination of international merger procedures". *Antitrust Law Journal* 60. 1991 (pp. 531-540).

HANDLER, Milton, BLAKE, Harlan M., PITOFSKI, Robert, e GOLDSCHMID, Harvey. *Cases and Materials on Trade Regulation*. Westbury, The Foundation Press, 1990.

HAWK, Barry E. "Overview". In: OCDE. *Antitrust and Market Access: the Scope and Coverage of Competition Laws and Implications for Trade*. Paris, OCDE, 1996 (pp. 7-37).

HOVENKAMP, Herbert. "Antitrust policy after Chicago". *Michigan Law Review* 84. 1985 (pp. 213-284).

―――――――. *Federal Antitrust Policy. The Law of Competition and its Practice*. Saint Paul, West Publishing, 1994.

HUCK, Hermes Marcelo. *Sentença Estrangeira e "Lex Mercatoria": Horizontes e Fronteiras do Comércio Internacional*. São Paulo, Saraiva, 1994.

IYORI, H. e UESUGI, A. *The Antimonopoly Laws and Policies of Japan*. Nova York, Federal Legal Publications, 1994.

JOHNSON, Chalmers. *MITI and the Japanese Miracle: the Growth of Industrial Policy 1925-1975*. Stanford, Stanford University Press, 1982.

KALINOWSKY, Julian O. von. *Competition Laws of the Pacific Rim Countries*. Nova York, Mattew Bender, 1991.

KAPLOW, Louis, e AREEDA, Philip. *Antitrust Analysis: Problems, Texts, Cases*, Boston, Little, Brown and Co., 1988.

KASERMAN, David L., e BLAIR, Roger D. *Antitrust Economics*. Homewood, Richard D. Irwin, 1985.

KAYSEN, Carl, e TURNER, Donald F. *Antitrust Policy: an Economic Analysis*. Cambridge, Harvard University Press, 1959.

KINTNER, Earl. *An Antitrust Primer: a Guide to Antitrust and Trade Regulation Laws*. 2ª ed. Nova York, The MacMillan, 1973.

KLAJMIC, Magali, e NASCIMENTO, Cynthia. "Compromisso de desempenho: uma abordagem introdutória". *Revista do Instituto Brasileiro de Estudos das Relações de Concorrência e Consumo – IBRAC* 4. N. 4. 1997 (pp. 21-41).

KRUEGER, Reinald, e BONER, Roger A. "The basics of antitrust policy". *World Bank Technical Paper* 160. 1993.

LAMOUREAUX, Naomi. *The Great Merger Movement in American Business, 1895-1904*. Cambridge, Cambridge University Press, 1985.

LETWIN, William. *Law and Economic Policy in America: the Evolution of the Sherman Antitrust Act*. Nova York, Random House, 1965.

LIPSON, Leon, e WHEELER, Stanton (orgs.). *Law and the Social Sciences*. Nova York, Russell Sage Foundation, 1986.

MAGALHÃES, José Carlos. "A aplicação extraterritorial de leis nacionais". *RF* 293. Rio de Janeiro, Forense (pp. 98-99).

MAGWOOD, John M. *Competition Law of Canada*. Toronto, The Carswell, 1981.

MALLARD, Neide Terezinha. "Integração de empresas: concentração, eficiência e controle". *Arquivos do Ministério de Justiça* 48. 1995 (pp. 203-231).

MATSUSHITA, Mitsuo. *International Trade and Competition Law in Japan*. Oxford, Oxford University Press, 1993.

——————. "The intersection of industrial policy and competition: the Japanese experience". *Chicago-Kent Law Review* 72. 1992 (pp. 477-500).

——————. "The *Structural Impediments Initiative*: an example of bilateral trade negotiation". *Michigan Journal of International Law* 12. 1991 (pp. 436-449).

MATTEI, Ugo. *Comparative Law and Economics*. Ann Arbor, The University of Michigan Press, 1997.

MERCADANTE, Araminta A., e CASELLA, Paulo Borba (orgs.). *Guerra Comercial ou Integração Multilateral pelo Comércio? A OMC e o Brasil*. São Paulo, LTr, 1998.

MERCATO PACHECO, Pedro. *El Análisis Económico del Derecho: una Reconstrucción Teórica*. Madri, Centro de Estudios Políticos y Constitucionales, 1994.

MERTENS, Hans-Joaquim. "*Lex mercatoria*: a self-applying system beyond national law?". In: TEUBNER, Gunter (org.). *Global Law without a State*. Dartmount, Aldershot, 1997 (pp. 31-43).

MORGAN, Thomas D. *Cases and Materials on Modern Antitrust Law and its Origins*. Saint Paul, West Publishing, 1994.

NASCIMENTO, Cynthia, e KLAJMIC, Magali. "Compromisso de desempenho: uma abordagem introdutória". *Revista do Instituto Brasileiro de Estudos das Relações de Concorrência e Consumo – IBRAC* 4. N. 4. 1997 (pp. 21-41).

NICOLAIDES, Phedon (org.). *Industrial Policy in the European Community: a Necessary Response to Economic Integration?*. Dordrecht, Martinus Nijhoff, 1995.

NUSDEO, Fábio. *Curso de Economia: Introdução ao Direito Econômico*. 2ª ed. São Paulo, Ed. RT, 2000.

——————. *Fundamentos para uma Codificação do Direito Econômico*. São Paulo, Ed. RT, 1995.

OCDE. *Antitrust and Market Access: the Scope and Coverage of Competition Laws and Implications for Trade*. Paris, OCDE, 1996.

OLIVEIRA BARACHO, José Alfredo de. "O abuso do poder econômico nas Constituições Brasileiras". *Revista Brasileira de Estudos Políticos* 200. 1995 (pp. 57-81).

OSER, Jacob, e BLANCHFIELD, William. *História do Pensamento Econômico*. São Paulo, Atlas, 1983.

PEETERS, Jan. "The rule of reason revisited: prohibition on restraint of competition in the *Sherman Act* and the *EEC Treaty*". *The American Journal of Comparative Law* 37. N. 3. 1989 (pp. 521-570).

PIORE, Andre, e SABEL, Charles. *The Second Industrial Dived: Possibilities for Prosperity*. Nova York, Basic Books, 1984.

PIOVESAN, Flávia. "Direitos humanos e globalização". In SUNDFELD, Carlos Ari, e VIEIRA, Oscar Vilhena (orgs.). *Direito Global*. São Paulo, Max Limonad, 1999 (pp. 195-208).

PITMAN, Russel. "Merger law in Central and Eastern Europe". *American University Journal of International Law and Policy* 7. 1992 (pp. 649-666).

PITOFSKY, Robert. "New definitions of relevant markets and the assault on antitrust". *Columbia Law Review* 90, 1990 (pp. 1805-1.864).

——————. "Proposals for revised United States merger enforcement in a global economy". *Georgetown Law Journal* 81. 1992 (pp. 195-250).

——————. "The political content of antitrust". *University of Pennsylvania Law Review* 127. N. 4. 1979 (pp. 1.051-1.075).

——————, HANDLER, Milton, BLAKE, Harlan M., e GOLDSCHMID, Harvey. *Cases and Materials on Trade Regulation*. Westbury, The Foundation Press, 1990.

POLINSKY, A. Mitchell. *An Introduction to Law and Economics*. Boston, Little, Brown and Co., 1989.

PONDÉ, João Luiz, FAGUNDES, Jorge, e POSSAS, Mario. "Defesa da concorrência e regulação". *Revista de Direito Econômico do Conselho Administrativo de Defesa Econômica – CADE*, setembro de 1998 (pp. 49-72).

PONTES DE MIRANDA, F. C. *Comentários à Constituição de 1967*. 2ª ed., t. IV. São Paulo, Ed. RT, 1969.

PORTER, Michael E. *The Competitive Advantage of Nations*. Nova York, The Free Press, 1990.

POSNER, Richard. *Antitrust Law: an Economic Perspective*. Chicago, The University of Chicago Press, 1976.

——————. *Economic Analysis of Law*. Boston, Little, Brown and Co., 1992.

——————. "The Chicago School of antitrust analysis". *University of Pennsylvania Law Review* 127. 1979 (pp. 925-948).

——————. *The Economics of Justice*. Cambridge, Harvard University Press, 1983.

POSSAS, Mário, FAGUNDES, Jorge, e PONDÉ, João Luiz. "Defesa da concorrência e regulação". *Revista de Direito Econômico do Conselho Administrativo de Defesa Econômica – CADE*, setembro de 1998 (pp. 49-72).

RAMOS, André de Carvalho, e CUNHA, Ricardo Thomazinho da. "A defesa da concorrência em caráter global: utopia ou necessidade?". In: CASELLA, Paulo Borba, e MERCADANTE, Araminta A. (orgs.). *Guerra Comercial ou Integração*

Multilateral pelo Comércio? A OMC e o Brasil. São Paulo, LTr, 1998 (pp. 810-837).

RIORDAN, Michael H., e SALOP, Steven C. "Evaluating vertical mergers: a post-Chicago approach". *Antitrust Law Journal* 63. 1995 (pp. 513-564).

ROBINSON, Joan. *The Economics of Imperfect Competition*. 1969.

ROCHA, Bolívar Moura. "Articulação entre regulação de infra-estrutura e defesa da concorrência". *Revista do Instituto Brasileiro de Estudo das Relações de Concorrência e Consumo (IBRAC)* 5. N. 7. 1998 (pp. 47-58).

ROCHA, Maurício Moura. "O princípio constitucional da livre concorrência". *Revista do Instituto Brasileiro das Relações de Concorrência e Consumo – IBRAC* 5. N. 1. 1998 (pp. 7-26).

ROSS, David, e SCHERER, Friederich M. *Industrial Market Structure and Economic Performance*. 3ª ed. Boston, Houghton, Mifflin Co., 1990.

SABEL, Charles, e PIORE, Andre. *The Second Industrial Dived: Possibilities for Prosperity*. Nova York, Basic Books, 1984.

SAES, Maria Sylvia M., AZEVEDO, Paulo F., e FARINA, Elisabeth Maria Q. M. *Competitividade, Mercado e Organizações*. São Paulo, Singular, 1997.

SALLES, Carlos Alberto de. *Execução Judicial em Matéria Ambiental*. São Paulo, Ed. RT, 1998.

SALOMÃO FILHO, Calixto. *Direito Concorrencial – As Estruturas*. São Paulo, Malheiros Editores, 1998.

SALOP, Steven C., e RIORDAN, Michel H. "Evaluating vertical mergers: a post-Chicago approach". *Antitrust Law Journal* 63. 1995 (pp. 513-564).

SANDSTROM, Mark R., BYOWITZ, Michael H., e VOGELSON, Jay M. "Using antitrust laws to enhance access of U.S. firms to foreign market. Recommendation and Report", American Bar Association, Section of International Law and Practice Report to the House of Delegates. *International Lawyer* 29. 1995 (pp. 945-957).

SANTOS, Boaventura de Sousa. *Towards a New Common Sense: Law, Science and Politics in the Paradigmatic Transition*. Nova York, Routledge, 1995.

SAPIR, André, e BUIGUES, Pierre. "Community industrial policies". In: NICOLAIDES, Phedon (org.). *Industrial Policy in the European Community: a Necessary Response to Economic Integration?*. Dordrecht, Martinus Nijhoff, 1995 (pp. 21-37).

SCHAERR, Gene C. "The cellophane fallacy and the Justice Department's guidelines for horizontal mergers". *Yale Law Journal* 94. 1985 (pp. 670-693).

SCHERER, Friederich M. *Competition Policies for an Integrated World*. Washington, The Brooking Institutions, 1994.

—————, e ROSS, David. *Industrial Market Structure and Economic Performance*. 3ª ed. Boston, Houghton, Mifflin Co., 1990.

SCHUARTZ, Luís Fernando. "Poder econômico e abuso do poder econômico no direito de defesa da concorrência brasileiro". *RDM* 94/22-27. São Paulo, Ed. RT, 1994 (pp. 13-27).

SCHUMPETER, Joseph A. *Capitalism, Socialism and Democracy*. Nova York, Harper & Row, 1976.

———. *The Theory of Economic Development, an Inquiry into Profits, Capital, Credit, Interest and the Business Cycle.* Cambridge, Harvard University Press, 1961.

SEIDENFELD, Mark. *Microeconomic Predicates to Law and Economics,* Cincinnati, Anderson Publishing, 1996.

SEITA, Alex Y., e TAMURA, Jiro. "The historical background of Japan's antimonopoly law". *University of Illinois Law Review* 111. 1994 (pp. 115-185).

SHARP, Leanne T., e GRIFFIN, Joseph P. "Efficiency issues in competition analysis in Australia, the European Union and the United States". *Antitrust Law Journal* 64. 1996 (pp. 649-682).

SHIEBER, Benjamin. *Abusos do Poder Econômico. Direito e Experiência Antitruste no Brasil e nos EUA.* São Paulo, Ed. RT, 1966.

SONG, Sang-Hyun. *Korean Law in the Global Economy.* Seul, Seoul National University Law School, 1996.

SOUZA, Washington Peluso Albino de. *Primeiras Linhas de Direito Econômico,* São Paulo, LTr, 1994.

STALLINGS, Barbara (org.). *Global Change, Regional Response: the New International Context for Development.* Cambridge, Cambridge University Press, 1995.

———. "Introduction: global change, regional response". In: STALLINGS, Barbara (org.). *Global Change, Regional Response: the New International Context for Development.* Cambridge, Cambridge University Press, 1995 (pp. 1-30).

STONE, Alan. *Regulation and its Alternatives.* Washington, Congressional Quarterly Press, 1982.

SULLIVAN, Lawrence A., e FOX, Eleanor M. *Cases and Materials on Antitrust.* Saint Paul, West Publishing, 1989.

SUNDFELD, Carlos Ari, e VIEIRA, Oscar Vilhena (orgs.). *Direito Global.* São Paulo, Max Limonad, 1999.

TAMURA, Jiro, e SEITA, Alex Y. "The historical background of Japan's antimonopoly law". *University of Illinois Law Review* 111. 1994 (pp. 115-185).

TEUBNER, Gunter. "'Global Bukowina': legal pluralism in the world society". In: TEUBNER, Gunter (org.). *Global Law without a State.* Dartmount, Aldershot, 1997 (pp. 3-28).

——— (org.). *Global Law without a State.* Dartmount, Aldershot, 1997.

THORELLI, Hans. *The Federal Antitrust Policy, Origination of an American Tradition.* Baltimore, The Johns Hopkins Press, 1955.

TONETO JR., Rudinei, GREMAUD, Amaury Patrick, e VASCONCELOS, Marco Antônio Sandoval de. *Economia Brasileira Contemporânea: para Cursos de Economia e Administração.* São Paulo, Atlas, 1996.

TRUBEK, David, DEZALAY, Yves, BUCHANAN, Ruth, e DAVIS, John R. "Global restructuring and the law, studies of the internationalization of legal fields and the creation of transnational arenas". *Case Western Reserve Law Review* 44. N. 2. 1994 (pp. 407-498).

TURNER, Donald F., e AREEDA, Philip. "Conglomerate mergers: extended interdependence and effects on interindustry competition as grounds for condemnation", *University of Pennsylvania Law Review* 127, 1979 (pp. 1.082-1.103).

———, e KAYSEN, Carl. *Antitrust Policy: an Economic Analysis.* Cambridge, Harvard University Press, 1959.

UESUGI, A., e IYORI, H. *The Antimonopoly Laws and Policies of Japan.* Nova York, Federal Legal Publications, 1994.

VASCONCELOS, Marco Antônio Sandoval de, GREMAUD, Amaury Patrick, e TONETO JR., Rudinei. *Economia Brasileira Contemporânea: para Cursos de Economia e Administração.* São Paulo, Atlas, 1996.

VAZ, Isabel. *Direito Econômico da Concorrência.* Rio de Janeiro, Forense, 1993.

VENÂNCIO FILHO, Alberto. *A Intervenção do Estado no Domínio Econômico: o Direito Público Econômico no Brasil.* Rio de Janeiro, Fundação Getúlio Vargas, 1968.

VIEIRA, Oscar Vilhena, e SUNDFELD, Carlos Ari (orgs.). *Direito Global.* São Paulo, Max Limonad, 1999.

VOGELSON, Jay M., BYOWITZ, Michael H., e SANDSTROM, Mark R. "Using antitrust laws to enhance access of U.S. firms to foreign market. Recommendation and Report", American Bar Association, Section of International Law and Practice Report to the House of Delegates. *International Lawyer* 29. 1995 (pp. 945-957).

WAGNER, Stanley P. "Antitrust, the Korean experience 1981-83". *Antitrust Bulletin* XXXII. 1987 (pp. 471-522).

WALKER, William. "Extraterritorial application of U.S. antitrust laws: the effect of the European Community – United States antitrust agreement". *Harvard International Law Journal* 33. N. 2. 1992 (pp. 583-591).

WEAVER, Suzanne. "Antitrust Division of the Department of Justice". In: WILSON, James. *The Politics of Regulation.* Nova York, Basic Books, 1980.

WERDEN, Gregory J. "The history of antitrust market definition". *Marquette Law Review* 76. 1992 (pp. 123-215).

WHEELER, Stanton, e LIPSON, Leon (orgs.). *Law and the Social Sciences.* Nova York, Russel Sage Foundation, 1986.

WILLIAMSON, Oliver E. "Economies as an antitrust defense revisited". *University of Pennsylvania Law Review* 125. N. 4. 1977 (pp. 699-736).

WILSON, James *The Politics of Regulation.* Nova York, Basic Books, 1980.

WINTERSCHEID, Joseph. "Foreign competition and U. S. merger analysis". *Antitrust Law Journal* 65. 1996 (pp. 241-252).

WOLF, Dieter. "Políticas de concorrência em tempos de globalização". *Caderno de Pesquisas n. 13.* São Paulo, Fundação Konrad Adenauer, 1988 (pp. 79-85).

YAO, Dennis A., e DE SANTI, Susan S. "Game theory and the legal analysis of tacit collusion". *Antitrust Bulletin* 38. 1993 (pp. 113-141).

* * *